# 한권으로 읽는 사기열전

사마천 지음 | 박성연 엮어 옮김

아이템북스

# 머리말

사마천이 태어나고 세상을 떠난 연대는 여러 설이 있어 확실하지는 않으나 대체로 한 무제漢武帝 때에 그 일생을 마쳤다고 본다.

그의 선조들은 대대로 주나라의 사관史官이 되어 왕실의 역사를 기록해 왔다. 그러나 왕실의 몰락으로 그러한 세습적인 일이 중단되었고, 그 뒤 수백 년이 지나서 사마천의 아버지 사마담司馬談이 한나라의 태사령太史令이 됨으로써 역사가의 가문이 이어졌다. 아버지인 사마담이 태사령이 되었을 때에는 이미 사관의 지위는 과거에 누렸던 영예를 잃었고, 주로 천문과 역법을 다루는 일에 불과했다. 사마담은 그러한 사실을 깊이 한탄하며 중국의 사라져 버린 역사의 기록을 다시 찾아내고자 했으나 그 뜻을 이루지 못한 채 세상을 떠났다.

사마천은 아버지의 뜻을 받들어 중국의 고금古今에 걸친 통사通史를 저술해야 할 숙명을 갖게 된 것이다. 그는 이미 나이 어려서 중국 고대의 전해 내려오는 옛 문서들을 공부하였고, 스무 살 안팎에는 한나라의 전국을 샅샅이 돌아다님으로써 견문을 넓히는 등 아버지의 철저한 교육 방침에 따라서 역사가로서의 소양을 계속 쌓아 나갔다.

사마천

아버지가 세상을 떠난 뒤 그는 뒤를 이어 태사령이 되었고, 궁중에서 소중히 간직한 서적이나 기록과 아버지가 물려준 자료 외에도 각지에 흩어져 있던 기록이며 일화 등 모든 역사 자료를 수집하는 데 힘쓰면서 역사를 저술하기에 이르렀다.

이때 갑자기 한 사건이 터졌다. 그가 전쟁에서 패한 장군 이릉李陵을 변호해 주었기 때문에 궁형宮刑이라는 처형을 받은 사건이다.

궁형이란 남근男根을 떼어 버리는 형벌로서 부형腐刑이라고 한다. 그 이유는 떼어 낸 자리의 상처에서 썩는 냄새가 나기 때문이다. 말하자면 남자가 남자 구실을 못 하게 되는 것이요, 더 심하게 말한다면 사람이 사람이 아닌 존재가 된다는 가혹한 형벌이었다. 한나라의 형법상으로는 사형 다음의 형벌이며, 그 굴욕이 얼마나 치명적인가는 사형에 비할 바 아니다.

그 당시 이릉은 빼어난 명장이었다. 불과 5천 명의 군사들을 이끌고 흉노군 10만 명의 기병과 싸워 그 중 1만 명을 넘는 흉노의 군사를 무찔렀으나 그는 불행하게도 그만 흉노의 포로가 되었다.

이릉이 얼마나 눈부신 전과를 올렸는가는 누구나 다 알고 있는데도 불구하고 한 무제武帝는 몹시 화가 나서 이릉을 처벌하기 위해 조정의 회의를 열었다. 그러자 신하들은 무제의 속셈을 알아차리고 모두 이릉이 저지른 잘못을 늘어놓았다. 그러나 사마천은 이릉의 공적을 찬양하면서 무제에게 아첨을 일삼는 신하들을 꾸짖었다. 그 결과 그는 사실을 왜곡하고 남을 비방했다는 죄목으로 감옥에 갇히었다.

이듬해, 이릉이 한나라를 치기 위해 흉노의 군사들을 훈련시키고 있다는 소식이 한나라 조정에 전해지자, 이 사실은 잘못 전해진 것이었으나, 무제는 이릉 일족을 모두 죽였고, 사마천에게도 사형 판결을 내렸다.

그때 한나라의 형법에 사형을 면하려면, 두 가지 방법이 있었는데 한 가지는 50만 전이라는 엄청난 벌금을 낸다든지, 또 하나의 방법으로는 스스로 궁형을 받는 일이었다. 집안이 부유하지 못한 그는 엄청난 벌금을 낼 수가 없었기 때문에 결국 사대부로서 가장 큰 굴욕인 궁형을 선택함으로써 수치와 부끄러움을 드러낸 것이었다. 그때가 기원전 98년이었으니, 이때 사마천은 40세 전후의 장년이었다.

2년 뒤, 대사령을 받고 출옥한 사마천은 중서령中書令이 되었다. 그것은 무제가 궁궐 안에만 있게 되자 새로 마련한 직위로, 중서령이란 조정의 정무를 보고하고 결재를 받는 재상에 해당하는 요직이었고, 더구나 궁정 안에 출입이 허용된 남자란 거세된 사람뿐이었으므로, 사마천에게 바로 그 직위가 주어졌던 것이었다.

지난날의 사형수였던 사마천이 이제는 무제의 측근이 되어 그를 받드는 몸이 되었다. 그러나 이러한 예상 외의 인생 체험은 사실 그에게 있어서는 충격적이었을 것이다.

사마천은 기원전 91년에 『사기』를 완성했다. 그리고 그가 죽은 것은 그로부터 수년 후의 일로 추측된다.

『사기』는 1백30권에 달하는 방대한 역사서이다. 사마천은 그것을 『태사공서太史公書』라 이름지었으며, 『사기』로 부르게 된 것은 삼국시대 뒤의 일이다. '태사공' 이란 태사령이었던 사마천의 벼슬 이름으로 『태사공서』란 '태사령 사마천의 저서' 라는 뜻이다.

『사기』가 다룬 대상은 옛 제왕帝王들의 시대로부터 기원전 2세기, 즉 사마천의 당대에 이르기까지며, 중국뿐만 아니라 한국 · 흉노 등 중국 주변의 모든 나라들이 포함되어 있다. 그 내용에 있어서는 정치 · 경제 · 천문 · 지리 · 음악 · 역易에 이르기까지 모든 것이 망라되어 있다.

『사기』에 실린 내용이 모두 사실이라고 한다면 터무니없는 일이 될 것이다. 사마천이 살았던 시대는 지금으로부터 2천 년 전이므로 그 사실을 밝힌다는 것이 얼마나 어려운 일인가는 가히 짐작할 수 있을 것이다. 그러나 그는 그러한 악조건 속에서도 기성 개념에 사로잡히지 않고 합리적인 정신에 바탕을 두고, 수집된 방대한 분량의 사료를 취사선택해서 『사기』를 집필한 것이다.

그는 역사를 통해서 인간을 묘사하려고 노력했다.

『사기』 1백 30권은 〈본기本紀〉 12권, 〈서書〉 8권, 〈표表〉 10권, 〈세가世家〉 30권, 〈열전列傳〉 70권으로 나뉘어져 있다.

〈본기〉는 역대 왕조의 역사서로 편년체로 구성되어 있다. 그 내용은 〈오제 본기〉 · 〈하 본기〉 · 〈은 본기〉 · 〈주 본기〉 · 〈진 본기〉 · 〈진시황 본기〉 · 〈항우 본기〉 · 〈고조 본기〉 · 〈여 태후 본기〉 · 〈효문 본기〉 · 〈효경 본기〉 · 〈효무 본기〉 등 12 본기가 수록되었다.

〈서〉란 일종의 문화사로서, 시대에 따라 변해 온 예禮를 하 왕조 때부터 기술한 「예서」, 시대에 따른 음악의 변천 과정을 다룬 「악서」, 고대의 병법을 모아 집대성한 「율서」, 왕조에 따른 달력의 변천 과정을 그린 「역서」, 주술과 미신, 그리고 예언 등을 기록한 「천관서」, 천지에 제사하는 봉선 의식에 대해 상세히 기록한 「봉선서」, 토목 사업의 기술적인 측면을 상세히 기록한 「하거서」, 국가의 경제 정책을 다룬 「평준서」 등 여덟 부문으로 구성되어 있다.

〈표〉는 계보도 혹은 연표를 가리킨다. 사마천은 사관들이 기록한 연대기 · 계보도 · 역 등을 바탕으로 〈삼대세표〉 · 〈십이제후연표〉 · 〈육국표〉 · 〈진초지제월표〉 · 〈한흥이래제후왕연표〉 · 〈혜경간후자연표〉 · 〈건원이래후자연표〉 · 〈건원이래왕자후자연표〉 · 〈한흥이래장상명신연표〉 등 10편으로 되어 있다.

〈세가〉는 제후들의 사적을 기록한 것으로, 〈오태백세가〉 · 〈제태공세가〉 · 〈노주공세가〉 · 〈연소공세가〉 · 〈관채세가〉 · 〈진기세가〉 · 〈위강숙세가〉 · 〈송미자세가〉 · 〈진세가〉 · 〈초세가〉 · 〈월왕구천세가〉 · 〈정세가〉 · 〈조세가〉 · 〈위세가〉 · 〈한세가〉 · 〈전경중완세가〉 · 〈공자세가〉 · 〈진섭세가〉 · 〈외척세가〉 · 〈초원세가〉 · 〈형연세가〉 · 〈제도혜왕세가〉 · 〈소상국세가〉 · 〈조상국세가〉 · 〈유후세가〉 · 〈진승상세가〉 · 〈강후주발세가〉 · 〈양효왕세가〉 · 〈오종세가〉 · 〈삼왕세가〉 등 30편으로 구성되었다.

〈열전〉은 영웅 호걸에서부터 일반 서민에 이르기까지 개인의 전기로 그 내용은 다음과 같다.

1. 백이 열전

2. 관안 열전

49. 이 장군 열전
50. 흉노 열전
51. 위장군 표기 열전
52. 평진후 주부 열전
53. 남월 열전
54. 동월 열전
55. 조선 열전
56. 서남이 열전
57. 사마상여 열전
58. 회남 형산 열전
59. 순리 열전
60. 급정 열전
61. 유림 열전
62. 혹리 열전
63. 대원 열전
64. 유협 열전
65. 영행 열전
66. 골계 열전
67. 일자 열전
68. 구책 열전
69. 화식 열전
70. 태사공 자서

역사를 연대순으로 기록하는 편년체編年體와 그 취향을 달리해서 그것을 다각적으로 취급하고 있는 이 구성은, 그 중심이 되는 〈본기〉와 〈열전〉이라는 이름을 따서 기전체라 불리며, 『한서』에 이어 그 이후의 중국 정사의 전통적인 스타일이 되었다.

그러나 같은 기전체라고 하더라도 『사기』와 『한서』 이후의 다른 사서史書들은 그 기본적인 방법에 큰 차이가 있다.

이를테면, 한나라 고조와 천하를 두고 다투었던 항우項羽가 『사기』 속에서는 〈본기本紀〉에 들어 있는 데 반해서, 『한서』에서는 〈열전列傳〉에 넣었다. 그 이유는 항우가 제왕의 자리에 오른 적이 없었다는 사실 때문이다.

형식이나 기성 개념에 사로잡히지 않고, 어디까지나 인간을 바라보

청나라 때 발간된 『사기』

는 이러한 현실주의 정신은 『사기』의 바탕이 되고 있다. 서로 달리하는 여러 부류의 등장 인물에 대한 사마천의 눈에는 편견이 없었다. 나라의 법을 문란케 하는 불량배나 자신의 잇속만 따지는 상인을 성현과 마찬가지로 취급한 그 태도는 후세의 유학자들로부터 비난을 받기도 했으나, 오히려 이런 점이 『사기』가 영원히 퇴색되지 않는 새로움이 있다고 하겠다.

『사기』는 역사적 사실과 「열전」에 수록된 인물들이 등장하므로 그 내용을 함께 실었으며, 「열전」은 『사기』의 한 부분으로, 등장하는 인물들을 저마다 독립적으로 다루었기 때문에 『사기』의 내용과 중복된 부분이 있음을 밝힌다.

이 책에 수록된 내용은 70권으로 된 「열전」 중에서 가장 중요한 부분을 간추려 엮었다.

차례

【차 례】

# 백이伯夷 열전

## :: 수양산 고사리

공자孔子의 의견은 이렇다.

"백이 · 숙제 형제는 옛날의 악을 생각지 않았기 때문에 전혀 남의 원망을 사지 않았다. 그들은 인을 목적으로 하여 그것을 달성했기 때문에 또한 원망해야 할 것이 없었을 것이다."

그러나 나(사마천)는 백이 · 숙제를 생각하자면 괴로워서 견딜 수가 없다. 그들이 남겼다고 하는 시를 읽어 보면 공자의 말씀이 수긍되지 않는다. 그들 형제에 대해서는 이렇게 전해지고 있다.

백이 · 숙제는 고죽국 왕의 아들이었다. 아버지는 셋째 아들인 숙제에게 왕위를 물려줄 작정이었다. 그러나 아버지가 세상을 떠나자 숙제는 맏형인 백이에게 양위를 하겠다고 했다. 그러자 백이는,

"네가 왕위를 잇는 것이 부왕의 뜻이다. 내가 이어받을 까닭이 없다.

하고 떠나 버렸다. 숙제도 끝까지 왕으로 즉위할 것을 거절하고 떠나

백이와 숙제

버렸다. 그래서 왕위는 둘째 아들에게 돌아갔다.

세월은 흘러 이제 늙은 그들은 주나라의 서백 창이 노인을 잘 대접한다는 말을 듣고 그곳으로 찾아간 것 같다. 그러나 막상 주나라에 가 보니 이미 서백은 죽었고 뒤를 이어받은 무왕은 서백을 문왕이라고 칭하며, 그 위패를 수레에 싣고 은나라 주왕을 쓰러뜨리기 위해 동쪽으로 정벌을 떠나려는 참이었다. 그러자 두 사람은 무왕의 수레에 달려가서 말고삐를 잡고 무왕에게 간언했다.

"선왕의 장례도 치르지 않고 전쟁터로 떠나시다니 그것을 어찌 효도라고 하겠나이까? 신하의 몸으로 군주를 죽이다니 그것도 인이라고 하겠나이까?"

이 말을 듣고 있던 무왕을 따르던 사람들이 그들의 목을 치려고 했다. 그러자 곁에 있던 태공망이 소리쳤다.

"의인이니 살려 주어라."

백이 · 숙제는 무사히 그 자리를 떠나게 되었다.

무왕이 은나라를 멸망시킨 뒤 천하에서는 모두 다 주 왕실을 종주국으로 섬겼으나 백이 · 숙제만은 무왕이 저지른 일을 용서하지 않았다.

"주나라를 섬긴다니 수치로다. 의로써 주나라의 좁쌀을 먹을 수는 없노라."

이렇게 결심한 형제는 수양산에 숨어 살면서 오로지 고사리만을 캐어 먹으며 목숨을 부지했다. 그러나 머지않아 굶주림에 시달리게 되어 죽었다. 그때 두 사람은 다음과 같은 노래를 지었다.

우리는 저 서산에 올라 고사리로 연명했노라
폭력으로 폭력을 대하는 것을 무왕은 모른다
신농 · 순 · 우 · 성왕의 길을 잃은
우린 이제 어디로 갈 것인가
아, 우리의 명은 이제 끝났노라.

이리하여 두 사람은 수양산 속에서 굶어 죽었다.

두 사람은 결코 공자가 말하는 것처럼 남을 일이 없었던 것일까?

백이 · 숙제는 선인인가, 아니면 악인인가? 그토록 인을 지켰고, 행동을 몸소 삼가면서까지 끝내는 굶어 죽고 말았다는 사실을 어찌 해석하면 좋을 것인가?

백이 · 숙제의 예뿐만 아니다. 70명이나 되는 공자의 제자들 중에서 학문을 숭상하는 선비로 가장 빼어난 인물은 안회 한 사람뿐이었다. 그러나 그 안회는 매우 가난하여 쌀겨조차도 흡족하게 먹지 못한 채 마침내 일찍 세상을 떠나고 말았다. 하늘은 선인에게 선을 베푼다고 하는데 이것은 도대체 어찌된 노릇인가.

수양산

그런 반면에 악명 높은 도척(춘추 시대 말기의 유명한 도둑)은 매일같이 죄 없는 사람을 죽여 사람의 간을 회로 먹는 등 포악이 극에 달했고 수천 명의 부하들을 거느리고 천하에서 나쁜 짓을 일삼았는데도 결국 천수를 다 누리지 않았던가. 도대체 도척은 이 세상에서 어떤 덕을 쌓았다는 것인가?

# 공자孔子 열전

공자는 노나라 창평향의 추라는 마을에서 태어났다. 그의 집은 4대 전인 공방숙 대에 송나라에서 노나라로 건너왔다. 공방숙의 아들이 백하이고, 백하의 아들이 공자의 아버지이다.

공자의 아버지의 이름은 흘, 자는 숙량이다. 그는 안씨 집안의 딸과 살았는데, 정식으로 결혼하지 않았다.

그 뒤 이구의 신에 빌어 공자를 낳았다. 노나라의 양공 22년(기원전 551)의 일이다.

공자는 갓 태어났을 때에 정수리가 움푹 패어져 있어, 그 둘레가 마치 언덕처럼 올라와 있었으므로 구라고 이름을 지었다고도 한다. 공은 성이며, 자는 중니다.

공자가 어릴 때 아버지가 죽어, 노나라 도읍의 동쪽에 있는 방산에 장사 지냈다. 공자는 철이 들면서 아버지의 무덤이 어디 있는지 알고 싶어했으나 어머니는 가르쳐 주지 않았다. 그것은 공자에게 출생의 비밀을 알리고 싶지 않았기 때문이다. 공자는 소년 시절에 제기를 늘어놓고

공자

제사 지내는 놀이를 즐겼다.

그 뒤 어머니도 세상을 떠났다. 공자는 아버지의 무덤을 몰랐으므로 어머니를 장사 지낼 수 없어서 한때 어머니 유해를 노나라 도읍의 오보라는 거리에 임시로 묻었다.

얼마 뒤, 아버지의 장례 때 수레를 끌었던 사람의 어머니가 아버지의 무덤을 가르쳐 주었으므로 비로소 어머니의 유해를 아버지 무덤에 합장할 수가 있었다.

공자가 학문에 힘쓸 때 어느 날 계씨季氏(노나라 대부의 집안)가 마을의 유지들을 모아 잔치를 베푼 일이 있었다. 공자도 그 자리에 참석했는데, 계씨의 가신인 양호(계씨의 가신으로 노나라를 움직일 정도의 실력자)가 공자를 보자 이렇게 말했다.

"이곳은 훌륭한 분들이 모이는 자리다. 너 같은 어린애는 올 데가 아니다."

공자는 그냥 할 수 없이 돌아설 수밖에 없었다. 이때 공자의 나이 17세였다.

공자는 천한 집안에서 태어나 가난하게 자랐다. 어른이 된 뒤, 계씨의 창고지기가 되었고 한때 목장지기도 했는데, 그가 기른 가축은 잘 자랐다. 이런 일이 나중에 노나라의 사공司空으로 발탁되는 한 원인이 되었다.

어느 땐가 공자의 제자로 들어간 남궁경숙이 노나라의 왕에게 요청했다.

"공 선생과 함께 주나라의 도읍으로 공부하러 가게 해 주십시오."

노나라 왕은 이를 허락했고 쌍두마차 한 대를 주고, 시종 한 사람이 따라가게 했다.

공자는 남궁경숙과 함께 주나라로 가서 예에 대해서 배웠다. 이때, 노자를 찾아갔다. 공자가 돌아가려고 할 때 노자는 전송하러 나와 이렇게 말했다.

"사람을 보내는 데 부자는 재물로써 송별하고 어진 사람은 말로써 송별한다고 한다. 나는 부자가 아니므로 인자의 흉내나 내 볼까."

노자는 말을 이었다.

"총명하고 통찰력이 깊으면서도 죽음의 위험에 놓인 사람이 있는데, 그것은 남을 지나치게 비판했기 때문이다. 말을 잘 하고 또 박식하면서도 스스로 몸을 위태롭게 하는 사람이 있는데, 그것은 남의 악을 폭로했기 때문이다. 모름지기 사회 속에 사는 사람은 자기 주장을 삼가지 않으면 안 될 것이다."

노나라로 돌아온 뒤, 공자의 제자는 차츰 많아졌다.

공자가 35세 때의 일이다. 노나라의 소공은 나라 안에서 가장 실력자인 계평씨를 처벌하려고 했다. 그것은 닭싸움(계평자는 닭의 머리에 투구를 씌우고 후소백은 닭의 발에 쇠발톱을 씌워 싸우게 했다. 계평자는 후소백의 행동에 화를 내고 그 영토를 빼앗아 버렸다. 후소백이 그 일을 소공에게 고소한 사건)의 다툼으로 계평자가 후소백에게 불법적인 일을 저질렀기 때문이다.

**노자와 공자** _ 공자와 노자가 만나는 장면

소공은 계평자를 체포하기 위해 군대를 동원했는데, 계평자도 맹씨·숙손씨와 더불어 반격하여 소공의 군대를 물리쳤다.

이때 소공은 제나라로 망명했다. 제나라는 소공에게 건후의 땅을 주었다. 노나라의 정치 제도가 무너진 것은 이 무렵부터이다.

공자는 노나라에서 제나라로 갔다.

제나라의 경공에게 인정받으려고 먼저 대부인 고소자의 가신이 되었다. 그 무렵, 제나라에서는 악(조정의 의식에 사용되는 음악)이 왕성했다. 공자는 그를 찾아가 가르침을 청했다. 그 중에서도 소곡(순임금이 만든 음악이라고 전해진다)에 깊은 감명을 받아, 3개월 동안 침식을 잊고 배우기에 힘썼다. 그의 열성적인 태도가 소문이 나서 마침내 경공의 귀에 들어가 공자는 그를 만나는 것을 허락 받았다.

이때 경공이 어떻게 하면 나라가 잘 다스려지느냐고 묻자, 공자는 대답했다.

"임금은 임금으로서, 신하는 신하로서, 어버이는 어버이로서, 자식은 자식으로서 자기 본분을 다해야 할 것입니다."

경공은 그의 말을 인정하고

"정말 그 말이 맞소. 임금과 신하와 부자가 각기 그 본분을 다하지 아니하면, 아무리 재물이 풍부해도 결코 태평하지 못할 테니까."

그 뒤, 경공은 다시 공자를 불러, 이번에는 정치에 대해서 자문을 구했다.

"먼저 나라의 재정을 절약해야 합니다."

경공은 이번에도 공자의 대답에 만족했다. 그래서 경공은 공자를 이계의 장관으로 임명하려 했으나, 이때 재상 안영이 반대했다.

"기다리십시오. 대개 유학자란 공리공론을 말하므로 그 말에 넘어가면 엉뚱한 일이 일어납니다. 또 그들은 매사에 자신만만하고 남의 의견에 귀를 기울이지 않으며, 신하로서는 매우 쓰기 힘든 사람들입니다. 그리고 죽은 사람에 대한 예절을 떠들어 대어, 가산을 탕진하면서까지 거창한 장례식을 치르도록 요구하고 있어, 이것이 일반의 습속이 된다면 그야말로 큰일입니다. 그리고 유학자는 입으로만 녹을 찾아 거지처럼 이 나라 저 나라로 떠돌아다니는 패거리들이므로, 도저히 나랏일을 맡길 수 없습니다.

공자는 성인이 사라진 뒤, 주나라 왕실이 쇠퇴하여 예악이 버려진 채로 있음을 착안, 그 부흥을 꾀한다고 일컫고 있습니다.

그러하오니 공자를 기용해서 국내의 풍속을 새롭게 꾀한다는 건 혼란을 초래할 뿐입니다."

이 건의가 있은 뒤에도 공자에 대한 경공의 태도는 겉으로는 변하지 않았다. 그러나 두 번 다시 예에 관한 말은 끄집어 내지 않았다.

며칠이 지난 어느 날, 공자는 떠나려고 인사차 대궐에 찾아가자 경공은 당황해서,

"잠시만 기다려 주시오. 당신 나라의 계씨 정도의 지위는 아니지만,

맹씨보다는 윗자리를 생각하고 있소."

그러나 제나라의 중신들 사이에는 임금의 결정에 반대하는 여론이 강했고, 공자의 암살을 꾀하는 자까지 있었다. 그 일은 곧 공자에게도 전해졌다. 경공은 공자를 불러 말했다.

"일전엔 내가 말했던 일은 생각해 보니 나도 이젠 늙었소. 당신을 기용하면 도리어 폐만 끼칠지 모르겠소."

결국 공자는 제나라를 떠나 노나라로 돌아갔다.

계씨의 가신 공산불요가 비에서 반란을 일으키고, 사자를 보내 공자를 자기 군대에 초청했다. 그때 공자는 이미 충분한 수양을 쌓고 있었다. 그런데도 자기를 인정하는 사람이 없어 괴로운 나날을 보내고 있었다.

그러던 때에 이 초청이 온 것이다.

"주의 문왕과 무왕만 해도 풍 · 호의 작은 영주로부터 출발하여 왕업을 세웠다. 비는 일개 도읍에 지나지 않지만 희망이 없다고는 할 수 없다."

그러면서 당장 비로 떠나려는 공자를 제자인 자로(공자의 제자로 솔직한 성품에 행동적이었다)가 막았다.

"그만두십시오. 평소의 선생님답지 않습니다."

공자는 대답했다.

"그들이 나를 초청하겠다는 것은 농담이 아닐 것이다. 나라의 정치를 맡겨 준다면 주나라의 이상의 정치를 재현해 보이겠다."

그러나 그는 그 초청에 응하지 않았다.

그 뒤 공자는 정공으로부터 노나라의 도읍의 장관으로 임명되었다. 1년 뒤에 주변의 나라들이 공자가 하는 것을 본받게 되었다. 이 실적에 의해 공자는 사공에 임명되었다가 다시 대사구로 발탁되었다.

정공 10년(기원전 500) 봄, 노나라는 제나라와 강화를 맺었다.

같은 해 여름, 제나라에서는 대부 여서가 경공에게 경고했다.

"노나라는 공자를 등용한 이래 나날이 국력을 키우고 있습니다. 지금 무슨 수를 쓰지 않으면 반드시 곧 우리나라를 위협하게 될 것입니다."

그래서 경공은 노나라에 사자를 보내, 회의를 구실로 정공을 협곡으로 초청했다.

정공은 이 초청을 받아들여, 곧 출발 준비를 명령했다. 이때 제나라와의 절충을 명령받은 사람이 공자였다.

정공이 아무런 준비도 없이 협곡으로 출발하려 하므로 공자는 건의했다.

"예부터 영토 밖으로 나갈 때, 제후는 만일에 대비하여 군사들을 데리고 갔습니다. 회의라고 해서 결코 마음을 놓아서는 안 됩니다."

"그렇지."

정공은 공자의 건의를 받아들여, 군대를 이끌고 협곡의 회의 장소로 나아갔다.

임금들이 모여 회의가 이루어지는 협곡의 회의장에는 단이 마련되었는데 층계는 3단으로 되어 있었다. 정공과 경공은 예법에 따라 먼저 인사를 나눈 다음 단상으로 올라갔다.

주나라의 항아리

그것이 끝나자 제나라의 관리가 나와서 말했다.

"양국의 우호를 축하하기 위해 진기한 음악을 들려 드리겠습니다."

경공이 고개를 끄덕이자, 갑자기 요란한 북 소리가 울리며, 방패와 창과 무기를 손에 든 무용수들이 나타났다. 이때 위험을 느낀 공자는 얼른 앞으로 나아가 층계를 2단 뛰어올라, 두 손을 맞잡고 소리쳤다.

"두 나라의 군주가 엄숙한 회견을 하고 있는 데에서 오랑캐의 음악이라니 말도 안 됩니다. 어서 빨리 중지시켜 주십시오."

관리는 하는 수 없이 무용수들에게 물러가라고 했으나, 그들은 물러가지 않고 경공과 안영의 명령을 기다렸다. 이때 경공이 신호를 보내자 겨우 그들은 물러갔다.

얼마 뒤 제나라의 관리가 또다시 나와서 말했다.

"그럼, 궁중 음악은 어떨까요?"

다시 경공이 고개를 끄덕이자, 이번에는 도화사와 난쟁이들이 나타났다. 공자는 이것을 보자, 다시 앞으로 나아가 외쳤다.

"비천한 몸으로 제후를 우롱하는 행위는 사형에 처해야 합니다. 당장 관리에 명령해 조처해 주십시오."

도화사와 난쟁이들은 그 자리에서 끌려 나가 관리의 손에 의해 처형되었을 뿐만 아니라 손발을 끊겼다.

경공은 마음이 동요하여, 도저히 노나라에 당할 수 없다는 것을 깨달았다. 회의를 마치고 귀국하자 그는 신하들을 몹시 꾸짖었다.

"노나라 왕에게는 군신의 길을 따르는 신하가 많다. 그에 비해 내게는 오랑캐의 길밖에 모르는 신하들뿐이다. 그 덕택에 나는 창피를 당했다. 노나라에 대해 이번 일을 어떻게 조처했으면 좋겠소?"

신하 한 사람이 앞으로 나와서 말하였다.

"잘못을 저지른 경우, 소인은 입으로 수습합니다만, 군자는 행동으로 사죄합니다. 만일 이번 일을 후회하고 계신다면, 행동으로 사죄해야 합니다."

경공은 이 건의에 따라, 일찍이 노나라에게서 빼앗은 운 · 문양 · 구음 등을 돌려주고 사죄의 뜻을 나타냈다.

정공 14년(기원전 496), 공자는 56세로 계속해서 대사구로 있었는데, 다시 재상의 직무를 대리하게 되었다.

공자가 기쁜 표정을 짓자 제자 중의 한 사람이 그것을 보고 불만스러운 듯이 말했다.

"무릇 군자는 희로애락을 밖으로 드러내지 않는다고 하는데, 하물며 선생님 같은 분께서……."

"나라의 윗자리에 앉아서 수완을 마음껏 발휘하고, 아랫사람의 의견에도 충분히 귀를 기울이는 것은 나쁘진 않다."

공자는 노나라의 정치를 혼란시킨 대부 소정묘를 처벌하고, 적극적으로 정치 개혁을 단행했다. 그 결과, 3개월이 지나자 장사꾼은 폭리를 탐내지 않게 되고, 문란한 풍기도 사라졌다. 나라의 치안은 확보되고 잃어버린 물건을 가져가는 사람조차 없어지게 되었다. 또 노나라를 방문하는 외국인은 일일이 관리에게 말하지 않더라도 물자를 마음대로 나라 밖으로 가지고 나갈 수 있게 되었다.

제나라는 노나라의 융성함을 전해 듣자 몹시 불안감에 사로잡혔다.

"이대로 공자가 정치를 담당한다면, 노나라는 언젠가는 반드시 천하의 패자가 될 것이다. 그렇게 된다면 이웃 나라인 우리 제나라는 당장 그들의 침략을 받게 될 것이다. 차라리 지금 땅을 나누어서 노나라에 주는 것이 좋을 것이다."

대부 여서가 이번에도 건의했다.

"그 전에 노나라에 교란 작전을 시도해 보면 어떨까요? 땅을 주는 것은 그 뒤에도 늦지 않다고 생각합니다."

그래서 제나라는, 나라 안에서 미녀 80명을 뽑아 아름답게 가꾸게 한 다음, 노래와 춤을 배우게 했다. 이들을 아름답게 장식한 마차 30대에 태워 노나라 왕에게 선물하기로 했다.

이윽고 일행은 노나라의 도읍의 남문에 도착하여 기다렸다.

계환자가 가서 보고 날마다 남몰래 구경하러 갔다. 흠뻑 마음에 든 계환자는 교외 시찰이라면서 정공을 남문으로 데리고 갔다. 그들은 하루 종일 여자들의 노래와 춤에 흠뻑 빠져 나랏일은 아랑곳하지 않았다.

자로는 공자에게 말했다.

"나라가 이런 형편인데, 선생님은 그만두셔야 합니다."

"얼마 뒤면 교제郊祭(천지를 모시는 제사로 동지에 하늘을 남교에 모시고, 하지에 땅을 북교에 모신다. 이때 왕은 신하들에게 제물을 준다)날이 온다. 그 날 만일 예식에 따라 대부에게 제사에 쓰는 고기가 보내진다면 아직 희망이 있다. 괜히 급히 행동하지 않아도 될 것이다."

계환자는 제나라로부터의 선물을 받아들이고, 거기에 정신이 팔려 사흘 동안 나랏일을 돌보지 않았다. 교제날이 되어도 신하들에게 고기를 보내지 않았다. 그러자 공자는 마침내 벼슬을 그만두고 노나라를 떠났다.

그날 공자는 노나라의 남쪽 국경에 가까운 둔이라는 마을에 묵었다. 그곳으로 기라는 악사가 공자의 뒤를 쫓아왔다.

곡부의 공묘

"선생께서는 죄를 지은 일도 없는데 왜 노나라를 떠나십니까?"

"노래로 대답해도 되겠지요?"

공자는 그러면서 노래를 불렀다.

여자를 이용한 계략인데
여기에 넘어가면 한 몸의 파멸뿐
나라의 기둥이 저 꼴이라면
멀리 달아나서 유유히 지내고 싶다.

기가 서울로 돌아오자 계환자가 물었다.

"공자가 뭐라던가?"

기는 사실대로 말했다. 그러자 계환자는 깊이 한숨을 내쉬면서 중얼거렸다.

"선생은 내가 여자들을 받아들인 것에 화를 내신 것에 틀림없다."

공자는 위나라로 가서 자로의 손위 처남인 안탁추의 집에 머물렀다.

이때 위나라의 영공으로부터 공자를 등용하고 싶다는 전갈이 왔다.

영공은 공자에게 물었다.

"노나라에서는 어느 정도의 녹을 받으셨소?"

"6만 두입니다."

공자는 위나라에서도 6만 두의 녹을 받게 되었다.

그러나 얼마 뒤 영공에게 공자를 위험 인물이라고 헐뜯는 자가 있었기 때문에 영공은 공손여가에게 공자를 줄곧 감시시켰다. 공자는 신변에 위험을 느껴, 결국 10개월 만에 위나라를 떠났다.

진나라에 가려다가 도중에 송나라의 도시 광에 이르렀을 때였다. 말을 부리고 있던 제자 안각이 채찍으로 성벽을 가리키며 이렇게 말했다.

"제가 전에 왔을 때는, 저기 무너진 곳으로 들어갔습니다."

때마침 이 말을 얼핏 들은 광의 백성이, 이건 분명히 노나라 계씨의 가신 양호가 또 온 것이라고 착각했다. 양호는 전에 광의 거리를 짓밟은 일이 있었다. 그런데 공교롭게도 공자가 양호와 닮았었다. 이 때문에 공자의 일행은 사람들에게 포위되어 갇히게 되었다.

갇힌 지 닷새째, 일행으로부터 떨어져 있던 제자인 안회가 겨우 광에 도착했다. 안회를 보자 공자는 외쳤다.

"오, 무사했구나. 무척 걱정했다."

안회는 대답했다.

"제가 선생님보다 먼저 죽을 수 있겠습니까?"

사태가 좀처럼 풀릴 기미가 보이지 않자 제자들은 동요하기 시작했다. 그것을 보고 공자는 말했다.

"걱정할 것 없다. 저 문왕은 이미 없으나, 나는 그 길을 계승하고 있다. 그것은 이 길을 단절시키지 않으려는 하늘의 뜻일 것이다. 이 하늘의 뜻이 있는 한 광 사람들이 나를 어찌할 수가 있겠는가."

그 뒤 공자는 따르는 한 사람을 위나라로 보내 영무자의 신하로 만들어, 그의 힘에 의해 광을 떠날 수가 있었다.

이런 다음 위나라의 도시 포에 잠시 머물다가 1개월여 뒤에 위나라의 도읍으로 다시 돌아와 대부인 거백옥의 집에 머물렀다.

위나라의 영공에게는 남자南子(추한 소문이 많았던 부인)라는 부인이 있었다. 이 부인이 공자에게 호기심을 품어 심부름꾼을 보내 이렇게 말했다.

"우리 주군과 친교를 갖고자 원하는 분은 누구나 먼저 나를 만나 보기로 되어 있습니다. 부디 선생님도 만나 뵈었으면 좋겠습니다."

공자는 차마 거절할 수가 없어 찾아갔다. 남자 부인은 장막 저쪽에 앉아 있었다. 방에 들어간 공자가 북쪽에 앉아 고개를 숙이자, 부인도 장막 저쪽에서 답례했다.

이때 부인의 허리에 찬 구슬 장식이 소리를 냈다.

부인을 만나고 돌아온 공자는 제자를 향해 변명했다.

"만날 생각은 없었지만, 이것도 예의이니 어쩌겠나."

그러나 자로는 화를 냈다. 공자는 거듭 말했다.

"만일 내가 잘못했다면 하늘이 나를 재판할 것이다."

공자는 위나라로 돌아온 지 한 달쯤 지났을 무렵, 영공의 초청을 받았다. 그를 찾아가 보니 영공은 수레에 부인과 함께 타고 환관인 옹거를

춘추전국 시대 _ 청동 항아리

태우고, 공자는 뒷수레에 태웠다.

이리하여 거리를 돌아다닌 다음, 공자는 침울한 표정으로 말했다.

"그토록 미녀를 즐기다니……. 그 열성으로 덕의 함양에 힘쓰면 얼마나 좋을까?"

공자는 영공에게 환멸을 느끼고 위나라를 떠나 조나라로 갔다.

이 해에 노나라에서는 정공이 세상을 떠났다.

공자는 조나라를 지나 송나라로 들어갔다. 그가 큰 나무 그늘에서 제자들에게 예절에 대해 강의하고 있을 때였다. 일찍이 공자에게 창피를 당한 적이 있는 송나라의 무관 환퇴가 공자를 죽이려고 그 나무를 잘라 쓰러뜨렸다. 이 때 공자는 간신히 위기를 모면했다.

제자들은 마음이 급했다.

"선생님, 빨리 떠나십시다. 몹시 위험합니다."

공자는 침착하게 대답했다.

"나는 하늘로부터 덕을 받은 몸이다. 환퇴 따위가 나를 어쩌겠느냐."

공자는 정나라 도읍에 들어섰을 때 제자들과 길이 어긋나서 혼자서 성의 동문에 서 있었다. 그것을 본 한 백성이 자공을 찾아와서 말했다.

"동문에서 괴상한 사나이를 보았습니다. 얼굴이 요임금과 비슷하고, 목덜미는 현인 고도와, 어깨는 자산과 꼭같았습니다. 다만, 허리에서 밑이 세 치 가량 부족한데, 무척 지친 모양이 꼭 집 없는 개 같았습니다."

자공은 공자를 찾아서 들은 대로 이야기해 주었다. 공자는 유쾌한 듯이 소리 내어 웃으며 말했다.

"집 없는 개 같다는 말은 정말 뛰어난 표현이다."

공자가 진나라에 머무른 지 3년, 진나라와 초나라가 서로 세력을 겨루다가 진나라에 쳐들어왔다. 게다가 오나라까지 여기에 가담했으므로 진나라는 끊임없는 침략에 시달렸다. 공자는 이런 사태가 오자 귀국을 결심했다.

"고향으로 돌아가자. 고향에는 의욕이 넘치는 젊은이들이 기다리고 있을 테니까."

공자의 일행은 진나라를 떠나 포를 지나게 되었다. 그런데 때마침 공숙씨가 여기에서 위나라에 반기를 들고 있었다. 이 때문에 공자는 곧장 포위당해 버렸다.

제자인 공양유는 머리도 좋고 용기도 있는 대장부였다. 그는 자신의 수레 5대를 이끌고 일행에 끼어 있었는데, 이때 앞으로 나와 말했다.

"저는 이전에 선생님을 따라 광에 갔을 때 갇힌 적이 있는데, 지금 여기서 또 같은 경우에 부닥쳤습니다. 이것은 천명이겠지요. 하지만 저는 선생님과 함께 난을 당해 고생하느니보다는 차라리 싸워서 깨끗이 죽겠습니다."

그는 적을 향해 나아갔다. 그 기세에 상대방은 겁을 먹고 공자에게 조건을 제시했다.

"위나라에 가지 않는다고 약속하면 보내 주겠소."

공자는 이 조건을 받아들였다. 그러나 동문을 나서자, 역시 위나라로 향했다.

"그러면 약속을 어기게 되는데요."

알 수 없다는 듯한 얼굴로 그렇게 말하는 자공에게 공자는 대답했다.

"협박을 받고 응했을 뿐이다. 신도 그것을 약속이라고는 생각지 않았을 것이다."

위나라의 영공은 공자가 온다는 말을 듣고 기뻐하여 교외까지 마중을 나가 공자에게 물었다.

"나는 공숙 일당을 없애고 싶은데, 어떨까요?"

"당연하다고 생각합니다."

"대부들은 무력 행사에 반대하고 있소이다. 그러나 포는 우리나라에게 있어서 진·초의 침략을 막는 요새이니, 그들을 없애는 수밖에 없다고 생각하오."

"포의 사람들은 모두 토벌군에 가담할 것입니다. 토벌이라고 해도, 상대방은 기껏 4, 5명에 지나지 않습니다."

"잘 이야기해 주었소."

영공은 매우 만족한 듯했으나, 결국은 말뿐이었고 토벌은 하지 않았다.

영공은 이미 노년에 접어들어, 나라의 일을 게을리 하고 있었다. 그러므로 공자를 등용하려는 기색도 보이지 않았다.

공자는 한숨을 내쉬며,

"어느 나라라도 좋다. 내게 정치를 맡긴다면, 1년 안에 기초를 만들고, 3년 안에 훌륭한 국가로 만들어 보이련만……."

공자의 일행은 섭에서 채를 향했다. 도중 개울이 있는 곳에서 키다리와 뚱뚱보의 두 남자가 나란히 밭을 갈고 있는 광경이 보였다.

"은자 같군."

공자는 그렇게 말하며 자로에게 마차가 건널 수 있는 곳을 물어 오라고 했다.

자로가 다가서서 말을 걸자, 키다리가 반문했다.

"고삐를 잡고 있는 저 사내는 누군가?"

"공자라고 합니다."

"아, 그 노나라의 공자 말인가?"

"그렇습니다."

"공자라면 남에게 묻지 않아도 알 텐데 뭘 그러나."

뚱뚱보가 말참견을 했다.

"그런데 당신은 누군가?"

"중유(자로의 이름)라고 합니다."

"공자의 제자란 말인가?"

"그렇습니다."

"보시오. 세상의 형편은 이 개울의 흐름과 같은 거요. 이 도도한 개울의 흐름을 사람의 힘으로 바꿀 수 있다고 생각하시오? 이것도 안 되고 저것도 안 된다고 일일이 남에게 잔소리를 늘어놓고 다니느니보다는 차라리 우리들처럼 깨끗이 세상 그 자체를 피하는 편이 나을 거요."

이렇게 말하면서 두 사람은 일손을 멈추려 하지도 않았다. 자로는 공자가 있는 데로 돌아와서 두 사람의 말을 전했다.

**춘추 호** _ 청동으로 만들었다

공자는 말했다.

"그렇다고 해서 인간으로 태어난 이상, 새나 짐승을 상대로 살 수도 없지 않은가. 내가 이렇게 하고 있는 것도 세상에 길이 없어졌다고 생각되기 때문이다."

또 어느 날, 자로가 공자의 일행에서 떨어져 찾아 헤매고 있을 때, 대바구니를 짊어진 노인을 만났다.

"우리 선생님을 못 보셨나요?"

"선생이라고? 땀 흘려 일하지도 않고, 변변히 곡식의 구별도 못 하는 인간이 선생이란 말인가?"

노인은 이렇게 말하고는 대바구니를 내려 놓고 풀을 베기 시작했다. 일행을 찾은 자로가 이 이야기를 하자 공자가 말했다.

"은자로군."

자로는 곧장 노인과 만난 장소로 달려갔으나, 그의 모습은 보이지 않았다.

공자가 채나라로 옮긴 지 3년 뒤, 오나라가 진나라를 공격했다. 이에 대항하여 초나라가 진나라를 구원하고, 성보에 진을 쳤다.

초나라 왕은 공자가 진나라와 채나라의 국경 지대에 머물고 있음을 알고, 사자를 보내 자기 나라로 초청했다. 어떻든 한번 만나 보리라. 공자의 일행은 곧장 출발 준비를 했다.

이 이야기를 듣고 당황한 것은 진·채의 대부들이었다.

"공자는 어진 사람이다. 제후에 대한 비판은 모두 적중하였다. 이 고장에 오랫동안 머물고 있었으니, 그는 우리의 사정에 밝을 것이다. 우리가 하고 있는 짓은 무엇 하나 공자의 뜻에 맞지 않는다. 초나라는 큰 나라다. 그 초나라가 공자를 등용한다면, 우리 진나라나 채나라의 대부들에게는 불길한 일이 일어날지도 모른다."

대부들의 일치된 뜻에 의해서 당장 추격자가 초나라로 향했고 얼마 뒤 공자의 일행은 들판 한가운데서 포위당했다. 일행은 식량도 떨어져, 굶주림과 피로 때문에 일어날 기운조차 없었다.

그런데 공자만은 조금도 동요하는 빛이 보이지 않았다. 평소와 다름없이 시를 강의하고 거문고를 타며 노래를 부르고 있었다.

화가 난 자로가 공자에게 대들었다.

"군자도 궁할 때가 있나요?"

"물론 군자도 궁할 때가 있다. 그러나 소인처럼 낭패하진 않는다."

자로뿐만 아니라 자공에게도 분명히 분노의 빛이 나타났다. 이것을 보고 공자는 말했다.

"너는 내가 뭐든지 다 알고 있는 인간이라고 생각하느냐?"

"물론입니다. 그럼, 그렇지 않다는 말씀입니까?"

"그렇다. 나는 다만 내 길을 꾸준히 가고 있을 뿐이다."

그러나 제자들의 동요는 시간의 흐름과 함께 더할 뿐이었다. 공자는 다시 한 사람 한 사람씩 불러 이야기하기로 했다. 먼저 자로가 불리어 갔다.

"『시경』에, '무소(코뿔소)도 아니고 호랑이도 아닌데 나는 광야를 헤맨다' 라는 말이 있는데, 우리가 지금 놓여 있는 상태가 이와 같다. 이런 경우를 당하는 것은 우리의 길이 잘못되었기 때문일까?"

자로가 대답했다.

"우리가 사람들의 신임을 받지 못하는 것은 아직 불충분하기 때문이며, 우리의 길이 사람들에게 행하여지지 않는 것은 우리가 아직 불충분하기 때문이라고 생각합니다."

"아니다, 그것은 잘못이다. 어진 사람이 반드시 신임을 받는다면 어째서 백이 · 숙제의 비극이 일어날 수 있는가. 또 뜻이 있는 사람의 길이 반드시 행하여진다면 어째서 왕자 비간比干(은나라 주왕의 작은아버지로 주왕의 포학을 간하다가 죽었다)과 같은 사람이 학살당하는 일이 있겠는가."

공자는 다음에 자공을 불러 같은 질문을 했다.

"『시경』에, '무소도 아니고 호랑이도 아닌데 나는 광야를 헤맨다' 라는 말이 있는데, 우리가 지금 놓여 있는 상태가 이와 같다. 이런 경우를 당하는 것은 우리의 길이 잘못되었기 때문일까?"

자공은 대답했다.

"선생님의 길은 너무나 높고 멉니다. 그렇기 때문에 천하는 선생님을 받아들이지 못하고 있습니다. 세상 사람들이 받아들이기 쉽도록 길을 조금만 더 가까운 것으로 만드시면 어떨까요?"

"훌륭한 농부는 농작물을 잘 심지만, 반드시 좋은 수확을 얻진 못 한다. 또 훌륭한 장인은 명기를 만들지만, 반드시 평판이 좋다고만은 할 수 없다. 이와 마찬가지로 군자는 충분히 길을 닦고 천하를 다스릴 규범을 만들지만, 반드시 천하에 받아들여진다고는 할 수 없는 것이다. 그런데 너는 충분히 길을 닦지도 않고, 천하에 받아들여질 것만 생각하고 있다. 뜻이 너무나 보잘것없지 않느냐?"

이번에는 안회의 차례였다.

공자는 또다시 같은 질문을 되풀이 했다.

"『시경』에, '무소도 아니고 호랑이도 아닌데 나는 광야를 헤맨다' 라는 말이 있는데, 우리가 지금 놓여 있는 상태가 이와 같다. 이런 경우를 당하는 것은 우리의 길이 잘못되었기 때문일까?"

안회는 대답했다.

"선생님의 길은 너무나 높고 멉니다. 그렇기 때문에 천하는 선생님을 받아들이지 못하고 있는 것입니다. 그러나 선생님은 계속해서 이상의 길을 가십시오. 받아들여지느냐 않느냐는 문제가 안 됩니다. 만일 우리가 게을러서 길을 닦지 못한다면 그것은 우리의 수치입니다. 그런데 우리가 충분히 길을 닦고도 등용되지 않는다면, 그것은 나라를 다스리는 사람의 부끄러움입니다. 지금 세상에서는 오히려 받아들여지지 않는 것을 군자의 자랑으로 여겨야 하지 않을까요?"

공자는 이 말을 듣고 회심의 미소를 지었다.

"과연 훌륭한 마음가짐이다. 가령 네가 재산가라면 나는 집사로 고용당하고 싶구나."

이런 문답이 있은 다음에 공자는 초나라에 도움을 청했다. 이때 사자로 간 사람은 자공이었다. 초나라의 소왕은 곧장 군사를 보내 공자를 보호해서, 일행은 겨우 어려움을 벗어날 수가 있었다.

그 해(기원전 489) 가을, 초나라의 소왕은 성보의 진중에서 병으로 세상을 떠났다. 공자가 초나라를 떠나지 못하자, 기인 취급을 받고 있는 사람이 수레 앞을 노래하며 지나갔다.

봉황이여 봉황이여
이런 난세에 무엇 하러 나왔느냐
어제의 꿈을 버리면 또 내일이 열릴 것을
정치에 희망 걸어 보았자 무엇을 하겠는가

공자는 그와 이야기를 나누고 싶어 수레에서 내렸다. 그러나 그는 곧장 달아나 버렸다. 공자는 초나라를 떠나 위나라로 돌아갔다.

공자는 그때 이미 63세가 되어 있었다.

노나라의 애공 14년(기원전 481) 봄, 노나라 서쪽의 원야에서 사냥이 개최되었다. 그때, 대부 숙손씨의 마부 서상이 희귀한 짐승을 잡았다. 그 자리에 있던 사람들은 모두 이 짐승의 괴상한 모양을 보고, 그저 기분 나빠할 뿐이었다. 그런데 공자가 곰곰이 짐승을 살펴보고 나서,

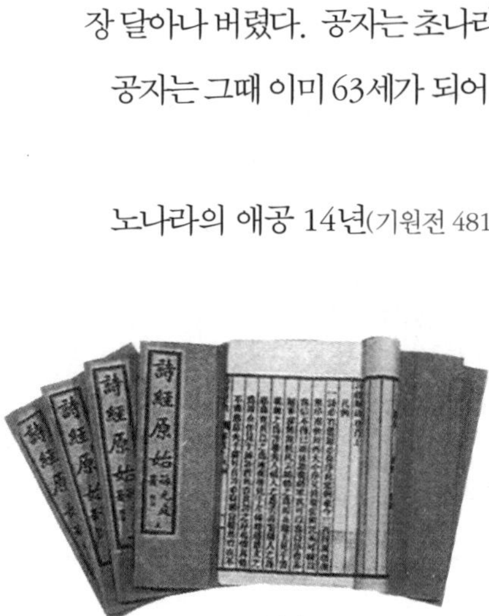

시경

"이것은 기린이다. 성인의 세상에나 나타나는 어진 짐승인 것이다."
이렇게 말했으므로 비로소 가기로 했다. 평소부터 공자는,

"용마도 신경스런 거북도 나타나지 않는다. 그렇다면 나는 마침내 성왕을 만나지 못한 채 일생을 마치는 것인가."

하며 몹시 침울해하고 있었다. 그러던 때에 가장 사랑하는 제자 안회의 죽음을 안 것이다.

"아, 나는 하늘에게서 버림받은 자이다."

공자는 절망에 빠져 있었다. 그럴 때 이 기린이 나타난 것이다. 어진 짐승이 나타나도 그것을 식별하지 못하는 세상이다.

"아, 나도 이제 마지막이다. 어느 누구의 지지도 받지 못하고 이 세상을 마친단 말인가."

문득 중얼거린 공자의 말을 자공이 가로막았다.

"그런 말씀을 하시다니 뜻밖입니다."

"아니다, 나는 하늘을 원망하는 것도 사람을 나무라는 것도 아니다. 나는 일상적인 것에서부터 고매한 것까지 온갖 것의 탐구를 지향해 왔다. 이런 나를 이해해 주는 것은 하늘뿐인가 하고 생각했을 따름이다. 생각해 보면, 끝까지 자신의 신념을 관철하고 결백을 지킨 사람은 백이 · 숙제다. 유하혜와 소연은 신념을 굽히고 조정에 나아갔다. 우중 · 이일은 은둔했으면서도 침묵을 안 지키고 제멋대로 지껄여 대었다. 그러나 결코 몸을 더럽힌 것이 아니고, 세상을 버리는 방법도 때를 얻고 있었다. 그런데 내 처지는 다르다. 미리 진퇴를 정해 놓고 행동한 것이 아니다. 의에 따랐을 뿐이다."

공자는 다시 말을 이었다.

"아니, 그래도 좋다. 하지만 군자라면 죽은 다음 이름을 칭송받아야 할 터인데, 나는 어떤가. 나의 이상은 무엇 하나 달성되지 않았다. 대체 무엇을 후세에 남기면 좋단 말인가."

공자는 노나라의 사서를 읽고, 『춘추』의 집필에 착수하여 은공으로부터 애공 14년에 이르는 12대의 역사를 정리했다.

『춘추』는 노나라의 사서이지만 단순히 거기에 그치지 않고 종실로서의 주나라의 존재를 명백히 하고 하 · 은 · 주 3대의 사적을 논한 것이다. 그 글은 간결하지만 뜻이 깊다. 가령 오나라와 초나라의 왕은 왕을 자칭했으나, 이 양군을 왕이라고 기록하지 않고 단순히 자(자작)라고 기록했다. 또 천토의 회맹은 실은 진후가 천자를 소환한 것이었으나, 그것을 좋지 않게 보고 다만 '천자, 하양에서 사냥을 하시다' 라고 기록했다. 이런 필법에 의해 세상을 바로잡고, 훼방과 칭찬, 선악의 의를 뚜렷이 한 것이다. 그것은 군주를 죽인 난신, 아버지를 죽인 사람의 행위를 특별하게 기록함으로써 후세 사람들에게 반성을 촉구하고, 왕자에게 대의를 시행시키려는 의도에 의거하고 있었다.

공자의 『춘추』에의 열의는 대단했다. 일찍이 공자가 관직에 있었을 때는 고소문 하나를 작성하는 데도 동료와 상의했으며, 결코 혼자서 처리한 일이 없었다. 그러나 『춘추』는 끝까지 혼자 집필하고 추고를 가했다. 학식이 많은 자하에게조차 한 자의 도움도 구하지 않았다. 마침내 『춘추』가 완성되었다. 공자는 그것을 제자들에게 보이면서 말했다.

"후세에 내가 칭송을 받건 비난을 받건 간에, 그것은 모두 이 책이 어떻게 해석되느냐에 달렸다."

공자가 병이 들었다. 자공이 병문안을 가자, 공자는 지팡이에 의지

하여 문 근처를 거닐고 있었다. 그는 자공을 보자,

"너무 늦게 오는구나,"

하고 깊은 한숨을 내쉬었다. 그러더니 어두운 표정으로,

> 태산은 무너지는가
>
> 기둥은 부러지는가
>
> 철인은 시드는가

이렇게 읊었다. 읊는 동안에 눈물이 얼굴을 흘러내렸다.

"천하의 도가 상실된 지 오래고, 나를 따라오는 자도 없다. 나는 어젯밤 안방 기둥 사이에 앉아 제물을 받고 있는 꿈을 꾸었다. 기둥 사이라고 하면 관을 안치하는 장소다. 이것은 은나라의 습관이고 하나라나 주나라에서는 다르다. 그런데 내 조상은 은나라 사람이다."

그런 지 7일 뒤, 공자는 세상을 떠났다. 그때에 73세로 노나라의 애공 16년(기원전 479) 4월 기축일의 일이었다.

공자는 노나라의 도읍의 북쪽 사수 가에 묻혔고, 제자들은 모두 3년의 심상(상복을 입지 않고 복상하는 일)을 치렀다.

석판에 새긴 『춘추』 연대기 일부

제자들은 상을 다 치르자 스승의 영전에 모여 곡하며 슬픔을 나누었다. 모두 헤어졌지만 그 중에는 떠나지 않고 남은 사람도 있었다.

자공은 공자의 무덤 곁에 오두막집을 짓

고 다시 3년을 복상했다.

공자의 묘지 옆에는 차츰 제자들이며 노나라 사람들이 옮겨 살게 되어, 얼마 뒤에는 1백여 호에 달해, 그곳은 공리라고 불리게 되었다.

그 뒤, 이 무덤은 대대로 계속 지켜져 매년 제례가 거행되었다. 또 공자의 무덤 앞에서 유학자들은 예를 배웠고, 향음주의 예(향리의 학교에서 3년 동안 배움을 마친 사람 가운데서 우등생을 뽑아 왕에게 추천하는데, 이때 향리의 대부가 벌이는 송별연)와 대사의 예를 거행했다.

묘지의 넓이는 1백 묘. 원래 제자들이 있던 건물은 나중에 묘당이 되어, 공자의 옷 · 갓 · 거문고 · 수레 · 서적 등을 넣어 두었다. 그것들은 한 대에서 오늘날까지 2백 수십여 년에 걸쳐 보존되고 있다.

한나라의 고조는 노나라에 들렀을 때, 공자의 무덤에 태뢰(소 · 돼지 · 양을 갖춘 최고의 제물)를 차려 놓고 제사를 지냈다. 또 제후나 대신은 이 지방에 오면 먼저 이 묘당을 찾아 참배하였다.

공자가 죽은 뒤에도 그를 사모하는 제자들의 마음은 컸다. 가문 중의 유약이 공자와 매우 닮았으므로, 그를 후계자로 모셨다. 그러고는 공자에게 대했을 때와 같은 태도로 그에게 배웠다.

# 안회顔回 · 자로子路 열전

안회는 노나라 사람이다. 자는 자연, 공자보다 30세 아래였다.

안회가 인의 실천에 관해 답을 구했을 때, 공자는 이렇게 대답했다.

"자기의 욕망을 누르고 분수를 지킬 일이다. 누구나 이렇게 할 수 있다면, 이상적인 인의 사회가 될 것이다."

안회에 대해 공자는 이렇게 말한 적이 있었다.

"그는 훌륭한 사람이다. 밥 한 그릇에 국 한 그릇, 이런 식사를 하는데다 집은 뒷골목의 오두막, 보통 사람이라면 불평도 하련만, 그 사람은 그렇기는커녕 도를 닦는 즐거움에 완전히 빠져 있다. 어쩌면 바보가 아닌가 생각될 때도 있다. 그런데 평소의 생활 태도를 살펴보면, 수시로 반짝 빛나는 것을 보인다. 그가 도저히 바보라고 말할 수 없다. 안회라면, 조정에 등용되면 전력을 기울일 것이고 또 무시당하면 태연스럽게 한구석에서 태연히 살 것이다. 이런 행동을 할 수 있는 사람은 그와 나 정도일 것이다."

안회는 몹시 가난하여 29세에 벌써 머리가 하얗게 세고, 젊어서 세상

전국 시대 북을 세우기 위한 좌대

을 떠났다. 이때 공자는 목을 놓아 울면서 탄식했다.

"안회가 나의 문하에 들어오면서부터 제자들이 더욱 나와 가까워졌는데……."

그 뒤 애공이,

"선생의 제자 중에서 학문을 좋아한 사람은 누구입니까?"

하고 물었을 때, 공자는 망설이지 않고 대답했다.

"안회이겠죠. 어떻든 그는 학문만 생각하였습니다. 자기 감정에 치우쳐 남에게 불쾌감을 주는 일도 없으려니와, 같은 잘못을 두 번 다시 되풀이하는 일도 없었습니다. 그러나 불행히도 일찍 생을 마쳤습니다만, 그 뒤 그만한 인물은 나타나지 않았습니다."

중유는 자를 자로라고 한다. 노나라의 변에서 태어났고, 공자보다 9세 아래이다. 자로는 성품이 거칠고 강직했는데, 원래 완력을 휘두르기 좋아했다. 수탉을 어깨에 태우고 수퇘지를 옆구리에 끼고 공자에게 사납게 뛰어든 일도 있었다.

그러나 공자는 예로써 자로를 이끌었으므로 자로도 차츰 감화를 받아, 얼마 뒤에는 유학자의 옷을 입고 물건을 바치면서 공자의 제자를 통해 제자로 삼아 달라고 청했다.

자로가 정치의 요체란 무엇이냐고 묻자, 공자는 대답했다.

"항상 백성의 선두에 서고, 백성에 대한 위로를 잊지 않아야 한다."

"그렇게 간단한 것인가요?"

"지금 말한 것을 방심하지 말고 실천하라. 싫증을 내서는 안 된다."

때로는 공자를 궁지에 모는 일도 있었다.

"군자도 용기는 필요하겠지요?"

"용기보다는 의다. 용기를 존중하는 나머지 의를 잊으면, 군자는 나라를 혼란에 빠뜨리고 소인은 도둑이 된다."

자로는 가르침을 받으면 어떻게든 그것을 실천하려고 노력하였다.

공자는 자로에 관해 이렇게 비평하였다.

"자로라면 재판관이 되더라도 한쪽의 말만 듣고도 판결을 내릴 수 있을 것이다. 그는 그렇게 과단성 있는 사람이다. 용기에 있어서도 뛰어나며, 이 점에서는 나도 자로에게 당할 수 없다. 다만 애석하게도 그는 생각함에 있어 분별이 없다. 이대로 가다가는 천수를 다할 수 있을지 걱정이다. 그렇지만 그라면 남루한 옷을 걸치고 귀인과 만나는 일이 있더라도 기가 죽지 않고 당당히 행동할 수가 있을 것이다. 자로는 충분하다고는 할 수 없지만 이미 군자의 경지에 도달해 있다."

노나라의 대부 계강자가 어느 날 공자에게 물었다.

"자로는 인자라고 할 수 있을까요?"

"그건 모르지만, 한나라의 군사에 관한 일을 감독 지휘할 만한 수완은 가지고 있습니다.”

자로는 공자의 여러 나라 방랑에 기꺼이 따랐고, 장저 · 걸닉, 그리고 대바구니를 짊어진 노인 등과 말을 나누었다.

자로가 계씨의 집사였을 때, 계씨가 공자에게 물었다.

“자로는 대신으로 발탁할 만한 인물일까요?”

“아니, 그건 무리겠지요. 보통 관리가 적당하다고 생각합니다.”

그 뒤 자로는 포의 대관으로서 위나라로부터 초청을 받아 공자에게 인사하러 찾아왔다.

이때 공자는 자로에게 말했다.

“포라는 곳은 난폭한 사람들이 많아 여간해서 다스리기 힘든 고장이다. 그러므로 내 말을 잘 들어 둬라. 항상 공경하는 태도를 잃지 말라. 그러면 난폭한 사람들도 반드시 따른다. 또 관용과 공정한 자세를 무너뜨리지 말라. 그러면 백성들도 반드시 지지해 준다. 이 두 가지를 실시하여 민심을 안정시킬 수가 있다면, 어려움도 뚫고 나갈 수 있을 것이다.”

위나라의 영공에게는 총애하는 남자 부인이 있었다. 그런데 태자 괴외가 이 남자 부인을 죽이려다가 실패하여 처벌이 두려워 나라 밖으로 도망갔다. 마침내 영공이 죽자, 남자 부인은 공자 영에게 뒤를 잇게 하려고 했다.

그러나 영은 반대했다.

“망명 중인 태자의 아들 첩이 뒤를 이어야 합니다.”

그래서 첩이 새로운 위나라 왕으로 옹립되었다. 이 사람이 출공이다.

출공이 즉위한 지 12년, 그의 아버지 괴외는 아직도 나라 밖에 망명

중이어서 고국으로 돌아오지 못하고 있었는데, 위나라의 대부 공회를 이용하여 위나라의 왕위를 빼앗으려 했다. 이때, 자로는 그 공회의 영지에서 대관으로 일하고 있었다.

궤외는 먼저 음모를 꾸며 공회의 집에 몰래 들어가서 공회를 협박, 그 일당을 이끌고 출공을 습격했다. 출공은 노나라로 망명하였으며 반란은 성공했고 궤외가 왕으로 즉위했다. 이 사람이 장공이다.

반란이 일어났을 때 자로는 마침 임지에 있었는데, 급보를 듣자 급히 위나라 도읍으로 달려왔다. 성문 가까이까지 왔을 때, 마침 성 안에서 나온 자고를 만났다.

자고는 자로를 말렸다.

"출공은 망명하시고 성문은 이미 닫혔소. 귀공도 돌아가는 것이 좋을 것이오. 일부러 사건에 휘말릴 필요는 없을 거요."

그러나 자로는 뜻을 굽히지 않았다.

"아니요. 녹을 먹은 자로서, 주군의 어려움을 보고 저버릴 수는 없소."

자로는 단념하고 혼자 떠났다.

자로는 성문이 열리기를 기다렸다. 그러는데 재수 좋게도 위나라로 가는 사자가 도착하여 성문이 열렸다. 자로는 그 사자의 뒤를 따라 성문 안으로 들어가, 곧장 궤외가 있는 곳으로 갔다. 이때 궤외는 공회와 함께 망루 위에 있었다.

자로는 궤외를 향해 소리쳤다.

"반역자 공회는 필요가 없으실 줄 압니다. 부디 제게 명령을 내려 주십시오. 죽여 버리겠습니다."

궤외는 그의 부탁을 거절했다.

그러자 자로는 망루에 불을 지르려 했다. 놀란 것은 궤외였다. 곧 석걸과 호염에게 명령하여 자로를 칼로 치라고 했다. 그들의 칼이 마침내 자로의 갓을 깨뜨렸다.

그러자 자로는,

"보라, 군자는 죽더라도 갓을 벗지 않는다!"

하고 외치며 갓끈을 다시 맨 다음 숨졌다.

위나라에 반란이 일어났다는 소문이 공자의 귀에 들어왔을 때, 공자는 말했다.

"아, 자로의 일이니 분명……."

그 뒤, 과연 자로의 죽음이 전해졌다.

그때 공자는 숙연히 이렇게 말했다.

"그가 내 제자가 된 뒤, 내게 대한 세상의 비난을 도무지 들을 수가 없었는데……."

# 자공子貢 열전

공자의 제자 중에 공자가 세상을 떠나려고 했을 때 그에게 달려올 수 있었던 사람은 자공이었다. 자공은 말재주가 뛰어났을 뿐 아니라 학문도 빼어났고, 장사에게도 빼어난 솜씨를 발휘하였다. 자공이란 자이며, 단목端木이 성, 이름은 사이다. 공자보다 31세 아래였다. 공자는 자공의 재주를 인정하였다.

그는 때로는 자공에게 짓궂은 질문을 했다.

"너하고 안회하고는 어느 쪽이 낫다고 생각하느냐?"

"안회이지요. 그는 하나를 듣고 열을 알지만, 저는 기껏 하나를 듣고 둘을 알 정도입니다."

자공의 겸손하고 신중한 대답이다.

어느 날 자공이 공자에게 질문했다.

"제가 어떤 사람인지 평가해 주십시오."

"그릇이지."

"선생님, 무슨 말씀이신지요?"

"호련이야."

호련이란 조상의 제사에 쓰는 그릇이다. 공자는 일단 '그릇이지' 하며 자공의 재주를 비꼬긴 했으나, 그가 되묻자 당황해서 '없어서는 안 될 인재' 라고 변명한 듯한 말이다.

**제나라에서는** 대부 전상이 반란을 일으키려고 음모를 꾸몄다. 그러나 고 · 국 · 포 · 안씨 등 나라 안의 큰 세력들을 적으로 맞을 일이 두려웠다. 그래서 계획을 변경하여 노나라를 공격하려고 군대를 움직였다.

이때 공자는 제자들을 모아 놓고 말했다.

"노나라는 우리 조상들이 묻힌 땅이며, 부모의 나라다. 그 노나라가 지금 멸망의 위기에 놓여 있다. 누구든 이 조국의 위기를 구원할 사람은 없느냐?"

먼저 자로가 나섰다. 그러나 공자는 자로를 말렸다. 다음에 자장과 자석이 나섰으나, 공자는 그들도 허락하지 않았으나 자공이 나서자 공자는 비로소 승낙했다.

자공은 곧장 제나라로 가서 전상을 만나 이렇게 말했다.

"노나라를 공격하는 것은 잘못입니다. 서쪽은 지대가 얇고 낮으며, 방어용 도랑은 좁고 얕습니다. 그리고 왕은 어리석고 덕이 없으며 중신들은 교활하고 무능합니다. 그리고 신하들이나 백성들은 전쟁이라면 몸서리를 칩니다. 이런 나라보다는 차라리 오나라를 공격하는 것이 좋을 것입니다. 오나라는 성벽이 두텁고 높으며, 도랑은 넓고 깊습니다.

무기는 튼튼하고, 병사들은 정예병들로 이루어져 있고 군량미도 풍부합니다. 그리고 지휘를 맡고 있는 사람이 빼어난 대부입니다. 이런 나라일수록 공격하기 쉽습니다."

이 말을 듣자 전상은 화가 났다.

"귀공은 나를 우롱할 셈이오?"

"아닙니다. 내 말을 좀 들어 보십시오. 골칫거리가 나라 안에 있을 때는 강국을 치고, 그것이 나라 밖에 있을 때는 약소국을 치라고 했습니다. 소문에 의하면 당신의 경우 골칫거리는 나라 안에 있습니다. 당신에게는 세 번이나 봉읍을 늘리는 문제가 화제에 올랐으나, 세 번 다 중지되었습니다. 그 원인은 일부 중신들이 당신을 싫어서 반대했기 때문이라고 합니다. 지금 당신은 노나라를 쳐서 제나라의 영토를 넓히려고 합니다. 그러나 이런 상황 아래서 싸움에 이기면 어떻게 될까요? 왕은 교만해지고, 군사권을 잡은 대신은 한층 더 세력이 강해집니다. 당신은 공을 세웠으면서 도리어 왕으로부터 소외당할 것입니다. 말하자면 당신은 위로는 왕의 마음을 교만하게 만들고 신하들이 제멋대로 굴게 만들어 버릴 것입니다. 이런 상황에서는 당신의 야망은 도저히 이루어질 수가 없습니다. 왕의 마음이 교만해지면 나랏일은 자기 마음대로 처리하고, 신하들의 마음이 교만해지면 싸움을 시작합니다. 따라서 당신은 위로는 왕과 맞서 서로 미워하고, 아래로는 대신들과 싸우지 않을 수 없게 되어, 제나라에서의 당신의 입장은 매우 걱정스러운 것이 될 것입니다. 오나라를 치는 것이 이익이라고 말씀드린 것은 이렇게 앞을 내다보았기 때문입니다. 가령, 오나라를 쳐서 패배했을 경우, 어떻게 될까요? 많은 백성들이 죽고 대신은 그 세력을 잃습니다. 그렇게 되면

춘추전국 시대의 옥패

당신은 대신들의 저항을 받는 일도 없고 백성의 비난을 받는 일도 없게 됩니다. 즉, 왕을 고립시키고 당신 혼자서 제나라를 움직일 수가 있습니다."

"하지만 우리 군사들은 벌써 노나라를 향해 떠났소. 갑자기 그들을 오나라로 보낸다면 중신들이 수상하게 생각할 것이니 어찌하면 좋겠소?"

"노나라의 공격을 중지시켜 주십시오. 그리고 나를 사자로서 오나라에 보내 주신다면 나는 오나라가 노나라를 구원하기 위하여 제나라를 공격하도록 만들겠습니다. 그때 당신은 군사를 이끌고 오나라군과 싸우면 됩니다."

전상은 자공의 건의를 받아들여, 그를 남쪽의 오왕에게로 보냈다.

자공은 오왕을 찾아가서 설득했다.

"지금의 정세는 어떻습니까? 큰 나라인 제나라는 작은 나라 노나라를 쓰러뜨려, 오나라와 겨루려고 일을 꾸미고 있습니다. 왕을 위해 나는 이 점을 걱정하지 않을 수 없습니다. 왕께서 이때에 노나라를 돕는 것은 왕자로서의 이름을 천하에 떨치게 하고, 제나라를 공격하는 것은 큰 이익이 됩니다. 노나라의 편을 들어 포학한 제나라에 벌을 내리고, 그것이 나아가서 강국 진나라까지도 복종시킨다면, 더 이상의 것은 없습니다. 어떻든 겉으로는 멸망당하려는 노나라를 존속시키고, 실적상으로는 제나라를 괴롭히게 됩니다. 이것은 의심할 여지가 없습니다."

"그런데 나는 일찍이 월나라와 싸워 이기고 월왕을 후지이산에 몰아넣은 적이 있소. 월왕은 그 뒤 먹을 것도 제대로 먹지 않고 고통을 견디며 군사들을 기른다고 하오. 아마 그때의 원한을 복수하려는 모양이오. 그러니, 나로서는 먼저 월나라를 치는 것이 우선이고, 당신의 주장은 그 뒤에 하고 싶소."

"아닙니다. 월나라는 노나라와 똑같은 약소국이며, 제나라는 오나라에 지지 않는 강국입니다. 왕께서 제나라의 공격을 뒤로 미루고 월나라를 공격하면, 그 동안에 제나라가 노나라를 무너뜨립니다. 그리고 왕께서는 멸망하려는 나라를 존속시키는 것을 명분으로 삼아야 할 것입니다. 그런데도 강국 제나라가 두려워서 작은 나라 월나라를 공격한다면 그것은 결코 용기라고 할 수 없으며, 또한 명분도 서지 않습니다. 용기 있는 사람은 난을 두려워하지 않고, 어진 사람은 약자를 괴롭히지 않으며, 지혜로운 사람은 기회를 놓치지 않고, 의로움을 지킵니다. 만일 이때 월나라를 존속시켜 제후들에게 덕을 보이고, 노나라를 돕고, 제나라를 쳐서 진나라에 압력을 넣으면 제후는 반드시 서로 손잡고 오나라에 들어와 대왕의 염원인 패업이 이루어집니다. 그리고 만일 왕께서 월나라가 마음에 걸리신다면 내가 월왕을 찾아가서 월나라가 군사를 내어 오나라에 협력하도록 설득하지요. 이 일이 실현된다면, 월나라의 병력을 무력하게 만들 수가 있으며, 또 제후를 거느리고 포학한 자를 친다는 명분도 서는 것입니다."

오왕은 자공에게 월왕을 찾아가게 했다.

월왕은 자공을 위해 길을 깨끗이 치우고 교외까지 나아갔다. 그리고 스스로 마차를 몰고 그가 묵을 곳까지 안내한 다음, 이렇게 말했다.

"이렇게 우리나라에 일부러 찾아오셨을 때는 그만한 이유가 있으실 것입니다."

"저는 오왕을 만나 노나라를 도와 제나라를 공격하도록 설득했습니다. 오왕은 이 뜻을 받아들이고 싶었으나, 아무래도 월나라가 걱정이 되니, 먼저 월나라를 친 다음에 하고 싶다고 했습니다. 그런 점으로 보아서는 반드시 월나라를 공격해 올 것입니다. 그런데 복수할 뜻이 없음에도 불구하고 상대방에게 의심을 받는다면, 그건 좋지 못한 일입니다. 또 만일 복수할 뜻이 있더라도 상대방이 그 일을 알면 반드시 실패합니다. 그리고 또 실행에 옮기기 전에 상대방에게 비밀이 새어 나가면 매우 위험합니다. 이상 세 가지는 일의 성공을 위해 절대로 명심하지 않으면 안 됩니다."

월왕 구천은 이 말을 듣자, 자공에게 머리를 숙이고 두 번 절하며 말했다.

"나는 일찍이 오나라와 싸워서, 후지이산으로 쫓겨들어가 온갖 고통을 겪었소. 그 원한은 골수에 사무쳐, 그 뒤로는 오왕을 죽일 생각만 하였소."

"오왕은 폭군이어서 신하들은 어쩔 줄을 모르고 있습니다. 계속되는 전쟁에 병사들은 몹시 지쳐 있고, 백성들은 왕을 원망하고 대신들은 충성심을 잃었고 충신 오자서는 간언 때문에 죽었으며, 나랏일을 돌보는 태재 백비는 오왕의 잘못을 틈타 자기 배를 채우고 있습니다. 지금 월나라가 군사를 내어 오나라를 돕는다면, 월나라에 대한 오왕의 마음은 변할 것이며 더욱 환심을 사기 위해 보물을 보내고 예를 다하면, 오왕은 반드시 월나라에서 제나라로 공격 목표를 바꿀 것입니다. 제나라와 싸워 만일 오나라가 패한다면, 그것은 월나라에게 다행한 일이며, 반대로 오나라가 이겼을 경우에는 오나라가 다시 진나라를 칠 것입니다. 그때는 내가 북쪽의 진나라를 찾아가서 진왕에게 오나라와 싸우도록 설득하겠습니다. 이 일이 성공한다면 오나라의 군대가 피해를 입을 것은 뻔합니다. 그리고 오나라가 제나라와의 전쟁에서 정예군을 잃고 진나라와의 싸움에서 피해를 입었을 때를 틈타 월나라는 곧장 오나라를 공격하는 것입니다. 그러면 반드시 그들을 멸망시킬 수가 있습니다."

월왕은 이 일을 승낙하고, 자공에게 금 백 일, 칼 한 자루, 좋은 창 두 자루를 주려고 했다. 그러나 자공은 그것을 물리치고 월나라를 떠났다.

자공은 오왕에게 돌아와서 이렇게 보고했다.

"월왕에게 가서 대왕의 말씀을 전하자, 월왕은 매우 황송해하며 이렇게 말했습니다. '저는 일찍 아버지를 여의고, 제 분수도 모르고 오나라와 싸워 패전하여 후지이산에서 온갖 굴욕을 당하고, 국토를 폐허로 만들었으나, 대왕의 덕택으로 가까스로 나라를 멸명시키는 일만은 모면했습니다. 이 은혜는 죽어도 잊을 수 없습니다. 이런 내가 어떻게 감히 복수할 생각을 품겠습니까?' 하고 말입니다."

5일 뒤에 월나라로부터 대부 문종이 사자로서 도착했다.

문종은 오왕을 만나자 고개를 숙이며 말했다.

"역신 구천의 신하 문종은 사자로서 대왕께 인사를 드립니다. 들리는 소문에 의하면, 대왕께서는 이번에 대의를 위하여 일어나셨다고 들었습니다. 강한 자를 벌하시고 약한 자를 돕고, 포악한 제나라를 쳐서 주나라의 왕실을 지키신다 하오니, 이제 우리나라는 군사 3천 명을 모아 구천 스스로 갑주를 걸치고 나아가 싸울 각오입니다. 여기에 월나라의 천한 신하인 문종을 통해 조상으로부터 전해 내려오는 갑주 20령, 굴려의 창, 보광의 칼을 바쳐, 출전하심을 경하 드리는 뜻으로 삼고자 합니다."

오왕은 매우 감격하여 자공에게 말했다.

"어떻소? 월왕은 스스로 나를 따라 제나라 공격에 나서겠다는데……."

"안 됩니다. 나라를 비워 놓고 모든 군사들을 동원시키고, 게다가 왕께서 출전하시면 옳은 일이 아닙니다. 지금 대왕께서는 공물과 원군만을 받아들이시고, 출전은 사양하셔야 될 줄 압니다."

오나라 왕은 이 의견에 좇아 월왕의 종군을 사양했다. 이리하여 오왕은 친히 아홉 고을의 군사들을 모아 제나라 공격에 나섰다. 그러자 자공은 진나라로 가서 진나라의 왕을 설득했다.

"지금 오나라와 제나라는 싸우려고 하는데, 이 싸움에서 만일 오나라가 지면 월나라가 반드시 오나라를 칠 것입니다. 그러나 만일 오나라가 이기면, 오나라는 그 여세를 몰아 진나라에 쳐들어올 것입니다."

진나라 왕은 파랗게 질려 자공에게 물었다.

"어떻게 하면 좋겠소?"

"지금은 군대를 정비하여 언제라도 싸울 수 있도록 해야 합니다."

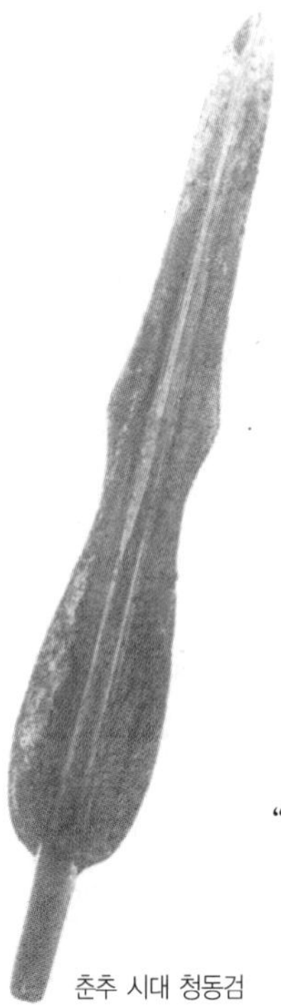
춘추 시대 청동검

진나라 왕이 자신의 뜻을 승낙했으므로 자공은

진나라에서 노나라로 돌아왔다.

한편 오왕은 애릉에서 제나라와 싸워 큰 승리를 거두었고, 7장군이 이끄는 병사를 사로잡았다. 그리고 자공이 예상했던 대로 군사들을 진나라로 출전시켰다.

오나라군과 진나라군은 황지 가에서 공방전을 벌인 끝에, 진나라군은 오나라군을 크게 무찔렀다.

월왕은 이 보고를 받자, 드디어 때가 왔다 생각하고 장강을 건너 오나라를 공격했다. 그리고 오나라 서울에서 불과 70리까지 쳐들어가서 진을 쳤다. 당황한 것은 오나라 왕이었다. 조국의 위급한 상황을 듣고, 곧 진나라에서 돌아왔다. 그러고는 오호 가에서 월나라군과 세 번 싸워 한 번도 이기지 못하고, 마침내 수도의 성문이 뚫렸다.

월나라는 오나라의 왕궁을 포위하고, 오왕 부차가 자살하게 한 다음 태재 백비를 죽였다.

그런 지 3년 뒤, 월나라는 동쪽의 패자가 되었다.

이와 같이 자공은 노나라를 구하고, 제나라를 뒤흔들었으며, 오나라를 무찌르고, 또 진나라를 강국으로 만들었으며, 월나라를 패자로 만들었다. 즉, 자공의 손에 천하의 형세가 변하고, 10년 안에 다섯 나라가 그 모습을 바꾼 것이다.

자공은 또 상재에 뛰어나 물자를 팔아서 재산을 모았다. 그는 타인과의 교제에 있어서는 상대방의 장점을 얻는 반면, 상대방의 결점도 솔직하게 지적했다. 그는 정치가로서 노나라와 위나라의 재상을 지냈으며, 제나라에서 일생을 마쳤다.

# 맹자孟子 열전

맹자는 추나라 출신이다. 그는 자사(공자의 손자)의 문하에서 공부했고 학문을 깨달은 다음 제나라의 선왕(기원전 342~324)을 섬겼다. 그러나 선왕이 맹자의 학설을 받아들이지 않자 그는 양나라로 갔다.

양나라 혜왕 역시 맹자의 주장을 실천하지 않았으며 맹자의 학설이 너무 어렵고 실제에 맞지 않는 학설이라고 생각했다. 당시 진나라는 상앙을 기용해서 부국강병을 실시하고 있었으며, 초나라와 위나라는 오기를 등용해서 무력으로 약한 나라들을 정복하고 있었다.

한편, 제나라에서는 위왕기원전 378~343과 선왕이 손자나 전기와 같은 사람들을 등용해서 세력을 넓혔기 때문에 제후들은 제나라를 종주국으로 섬기고 있었다.

당시의 중국은 힘이 약한 나라들이 뭉쳐 큰 나라에 대항하는 외교정책을 펼쳐 침략과 공격을 제일로 삼는 시대였다. 그러나 맹자는 그 반대로 고대의 요·순 및 하·은·주 3대의 성왕들이 인품을 가지고 나라를 다스린 방법을 좀 더 보충하여 유세했다.

그 때문에 그의 학설은 어디에 가든지 용납되지 않았다. 그래서 은거하여 제자인 만장들과 『시경』과 『서경』의 순서를 바로잡고 공자의 사상을 보충해서 7편으로 된 『맹자』를 저술했다.

맹자

그 뒤 추자의 일파가 나왔는데 제나라에는 추라는 성을 가진 학자가 세 사람 있었다. 최초의 사람은 추기라고 하는데, 그는 거문고의 솜씨가 훌륭하다고 해서 위왕을 섬기게 되었고, 그 일이 인연이 되어 나랏일에까지 맡게 되었으며, 성후에 봉해져서 재상의 지위까지 올랐다. 그는 맹자 이전의 사람이다.

그 다음 사람은 추연이다. 그는 맹자 다음 대의 사람이다. 추연은 여러 나라의 왕들이 점점 사치와 음란에 빠져 『시경』의 〈대아〉 편에서 볼 수 있는 것과 같이 덕을 존중하는 사고방식, 말하자면 저 자신의 몸을 올바르게 닦고 서민에게까지 그 영향이 미치게 하는 방법을 얻을 수 없게 되었다고 보았다.

그래서 음과 양의 기본 요소가 사라지고 태어나는, 변화해서 세계를 움직이는 이법을 깊이 관찰하고 '영묘하고 위대한 변화' 라든가 '시작과 끝', '위대한 성이라는 것' 등 10만 자 이상으로 된 대저서를 저술했다. 그가 말하는 것은 광대하고 상식 이상의 것이었다.

그의 이론은 언제나 작은 것을 먼저 조사하고 그런 뒤에 점점 큰 것으로 옮겨 가서 나중에는 끝이 없는 곳까지 도달했다.

시대에 있어서도 먼저 현재를 말하고 거기서부터 태고의 황제 시대로 거슬러 올라간다. 학자들이 말하는 학설은 대개 그들이 산 시대의 흥망성쇠에 대응해서 전개된 것이다.

여기에 관련해서 시대의 좋은 일이나 도량형과 음률 등의 제도를 적고, 거기서 멀리 천지가 아직 생기기 이전의 아주 끝간 데가 없이 아득한 혼돈의 시대에까지 쓰고 있다.

지리적으로는 먼저 중국의 유명한 산과 큰 강과 어떤 계곡의 새나 짐승, 그리고 물이나 언덕에 나는 식물의 종류들을 늘어놓아 여기서부터 추리해서 우리로서는 볼 수 없는 바다 저쪽까지 미치는 것이다.

그리고 하늘과 땅이 갈라지고 이 세계가 이루어지고 나서 5행 즉, 화 · 수 · 목 · 금 · 토의 5개의 요소가 서로 뛰어남을 뒤바꾸며 그 자리를 옮겨 간다고 보았다. 또 여기에 따라서 저마다의 요소에 적합한 세상을 다스릴 수 있다고 보았으며, 천지 만물과 시간과 공간의 구조는 이와 같이 부합되고 대응해 있다고 생각하는 것이다.

그의 생각으로는 중국은 전 세계 속에서는 불과 81분의 1에 지나지 않는다고 했다. 중국의 입장에서 본다면 적현신주라고 명명된다. 이 적현신주 가운데는 물론 9개의 주가 있다. 우왕이 구분한 주라고 하는 것이 바로 이것이다.

세계는 이 9주로부터 이루어진다고 생각해서는 안 된다. 중국 외에도 적현신주에 비견할 만한 것이 9개가 있다. 이것이 정말 9주인 것이다. 거기에 비해라고 하는 비교적 작은 바다가 있어서 이 9주를 둘러싸고 있다. 백성이나 새와 짐승이 그곳에서 밖으로 나올 수가 없으며, 한 구역 속에 갇혀 있는 것과 같은 것이 이 9주로부터 이루어지는 하나의 큰 주인 것이다.

이와 같은 큰 주 9개가 있어서 그 밖을 큰 바다가 둘러싸고 있다. 이것이 하늘과 바다의 경계인 것이다.

추연의 학설은 이상과 같은 것이다. 그러나 그 학설의 귀결점을 간추린다면 인간 생활에 있어서의 어질고 의로우며 절약과 검소함을 강조하고 왕과 신하들 사이와 상하 관계, 그리고 친족 모두에게 이것을 미치게 하는 데 힘을 썼다. 다만 그 출발점에 있어서 너무 막막한 것을 설명한 것뿐이다.

왕이나 제후를 비롯해서 대신들이 그의 학설을 알게 된 처음에는 큰 충격을 받고 감화되었지만 나중에는 실천하지 않게 되었다. 그래서 추연은 제나라에서 중요시 되었다.

양나라에 가자 혜왕이 교외까지 영접을 나와 정식으로 손님을 접대하는 예의를 갖추었다. 그리고 조나라에 갔을 때 평원군은 그가 지나는 길을 앞에서 걷지 않았고 그가 앉는 자리의 먼지를 직접 털어서 정중히 대접했다.

연나라에 가자 소왕(기원전 311~279)이 비를 들고 앞에 서서 안내하고 제자의 자리에 나란히 앉아서 제자들과 같이 추연의 가르침을 받고자 원했다. 그리고 왕은 갈석궁을 짓고 친히 그곳에 나가서 추연의 가르침을 받았다.

거기서 만들어진 것이 추연의 저서 중 〈주운편〉이다. 추연은 제후들을 찾아다니며 이처럼 존경을 받았다.

공자가 진 · 채나라에서 푸대접을 받던 일과 맹자가 제나라나 양나라에서 곤궁에 빠졌던 것과는 전혀 그 사정이 다른 것이다.

원래 주의 무왕은 인의에 따라 포악한 은의 주왕을 쓰러뜨리고 왕위에 올랐는데, 백이는 굶어 죽으면서도 결코 주나라의 곡식을 입에 대지 않았다. 그리고 위나라의 영공이 군의 진을 세우는 방법을 공자에게 물었으나 공자는 대답하지 않았다.

양나라의 혜왕이 조나라를 공격하기 위해 전략을 꾸미고 있었을 때 맹자는 주나라의 고공단보가 야만족의 공격을 받았을 때 전쟁으로 인한 살상을 피하기 위해 근거지인 빈을 떠난 일을 훌륭하다고 칭찬했다. 이러한 그들의 행위는 세상의 풍조에 아첨하고 영합하려는 생각에서 그런 것만은 아니다. 도대체 네모진 단면을 둥근 구멍에 집어넣으려고 한들 그것이 들어갈 수 있겠는가.

어떤 사람의 말에 의하면 현인이라고 불리는 이윤도 가마솥을 등에 짊어지는 요리인이 되어서 은나라의 탕왕에게 다가갔으며, 그는 탕왕을 격려하여 왕업을 완성시켰다.

그리고 저 백리혜도 수레가 지나는 길에서 소를 먹였으나 진나라의 목공은 그의 덕택으로 패자가 되었다.

이것은 처음에는 영합하고 그 뒤에서 상대방을 위대한 길로 인도한 힘인 것이다. 추연은 전통적인 선에서 거리가 먼 학설을 펼쳤지만 이것도 역시 소에게 먹이를 주고, 가마솥을 등에 짊어진 현인으로 통하는 의도가 있는 것이 아닐까 싶다.

**추연을** 비롯하여 제나라의 수도인 임치의 직문 근처에 모였던 학자들, 예를 들면 순우곤 · 신도 · 환연 · 접자 · 전병 · 추석 같은 사람들은 모두 책을 저술하여 국가를 다스리는 문제를 논하고, 그것에 의해 그때의 왕들의 주의를 끌었다. 그러나 여기서 일일이 다 늘어놓을 수는 없다.

순우곤은 제나라 사람이다. 그는 박식하고 기억력이 뛰어났으며, 학문적으로는 어떤 학파에도 속하지 않았다. 군주에 대한 충언과 설득에 대해서는 안영을 존경하였다.

어떤 사람이 순우곤을 양나라의 혜왕에게 소개하여 만난 일이 있었다. 혜왕은 측근들을 물리치고 혼자 앉아 있었다. 이렇게 해서 두 번을 만났는데 그는 끝내 아무 말도 하지 않았다. 이상하게 생각한 혜왕은 그 소개한 사람을 꾸짖었다.

"그대는 순우곤을 관중이나 안영이 따를 수 없는 인물이라고 칭찬했다. 그런데 내가 그를 만나 본 결과 얻을 것이라고는 아무것도 없다. 내가 자기와 말할 수 있는 상대가 못 된다고 생각하는 것인가? 도대체 어떻게 된 일인가?"

소개한 사람은 이 일을 순우곤에게 말하자, 순우곤은 이렇게 대답했다.

"내가 처음 왕을 뵈었을 때 왕은 말을 타고 달리는 데 정신이 팔려 있었다. 그리고 그 다음 뵈었을 때는 노래에 마음이 끌려 있었다. 그래서 나는 아무 말도 하지 않은 것이다."

소개한 사람은 이런 사실을 왕에게 말했다. 그러자 왕은 깜짝 놀라 이렇게 말했다.

"순우곤 선생은 참으로 성인이다. 처음에 순우곤 선생이 나를 찾아왔을 때 내게 좋은 말을 바친 사람이 있었는데, 내가 아직 그 말을 보지 못했을 때 선생이 오신 것이다. 그리고 두 번째 왔을 때는 가수를 바친

산둥성에 있는 맹자의 동상

자가 있었는데, 미처 그의 노래를 들어 보지 못했을 때 선생이 오신 것이다. 나는 사람들을 물러가게 했지만, 마음은 말과 가수에게 끌려 있었다."

그 뒤 순우곤이 왕을 만났을 때, 그와 밤낮으로 3일 동안 이야기했으나 지루한 줄을 몰랐다. 혜왕은 그에게 재상의 직위를 주고 대우하려 했지만 순우곤은 사양하고 떠나고 말았다.

그래서 왕은 그를 말 네 필이 끄는 마차에 태우고 비단과 보석과 황금을 선물로 주었다. 그는 일생 동안 벼슬을 하지 않고 지냈다.

신도는 조나라 사람이고, 전병과 접자는 제나라 사람이며, 환연은 초나라 사람이다. 그들은 모두 황제와 노자의 가르침을 배우고 저마다의 새로운 생각에 의해 도가 사상의 체계를 세웠다. 그래서 신도는 12편의 글을 썼고, 환연은 상편과 하편으로 된 책을 저술했으며, 전병과 접자도 모두 저서를 남겼다.

추석은 제나라 추자 일파의 한 사람이다. 그도 추연의 학설을 많이 이용해서 글을 썼다. 그래서 제나라 왕은 그들의 학문적인 활동에 만족한 뜻을 표하고 순우곤을 비롯한 모든 학자들에게 열대부의 칭호를 내리고 수도의 빼어난 곳에 높은 문을 세우고 그들을 위해 큰 집을 지었다.

제나라에서는 이처럼 천하의 어진 자를 모았다는 것을 여러 제후의 나라에 있는 빈객들에게 보인 것이다.

# 한비韓非 열전

한비는 한나라의 공자였는데, 후궁에게서 태어났다. 그의 학설의 중심은 '형명(왕이 신하의 성적을 평가하는 하나의 방법)', '법술(한비 사상의 핵심을 이루는 것으로, '법' 이란 법령을 말하며 '술' 이란 그의 독특한 통술법을 일컫는다)'의 이론으로, 황로(도가)의 흐름을 이었다고 할 수 있다. 그는 말더듬이였기 때문에 말은 잘 하지 못했으나 문장에 뛰어나 많은 저술을 남겼다.

한비는 젊었을 때에 순자에게 배웠는데, 그때 같이 공부한 사람 중에 이사(진나라 시황제 때의 재상)가 있었는데 그는 한비를 따라갈 수 없었다.

그 무렵, 한나라는 이웃 나라들의 침입을 받아 영토를 자꾸 빼앗기고 있었다. 이런 조국의 슬픈 현상을 보고, 한비는 글로써 왕에게 부국강병책을 건의했으나 채택되지 못했다.

한비의 생각으로는, 나라를 다스리는 사람은 법의 제도를 개혁하고, 권력으로 신하를 거느리고, 부국강병을 꾀하기 위해 유능한 인재를 등용하지 않으면 안 되는 것이었다. 그런데 실제는 벌레 같은 자들만을 등용하여 공로와 실적 있는 사람의 위에 앉혔으므로 그야말로 분통이 터질 지경이었다.

"유학자는 학문으로 세상을 어지럽히고, 협객의 무리는 힘으로 법을 범하고 있다. 그런데도 평소에는 이름 있는 그들을 등용하고, 막상 전쟁이 일어나면 병사에게 의지한다. 등용된 자는 막상 써야 할 때 쓸모가 없고 실제로 쓸모 있는 자는 등용하지 않고 있다."

한비

깨끗하고 정직한 인물이 나쁜 신하들 때문에 등용되지 못함에 화가 나서, 한비는 옛날 왕들의 정치적 업적을 조사해서 『고분』·『오두』·『내외저』·『설림』·『설란』 등의 작품을 썼다. 특히 왕에게 건의하는 어려움을 알고 있던 한비는, 완벽하게 『설란』을 썼는데, 결국 그 어려움에서 벗어나지 못하고 진나라에서 죽었다.

『설란』에는 다음과 같이 쓰여 있다.

왕에게 건의하는 것은 어렵다. 어떤 점이 어려운가. 그것은 건의하는 자가 충분한 지식을 가지고 있어야 하는 어려움이 아니고, 또 자기의 의견을 말하는 어려움도 아니다. 그리고 또 말하고 싶은 것을 거리낌없이 서슴지 않고 말하는 용기를 갖는 어려움도 아니다. 건의의 어려움이란 상대방의 마음을 꿰뚫은 뒤에 자신의 의견을 거기에 맞춰야 하는 어려움이다.

가령, 명성을 얻고 싶어하는 군주에게, 이렇게 하면 큰 이익이 있다고 설득하면, 비천한 자에게 멸시를 당했다고 상대도 해 주지 않을 것이다.

반대로, 이익만을 추구하는 군주를 상대로 명성을 얻는 마음가짐을 설득하면, 세상을 모르는 멍청이라고 경원당할 것이 뻔하다.

실제로는 이익을 구하면서 겉으로는 명군인 척한다. 이런 군주를 상대한다면 어떤가. 이러한 상대에게 명군의 마음가짐을 설득할 경우, 형식적으로는 등용될지 모르지만 실제로는 따돌림을 받는다. 그렇다고 해서 이익을 얻는 법을 설득한 경우에는 의견만 도둑맞고, 그 뒤는 모르는 척할 것이다. 건의하려면 이 정도의 상식은 알고 있지 않으면 안 된다.

계획은 비밀리에 진행함으로써 이루어지는 것이며, 도중에 밖으로 새어 나가면 실패한다. 가령 그것을 누설할 생각이 없더라도 우연히 군주가 남 몰래 계획하고 있는 일에 거슬리면 건의하는 사람은 위태롭다.

군주에게 잘못이 있었을 때, 옛 일을 들어 군주의 잘못을 드러내면 건의하는 사람은 위태롭다. 벼슬한 지 얼마 안 되고 또 자기가 신임을 받고 있지 못하면서 자기의 지식을 모두 드러내면, 가령 자기가 말한 계획이 성공하여 공을 세워도 포상은 받지 못한다. 만일 계획이 실패하면 의심을 받아, 건의하는 사람은 위태롭다

군주가 누군가의 의견을 좇아 계획을 세우고, 그 공을 독점하고 싶어 한다고 하자. 그 과정을 알고 있다면 건의하는 사람은 위태롭다.

상대방이 겉으로는 무엇인가 일을 꾸미고 있는 것처럼 가장하고 실은 뒤에서 전혀 다른 일을 하고 있다고 하자. 이 경우, 그 뒤까지 꿰뚫지 않으면 건의하는 사람은 위태롭다.

아무래도 하고 싶지 않은 일을 강요하거나, 도저히 물러설 수 없는 일을 중지시키려고 하면 건의하는 사람은 위태롭다.

군주는 인격자를 화제에 올리면 자기를 비꼰다고 생각하며, 쓸모 없는 사람의 이야기를 하면 무엇인가 선동하는 줄 알고 경계한다.

총애하는 자를 칭찬하면 자신에게 아부하려는 수단이 아닌가 의심하고, 마음에 들지 않는 자를 나쁘게 말하면 자기의 마음을 시험하고 있는 것이 아닌가 하고 신경을 쓴다.

간추려서 말하면, 잘 모르는 인간이라고 상대하지 않으며, 길게 말하면 융통성이 없는 인간이라고 귀찮아 한다.

말을 아껴 큰일만을 이야기하면 이야기도 할 줄 모르는 꽁생원이라고 깔보고, 계획을 세워 의견을 제시하면, 예의도 모르는 자라고 경멸한다.

이것이 건의의 어려움이라는 것이다.

그러면 왕에게 건의하는 사람이 알아야 할 것은 무엇인가. 상대방이 중요시하고 있는 것은 얼마든지 말하고, 싫어하는 것은 입 밖에 내지 않는다. 이 요령을 아는 것이 중요하다.

자기의 계략을 자랑하는 상대방에게는, 그 계략이 실패할 것 같다고 말하여 상대를 어려움에 몰아 넣어서는 안 된다. 결단을 잘 한다고 만족한 상대방에게는, 그 결단에 시비를 걸어 화나게 해서는 안 된다. 능력에 자신을 가지고 있는 상대방에게 그 능력의 어려운 점을 들어 자신을 잃게 해서는 안 된다.

상대방의 행동을 비판할 때는, 공통점이 있는 다른 예를 들어 그의 마음을 건드리지 않도록 해야 한다. 그리고 칭찬할 때도 다른 사람의 일을 사례로 들면서 자연스럽게 추켜세운다.

실패하여 풀이 죽어 있는 군주에게는 다른 사례를 들어 실패가 아님을 증명하여 그가 용기를 내도록 해야 한다.

이와 같이 상대방에게 간언할 때는 그의 마음을 거스르지 않도록 하고, 충고할 때도 자극을 주지 않도록 지혜를 짜서 말해야 한다. 그러면 상대방은 의심하지 않고 자신에게 가까이 다가오게 되고, 따라서 자신은 자기의 생각을 충분히 다 말할 수 있게 된다.

오랫동안 봉사하여 믿음이 두터워지면 비밀스런 일에까지 개입하여 건의해도 의심을 받지 않고, 의견에 반론을 펴도 처벌을 받지 않는다. 이해를 정확히 지적하여 성과를 올릴 수가 있으며, 시비를 곧장 판단함으로써 도리어 이쪽의 명예를 높일 수 있다. 이리하여 상대방도 이 편도 이익을 얻게 되면 건의는 성공이다.

옛날 이윤이 요리사로 가장한 것도, 백리혜가 노예가 된 것도 모두 군주에게 다가가기 위해서였다. 그들은 성인이었음에도 불구하고 천한 일에 종사하면서 세상을 살았으니, 건의하는 사람이 자신이 말을 낮추었다고 해서 수치로 생각할 필요는 없다.

송나라의 어떤 부잣집에서 어느 날 비 때문에 담이 무너졌다.

"이대로 놔두면 반드시 도둑이 들어올 것이오."

아들이 말했다. 그리고 이와 같은 말을 이웃집 주인도 했다.

과연 그날 밤 도둑이 들어 몽땅 도둑을 맞았다. 아버지는 아들의 선견지명에 감탄했다. 그러나 이웃집 주인에 대해서는 혹시 그가 도둑이 아닌가 하고 의심했다.

또 이런 예도 있다.

옛날 정나라의 무공은 호나라를 정벌하겠다고 생각했다. 그래서 먼저 자기의 딸을 호나라 왕에게 시집 보냈다.

이렇게 해 놓고 신하에게 물었다.

"나는 타국을 치고 싶다. 어느 나라를 상대하면 좋은가?"

"호나라가 좋다고 생각합니다."

대부 관기사가 대답했다.

"호나라는 우리와 인척 관계가 있는 나라가 아닌가. 호나라를 치라니 무슨 말인가?"

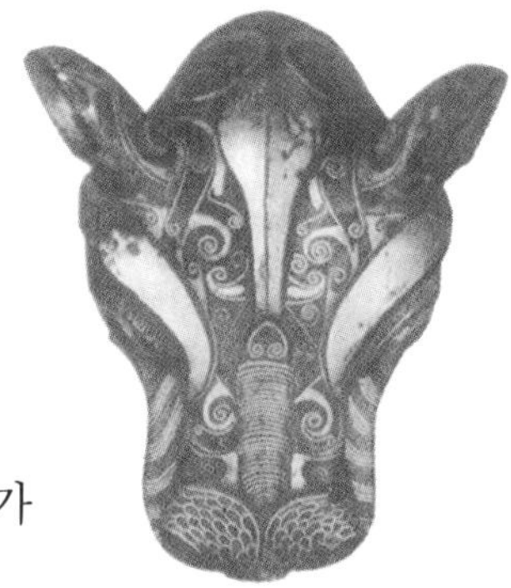

위나라의 수레 끌채를 장식한 물건

무공은 몹시 화를 내고 관기사를 죽였다.

호나라 왕은 그 말을 전해 듣고, 안심하여 정나라에 대한 방비를 게을리 했다. 그 약점을 이용하여 정나라는 호나라를 공격하여 차지하였다.

미자하라는 미소년이 위나라 왕의 총애를 받고 있었다.

위나라의 법률로는 왕의 수레를 탄 자는 다리를 자르는 형벌을 받게 되어 있다. 그런데 얼마 뒤 어느 날 밤, 어머니가 급한 병이 들었다는 연락을 받은 미자하는 왕의 명령이라고 속여 왕의 수레를 사용했다.

그 말을 들은 위나라 왕은 죄를 묻기는커녕 도리어 칭찬하는 것이었다.

"과연 효자로구나. 어머니를 생각하는 나머지 다리를 잘린다는 형벌도 잊다니."

또 어느 날, 그가 위나라 왕을 따라 과수원에 산책하러 간 적이 있었다. 복숭아를 먹을 때 몹시 맛이 있어, 미자하가 반을 남겨 왕에게 권했다. 그러자 왕은 말했다.

"제가 먹을 것도 잊으면서까지 나를 주다니."

그러나 마침내 미자하의 아름다움이 시들자 위나라 왕의 총애는 멀어졌다. 그리고 위나라의 왕은 미자하가 전에 한 일에 화를 내었다.

"이놈은 거짓말을 하고 내 수레를 이용한 적이 있었다. 또 먹다 만 복숭아를 먹인 적이 있었다."

미자하가 전번에는 칭찬을 받았으나 나중에는 죄를 받은 것은 위나라 왕의 애정이 미움으로 변했기 때문이다.

즉, 상대방이 애정을 갖고 있는 경우에는 좋은 말을 하면 곧 마음에 들어 하고, 점점 더 가까이 하게 된다. 그런데 처음부터 미움을 받으면, 아무리 좋은 말을 해도 받아들여지지 않고 점점 더 멀리 배척을 당할 뿐이다. 그러므로 의견을 말하거나 간언하려면, 상대방에게 자기가 어떻게 생각되고 있는가를 안 다음에 해야 한다.

용은 길들이면 사람이 탈 수 있을 정도로 순하다. 그런데 목줄기 밑에 직경 한 자나 되는 비늘이 거꾸로 나 있어서, 이것을 건드리면 당장 물려 죽게 된다.

군주에게는 이 거꾸로 난 비늘이 있다. 여기에 거스르지 않도록 건의할 수 있다면 훌륭하다고 할 수 있다.

한비의 저술을 진나라 왕에게 가져오자 진나라 왕은 『고분』과 『오두』 2편을 읽고 감탄했다.

"이것을 저술한 사람을 만날 수 있다면 나는 죽어도 한이 없겠다."

이사가 진나라 왕에게 가르쳐 주었다.

"그것을 쓴 사람은 한비입니다."

한나라를 공격하면 한나라에서 한비를 사신으로 보내리라고 생각한 진나라는 갑자기 한나라를 공격했다. 과연 한나라는 화평을 청해 그때까지 등용하지 않았던 한비를 사신으로 보냈다. 진나라 왕은 한비를 만나 기뻐했으나, 곧 등용하려 하지 않았다.

춘추전국 새대의 유물

그런데 이때 이사와 그의 동료인 요가는 한비가 등용되면 자신들이 위태롭다고 생각하고 진나라 왕에게 이렇게 그를 헐뜯었다.

"한비는 한나라의 공자입니다. 진나라가 제후를 없애려는 지금, 그는 진나라를 위해서는 최선을 다하지 않을 것입니다. 그렇다고 해서 오랫동안 진나라에 두었다가 돌려보내면 나중에 화근이 되겠지요. 지금 곧 법에 의해 엄벌에 처해야 합니다."

진나라 왕은 그들의 말을 듣고 한비를 옥에 가두자, 이사는 곧 옥으로 독약을 보내 한비로 하여금 자살할 것을 강권했다. 한비는 진나라 왕을 만나 변명하려 했으나 허용되지 않았다.

그 무렵, 진나라 왕은 생각을 고쳐먹고 한비를 풀어주려고 감옥으로 사신을 보냈다. 그러나 한비는 이 세상을 떠나고 없었다.

# 손무孫武 · 손빈孫臏 열전

손무(손자)는 제나라 사람으로 병법에 밝았으므로 오왕 합려의 초청을 받았다. 이때 합려는 손무에게 말했다.

"그대가 지은 병서 13편을 모두 읽었소. 그럼 여기서 한번 시험 삼아 병사들을 훈련하는 것을 나에게 보여 줄 수 있겠소?"

"그렇게 하겠습니다."

"여자들도 할 수 있는가?"

"할 수 있습니다."

마침내 궁중의 미녀 1백80명을 모아 군사 훈련을 하기로 하였다. 손무는 먼저 2개 부대로 나누고, 왕이 총애하는 두 여자를 각각 대장으로 삼고 미녀들에게 창을 들게 하고 말했다.

"어떤가, 자기의 가슴과 왼손 · 오른손 등을 알 수 있는가?"

"예!"

"그러면 앞이라면 가슴을 보라. 마찬가지로 왼쪽이라고 하면 왼손, 오른쪽이라면 오른손, 뒤라고 하면 등을 보아라. 알겠는가?"

"예!"

구령을 여인들에게 전하자, 손무는 형벌용으로 쓰는 큰 도끼를 끄집어 냈다. 그리고 자신의 구령이 모두에게 전달되도록 설명을 되풀이했다.

손자

그런데 막상 북을 치면서,

"오른쪽!"

하자, 여인들은 킬킬거리며 웃을 뿐이었다.

그러자 손무는,

"내 구령이 나빴던 모양이다. 미안하다."

그러면서 전과 같은 구령과의 설명을 몇 번이고 되풀이했다.

그런데 또다시 북이 울리면서,

"왼쪽!"

하자, 여인들은 역시 킬킬거리며 웃을 뿐이었다.

손무는 말했다.

"전번에는 내 잘못이었지만 이번에는 다르다. 모두 내 구령을 잘 알았을 것이다. 그런데도 구령대로 움직이지 않은 것은 대장의 책임이다."

그는 손에 든 큰 도끼로 두 대장을 치려고 했다. 이때 오왕은 누각 위에서 군사 훈련을 구경하고 있었는데, 자신이 총애하는 여자가 죽게 된 것을 보고 당황했다.

왕은 곧장 전령을 보내 말했다.

"그대의 훌륭한 군사 훈련 솜씨는 이미 보았다. 그 두 여인이 없으면

궁녀들을
지휘하는 손자

나는 음식물이 제대로 목을 넘어가지 않는다. 제발 죽이지 말라."

그러나 손무는,

"이 부대의 장은 저입니다. 장군은 임금의 명령이라도 받아들일 수 없습니다."

그렇게 말하고 두 대장을 죽여 버린 다음, 두 미인을 후임 대장으로 삼았다. 그런 뒤 북을 치면서 구령을 내리자, 여인들은 구령대로 모두들 질서 정연하게 움직였으며, 누구 한 사람 웃지 않았다.

손무는 왕에게 전령을 보내 보고했다.

"훈련은 이미 마쳤습니다. 이곳에 오셔서 시험해 보십시오. 대왕께서 명령을 내리시면, 병사들은 물불을 가리지 않고 뛰어들 것입니다."

"그럴 필요는 없소. 그대는 이제 그만 숙소에 돌아가 쉬도록 하시오."

"대왕께서는 병법의 이론을 잘 아시는 모양인데, 실천은 잘 모르시는 것 같군요."

오나라 왕은 손무가 군사들을 부리는 데 뛰어났음을 알고, 그를 장군으로 삼았다.

오나라는 그 뒤 서쪽으로는 초나라를 쳐서 초나라의 서울 영으로 들어가고, 북쪽으로는 제나라와 진나라를 위협하여 제후들 사이에 이름을 떨쳤는데, 이것은 어디까지나 손무의 덕택이었다.

손무가 죽은 지 백여 년 뒤에 손빈이 태어났다.

손빈은 손무의 후예로 그는 제나라 서쪽의 아와 견의 중간 지점에서 태어나 젊었을 적부터 방연과 함께 병법을 배웠다. 방연은 위나라의 혜왕에 의해 장군이 되었다. 그는 아무리 생각해 보아도 자기의 재능이 손빈에게 미치지 못했다. 그래서 그는 간계를 꾸며 손빈을 위나라로 불러들여 그에게 죄를 뒤집어씌워서, 그 벌로 다리를 자르고 얼굴에 문신을 했다. 그리고 사람들과 만나지 못하게 떼어 놓았다.

이때 제나라의 사신이 위나라 서울 대량을 방문했다. 손빈은 비밀리에 사신을 만났다. 사신은 그 재능을 간파하고 자기의 수레에 숨겨 제나라로 데리고 왔다. 손빈의 재주는 제나라의 장군 전기에게 인정되어, 빈객으로 맞았다.

전기는 도박을 좋아해서 제나라의 공자들과 돈을 걸고 마차 경주를 즐겼다. 손빈이 살펴보니 출전하는 양쪽의 세 마차는 상 · 중 · 하의 3급으로 나뉘고, 같은 급끼리의 말은 다리에 힘이 있어서 차이가 없었다. 이렇게 생각한 그는 한 꾀를 생각해 내어 전기에게 말했다.

"이번에 꼭 이기게 해 드리겠습니다."

전기는 공자들뿐만 아니라 왕까지도 상대해서 큰 승부에 도전했다.

드디어 경주를 벌이는 날, 손빈은 전기에게 귀띔했다.

"이쪽의 제일 느린 말이 저쪽의 제일 빠른 말과 한 조가 되도록 짜십시오. 그리고 이쪽의 제일 빠른 말을 저쪽의 중간쯤 말에, 중간쯤 말은 아래 말에 짜도록 하십시오."

마침내 전기는 한몫 단단히 잡았다.

전기는 이 일로 점점 더 손빈에게 반하여, 제나라의 위왕에게 추천했다. 위왕은 병법에 관해 그와 이야기를 나눈 뒤, 그를 군사로 임명했다.

얼마 뒤 위나라가 조나라를 공격했다. 조나라는 위나라군의 맹렬한 공세에 견디다 못해 제나라에 구원을 요구했다. 제나라 왕은 손빈을 구원군의 장군으로 임명하려 했으나, 손빈은 형을 치르는 몸임을 이유로 사양했다.

왕은 다시 전기를 장군으로 삼고, 손빈은 군사로서 남의 눈에 띄지 않도록 포장마차 속에서 작전을 세우게 했다. 전기가 군사를 이끌고 조나라로 가려고 하자, 손빈은 이의를 제기했다.

"싸움하는 사람을 돕는 데도 무작정 뛰어들어서는 안 됩니다. 상대방의 약점을 찔러야만 전세가 유리하게 펼쳐집니다. 지금 위나라는 조나라와의 싸움에 전력을 다하고, 나라 안에는 늙고 약한 군사들만이 남아 있습니다. 이때, 위나라의 서울 대량을 쳐야 합니다. 그러면 위나라는 반드시 조나라 공격을 멈추고 저희 나라로 군사를 돌릴 것입니다. 이것이야

쇠뇌

말로 상대방에게 포위를 풀게 함과 동시에 상대방을 피폐시키는 일석이조의 작전입니다."

전기가 이 전술을 실행으로 옮기자, 위나라군은 과연 조나라의 서울 한단의 포위를 풀고, 귀국의 길에 올랐다.

손무의 초상이 새겨진 동전

제나라 군대는 그들을 계릉에서 맞아 싸워 대승을 거두었다.

13년 뒤, 위나라는 조나라와 손을 잡고 한나라를 공격했다. 제나라는 한나라의 지원군 요청을 받고 전기를 장군으로 임명하여, 위나라의 서울 대량으로 가게 했다. 위나라의 장군 방연은 군사들을 돌려, 전기의 군대를 뒤에서 습격하려고 하였다.

제나라 군대는 이때 이미 국경을 넘어 위나라로 쳐들어가고 있었다. 이때 손빈은 전기에게 이렇게 건의했다.

"위나라의 군사는 용감하여 제나라의 군대를 겁쟁이라고 업신여기고 있습니다. 잘 싸우는 사람은 적의 형편을 역이용합니다. 병법에도 승리에 취해 너무 깊이 적을 쫓으면 장수를 잃고, 50리면 군사들을 잃는다고 했습니다. 우리 군대는 아군의 수를 오늘은 10만, 내일은 5만, 그 이튿날은 3만, 이렇게 차츰 줄입니다."

방연이 제나라의 군사를 뒤쫓기 사흘, 아궁이의 자리가 줄어 가는 것을 보고 매우 기뻐했다.

"제나라의 군대가 겁쟁이라는 말은 들었지만, 벌써 반절 이상이 도망쳤다는 것은 너무 심하군."

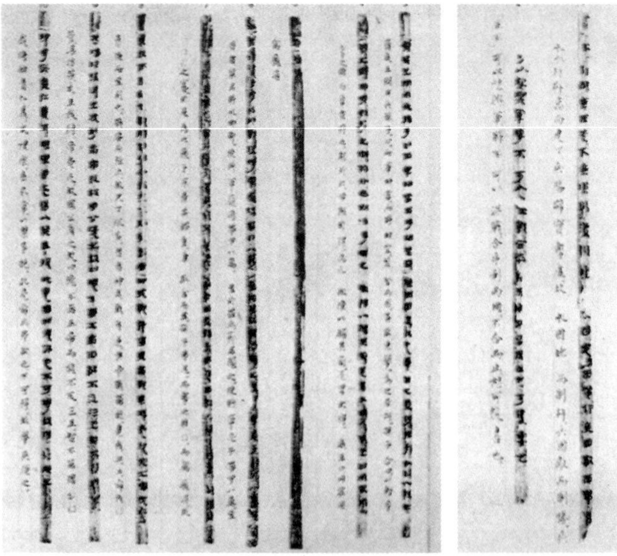

손자 병법
죽간의 일부

그래서 보병 부대는 뒤에 남겨 두고, 가벼운 차림의 기병대만을 이끌고, 단숨에 제나라 군대에 따라가려고 속도를 올렸다.

손빈은 해질녘에 위나라의 군대가 마릉에 도착할 것이라고 판단했다. 마릉은 골짜기여서 길은 좁고, 그 양쪽은 험한 비탈길이어서 복병을 숨겨 두기에는 안성맞춤인 곳이었다.

손빈은 길가의 큰 나무를 깎아,

"방연, 마침내 이 나무 밑에서 죽다."

라고 크게 써 놓고, 많은 군사들을 길 양쪽에 매복시킨 다음, 이렇게 명령했다.

"밤이 되면, 이 나무 밑에 불이 켜질 것이다. 그 불을 향해 일제히 화살을 쏘아라."

그날 밤, 방연은 이 나무 밑까지 와서 쓰여 있는 글자에 눈길을 모았다. 불을 켜고 읽으려는 순간, 제나라 군대의 쇠뇌가 일제히 발사되었다. 그러자 위나라 군대는 어둠 속에서 큰 혼란에 빠졌다.

방연은 모든 일이 끝났음을 깨닫고,

"세상이 손빈을 출세시켜 주는구나."

하는 한 마디를 남기고 자결했다.

제나라 군사들은 그들을 뒤쫓아 위나라 군사를 크게 무너뜨리고, 태자 신을 사로잡아 가지고 돌아왔다.

손빈의 이름은 이 싸움의 승리로 천하에 알려졌고, 그의 병법은 후세까지도 전해지게 되었다.

# 굴원屈原 열전

굴원의 이름은 평, 초나라 왕족으로, 초나라의 회왕 때에 좌도(보좌관)에 임명되었다.

그는 학문이 높고 식견이 뛰어나 정치가로서의 자격을 충분히 쌓았다. 궁중에서는 왕의 상담역으로서 나랏일을 도모하고, 외교면에서도 빈객의 접대와 제후들을 만나는 일에 솜씨를 발휘하여, 초왕의 신임이 매우 두터웠다. 이때 조정의 중신들 중에는 굴원을 시기하는 사람들이 있었다. 그 중의 한 사람인 상관 대부는 굴원을 없앨 기회를 노렸다.

어느 날 굴원은 회왕으로부터 법령의 초안을 만들라는 명령을 받았다. 초안이 거의 완성될 무렵, 상관 대부가 찾아와서 초안을 강제로 왕에게 가져가려고 했다.

굴원이 이를 거부하자 그는 왕에게 이렇게 헐뜯었다.

"왕께서는 법령을 작성할 때, 언제나 굴원에게 명하십니다. 그런데 그는 법령이 공포될 적마다 이것은 내가 만든 것이다, 내가 없으면 왕께서는 무엇 하나 마음대로 처리하지 못한다, 하고 떠들어 대고 있습니다."

굴원

그 말을 듣고 희왕은 표정이 달라졌다. 그 뒤부터는 굴원을 가까이 하지 않게 되었다.

굴원은 몹시 화가 났다. 왕은 모략 중상이나 아첨을 받아들이고 신하들이 건의해도 옳고 그름을 간파하지 못하였다. 간신들이 나랏일을 독차지하고, 옳은 의견은 받아들여지지 않았다.

이리하여 굴원에겐 우울한 나날이 계속되었다. 이 견디기 힘든 일을 〈이소〉의 시 한 편에 털어놓았다. 〈이소〉란 '우수에 부닥친다'는 뜻이다. 하늘은 사람의 시초이며, 부모는 사람의 근본이라고 한다. 사람은 궁지에 몰렸을 때 자기를 낳은 부모의 품으로 돌아온다. 지쳤을 때, 누구나 하늘을 우러러보고 싶어지며, 비통이 극에 달했을 때, 누구나 부모를 그리워한다.

굴원은 성심 성의껏 왕에게 봉사했으나, 간신들의 이간책에 의해 왕으로부터 멀리 내침을 당했다. 그는 충성을 바쳤는데도 왕으로부터 의심을 받고, 억울한 죄를 뒤집어쓴 것이다. 〈이소〉의 시는 이러한 억울한 생각에서 태어난 것이다.

『시경』(은나라 때부터 춘추시대까지의 시 311편을 모은 책으로 공자가 편찬했다고 한다)의 〈국풍〉의 시는 남녀의 사랑을 노래하면서도 통속적이 아니다. 〈소아〉의 시는 불공평한 세상을 원망하면서 도가 지나치지 않다. 〈이소〉는 이 두 편의 품격을 모두 갖추고 있다고 해도 과언이 아니다.

굴원은 그 시에서 제곡을 찬양하고, 은나라의 탕왕, 주나라의 무왕,

굴원의 사당

제나라의 환공의 업적을 노래하고 있다. 그럼으로써 조국의 현실을 비판하려 한 것이다. 거기에는 숭고한 도덕과 정치의 큰길이 모두 기록되어 있다. 그의 글은 간결하고도 함축성이 있으며, 그의 순수한 마음과 깨끗하고 정직한 행위를 읽을 수 있다.

문장은 짧지만, 말하고자 하는 뜻은 커서 고매한 이상이 잘 우러나고 있다. 고결한 지조가 문장에 나타나 말의 하나하나가 향기로 가득 차 있다. 그의 이런 깨끗하고 정직한 점이 도리어 그가 죽은 뒤에도 세상에 받아들여지지 않고, 잊혀지는 원인이 되었을 것이다.

흙탕물 속에 갇혀 있으면서 마치 매미가 그 껍질에서 벗어나듯 빠져나와, 진흙탕의 세계를 뒤로 하고 하늘 저쪽의 부유한 인물, 이것이야말로 굴원의 모습이다. 굴원이야말로 이 세상의 더러움에 젖지 않고 자기의 깨끗함을 끝내 지킨 사람이었다.

그때 굴원은 조정에서 쫓겨나, 사신으로서 제나라에 가 있었는데, 귀국한 뒤에는 장의가 석방된 사실을 알고 회왕을 꾸짖었다.

"왜 장의를 죽이지 않으셨습니까?"

회왕은 그를 석방한 것을 몹시 후회하고, 곧 그를 잡아 오도록 사람을 보냈으나, 그때 이미 장의는 외국으로 떠난 뒤였다.

그 뒤, 제후의 연합군이 초나라에 공격해 왔다. 초나라는 참패하여 장군 당말이 전사하였다. 진나라의 소왕은 이때를 놓치지 않고 회왕의 진나라 방문을 요청했다. 초나라와 인척 관계를 맺고 싶다는 것이었다. 회왕이 떠나려고 하자 굴원은 맹렬히 반대했다.

"진나라는 범과 같은 나라여서 도저히 믿을 상대가 못 됩니다. 제발 생각을 거두십시오."

그러나 이때 회왕의 막내아들 자란은 진나라 방문을 권했다.

"진나라와의 친선 관계가 맺어지는 모처럼의 기회가 아닙니까?"

회왕은 진나라 방문의 길에 올랐다. 진나라는 회왕이 무관에 들어서자, 곧 복병을 배치하여 그의 퇴로를 끊음과 동시에 회왕에게 영토를 떼어 줄 것을 요구했다.

회왕은, 이 요구를 거부하고 조나라로 달아나려 했으나, 결국 진나라로 다시 돌아가지 않을 수 없었다. 회왕은 억류당한 채 그곳에서 병으로 세상을 떠났는데 비로소 귀국을 허가 받았다. 회왕의 억류 중, 초나라는 큰아들 경이 양왕으로서 왕위에 올랐고, 자란이 영윤으로 임명되었다. 회왕에게 진나라를 방문하라고 건의하여 귀국할 수 없도록 만든 사람이 영윤이 되었으니, 자란에 대한 비난이 높았다.

굴원은 마음이 몹시 언짢았다. 궁중에서 쫓겨난 뒤에도 나라의 앞날을 염려하고, 회왕을 걱정하며, 초나라가 본디의 모습으로 돌아가기를 빌었다. 그는 왕이 잘못을 깨닫고, 나라의 기풍이 새로워질 것을 기대한 것이다. 〈이소〉의 시에는 왕을 평안케 하고, 나라를 재건하여, 조국을 본디의 모습으로 회복시키고 싶어하는 그의 심정이 서술되어 있다. 그러나 굴원에게는 어떤 방법도 없고 희망도 없었다. 회왕은 최후까지 자신의 잘못을 깨닫지 못했다.

왕이란 어진 사람이나 어리석은 사람을 불문하고, 자기를 위해 충성을 바치는 충신과 어진 사람을 등용하는 것이다. 그럼에도 불구하고 국가가 멸망하는 경우가 많고, 몇 대가 지나도 성군이 다스리는 세상이 오지 않았다. 그 까닭은 충신이 충신이 아니고, 어진 사람이 실은 어진 사람이 아니기 때문이다.

회왕도 충과 불충을 구별하지 못했다. 그렇기 때문에 궁중에서는 정수 부인에게 현혹되고, 대외적으로는 장의에게 농락당한 것이다. 굴원을 멀리하고 상관 대부나 영윤 자란을 믿었다. 그 결과, 군대는 없어지고 영토는 줄어들어 여섯 고을 전부를 잃었을 뿐만 아니라, 자신은 진나라에서 객사하여 천하의 웃음거리가 된 것이다.

『역경』에 이런 말이 있다.

"우물 물은 깨끗하지만 아무도 마시지 않는다. 이것은 몹시 가슴 아픈 일이다. 누구라도 길어 주면 좋으련만. 왕이 만일 영명하시다면 어진 사람을 써서 군신 다 함께 행복하게 될 수 있을 것을."

그렇다면 군주가 밝지 못하면 신하가 불행하게 되는 것은 당연하다고 해야 할지도 모른다.

자란은 굴원을 눈엣가시처럼 생각해서, 상관 대부와 짜고 양왕에게 굴원을 중상 모략했다. 이리하여 굴원은 강남으로 쫓겨났다. 머리카락을 흩뜨리고 강변을 중얼거리면서 돌아다니는 굴원. 그의 얼굴은 초췌

하고 몸은 고목처럼 수척해 있었다.

어부가 굴원을 보고 말을 걸었다.

"당신은 삼려 대부(초나라 왕족. 소 · 굴 · 경 삼족을 통할하는 관직으로 굴원은 이 직에 있었다)가 아니십니까? 왜 이런 곳에 계시나요?"

"세상이 모두 혼탁한데 나 홀로 맑다. 모든 인간들이 어둠에 잠들어 있는데 나 홀로 깨어 있다. 그래서 쫓겨난 것이다."

"세상의 사물에 구애받지 않고 세상의 흐름에 몸을 맡기는 것이 성인의 사는 방법이라고 들었습니다. 세상이 어지럽다면 어째서 그 흐름에 몸을 맡기시지 않습니까? 모든 인간이 모두 취해 있다면 어째서 술이라도 마시고 스스로 취하시지 않습니까? 가슴 속에 주옥을 품었으면서 어째서 스스로 쫓겨날 짓을 하셨습니까?"

"세수하고 몸을 씻은 다음에는 모자의 먼지를 털고, 의복의 먼지를 털어 입는다고 하지 않는가. 나는 깨끗한 몸을 결코 더럽힐 수 없다. 그런 짓을 할 정도면, 차라리 강물에 몸을 던져 물고기의 밥이 되는 편이 낫다. 어찌 더러운 세속에 몸을 던질 수 있단 말인가."

이리하여 굴원이 지은 것이 〈회사부〉이다. 그 시는 이런 내용이다.

햇볕 내리쬐는 여름
수목은 무성하네
상처 입은 마음을 안고
남으로 급히 떠나는 날
산들은 깊고 어둡게
가라앉아 아무 소리도 없네

무겁게 짓누르는 아픔과 슬픔은
날을 좇아 깊어질 뿐
억눌러 보지만
치미는 격정은 어쩔 수 없구나
네모를 깎아 둥글게 하더라도
법칙은 바꿀 길 없네
초지를 바꿈은
군자가 천시하는 일이네
선을 긋고 먹줄을 쳐도
앞길은 굽힐 수 없네
묵중하고 곧음이야말로
군자가 지녀야 할 바이네
도끼를 휘둘러 깎지 않으면
정확한 칫수는 알 길 없네
검은 모양도 어둠 속에 있으면
눈 뜬 장님은 구별할 길 없고
눈 뜬 사람도 눈 감으면
장님이라고밖에 생각되지 않네
아, 세상은
백을 흑이라 하고 위를 아래라 하네
봉황은 농 속에 갇히고
닭과 꿩이 하늘을 날며 춤을 추네
옥석을 뒤섞어

한꺼번에 뒷박질을 하다니
천한 동료는 시샘만 많아
내 보배는 그대로 썩는구나
무거운 짐을 산처럼 쌓고
흙구덩이에 빠진 괴로움
주옥을 지녔으면서
보일 상대가 없네
마을의 개가 짖음은
상대가 주인이 아니기 때문이네
삐죽 나온 못대가리에 얻어맞음은
흔한 세상사이련만
공치사 한 마디 못 하는 이내 몸
내 이채로움을 인정받을 길 없네
재목과 통나무 드높이 쌓아 두고
억울타 보배는 그대로 썩는구나
인과 의와 삼가 덕을 쌓았으나
성군을 만나지 못하는 이내 몸의
긍지를 그 누가 알 것인가
성군과 현신은 예부터 세상에 함께 나오지 않는데
그 까닭은 아무도 모르네
탕왕 · 우왕의 세상은 먼 옛적의 일
사모하기엔 너무나 멀구나
노여움과 원망을 억누르고

굽히지 않는 강한 용기를 구하라
박해를 당해도 나는 결코 후회하지 않으리라
뒤에 오는 사람을 위해 모범이 되지 않으면 안 되리라
길을 재촉해서 북쪽에 머물면
해는 저물어 황혼이 닥치네
슬픔을 토해 내고 마음을 달래자
죽음이 바로 저기 다가왔으니

광대한 원 · 상의 물
심하게 파도치며 흐르네
길은 어둡고 쓸쓸하고
앞길은 뿌옇게 흐리네
지난날엔 항상 슬프게 가라앉아
노여움과 탄식이 그칠 새 없네
하지만 나를 아는 자 이미 이승에 없어
내 슬픔을 털어 놓을 길 없네
바른 마음 가슴에 품었으면서
나를 비호하는 친구가 없네
백락은 이미 이승에 없고
준마를 볼 줄 아는 자가 나타나지 않는 슬픔
사람은 태어나 명을 받고
그 살아가는 길은 정해져 있네
내 뜻 흔들리지 않으면

그 무엇을 두려워하랴

하지만 아픔과 슬픔과

언제까지나 따라다니는

세상의 혼탁으로 나를 모르니

호소할 상대가 없구나

죽음을 피할 길 없을 바에는

목숨을 아낄 생각은 없네

공명 정대한 군자여,

당신네야말로 내 모범이네

굴원은 돌덩이를 품에 안고 멱라에 몸을 던져 죽었다.

그가 죽은 뒤, 초나라에는 송옥 · 당늑 · 경차 등이 세상에 나왔다.

이들은 모두 글을 좋아하고 시에 뛰어나 세상 사람들의 칭찬을 한몸에 받았다. 그러나 그들은 굴원의 문장을 흉내낼 뿐, 나라의 정치를 비판하는 용기를 갖지 못했다.

그 뒤, 초나라는 날이 갈수록 영토를 잃어 수십 년 뒤에는 결국 진나라에게 멸망당하였다. 굴원이 멱라에 몸을 던진 지 백여 년이 지나, 한나라에 가생이 장사왕의 태부가 되어 상수이를 지날 때, 시를 지어 물 속에 던져 굴원의 억울한 넋을 달랬다.

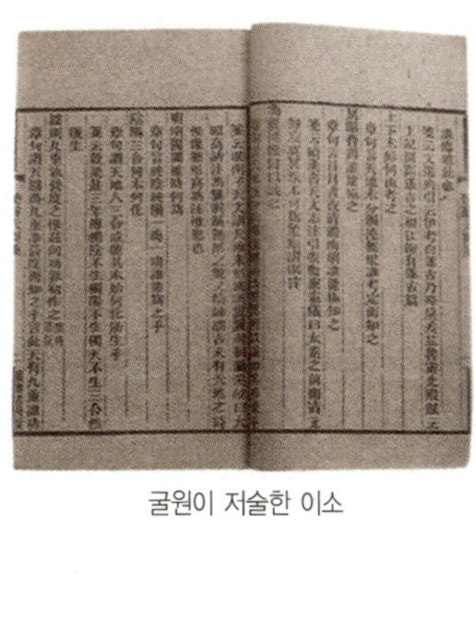

굴원이 저술한 이소

# 오자서伍子胥 열전

오나라에서는 요僚 왕 2년에 공자 광光이 군사를 이끌고 초楚나라에 쳐들어갔으나 대패하였고, 작전에 사용된 왕의 배마저 초나라군에게 빼앗기고 말았다. 책임을 느낀 광은 기습전을 펼쳐 다시 배를 찾아서 귀국할 수가 있었다.

그로부터 3년, 초나라 신하인 오자서伍子胥가 오나라로 망명해 왔다. 공자 광은 그를 식객으로 맞이했다. 오자서는 본래 초楚나라 사람이었다. 자서는 자字이고, 이름은 원員이다. 아버지는 오사伍奢, 형은 오상伍尙, 조상 중에는 장왕莊王에게 봉사한 오거가 있었다.

오씨伍氏 집안은 초나라의 명문이었다.

장왕으로부터 5대 뒤의 초나라 평왕 시대였다. 평왕에게는 건建이라는 태자가 있었는데 이때 자서의 아버지 오사가 태부(시종장)로 일했다.

이때 비무기費無忌가 소부였는데, 이 비무기는 지독한 사람이었다. 그는 소부로 있으면서 태자에 관한 것은 생각지도 않았다.

오자서

평왕은 태자 때문에 진秦나라 여인을 맞이하려고 했다. 이때 진나라에 사자로 간 사람이 비무기였다. 그는 진나라에 가서 여인 서시를 만나 보자 그녀가 대단한 미인인 것을 알고 급히 귀국해서 평왕에게 이렇게 말했다.

"정말 빼어난 미인입니다. 이런 미인이야말로 왕께서 차지하시는 것이 좋겠습니다. 그리고 태자에게는 다른 여자를 얻어 주시면 되지 않겠습니까?"

평왕은 그의 권유에 따랐다. 과연 그녀가 듣던 대로 마음에 쏙 들어서 각별히 그녀를 총애했다. 머지않아 두 사람 사이에는 진軫이라는 사내아이가 태어났다. 태자에겐 다른 여자를 구해 주었다.

비무기는 태자를 돕다가 평왕에게 달라붙어서 왕의 측근으로 출세했다. 그러나 일이 이쯤 되고 보니 비무기는 평왕이 죽으면 걱정되었다. 태자가 왕위에 오르는 날에는 제 목숨이 위태롭다고 생각한 그는 평왕에게 태자를 빈번하게 중상하였다.

본디 태자의 어머니는 작은 나라인 채蔡나라 출신이다. 게다가 평왕이 특별히 총애하는 것도 아니었다. 비무기가 생각한 대로 왕은 태자를 멀리하게 되었다. 그래서 끝내는 태자를 변경의 성보城父란 작은 도시로 쫓아내어 국경의 수비를 맡겼다. 태자가 성보에 가자 비무기는 얼마 동안 태자의 동정을 살피다가 다시 왕에게 헐뜯기 시작했다.

그는 온갖 일을 들먹이면서 평왕을 부추겼다.

"태자는 왕께서 진秦나라 여인을 가로챈 것을 불만으로 삼고 있습니다. 왕께서는 더욱 조심하셔야 합니다. 현재 성보 땅에서 군사를 맡고 있기 때문에 그는 몰래 제후들과 친분을 맺고 있는데, 반란을 일으킬 뜻이 뚜렷하지 않습니까?"

서시

평왕은 태자와 태부 오사를 불러 조사했다. 오사는 비무기가 자신을 헐뜯었다는 것을 알아차리고 왕에게 간하였다.

"터무니없는 말을 사실로 받아들이시고 태자를 의심하신다는 말씀입니까?"

그러나 한편 비무기도 필사적이었다.

"내버려 두시는 날에는 그들은 반드시 역모를 도모할 것입니다. 그렇다면 폐하의 목숨도 위험하십니다."

그 말을 듣고 평왕은 마침내 이성을 잃고 말았다. 왕은 오사를 가두는 한편, 조정에 불렀던 성보의 사마(군사 장관) 분양奮揚에게 명령했다.

"즉시 성보에 달려가서 태자를 죽여라."

분양은 성보로 출발하면서 태자에게 급히 사자를 보냈다.

"태자께서는 빨리 피신하십시오. 목숨이 위험합니다."

그래서 태자 건은 송宋나라로 도망쳤다.

그러자 비무기는 공격 목표를 바꾸었다.

"오사에게는 자식이 둘 있는데, 둘 다 대단한 사람입니다. 지금 조처하지 않으면 장차 화근이 됩니다. 때마침 그 아비를 잡아 두었으니 다행입니다. 아비를 볼모로 삼아서 그들을 불러들일 수 있습니다. 내버려 두었다가는 돌이킬 수 없는 큰 일이 벌어집니다."

평왕은 옥중의 오사에게 이런 말을 전했다.

"두 아들을 불러온다면 너를 살려 주리라. 그렇지 않으면 너를 죽이겠다."

오사는 이렇게 대답했다.

"형인 상尙은 생각이 깊기 때문에 아비의 큰일이라고 한다면 올 것이오. 그러나 아우인 원員은 성품이 과격하오. 어떠한 오명을 뒤집어쓰더라도 그것을 참고 견디어 큰 뜻을 이루고 말 것이오. 사로잡힌다는 것을 알고 있다면 올 애가 아니오."

평왕은 오사의 말을 듣지 않고 그의 자식들에게 출두하라는 명령을 내렸다.

"너희들이 출두하면 아비를 살려 주겠다. 그렇지 않으면 아비를 죽여 버릴 것이다."

형은 평왕의 명령에 응하려고 했다. 그러나 아우가 말렸다.

"출두하면 아버지를 살려 주겠다는 것은 거짓말입니다. 우리 형제를 놓치면 자기 자신이 위험하기 때문에 아버님을 인질로 삼아 우리들을 잡아들이려는 것입니다. 우리가 출두하는 날이면 우리 부자들은 모두 죽임을 당할 것입니다. 우리가 그곳에 간다면 원수를 갚지 못합니다. 그래서 우선 나라 밖으로 망명해서 힘을 길러 아버지의 무죄를 밝혀야 한다고 봅니다. 우리가 죽어서 무엇을 한단 말입니까?"

"우리가 출두한다 하여 아버님을 구할 수 없다는 것은 나도 알고 있다. 하지만 아버님의 목숨이 몹시 위태롭다. 그것을 지금 모르는 척했다가 끝내 원수를 갚지 못하게 될지도 모른다. 그러면 우리는 천하의 웃음거리가 될 것이다."

이렇게 말하고 오상은 자신들이 해야 할 방법을 세웠다.

"너는 피신하여 원수를 갚아 다오. 너라면 가능하다. 그러나 나는 죽음을 택하겠다."

이래서 오상은 왕의 출두 명령에 따랐다.

그 뒤에 사자는 오자서를 잡으러 갔다. 오자서는 활을 들고 맞섰다. 사자는 오히려 도망치고 말았다.

오자서는 태자 건이 있는 송나라에 가서 그를 받들었다. 옥중의 오사는 자기 아들이 망명했다는 소식을 듣자 마음속으로 쾌재를 불렀다.

"평왕도 반드시 마지막 날이 올 것이다."

오상이 도읍까지 호송되어 오자 평왕은 곧장 오사 · 오상 부자를 죽여 버렸다.

**오자서는** 송나라에 망명했으나, 송나라에서는 우연히 화씨華氏의 난(정나라의 원공은 믿음이 없었고 공자와 대부들을 죽였기 때문에 화씨가 반란을 일으켰다)이 일어났기 때문에, 그는 태자 건과 함께 이웃 나라인 정鄭나라로 피했다. 그들은 정나라에서 정중한 대우를 받았으나 그곳에 오래 머물지는 않고 곧장 큰 나라인 진晉나라로 옮겨 갔다.

그 진나라의 경공頃公은 태자에게 한 가지 계획을 상의해 왔다.

"태자, 그대는 정나라에서 신임을 받고 있었소. 그러니 발벗고 나서 주기 바라오. 정나라로 돌아가 그 안에서 힘을 빌리기 바라오. 내가 밖에서 정나라를 공격하고 그대가 안에서 호응해 준다면 정나라를 반드시 멸망시킬 수 있소. 일이 성사되는 날에는 내가 그대를 정나라 왕으로 책봉하겠소."

태자는 승낙하고 정나라에 돌아가 기회를 노리고 있었다. 그런데 뜻밖의 일이 벌어졌다. 태자가 사소한 일로 부하 한 명을 죽이려고 했는데, 그자가 태자의 음모를 알고 있었기 때문에 가만히 있지 않았다. 그는 음모의 내막을 정나라 조정에 고발했다. 그 결과 정나라 정공定公은 재상 자산子産을 시켜 태자 건을 죽였다. 오자서는 곧장 도망쳤다. 그는 태자의 아들 승勝을 데리고 남쪽의 오吳나라로 향했다.

그들은 가까스로 오나라와 초나라 국경인 소관에 도착했다. 그러나 그곳에서 초나라 관리에게 발각된 오자서와 승은 걸어서 도망쳤다. 몇 번이나 붙잡힐 뻔했으나 겨우 양쯔강 기슭까지 왔다.

이때 강기슭 가까이에서 한 어부가 노를 젓고 있었다. 어부는 오자서가 쫓겨오는 것을 알고 곧장 배에 태워 주었다. 강 건너편에 이르자 오자서는 허리에 찬 칼을 풀어 내밀었다.

"이 칼은 매우 값있는 물건이오. 감사의 표시로 드리니 부디 받아 주시기 바라오."

그러나 어부는 굳이 사양했다.

"초나라에는 이런 방이 나붙었습니다. 오자서를 잡는 자에겐 그 포상으로 조 5만 석과 집규의 작위(초나라의 최고 작위)를 준다고 합니다만……. 내게 그런 뜻이 있다면 이 칼쯤이야 문제도 안 될 것입니다."

오자서는 오나라에서도 어려움이 많았다. 도중에 병에 걸려 고생했는가 하면, 걸식마저 한 일이 있었다. 여러 가지 고생을 한 끝에 겨우 오나라 도읍에 이르렀다.

그 무렵 오나라 왕 요僚는 개방 정책을 쓰기 시작할 때였다. 장군은 공자 광光이었다. 오자서는 재빨리 공자 광을 통해서 오왕 요에게 만나기를 청했다. 공자 광은 오나라 왕 제번諸樊의 아들이었다. 광에게는 큰 불만이 있었다. 그 불만이란, '아버지의 4형제 중에서 막내아우 계자季子가 왕위에 오르기로 되어 있었다. 그런데 계자가 굳이 사양했기 때문에 우선 아버지 제번이 왕위에 올랐고, 세 아우에게 순서대로 왕위를 계승시키려 했다. 그런데 자기 차례가 되어도 계자는 왕위를 계승하려 하지 않았다. 여기서 당연히 왕위 계승권은 본래대로 돌아가야 한다. 그렇다면 왕위에 오르는 것은 제번의 아들인 나밖에는 없다고 본다' 하는 것이었다. 그래서 그는 몰래 인재를 모아 쿠데타를 일으킬 기회를 노리고 있었다.

그런데 요僚왕 8년 오나라 왕은 초나라 공격을 명령했다.

공자 광이 이끄는 오나라군은 초나라를 침공하여 먼젓번의 패전을 설욕했다. 그때 거소에 옮겨 가서 살고 있던 태자 건의 어머니를 데리고 돌아와 오나라에서 맞이했다. 이윽고 광은 북으로 군사를 몰아 진陳나라와 채蔡나라를 공격했다.

이듬해 다시 공은 초나라에 쳐들어가서 거소·종리 두 고을을 함락시켰다.

이 싸움의 발단은 아가씨들 사이의 말다툼이었다.

국경 가까이 사는 한 아가씨는 오나라 아가씨요, 다른 한 아가씨는 초나라 아가씨였는데, 두 아가씨가 누에를 치기 위한 뽕나무잎을 뜯으려고 서로 다툰 것이다. 그것이 집안끼리의 대립이 되었고 마침내 마을과 마을 사이의 다툼으로 발전했다. 그리고 그 사태는 마침내 오나라 쪽 마을이 몰살을 당하는 사태까지 빚었다.

이렇게 되자 오왕은 화가 났고, 그래서 공자 광이 거소와 종리 두 고을에 쳐들어갔던 것이다.

오나라로 피신해 온 오자서는 오왕 요를 만났을 때, 오나라가 초나라를 공격하는 것이 얼마나 유리한 것인가를 역설했다. 그런데 그때 뜻밖에도 공자 광은 그 의견에 반대하는 것이었다.

오나라 왕 부차의 창

"오자서는 아버지와 형이 초나라에서 죽임을 당했기 때문에 그 복수를 하자는 것뿐입니다. 좋은 계책이라고 말할 수 없습니다."

그 말을 들은 오자서는 광의 속셈을 곧장 알아차렸다. 오자서는 재빨리 전제專諸라는 용사를 광에게 추천했다. 광은 크게 기뻐하여 오자서에게 자기의 상담역이 되어 달라고 간청했다. 그러나 자서는 물러나서 농부가 되어, 전제가 일을 성취하기를 기다리기로 했다.

요왕 12년 겨울에, 초나라 평왕平王이 세상을 떠났다. 그 기회를 틈타서 이듬해 봄에 오왕 요는 초나라 공격을 시도했다. 우선 아우인 개여蓋餘와 촉용燭庸이 초나라로 쳐들어가서 육·첨 두 성을 포위하게 했다. 그리고 작은아버지 계찰季札을 진晉나라에 보내 제후들의 동정을 살폈다. 그런데 의외로 초나라군의 반격이 거세었다.

오나라군은 후방이 차단되어 적지에서 옴짝달싹할 수 없게 되었다.

"지금이야말로 좋은 기회다."

하고 공자 광은 전제를 불러 자신의 뜻을 밝혔다.

"여기서 손을 쓰지 않고는 아무것도 잡을 수 없소. 본디 왕위를 이을 사람은 바로 나요. 지금이야말로 그 결단의 시기라 보오. 계자가 돌아오더라도 이의는 없을 것이오."

전제는 대답했다.

"요왕을 죽여야 합니다. 왕의 어머니는 늙었고 아들은 어립니다. 게다가 두 아우는 초나라에 군사들을 끌고 가서 꼼짝도 못하고 있습니다. 지금 오나라는 밖으로 초나라에게 괴로움을 당하고 있고, 신임하는 신하도 없고 보면 우리에게 대항할 자는 없습니다."

"좋소! 그대의 아들은 내가 맡겠소."

오왕이
암살되는장면

공자 광은 전제에게 굳게 약속했다.

그리하여 4월 병자날, 공자 광은 요왕을 자기 집의 연회에 초대했다. 지하실 한 방에는 무장한 군사들을 숨겨 두었다. 한편 요왕 쪽에서도 경계를 게을리 하지 않았다. 길가에는 병사들을 배치하여 삼엄한 경계를 폈다. 또한 연회석은 물론이고 정문이며 계단, 방문 등 왕궁에서 광의 집까지 모두 측근들이 경비했다. 그들은 단검을 손에 잡고 왕의 양쪽에 떡 버티고 섰다.

마침내 연회가 시작되었다. 기회를 살피고 있던 광은 발이 아프다고 핑계대고 지하실로 숨어 버렸다. 그 대신에 전제가 구운 생선 접시를 왕의 상으로 가지고 갔다. 생선 접시에는 비수가 감춰져 있었다. 그는 왕 앞에 접시를 놓으면서 비수를 재빨리 빼어 왕을 찔러 버렸다. 그 순간 왕을 호위하던 군사의 단검이 전제의 가슴을 좌우에서 찔렀다. 그런데도 불구하고 전제는 왕을 찔러 죽였다.

공자 광은 이렇듯 요왕을 죽이고 왕위를 차지했다. 그가 바로 오왕 합려闔廬다. 합려는 약속대로 전제의 아들을 경으로 임명했다.

얼마 뒤에 진晉나라에 갔던 계찰이 돌아왔다. 그는 다음과 같이 자신의 태도를 분명히 밝혔다.

"누구를 원망할 것이 없다. 나는 죽은 왕을 슬퍼하고 신왕을 받들며 천명을 기다릴 뿐이다. 우리나라 역사를 살펴보면 국왕이 조상의 제사를 끊은 일이 없으며, 백성이 왕을 받들지 않은 일도 없다. 가장 중요한 것은 국가이다. 그것만 유지시킬 수 있다면 누가 왕이 되어도 상관없다. 본디부터 나는 혼란을 일으키려고 하지 않았다. 왕이 바뀌면 새 왕에게 봉사하리라. 그건 우리 가문의 규율이 아닌가."

그리고 요왕의 무덤에 찾아가서 엎드려 울었다. 그것을 마치자 전처럼 자기 지위에 머물며 신왕의 명령을 기다렸다.

한편, 초나라에서 포위된 두 공자인 촉용燭庸과 개여蓋餘는 공자 광이 요왕을 죽이고 왕위에 올랐다는 소식을 듣자 곧 군사들을 이끌고 초나라에 항복했고 초왕으로부터 서 땅의 제후로 임명되었다.

합려는 왕위에 오르자 재빨리 오자서를 외교 고문으로 임명하고 국정의 상담역으로 삼았다. 때마침 초나라에서는 대신인 백주리가 죽임을 당했고 그의 손자인 백비가 오나라로 망명해 왔다. 합려는 그를 대부에 임명했다. 합려가 왕위에 오른 지 3년째에 그는 오자서·백비와 함께 군사를 이끌고 초나라에 쳐들어갔다. 우선 서를 공략해서 초나라에 투항했던 두 공자, 즉 촉용과 개여를 죽였다.

그는 여세를 몰아 초나라 도읍 영까지 쳐들어가려고 했으나 장군 손무孫武가 말렸다.

"백성들의 어려움이 극심해서 아직 때가 아닙니다. 좀 더 기다려야 합니다."

이듬해 4년에도 합려는 초나라를 공격하여 육 · 첨 두 성을 손쉽게 점령했다.

이듬해에는 월越나라를 공격하여 승리했다. 6년에는 초나라군이 자상子常 · 낭와囊瓦의 지휘 아래 오나라를 침공해 왔다.

오나라군은 그들을 예장에서 맞아 싸워 큰 승리를 거두었고, 그 여세를 몰아 초나라군을 뒤쫓아 거소를 함락시키고 돌아왔다.

그로부터 3년, 합려는 오자서 · 손무 두 사람과 의논했다.

"전에 귀공들은 영을 공격하는 게 시기상조라고 했는데, 지금 생각은 어떻소?"

"초나라 장군 자상의 욕심 때문에 초나라 속국인 당唐나라와 채蔡나라는 원한을 품고 있습니다. 초나라를 철저하게 쳐부수려면 이 두 나라를 우리 편으로 끌어들이는 것이 문제입니다."

합려는 이 의견을 따랐다. 두 나라와 협력한 다음, 오나라는 전력을 총동원해서 서쪽으로 나아가 초나라 영토 깊숙이 한수이 기슭까지 쳐들어갔다. 초나라도 군사를 모아 맞싸웠다. 양군은 한수이를 사이에 끼고 대치했다. 이때 합려의 아우 부개가 공격을 제의하고 스스로 선봉에 나섰다. 그러나 합려가 그것을 승낙하지 않자,

"싸움이란 이기지 않으면 안 된다. 무엇을 망설일 게 있으랴."

이렇게 판단한 부개는 부하 5천 명을 이끌고 초나라군을 급습했다. 초군은 일제히 후퇴했다. 때를 놓칠세라 합려는 전 군사를 이끌고 초나

라의 도읍인 영에 다가갔다.

오자서는 초나라에 있을 때 신포서申包胥와 친하게 사귀었다. 자신이 망명하게 되었을 때 오자서는 자기의 결심을 그에게 말했다.

"나는 반드시 초나라를 쓰러뜨리고야 말겠소."

그러자 신포서가 말했다.

"아니요, 내가 반드시 초나라를 지키겠소."

그런데 오나라군이 초나라의 도읍인 영에 들어왔을 때의 일이다. 오자서는 초나라 소왕을 잡으려고 했으나 그는 이미 도망간 뒤였다. 어쩔 수 없이 오자서는 평왕의 무덤을 파헤치고 그 시체를 끄집어 내어 3백 번씩이나 채찍으로 사정없이 매질을 했다.

이때 신포서는 산 속으로 피신 중이었는데, 그는 오자서에게 사자를 보내 다음과 같이 전했다.

"아무리 복수라고는 하지만 너무 지나치지 않소? 사람이 한때 하늘에 이길 수 있다 해도 머지않아 하늘의 응징을 받는다 했소. 당신은 평왕의 신하로서 곁에서 왕을 모시던 사람이 아니오? 그럼에도 그 평왕의 시신을 그렇듯 욕보였으니, 하늘의 뜻을 저버리고 분수가 지나치오."

기러기 모습의 도자기

오자서는 사자에게 말했다.

"신포서에게 이렇게 전하라. 해는 지고 길이 멀어서 방법을 택할 여유가 없다고 말이야."

신포서는 도움을 요청하기 위해서 진秦나라로 떠났다. 그는 진나라 애공哀公에게 초나라의 어려움을 호소했으나 애공은 받아들이지 않았다. 그래서 신포서는 정당에 선 채로 큰 소리로 울었다. 밤낮으로 7일 동안 울음소리가 그치지 않았다. 이윽고 그 울음소리는 애공의 마음을 움직였다.

애공은 말했다.

"초나라는 무도한 나라이기는 하되 이러한 신하가 있는 이상, 그냥 내버려 둘 수는 없다."

애공은 곧 구원 부대로 병거 5백 대를 초나라에 보냈다.

6월에 진나라군은 직 땅에서 오나라군을 무찔렀다.

합려 10년 봄에 오왕 합려는 나라를 비워 둔 채 아직도 초나라 도읍인 영에 머물고 있었다. 그 틈을 타서 오나라에 쳐들어온 것이 월越나라였다. 그러자 합려는 군사들의 일부를 귀국시켰다. 바로 그때 초나라의 요청을 받아들인 진秦나라의 원군이 초나라에 왔다.

이 때문에 오나라군은 패배하였다.

합려의 아우인 부개는 합려가 계속 싸움에 패하고, 더구나 초나라에서 물러가려는 뜻이 엿보이자 자신의 임무를 내버리고 오나라로 돌아가 스스로 오왕임을 자처하게 되었다. 이 소식을 들은 합려는 초나라에서 철수하여 부개의 군대에 공격을 가했다. 싸움에 패한 부개는 초나라로 도망쳤다. 그 혼란 덕분에 초나라 소왕昭王은 9개월 만에 도읍인 영으로 돌아올 수 있었다. 소왕은 도망쳐 온 부개에게 당계 땅을 다스리게 하였다. 그가 바로 당계씨堂谿氏다.

이듬해에 합려는 태자인 부차에게 초나라를 공격하여 반을 점령하게 했다. 겁을 집어먹은 초나라는 수도를 영에서 약으로 옮겼다.

15년에 노魯나라에서는 공자孔子가 재상이 되었다.

19년 여름에 합려의 오나라 군사들은 월越나라에 쳐들어갔다. 월왕 구천句踐은 그들을 추리에서 맞아 무찔렀다.

월왕 구천은 성왕聖王인 우禹의 후손이다. 시조는 제소강(하나라를 중흥시킨 조상)의 서자로서, 회계의 땅을 다스리라는 명을 받고 종묘의 제사를 받들었다. 몸에 먹으로 문신을 들이고, 머리를 짧게 깎는 야릇한 풍습을 갖고, 황무지를 개척해서 부락을 만들었다. 그로부터 20여 대를 거쳐 윤상 대에 이르러서 오왕 합려와 대립하기에 이르렀다. 그 뒤 오나라와 월나라는 원한을 품고 싸우게 되었다. 윤상이 죽자 그의 아들 구천이 왕위에 올랐다. 그는 스스로 월왕임을 자처했다.

월왕 구천 원년, 윤상의 죽음을 틈타서 오왕 합려가 월나라에 쳐들어갔다. 구천은 군사를 이끌고 추리에서 그들을 맞아 무찔렀다. 그때 구천은 결사대를 셋으로 나누어 적의 간담을 서늘케 하는 기발한 전술을 폈다. 우선 제1대가 오군의 진영에 접근하여 큰 소리로 함성을 지르면서 일제히 스스로 자기 목을 베었다.

이어서 제2대, 제3대도 그와 같이 했다. 적군이 어리둥절해 있는 틈을 타서 월나라군은 일제히 공격했다. 오나라군은 패배하였고, 오왕 합려조차도 화살에 부상을 입었고 패전했다.

# 범려范蠡

구천은 오나라를 평정한 뒤에 군사들을 북으로 몰아 화이수이를 건너 제齊나라와 진晉나라의 두 제후와 선주에서 맹세하고, 주 왕실에 공물을 바쳤다. 주 왕실에서는 원왕元王이 구천에게 종묘의 공물을 주고 또한 그에게 패자의 칭호를 주었다.

구천은 화이난을 건너서 영토를 조정했다. 화이수이 유역의 땅은 초나라에 주었다. 오나라가 송나라에게서 빼앗은 영토는 송나라에 돌려주었다. 그리고 노나라에게는 쓰수이 동쪽의 땅 사방 백 리를 주었다.

월나라는 양쯔강 및 화이수이 유역 일대에 세력권을 펼쳤는데, 이때 제후들은 모두 월나라를 살폈고, 어느 누구도 거역하려 하지 않았다. 구천은 스스로 '패왕' 이라 일컫게 되었다.

이 무렵에 범려가 구천의 곁을 떠났다. 그는 제齊나라로 옮겨 가서 대부 문종에게 이렇게 편지를 써 보냈다.

"비조가 사라지니 양궁을 거두었고, 교활한 토끼를 잡으니 개를 삶는다는 말이 있습니다. 월나라 왕은 목이 길고 입이 검습니다. 좋지 못한 인상입니다. 고생은 같이할 수 있어도 기쁨은 남과 나누지 못하는 사람입니다. 대부께서도 물러나심을 생각하시는 게 어떨까 합니다."

그 뒤부터 문종은 몸이 불편하다 하고 집 안에 들어앉아 바깥 출입을 하지 않았다. 그러자 왕에게 헐뜯는 자가 나타났다.

"문종이 반란을 꾀하고 있습니다."

구천은 문종에게 칼을 내리면서 이렇게 명령했다.

"귀공은 나에게 오나라를 토벌하는 비결이 일곱 가지가 있다고 가르쳐 주었으나 내가 실제로 쓴 것은 그 중 셋뿐이다. 나머지 넷은 아직도 귀공에게 있다. 이제는 돌아간 선왕에게 가서 그것을 시험해 보는 것이 좋을 것이다."

이리하여 문종은 그 칼로 목숨을 끊었다.

범려는 월왕 구천을 도와서 온갖 어려움을 참고 기회를 노리기 20년 만에 마침내 숙적 오나라를 멸망시키고, 후지이산의 치욕을 씻었다.

그 뒤, 월나라는 북쪽으로 나아가 화이수이를 건너 제齊나라와 진晉나라를 다스리게 되었다. 구천은 주 왕실을 존중하며 패자가 되고, 또 천하를 호령하게 됨에 따라서 범려를 상장군이라는 최고 지위에 임명하였다.

범려는 월나라에 돌아오자 이렇게 생각했다.

'절정에 오른 군주 곁에 오래 있는 것은 위험하다. 구천은 고생을 함께 나눌 수는 있어도 영화를 함께 나눌 인물로 믿어지지 않는다.'

범려는 구천에게 편지를 띄워 물러날 것을 알렸다.

"주군께서 어려운 때는 생명을 내던지는 것이 곧 신하의 도리입니다. 왕께서 후지이산에서 그 치욕을 당하시는 것을 지켜보면서도 살았던 것은 오로지 오나라에 복수하기 위해서였습니다. 그 목적을 달성한 지금이야말로 그 죄를 보상받고 싶습니다."

"나는 나라를 둘로 나누어 귀공과 더불어 둘이서 다스리려고 하는데, 승낙하지 않을 때는 귀공을 죽이고 말 것이다."

구천은 사자를 통해 이런 말을 전했다. 그러나 범려는 이렇게 대답했다.

"나라는 혼자서 다스리십시오. 저는 제가 생각하는 대로 하고 싶습니다."

조정에서 물러난 범려는 보석 등을 배에 가득 싣고 가족과 함께 바다를 건너 다시는 월나라에 돌아오지 않았다. 구천은 자신의 뜻을 포기하고 후지이산 일대에 표지를 세우고 그 일대를 범려의 봉읍으로 삼았다.

범려는 바다를 건너 제나라로 옮겨 갔다. 이름도 치이자피라고 새로 짓고, 바닷가에서 자식들과 함께 땀을 흘리며 밭을 갈아, 재산을 모으는 데 힘썼다.

그는 얼마 안 가서 수십만 금의 부자가 되었다. 제나라에서는 그의 능력을 높이 사서 재상으로 일하라고 간청했다.

범려는 크게 한숨을 내쉬었다.

"이제 천금의 재산을 모았고, 관가에서는 재상에 올랐다. 필부의 몸으로서 그 이상 더 큰 영달은 없다. 그러나 영예가 길게 계속되면 오히려 화근이 된다."

도주공

범려는 제나라의 요청을 사양하고, 재산을 친구와 마을 사람들에게 나누어 주고, 특별히 값진 보배만을 가지고 몰래 마을을 떠나 도陶나라로 옮겨 갔다.

도나라는 천하의 중심지로서 물자의 유통이 활발하였다. 경제 활동에는 더 이상 유익한 장소가 없다고 범려는 생각했다. 그는 다시 이름을 바꾸어 도주공陶朱公이라 하고, 새로운 계획을 세워서 자기 아들들과 함께 농사와 목축에 힘썼다. 여기서도 얼마 안 가 큰 부를 이루었다.

마침내 도주공의 이름은 천하에 떨쳤다.

도나라에 옮겨 온 뒤 막내아들이 태어났다. 그 막내가 30세가 되었을 때, 둘째 아들이 초나라에서 사람을 죽여 붙잡혔다. 이때 범려는 곰곰이 생각했다.

"사람을 죽였으니 사형이 당연하다. 그러나 부자의 자식은 보통 사람과 달라 저잣거리에서 처형되어서는 안 된다. 나는 그렇게 알고 있다."

그는 막내아들을 초나라에 보내 일을 꾸미기로 했다. 급히 황금 1천일을 옷상자에 감추어 그것을 소달구지에 실었다. 그런데 막 떠나려는 때 갑자기 큰아들이 꼭 자기를 보내 달라고 나섰다. 그러나 범려는 받아들이지 않았다. 이때 큰아들이 말했다.

"큰아들은 집안의 일을 책임지고 있습니다. 그런데도 차남이 죄를 저지른 지금 저를 제쳐 놓고 막내아우를 보내시는 것은 제가 무능하다고 생각하시기 때문입니다. 그렇다면 저는 죽고 말겠습니다."

그 소리를 들은 어머니가 놀라서 남편 범려에게 말했다.

"막내를 보낸다고 해서 둘째 애를 살린다고 장담할 수 없습니다. 그런데도 이런 일 때문에 큰애를 그대로 죽게 내버려 두시렵니까?"

범려는 할 수 없이 큰아들을 보내기로 했다. 초나라의 장생莊生이 옛 친구이기 때문에 그에게 편지를 쓰고 큰아들에게 말했다.

"초나라에 가거든 가지고 간 황금을 장생에게 주고 모든 일을 맡기도록 해라. 어떤 일이 있어도 그를 거역해선 안 된다."

범려의 큰아들은 별도로 수백 금을 지니고 초나라로 떠났다.

마침내 장생의 집에 도착했다. 그의 집은 도읍의 교외에 있으며 집 둘레에는 풀이 무성했다. 풀을 헤치고 대문까지 이르자 사는 게 말이 아니었다. 그러나 그는 아버지가 말한 대로 편지를 내밀고 1천 일의 황금을 내주었다. 이때 장생은 말했다.

"초나라에 머물러서는 안 되네. 즉시 집으로 돌아가게. 또 한 가지, 설령 아우가 석방되더라도 그 이유를 캐묻지 말게."

그러나 그는 그 뒤 장생 몰래 도읍에서 지내면서 아버지가 따로 준 황금을 초나라 실력자들에게 뿌리고 다녔다.

장생은 몹시 가난했으나 그가 청빈하다는 것은 누구나 다 잘 알기 때문에 왕을 비롯해서 나라 안 사람들에게 존경을 받았다. 범려에게서 받은 금을 차지할 생각은 추호도 없었다.

그는 아내에게 이렇게 말했다.

"이 돈은 주공朱公으로부터 맡아 둔 것이오. 만약 내게 무슨 일이 생긴다면 반드시 그에게 돌려주어야 하오. 결코 건드려서는 안 되오."

그러나 범려의 큰아들은 장생의 마음을 몰랐다.

'아무리 장생이라고는 하지만 돈 앞에서는 보통 사람과 다를 바 없군.'

그는 이렇게 생각해 버리고 말았다.

장생은 때를 살펴서 궁궐에 들어가 왕을 만났다.

"별이 움직이는 것이 좋지 않습니다. 머지않아 우리나라가 재난을 당할 것 같습니다."

왕은 장생을 믿기 때문에 이렇게 물었다.

"어찌하면 좋겠소?"

"재난을 면하려면 왕께서 덕을 베푸셔야 합니다."

"알겠소. 당장 그리 할 테니 안심하도록 하오."

왕은 당장 사자를 시켜 금·은·동을 모아 둔 창고를 봉인하게 했다.

범려의 큰아들로부터 금을 받은 실력자의 한 사람이 당황해서 그에게 이렇게 말했다.

"여보게, 대사령이 있어."

"어떤 일입니까?"

"대사령 전에는 반드시 부고가 봉인되게 되어 있어. 그런데 어젯밤 왕께서 봉인 명령을 내리셨지."

'대사령이라면 동생이 석방된다. 그런데도 그런 큰돈을 장생에게 주다니, 정말 괜한 짓을 했다.'

이런 생각을 하자 그는 서둘러서 장생에게로 달려갔다.

장생은 깜짝 놀랐다.

"아직도 이곳에 있었구먼."

"예, 아우를 구하러 왔으니까요. 그 아우는 당신의 손을 빌리지 않아도 요즘 사면이 결정되었어요. 그런 일로 오늘 여기까지 찾아왔습니다."

금을 돌려 달라는 상대의 속셈을 알아차렸기 때문에 장생은 말했다.

"금은 안에다 보관해 두었네. 가져가게나."

그는 재빨리 들어가 금을 가지고 사라졌다.

젊은이에게 수치를 당한 장생은 당장 왕궁에 들어가 왕을 만났다.

"엊그제 별이 불길하게 움직인다 말씀드렸더니 왕께서는 급히 덕을 베푸시어 이에 대처하시겠다는 뜻을 밝히셨습니다. 그런데 세상에는 묘한 소문이 떠돌고 있습니다. 도나라의 부호인 주공朱公의 아들이 사람을 죽이고 초나라 감옥에 갇혀 있습니다. 그런데 주공이 많은 돈을 뿌리면서 중신들에게 일을 꾸미고 있습니다. 그러므로 대사령이란 주공의 아들을 살리기 위해서 실시되는 것이니, 왕께서 특별히 초나라 사람들에게 덕을 베푸시는 것은 아니라고 수군대고 있습니다."

왕은 그 말을 듣고 몹시 화를 냈다.

"아무리 내가 부덕하기로서니 주공의 아들을 위해서 대사령을 베풀 수는 없소."

왕은 곧장 명령해서 범려의 둘째 아들을 죽이고 그 이튿날 대사령을 내렸다. 그는 동생의 시체를 가지고 돌아가게 되었다. 집에 도착하자 어머니와 마을 사람들이 몹시 한탄하며 슬퍼했으나 그 중에서 범려만이 웃고 있었다.

"이런 결과가 빚어질 것을 나는 예측하고 있었다. 저 녀석이 동생을 생각하는 마음이 없다는 것이 아니

춘추전국 시대 와당

야. 저 녀석은 어릴 때부터 나와 함께 가난을 체험했기 때문에 좀처럼 돈을 손에서 내놓지 않는다. 거기에 비하면, 막내는 태어나면서부터 부유한 혜택을 받고 자라났기 때문에 돈을 모으는 고통을 모르고 자라났다. 그래서 돈을 잘 쓴다. 내가 처음에 막내를 보내려고 한 것은 막내라면 거기 가서 마음껏 돈을 쓸 수 있다고 생각했기 때문이다. 큰아들은 그렇지 못해서 결국 아우를 죽이고 말았어. 하지만 슬프다고 할 수 없어. 나는 처음부터 둘째가 죽어서 돌아온다는 것을 알았으니까."

범려는 세 번을 이사해서 천하의 명사가 되었다. 그는 가는 곳마다 명사가 되었던 것이다. 그는 도나라에서 죽었고, 도주공의 이름으로 세상에 알려지고 있다.

# 서문표 · 이극 · 오기 열전

위魏나라의 문후文侯 원년은 진나라의 영공 원년이며, 그리고 이 해는 한나라의 무자武子, 조趙나라의 환자桓子, 주周나라의 위열왕威烈王 원년이다.

6년에 문후는 소량에 성을 쌓았다. 13년에는 공자公子 자격子擊을 시켜 번과 방을 포위하게 했지만, 그 땅에 사는 주민들을 다치지 않도록 하기 위해서 주민들을 그곳에서 옮기도록 했다.

16년에는 진나라를 공격하고 임진과 원리에 성을 쌓았다.

그리고 17년에는 중산국을 멸망시키고, 그곳을 자격으로 하여금 지키게 하고, 그의 시종장으로 조창당趙倉唐을 보냈다.

어느 날 자격은 조가의 거리를 마차를 타고 지나고 있었다. 그때 마침 아버지 문후의 스승인 전자방(田子方, 공자의 제자)과 마주쳤다. 자격은 마차를 길가에 세우고 일부러 마차에서 내려 정중하게 인사했다. 그러나 이때 전자방은 예의를 차리지 않았다.

자격은 간접적으로 그의 행동을 꾸짖고 나서 질문했다.

"부귀한 사람과 가난한 사람 가운데 어떤 사람에게 무례함이 용서된다고 생각하십니까?"

"물론 가난한 사람입니다. 부귀한 사람의 경우, 예를 들면 제후가 예의를 잃었다면 그 결과는 나라의 흥망과 관계되고 대부라면 집안의 존속과 관계되겠지요. 이런 점은 가난한 사람에게는 걱정이 없습니다. 주군과 맞지 않으면 초나라로 가든가 월나라로 가면 됩니다. 마치 짚신을 벗어 던지는 것과 같아서 얼마든지 바꿀 수가 있습니다. 이것이 신분이 높은 분들과는 다른 점이 아닐까요?"

자격은 화가 나서 그 자리를 떠났다. 그런데 문후文侯는 공자孔子의 제자 자하子夏로부터 6예(시 · 서 · 예 · 악 · 역 · 춘추)를 배우고, 자하의 제자 단간목段干木을 빈객으로 대우하여 그의 집 앞을 지날 때는 반드시 식(마차의 난간에 엎드리는 예)의 예를 행하였다. 진秦나라가 위나라를 공격하려 할 때 진나라 안에서 다음과 같은 의견이 있어 계획이 중지되었다.

"위나라의 문후는 어진 사람을 예우하여 어진 임금으로 존경을 받고 있습니다. 지금의 위나라는 나라 안의 백성들이 굳게 뭉쳐 있으니 공격할 때가 아닙니다."

이것으로 문후는 제후들 사이에서 이름이 높아졌다.

## :: 서문표西門豹

문후는 서문표西門豹를 업의 현령에 등용하였고, 그의 뛰어난 다스림은 세상 사람들의 칭찬을 받았다.

위魏나라의 문후 때 서문표가 업의 현령으로 임명되었다. 그는 부임하자 우선 그 지방의 장로들을 모아 놓고 백성들이 고통을 받고 있는 이유를 물었다.

이때 한 장로가 대답했다.

"물의 신에게 해마다 처녀를 바치지 않으면 안 됩니다. 그 때문에 백성들의 살림이 갈수록 어려운 것입니다."

서문표는 그에게 자세하게 설명하라고 했다.

서문표

"업 땅의 삼로(三老, 지방 사람들을 가르치는 직책. 그 지방의 장로 중에서 뽑았다)나 관리들은 물의 신의 아내를 맞이하는 행사 비용이라는 명목으로 해마다 수백만의 세금을 받아 갔지만 실제로 사용하는 것은 불과 이삼십만이고 나머지는 삼로와 하급 관리, 그리고 무녀가 3등분하여 가져갑니다.

해마다 그때가 되면 무녀가 이집저집으로 아름다운 처녀를 찾아다닙니다. 마침내 처녀가 발견되면, '이 처녀를 물의 신의 아내로 준다' 라고 말하고 곧 준비를 시작합니다. 처녀를 목욕시키고, 명주옷을 새로 만들어 입히고, 목욕재계시킵니다. 이 행사를 치르기 위해서 강가에 붉은 장막으로 둘러친 금단의 방을 만들어 처녀를 그 속에 가두어 놓고 쇠고기와 술과 밥을 갖추어 놓습니다. 이렇게 하여 10여 일이 지나면 드디어 시집가는 날이 됩니다. 처녀를 곱게 꾸며 가마에 태워 그대로 강물에 띄웁니다. 그러면 가마는 처음 얼마 동안 물에 떠 있지만 수십 리 떠내려가는 동안에 강물 속에 가라앉아 버립니다.

이렇기 때문에 아름다운 처녀를 둔 집에서는 대무(무녀의 우두머리)가와서 흰 깃이 달린 화살을 세우기 전에 다른 곳으로 도망쳐 버립니다. 그래서 마을은 점점 쓸쓸해지고 남은 사람들의 생활도 점점 가난해질 수밖에 없었습니다. 이것은 오랜 옛날부터 전해 내려오는 풍습인데, 물의 신에게 처녀를 바치지 않으면 물이 넘쳐 전답을 휩쓸고 사람들을 물에 빠져 죽게 한다는 말이 전해져 내려올 정도입니다."

서문표는 그 얘기를 듣고 이렇게 말했다.

"알았소. 그때가 되면 삼로나 무녀들이 처녀를 강에 띄워 보낼 때 나에게 알리시오. 나도 참석할 테니까……."

"예, 명령대로 하겠습니다."

그들은 서문표에게 약속했다.

드디어 약속한 날이 찾아왔다. 서문표는 행사가 벌어지는 강가로 나갔다. 삼로 · 관리 · 호족 · 장로 등이 나왔고 그 주변에는 2, 3천 명의 구경꾼들이 모여 있었다. 대무는 이미 70이 넘은 나이 많은 노파로서 명주옷을 입은 여제자 10명쯤을 뒤에 거느리고 있었다.

"물의 신에게 시집갈 처녀를 불러 줄 수 있는가? 얼마나 미인인지 내 눈으로 직접 확인해 보고 싶소."

이렇게 서문표가 말하자 처녀가 포장 속에서 나왔다. 서문표는 그 처녀를 보자마자 삼로들을 돌아다보며 말했다.

"이게 미인이란 말인가. 수고스럽지만 대무가 직접 물의 신에게 내 말을 전해 주도록 하시오. 더 아름다운 아가씨를 찾아서 보낼 테니 기다려 달라고……."

그리고 서문표는 하급 관리에게 명령하여 대무를 강물 속으로 집어 던졌다. 그리고 잠시 기다렸다가 서문표는 이렇게 말했다.

"어떻게 된 일일까? 다시 마중을 가야겠지."

그러고는 대무의 제자 한 사람을 다시금 강물에 집어 던지게 했다. 같은 방법으로 또 한 사람을 강물에 던졌다. 이렇게 세 사람의 여제자를 집어 던지고 나서 서문표는,

"여자를 보내면 안 되는 모양이군. 아마도 설명을 잘 하지 못하는 모양이오. 그럼, 삼로께서 수고를 해 주실까요?"

하고, 이번에는 삼로를 강물에 던지게 했다. 그리고 옷깃을 가다듬고 강을 향해서 허리를 굽혀 절을 하고 제자리에 꼼짝도 않고 서 있었다. 곁에 있던 장로나 하급 관리들은 몸을 부들부들 떨었다.

잠시 후, 뒤로 돌아선 서문표는 이렇게 말했다.

"무녀와 삼로도 아직 돌아오지 않으니 어떻게 된 일이오?"

그리고 이번에는 관리와 호족 두 사람이 함께 마중을 나가라고 협박을 했다. 두 사람은 엎드려 땅에 이마를 비벼대며 목숨만 살려 달라고 구걸했다. 이마에서는 피가 흐르고 얼굴은 하얗게 질려 있었다.

"그럼 좋소. 좀 더 기다려 주지."

그리고 얼마 동안 시간이 흘렀다. 서문표는 이렇게 말했다.

"모두 일어나시오. 물의 신은 손님을 잡아 놓고 돌려보내지 않는 모양이오. 그대들은 이제 돌아가도 좋소."

무녀와 삼로

이러한 일이 벌어지는 광경을 보고 업 지방의 관리들과 백성들은 간담이 서늘해졌다. 그리고 그 뒤 누구 한 사람 물의 신에게 처녀를 바치자는 말을 꺼내지 못하게 되었다.

서문표는 이렇게 미신을 없앤 뒤, 즉시 사람들을 징발하여 12개의 물길을 파서 황하의 물을 끌어들여 논에 물을 댔다. 당시 사람들은 물길을 파는 일은 큰 공사라고 생각하고 그 일을 싫어했다.

이때 서문표는 이렇게 말했다.

"백성들에게 정책을 이해시킬 필요는 없다. 그 정책의 결과가 그들에게 유리하면 그것으로 족하다. 지금 당장은 누구나 나의 명령을 싫어하겠지만 그들의 손자 대가 되면 틀림없이 내가 시킨 일이 올바르고 유익한 것이었다는 것을 비로소 깨닫게 될 것이다."

그때 서문표의 말처럼 업 지방은 현재에 이르기까지 수리사업이 잘 되고, 현의 백성들은 풍족한 생활을 마음껏 누리고 있었다.

### :: 이극李克

문후는 재상을 뽑기 위해 이극李克을 불러 의견을 물었다.

"선생은 전에 나에게 가난한 집에는 어진 아내가 필요한 것처럼 어지러운 나라에는 명재상이 필요하다고 가르쳐 주셨습니다. 지금 재상의 후보자로서 위성자魏成子(문후의 동생)와 책황 두 사람이 있습니다. 이 두 사람 중에 어느 사람을 재상으로 등용해야 하겠습니까?"

이극은 대답했다.

'신분이 낮은 자는 높은 분들의 얘기를 입 밖에 내지 않으며, 타인은 남의 집안일을 말하지 말라' 하는 말이 있습니다. 저는 신분이 낮으며, 타인이기도 합니다. 대답을 올릴 수가 없습니다."

"선생, 사양 말고 말씀해 주시오."

"결코 사양하는 것이 아닙니다. 대왕께서 직접 생각해 주십사 하는 것입니다. 인물 감정의 요점은 다음 다섯 가지입니다. 첫째, 불우했을 때 어떤 사람과 친히 지냈는가. 둘째, 부유했을 때 누구에게 나누어 주었는가. 셋째, 높은 지위에 있을 때 어떤 사람을 등용했는가. 넷째, 궁지에 몰렸을 때 올바르지 못한 짓을 하지 않았는가. 다섯째, 가난했을 때 욕심껏 재물을 탐하지 않았는가. 이러한 다섯 가지 조건들을 놓고 사람을 고르면 됩니다. 제 의견 같은 건 따로 들을 필요가 없습니다."

"과연 좋은 말씀을 들려 주셨습니다. 그렇다면 내가 정할 수 있습니다."

문후의 말이 끝나기도 전에 이극은 곧장 자리를 떠났다.

이극은 궁궐에서 나와 집으로 가는 도중에 책황의 집에 들렀다. 이때 책황이 물었다.

"조금 전에 우리 군주께서 선생을 불러 재상을 뽑는 데 대한 상의를 하셨다는데, 도대체 누구로 결정될 것 같습니까?"

이극은 대답했다.

"위성자이겠죠."

이 말을 듣고 책황은 화가 난 표정으로 말했다.

"알 수 없는 일이군. 아무리 생각해도 내가 위성자만 못 하지는 않은데. 서하의 태수인 오기吳起를 추천한 것은 나이고, 업 지방의 수비 때문에 군주께서 고민할 때 서문표를 추천한 것도 나입니다. 중산을 공략

할 때 악양을 추천했고, 점령을 한 뒤 그 땅을 지킬 적임자가 없었을 때는 선생을 추천했습니다. 그리고 공자公子의 시종장으로 굴후부를 추천한 것도 나입니다. 이런 내가 어찌하여 위성자만 못 합니까?"

이극은 조용히 말했다.

"당신은 아마 파벌을 만들어 자기가 높은 지위에 오르려는 속셈으로 나를 추천한 것은 아닐 것입니다. 그렇다면 오늘 있었던 얘기를 설명해 드리지요. 우리 군주께서는 저에게 재상이 될 수 있는 인물은 책황과 위성자 두 사람인데 어느 쪽이 좋겠느냐고 물으셨습니다. 그래서 저는 군주께서 직접 결정하시라고 건의하고, 인물을 감정하는 방법으로 다음과 같은 다섯 가지 점을 말하였습니다. 첫째, 불우했을 때 누구와 친히 지냈는가. 둘째, 부유했을 때 누구에게 나누어 주었는가. 셋째, 높은 지위에 있을 때 어떤 사람을 등용했는가. 넷째, 궁지에 몰렸을 때 올바르지 못한 짓을 하지 않았는가. 다섯째, 가난했을 때 욕심껏 재물을 취하지 않았는가. 이 다섯 가지 조건에 맞추면 저절로 결론이 나올 터이니 나의 의견 같은 것은 들을 필요가 없다고 말씀드렸습니다. 그렇기 때문에 위성자가 재상이 될 것이라고 생각한 것입니다. 그렇다면 당신과 위성자와는 어느 쪽이 앞선 위치에 있겠습니까? 위성자는 천종의 녹祿 가운데 9할을 남에게 주고 자기는 1할로 살아가고 있습니다. 그 결과 동방의 인재인 복자하卜子夏·전자방田子方·단간목段干木 등을 맞아들일 수 있었습니다. 이 세 사람들은 우리 군주께서 스승으로 존경하는 분들입니다. 그리고 당신이 추천한 다섯 사람은 모두가 우리 군주께서 보면 신하에 지나지 않습니다. 이렇게 보면 당신과 위성자를 비교할 때 어느 쪽이 앞선가는 분명해질 것이 아니겠습니까?"

책황은 뒤로 물러나 이극에게 두 번 절하고 말했다.

"제가 잘못 생각했습니다. 제발 실례를 용서하시고 제자의 한 사람이 되게 해 주십시오."

:: 오기吳起

오기吳起는 위衛나라 사람이며 군사들을 부리는 데에 유능했다. 공자孔子의 제자인 증자曾子에게 배운 적이 있으며, 그 뒤에는 노魯나라에 봉사했다. 이 무렵 제齊나라가 노나라를 공격한 일이 있었는데, 노나라의 왕은 오기를 장군으로 삼으려고 했다.

그러나 알고 보니 오기의 아내는 제나라 사람이었다. 노나라의 왕은 오기와 제나라의 관계를 의심했다. 오기는 몹시 난처했다. 그리고 초조했다. 이번 기회를 놓쳐서는 안 된다고 생각한 그는 자기의 깨끗함을 증명하기 위하여 아내를 죽였다. 이렇게 하여 오기는 장군으로 임명되었으며, 제나라와 싸워 크게 이겼다. 그러나 노나라에서는 오기의 평판이 좋은 것이 아니었다.

오기

"오기는 시기심이 몹시 강하고 잔인한 사람이다. 본디 그의 집은 부자였지만 오기가 젊었을 때 관직에 등용되기 위하여 각지를 돌아다니며 낭비했기 때문에 벼슬도 얻지 못하고 재산만 탕진하고 말았다. 고향 사람들이 그를 비웃자, 오기는 원한을 품고 고향 사람 30여 명을 죽이고 위衛나라의 동쪽 성문을 몰래 빠져 나와 나라 밖으로 도망갔다. 오기는 어머니와 헤어질 때, '재상이 되기 전에는 위나라에 돌아오지 않겠습니다' 하며 팔을 입으로 물어 뜯어 맹세했다고 한다. 위나라에서 도망친 오기는 증자의 제자가 되었다. 그 뒤 어머니가 돌아가셨다. 그러나 그는 끝내 집으로 돌아가지 않았다. 증자는 불효자라는 이유로 그를 문하에서 쫓아냈다. 그래서 그는 우리 노나라로 와서 병법을 배우고 왕의 밑에서 일했다. 우리나라의 군주가 그와 제나라의 관계를 의심하자 그는 자신이 장군이 되기 위하여 아내를 죽였다. 우리나라는 작은 나라이다. 조그만 싸움에서 이겼다고는 하지만 그로 인해서 여러 나라들로부터 공격 목표가 될 뿐이 아니겠는가. 더구나 노나라와 위나라는 예로부터 형제의 관계이다. 그 위나라에서 도망쳐 온 오기를 등용하는 것은 위나라와의 우호 관계를 해치는 행위라고 볼 수밖에 없다."

이와 같은 의견이 나라 안에 돌자 노나라의 왕은 오기의 벼슬을 거두어 버렸다. 노나라를 떠난 오기는 위魏나라 문후文侯를 찾아가서 일을 하겠다고 청원했다. 그러자 문후는 오기가 어떤 인물인가를 재상 이극에게 물었다.

"욕심이 많고 여자를 좋아하지만 그의 군사에 대한 능력은 명장인 사마양도 미치지 못할 정도입니다."

문후는 오기를 장군으로 맞아들였다. 과연 오기는 진秦나라를 공격하여 다섯 고을을 함락시켰다. 장군으로서의 오기는 언제나 가장 낮은 병사와 꼭같은 옷을 입고 또 같은 음식을 먹었다. 잘 때는 자리를 깔지 않으며, 행군할 때는 마차에 타지 않았다.

그리고 자신이 먹을 식량은 자기가 직접 가지고 다녔다. 이렇게 그는 병사들과 어려움과 즐거움을 같이 했다. 이런 일도 있었다. 병사 1명이 종기가 나서 괴로워하자 오기는 그 종기의 고름을 입으로 빨아 주었다. 그러나 이것을 안 그 병사의 어머니는 아들을 위한 장군의 호의를 고마워하기는커녕 슬피 울었다는 것이다. 그러자 어떤 사람이 이상하게 생각하고 물었다.

"당신의 아들은 일개 병사에 지나지 않는데 장군이 직접 고름을 빨아 주셨습니다. 그런데 왜 우십니까?"

그러자 그 어머니는 이렇게 대답했다.

"바로 전년에는 오기 장군께서 그 애의 아버지의 종기 고름을 빨아 주셨습니다. 그 뒤 그 애 아버지는 전쟁에 나갔습니다. 그분은 오기 장군의 은혜에 보답하기 위해서 끝까지 싸우다가 죽었습니다. 들으니 이번에는 제 아들의 종기 고름을 빨아 주셨답니다……, 이제 그 애의 운명은 결정되었습니다. 그래서 우는 것입니다."

이렇게 용병술이 훌륭하고 일을 처리하는 데 공평 무사하며 병사들의 신임이 두터운 오기를 문후는 서하의 태수로 임명하고, 진秦나라와 한韓나라에 대비하여 변방을 굳게 지키게 했다.

위나라의 문후가 죽은 뒤에도 오기는 문후의 아들 무후武侯 밑에서 일했다. 어느 때 문후는 오기와 함께 배를 타고 서하를 내려왔다. 배를 타고 오면서 강가의 경치를 바라보던 문후는 오기를 돌아보며 이렇게 말했다.

"정말 훌륭하지 않소. 이 험난한 지형을 좀 보시오.

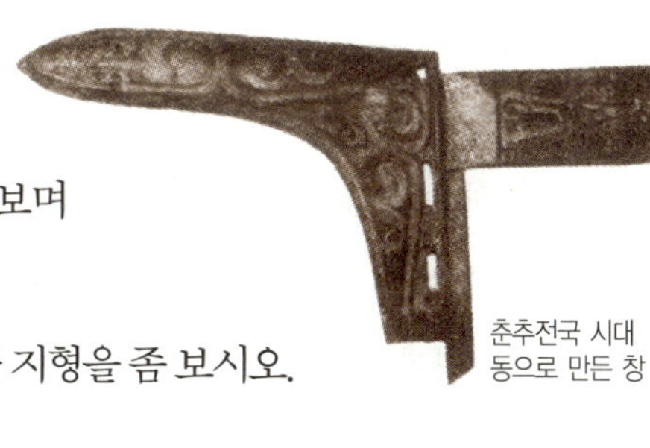

춘추전국 시대 동으로 만든 창

이것이야말로 우리나라의 보배요."

오기가 대답했다.

"그렇지 않습니다. 나라의 보배는 험난한 땅이 아닙니다. 나라를 다스리는 사람의 덕이야말로 나라의 보배입니다. 옛날, 삼묘씨三苗氏는 왼쪽으로 퉁팅호, 오른쪽으로 팽라호라는 좋은 곳을 가지고 있으면서도 덕으로 정치를 하지 않았기 때문에 우禹임금에게 멸망했습니다. 하夏의 걸왕桀王도 왼쪽에 황하와 제수, 오른쪽에 타이항산·화산, 남쪽에 이궐, 북쪽에 양장이라는 험한 곳의 혜택을 받으면서도 어진 정치를 베풀지 않았기 때문에 은나라의 탕왕에게 쫓겨났습니다. 그리고 은나라의 주왕紂王도 왼쪽으로 맹문산, 오른쪽으로 타이항산, 북쪽으로 상산, 남쪽으로 황하라는 자연의 험한 지형에 둘러싸여 있으면서도 덕스럽지 못한 정치를 펼쳤기 때문에 주周나라 무왕武王에게 죽임을 당했습니다. 그러므로 나라의 보배는 지형이 아니라 나라를 다스리는 사람의 덕이라는 것을 이와 같은 옛날의 사례를 보아도 알 수 있습니다. 가령 왕께서 덕으로 다스리지 않는다면 지금 이 배에 타고 있는 사람들도 적국으로 가게 될 것입니다."

무후는 그의 말이 옳다고 고개를 끄덕였다.

오기는 무후 밑에서도 계속하여 서하의 태수로 있으면서 그 이름을 떨쳤다.

그 무렵 무후는 새 재상으로 전문田文을 임명했다. 이때 오기는 마음이 편하지 못했다. 그리하여 그는 기회를 보아 전문에게 논쟁을 폈다.

"당신과 나 두 사람 중에 어느 쪽이 공이 더 많은가 한번 비교해 보지 않겠습니까?"

오기가 그에게 제안했다.

"좋소."

"그렇다면 묻겠습니다. 장군으로서 병사들이 기쁘게 죽을 만큼 사기를 높였고, 적국이 넘볼 수 있는 틈을 없앤 공은 어느 쪽이 더 많습니까?"

"그것은 당신입니다."

"그러면 조정의 백관들을 통솔하고 백성들과 친해지고 국고를 풍부하게 한 점에서는 어떻습니까?"

"당신입니다."

"서하를 지키고 진秦나라로 하여금 동쪽으로 나아가는 것을 단념하게 하고 한韓나라와 조趙나라를 복종시킨 것은?"

"그것도 당신의 공입니다."

"이상의 세 가지 모두 내가 당신보다 우위에 있습니다. 그런데 당신이 우위에 있는 것은 무엇 때문입니까?"

그러자 전문은 반문했다.

"우리 군주께서는 아직 젊고 나라 안은 안정되지 않았습니다. 중신들은 아직도 왕에게 복종하지 않으며 관리들의 신임도 확립되어 있지 않습니다. 이와 같은 때에 당신과 나와 어느 쪽이 재상으로 적임자입니까?"

오기는 잠시 뒤 이렇게 대답했다.

"역시 당신이 적임자입니다."

"내가 당신보다 우위에 있는 것은 그와 같은 이유에서입니다."

오기는 자신이 전문에 미치지 못함을 비로소 깨달았다.

얼마 뒤 전문이 죽고 공숙이 재상이 되었다. 공숙은 위나라의 공주를 아내로 맞이하고 위세를 떨쳤다. 그러다 보니 오기가 눈엣가시처럼 거슬렀다. 그런 때에 가신 가운데 이렇게 건의하는 사람이 있었다.

"오기를 물러나게 할 좋은 방법이 있습니다."

그 말에 공숙은 귀를 쫑긋 세우며 바싹 다가앉았다.

"'오기는 우직하면서도 명예를 중시합니다. 오기는 굉장한 인물입니다. 우리 위나라는 작은 나라이고 이웃에는 강국인 진秦나라가 있습니다. 오기가 언제까지 우리나라에 머무를지 걱정이 되어 잠이 안 옵니다' 하고 말씀해 보십시오. 그러면 반드시 왕께서는 어떻게 하면 좋겠느냐고 물으실 겁니다. 그러면 이렇게 대답하셔야 합니다. '공주를 오기에게 시집보내겠다고 말씀하시면 그 뜻을 아실 수 있습니다. 오기가 우리 위나라에 언제까지나 머물 예정이라면 수락할 것이고 그럴 뜻이 없으면 물리칠 것입니다. 그것으로 그의 속마음을 알 수 있으리라고 생각합니다.' 이렇게 말씀드려서 왕께서 그리하겠다고 하면 오기를 초대해서 공주를 주겠다는 뜻을 전하십시오. 그러고 나서 오기를 데리고 집으로 가셔야 합니다. 그런데 미리 공주님께는 오기가 집에 오면 일부러 그가 보는 앞에서 화를 내며 나리를 꾸짖도록 해야 합니다. 오기는 그런 모습을 보면 반드시 공주를 아내로 맞기를 꺼릴 것입니다."

이 각본대로 실행에 옮기자, 과연 오기는 공주가 재상인 공숙을 꾸짖는 것을 보고 문후에게 공주를 아내로 맞지 않겠다고 했다. 이를 계기로 오기에 대한 문후의 신뢰는 식어 갔다. 이대로 있다가는 어떤 변을 당할는지 모른다고 생각한 오기는 곧장 위나라를 떠났다.

그가 다음으로 옮겨 간 나라는 초楚나라였다.

초楚나라의 도왕悼王은 이미 여러 번 오기의 소문을 들었기 때문에 즉시 그를 재상으로 등용하였다.

오기는 재상으로서 초나라의 법 체제를 뚜렷하게 제정했다. 그리고 필요 없는 관직을 없애고 왕의 먼 친척인 공족들의 관직을 빼앗고, 남는 돈은 병사들을 기르기 위한 것으로 돌렸다.

그는 강병책을 추진하였고, 바쁘게 돌아다니며 제후국의 연합을 부르짖는 유세객들의 논리를 없애는 것을 목표로 삼았다.

드디어 병력이 충실해지자 남쪽으로는 백월百越을 평정하고 북으로는 진陳·채蔡를 병합하여 3진(한·위·조)을 물리쳤으며, 서쪽으로는 진秦나라를 쳤다. 그리하여 초나라는 강대국으로서 위세를 떨쳤다.

그러나 나라 안에서는 오기에게 관직을 빼앗긴 공족들이 복수의 기회를 노리고 있었다. 드디어 도왕의 죽음을 계기로 그들의 원한이 폭발했다.

왕족 및 중신들은 일제히 반란을 일으켰다. 반란군에게 쫓겨 도망칠 곳이 없어진 오기는 왕의 시체가 있는 곳으로 도망가서 그 위에 엎드렸다. 그러자 반란군은 활을 쏘았다. 화살은 오기를 죽였고 왕의 시체까지 꿰뚫었다.

도왕의 장례가 끝나고 태자가 왕으로 즉위하자 곧장 영윤에게 명령하여, 오기를 죽이기 위하여 도왕의 시체에 활을 쏜 자를 사형에 처했다.

# 상앙商鞅 열전

진秦나라의 효공 원년(기원전 361), 황하 및 화산에서 동쪽으로는 강한 나라가 여섯이 있었다.

즉, 제齊나라의 위왕威王, 초楚나라의 선왕宣王, 위魏나라의 혜공惠公, 연燕나라의 도공悼公, 한韓나라의 애공哀公, 조趙나라의 성후成侯 등이다. 기타 10여 개 나라는 화이수이와 쓰수이 사이의 좁은 지역에 밀려 있었다.

위의 강대국들 중 초나라와 위나라는 진秦나라와 국경을 맞대고 있었다. 위나라는 정鄭나라를 기점으로 낙수를 따라 장성을 쌓고, 북으로는 상군 지방에까지 세력을 넓히고 있었다.

그리고 초나라는 한중을 중심으로 파 지방과 검중까지 세력을 넓히고 있었다. 주 왕실周王室이 쇠퇴한 뒤로 제후들이 힘에 의한 대결을 기도하고 서로 영토를 합친 결과 이렇게 된 것이다.

진나라는 서쪽 변두리에 있는 옹주에 도읍을 두었기 때문에 중원의 제후들로부터 오랑캐로 취급되었으며, 맹세의 모임에 초대되는 일도 없었다.

진나라의 효공은 어진 정치를 베풀려고 몹시 애썼다. 그는 고아나 과부를 돕고 병사들을 우대했으며, 공적을 따져 상을 주는 일을 공평하게 실시하면서 한편으로 나라 안에 다음과 같이 포고했다.

"옛날 우리 선왕이신 목공은 지산과 옹주 일대에 나라를 정하고부터 덕을 쌓고 무력을 충실하게 다졌다. 그 결과 동쪽으로는 진晋나라의 난을 평정하여 국경을 용문강까지 넓히고 서쪽으로는 융과 적을 귀속시켰다. 영토를 넓히기 천 리, 이 공적에 의하여 천자로부터 패자로 인정받았고, 제후들은 모두 축하해 주었다. 이때 후세를 위한 나라의 기초가 구축되었지만, 이 빼어난 일에도 불구하고 그 뒤 여공·조공·간공·출공, 이렇게 대를 거듭함에 따라서 나라 안에 난이 계속되어 외국의 원정은 엄두도 못 내게 되었다. 뿐만 아니라 3진三晋에 의하여 우리 선군이 남기신 하서 땅을 빼앗기고 제후로서의 수모를 받았다. 이와 같은 굴욕이 또 있겠는가. 그러나 그 뒤 헌공이 즉위하자 변경의 야만족을 다스리고 역양으로 도읍을 옮겨 다시 원정군을 보내고 빼앗긴 영토를 도로 찾고 목공의 다스림을 재현하려 하셨다. 이 헌공의 뜻을 생각만 해도 나는 마음이 아프다. 그리하여 나는 여기서 빈객이나 모든 신하들에게 말한다. 기묘한 계략으로 우리 진秦나라를 강대하게 만드는 자에게는 높은 관직과 영지를 줄 것이다."

이렇게 하여 진나라의 외국 원정이 시작되고 동쪽으로는 섬성을 포위하고 서쪽으로는 융나라 원왕의 목을 베는 전과를 올렸다.

이 무렵 위나라의 상앙은 진나라의 포고 내용을 전해 듣고 진나라에 들어왔다. 그는 진나라 왕의 총애하는 신하 경감景監을 통해서 왕에게

공손앙

만나기를 청했다.

상앙은 위나라의 서자 출신의 공자이다. 그는 첩의 아들이며 이름은 앙, 성은 공손씨公孫氏다. 그의 선조를 더듬어 보면 희씨姬氏와 통한다.

상앙은 젊은 시절부터 형명학(법률학)을 배웠고 얼마 뒤 위나라 재상 공숙좌의 식객이 되었다. 공숙좌는 그의 능력을 인정하였으므로 추천할 기회를 엿보고 있었다. 그러는 동안 공숙좌가 병에 걸려 자리에 눕게 되자 위나라의 혜왕惠王이 가끔 그를 문병하러 왔다.

"만일 그대에게 불행한 일이 생기면 어떤 사람에게 국정을 맡기면 좋겠는가?"

혜왕의 물음에 공숙좌는 상앙을 추천했다.

"저의 식객 중에 공손앙이 있습니다. 아직 젊지만 뛰어난 재능을 가진 사람입니다. 그에게 모든 것을 맡겨도 좋다고 생각합니다."

그러나 혜왕은 대답하지 않았다. 잠시 뒤 그대로 돌아가려 하자, 공숙좌는 주위 사람을 물리치고 혜왕에게 이렇게 말했다.

"만일 상앙을 쓰실 뜻이 없으시면 그를 죽여 버려야 합니다. 다른 나라로 가지 않도록 주의하시기 바랍니다."

혜왕은 고개를 끄덕이고 돌아갔다. 공숙좌는 곧장 상앙을 불렀다.

"내게 왕께서 다음 재상에 누가 적합하느냐고 물으시기에 자네를 추천했네. 왕은 대답하지 않았지만 내가 보기에는 아무래도 찬성하는 눈치가 아니었어. 나로서는 역시 신하보다는 왕을 우선적으로 생각하지 않을 수 없었네. 그래서 나는 이렇게 말했네. 만일 상앙을 쓰시지 않으시려거든 죽여야 한다고 말이야. 왕은 이 말에 고개를 끄덕이었네. 자네는 잡히기 전에 빨리 도망가는 것이 좋겠네."

그러나 상앙은 이렇게 말했다.

"그런 걱정은 하지 않으셔도 됩니다. 왕께서는 저를 쓰시라는 선생님의 의견을 받아들이지 않았습니다. 그렇다면 저를 죽이라는 의견도 받아들일 리가 없습니다."

상앙은 이렇게 말하고 도망가지 않았다.

한편, 혜왕은 공숙좌의 집을 나오자 주위의 사람들에게 이렇게 말했다.

"슬픈 일이다. 공숙좌의 병은 중태이다. 그 사람은 나랏일을 공손앙에게 맡기라고 말했어. 완전히 제정신이 아니야."

그 뒤 공숙좌는 죽었다. 상앙은 자신을 생각했다. 소문에 의하면 진秦의 효공이 동쪽의 잃은 땅을 되찾고 목공의 위업을 이으려고, 나라 안에 포고문을 내고 인재를 구한다고 했다. 그는 곧장 진나라로 가서 효공의 총애하는 신하 경감의 소개로 효공에게 만나기를 청하였다.

상앙은 효공을 만났다. 효공은 상앙의 얘기가 길었기 때문에 가끔 졸면서 얘기를 들었다. 상앙이 물러가자 효공은 그를 소개했던 경감을 불러 꾸짖었다.

"그대 집에 온 손님은 바보가 아닌가. 그를 등용하라니, 참으로 어처구니없는 일이다."

그래서 경감이 상앙을 꾸짖자 그는 이렇게 대답했다.

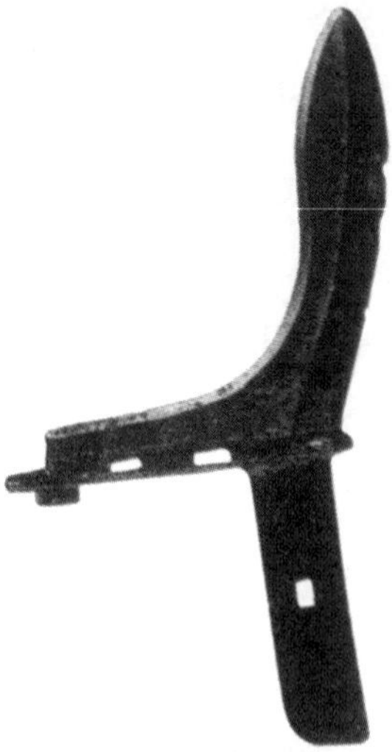
춘추전국 시대 상앙이 사용한 창

"나는 제왕으로서의 길을 말했는데, 효공이 잘 알아듣지 못하신 모양입니다."

5일 뒤 효공이 다시 상앙을 만나 보고 싶다고 했다. 상앙은 이번에는 더 열심히 얘기를 했다. 그러나 효공의 공감을 얻지는 못 하였다. 전번과 마찬가지로 상앙이 물러가자 효공은 경감을 꾸짖었고, 경감은 상앙을 꾸짖었다.

이때 상앙은 경감에게 이렇게 대답했다.

"나는 왕으로서의 길을 말했지만, 효공이 납득하시지 못했습니다. 한번 더 뵐 수 있도록 주선해 주시기 바랍니다."

그는 다시 한번 효공을 만났다. 효공은 이번에는 상앙의 얘기가 마음에 든 모양이었다. 그러나 그를 등용하겠다고는 말하지 않았다.

상앙이 물러가자 효공은 경감에게 말했다.

"그 사람 제법 얘기를 할 줄 알더군."

상앙은 경감에게 이렇게 말했다.

"이번에는 패자의 길을 설명했는데 무척 마음에 든 모양입니다. 다시 한번 만날 수 있게 주선해 주십시오. 그분의 생각이 무엇인지 알았습니다."

그리하여 다시 네 번째 만나게 되었다. 이때 효공은 자기도 모르는 사이에 의논에 열중하였다.

의논은 며칠 동안 계속되었으나, 두 사람 모두 지칠 줄을 몰랐다. 경감이 이상하게 생각하고 상앙에게 물었다.

"우리 주군께서 무척 기뻐하시는 모양인데, 도대체 어떻게 우리 주군의 마음을 사로잡았는가?"

"저는 처음에 하 · 은 · 주의 3대를 더듬으며 제왕으로서의 길과, 왕으로서의 길을 설명했습니다. 그러나 효공은 지루한 얘기다, 그렇게 오래 기다릴 수 없다, 당대에 이름을 천하에 떨쳐야만 명군이라고 할 수 있다, 제왕이다 왕이다 하여 몇 십 년, 몇 백 년이 걸려도 좋단 말인가 하시고 제 말을 부정하셨습니다. 그래서 저는 강대국이 되는 방법을 건의했습니다. 그러자 효공은 몹시 기뻐하면서 귀를 기울이는 것이었습니다. 이것으로는 은나라가 주나라의 덕과 비견할 수가 없습니다만……."

효공은 드디어 상앙을 중용했다. 효공은 강국책을 실행에 옮기는 첫 사업으로 우선 조정의 개혁을 단행하려 했으나, 세상의 여론과 비난이 두려워 체념하고 있었다. 이때 상앙은 이렇게 건의했다.

"성공도 명예도 자신 없이는 얻을 수 없습니다. 그리고 행위든 사상이든 세상의 상례를 벗어나면 무조건 비난의 대상이 되기 쉽습니다. 일이 끝나도 느끼지 못하는 것은 어리석은 사람입니다. 이에 비해서 지혜로운 사람은 일을 시작하기 전부터 정찰할 수가 있습니다. 따라서 백성에게는 계획 단계에서는 알리지 않고 결과만을 누리게 하면 되는 것입니다. 지상의 덕을 논하는 자는 세속에 영합하지 않으며, 큰 공을 세우려는 자는 다수의 사람들과 상담하지 않습니다. 감히 말씀드리지만 강국을 목표로 하신다면 선례를 따르지 마시고 과감하게 결단하고 실행하셔야 한다고 생각합니다. 백성에게 이익이 되는 것이라면 옛날의 관습을 좇을 필요가 없습니다."

효공은 그의 말에 찬성을 표시했다.

그때 감용이 앞으로 나와 반론을 제기했다.

"아닙니다. 관습을 바꾸지 않고 백성을 이끄는 사람이야말로 성인이며, 법을 바꾸지 않고 훌륭한 정치를 펼치는 사람이야말로 지혜로운 사람이라 할 수 있습니다. 관습에 따라 백성을 이끌면 무리가 적으면서도 효과가 있을 것입니다. 이와 꼭같이 종래의 법에 의하여 다스린다면 실무를 맡은 관리도 익숙해 있기 때문에 백성들이 안심하고 따를 것입니다."

"감용의 의견은 속된 이론입니다. 보통 사람들은 관습만을 의지하며, 또한 학자는 지식만으로 만족하는 것입니다. 이 양자는 관리로서 기존의 법을 지키게 할 수는 있지만 결국은 거기서 그치고 말며, 그 이상의 일에 부닥치면 아무것도 못 합니다. 본디 예로부터 예나 법은 불변의 것이 아니었습니다. 하夏·은殷·주周의 3대는 각기 예를 달리하면서 모두 왕자가 되었으며, 춘추의 5패는 제각기 다른 법으로 각자 패자가 되었습니다. 다시 말하면, 어떤 시대이든 지혜로운 사람이 법을 만들고 어리석은 사람이 그것을 따릅니다. 어진 사람이 예를 새로 제정하고 어리석은 사람은 그것에 얽매이는 관계가 되어 왔습니다."

상앙이 이렇게 주장하자 이번에는 두지가 반론을 제기했다.

"빼어난 기구일지라도 그 가치가 10배가 되는 것이 아니면 바꾸지 않습니다. 법은 그 이익이 백 배가 되는 것이 아니면 바꾸면 안 됩니다. 무슨 일이 있든지 예전의 방법을 따르고 옛날의 예를 따르면 착오가 일어나지 않습니다."

상앙이 이 말을 받았다.

"정치의 방법은 고정된 것이 아닙니다. 국가로서 유익하다고 생각되면 곧장 바꾸어야 합니다. 가령 탕왕 · 무왕은 옛날의 길을 좇지 않고 왕자가 되었으며, 하의 걸왕, 은殷의 주왕은 옛날의 예를 변경하지 않았는데 망했습니다. 그러므로 관습에 어긋난다고 해서 비난할 것이 아닙니다. 그리고 또 옛날의 예를 좇는다고 해서 칭찬만 할 것이 못 됩니다."

효공은 상앙의 의견에 찬성했다. 그리고 상앙을 좌서장에 발탁하고 조정의 개혁을 명령했다.

상앙이 손을 댄 개혁의 내용은 다음과 같은 것이었다.

5인조 · 10인조의 제도를 설치하여 백성을 서로 감시하고 고발하게 하는, 조마다의 연좌제를 설치했다. 타인의 범죄를 알고서도 고발하지 않는 자는 요참형(허리를 자르는 형벌)에 처한다. 그리고 고발한 자에게는 적의 목을 잘라 온 것과 같은 상을 주며 또 죄인을 숨겨 준 자에게는 적에게 항복한 것과 같은 벌을 준다. 한 집에 두 사람 이상의 성년 남자가 있으면서 분가하지 않은 경우에는 세금을 2배로 받는다.

상앙이 법을 개정하고 백성들을 시험하고 있는 모습

싸움에서 공을 세운 자에게는 그 상황에 따라서 상당한 급수의 작위를 준다. 개인적인 싸움에는 정도에 따라서 형을 과한다.

어른이나 아이나 힘을 합쳐 농사와 직물을 본업으로 삼도록 한다. 그리하여 곡식과 물건을 많이 바치는 자에게는 부역을 면제해 준다. 그 이외의 직업에 종사하고 싶은 자나, 게으르기 때문에 가난한 사람은 노예로 삼는다.

왕족일지라도 공을 세우지 못하는 자는 심사하여 왕족의 적을 빼앗는다. 신분의 봉록을 정하여 확실한 차별을 둔다. 전지, 가옥의 넓이, 가신 · 노비의 수, 의복 등에는 가격에 의하여 단계를 정한다. 공을 세운 자에게는 사치를 허용하지만 아무리 부자일지라도 공이 없으면 호화로운 생활을 허용치 않는다.

이렇게 새로운 국법의 내용은 결정되었지만 곧 공포하지는 않았다. 백성이 의심스러웠기 때문이다. 우선 백성의 신임을 얻지 않으면 안 된다. 그리하여 궁리 끝에 높이 세 길의 나무를 도읍의 남문 곁에 세웠다. 그리고 '이 나무를 북문에 옮겨 심는 자에게는 상금 10금을 준다' 고 포고했다. 그러나 누구 한 사람 믿으려 하지 않았다. 그리하여 다시금 '옮겨 심는 자에게는 50금을 준다' 고 상금을 5배나 늘리자 겨우 한 사나이가 그것을 실천에 옮겼다.

즉시 그에게는 상금 50금을 주고 법령에 거짓이 없다는 것을 나타냈다. 그런 뒤에 비로소 새 법을 공포했다.

그러나 막상 법이 선포되어 시행되자 백성들의 불평 불만이 계속 생겼다. 1년 동안에 도읍으로 올라와 새 법의 불합리성을 호소하는 자가 수천 명에 달했다.

이러한 때에 공교롭게도 태자가 새 법을 어겼다. 이때 상앙은 이렇게 말했다.

"백성들이 새 법을 지키지 않는 것은 웃사람이 법을 범하기 때문이다."

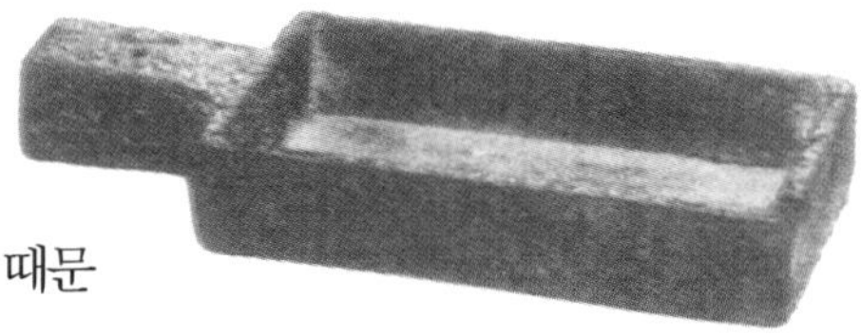
상앙이 만든 되

그리고 태자를 법에 의하여 처벌하려고 했다. 그러나 태자는 왕의 자리를 이어받을 사람이었기 때문에 처벌할 수가 없어 태자 대신 시종장인 공자公子 건虔을 처벌하고, 태자의 교육을 맡은 공손가를 묵형에 처했다. 이러한 조처는 매우 효과가 컸다. 그 다음날부터 나라 안의 모든 사람이 새 법에 복종하기 시작했다.

그 뒤 10년이 지났다. 진나라에서는 길에 물건이 놓여 있어도 아무도 주우려 하지 않았다. 산 속에는 도둑이 없었다. 생활은 안정되고 백성들은 크게 기뻐했다. 백성들은 국가가 싸움을 벌이면 용감하게 싸웠지만 개인적인 다툼은 일어나지 않았고 마을마다 평화스러운 생활이 계속되었다.

이렇게 되자 이제까지 새 법에 불만을 나타냈던 사람들도 모두 이 새 법을 예찬하게 되었다. 그러나 상앙은 이들을 이렇게 생각했다.

"그들은 세상을 어지럽힐 위험성이 있는 백성이다."

그리하여 그들을 모두 나라의 변두리로 옮겨 살게 하였다. 그러자 그 때부터 모든 백성들은 한 사람도 법에 대하여 불평하지 않게 되었다.

이렇게 하여 상앙은 대량조(재상)에 임명되었다. 이 무렵 상앙은 군사를 이끌고 위나라의 도읍인 안읍을 포위하여 함락시켰다. 그리고 3년 뒤에는 섣양에 성문과 궁전 및 정원을 마련하고, 옹으로부터 도읍을 옮겼다. 그 뒤 상앙은 법의 규제를 더욱 강화했다. 부자와 형제가 한 집에 사는 것을 금했다. 작은 마을이나 도시를 합하여 현으로 하고 거기에는 현령과 현승을 두었다. 그리하여 전국이 약 31현으로 나누어지게 되었다.

그리고 농사를 짓기 편리하도록 둑이나 경계를 없애고 밭을 넓혔다. 조세율을 일정하게 정하고, 나라 안의 도량형을 통일했다. 이를 실시한 지 4년째가 되던 해 공자 건虔이 또다시 법을 어겼다. 그러나 이번에는 자신의 코를 잘리는 엄한 벌을 받았다.

**그로부터** 5년 동안 진나라는 점점 부강해졌고, 효공은 천자로부터 패자라는 칭호를 받았고, 제후들은 모두가 효공을 축하해 주었다.

그 다음해 마릉에서 제齊나라가 위魏나라를 무너뜨려 위나라 태자는 포로가 되었고, 장군 방연은 전사했다.

그 다음해 상앙은 효공에게 이렇게 건의하였다.

"우리나라에서 보면 위나라는 뱃속의 종기처럼 거추장스러운 존재입니다. 싸움에서 이기느냐 지느냐는 그 어느 쪽이든 한 가지입니다. 위나라는 서쪽으로 험난한 산들에 둘러싸인 안읍에 도읍하였으며, 우리나라와는 황하에서 마주하고 중원의 부를 혼자 차지하고 있습니다. 그들은 유리하다고 판단되면 서쪽에 있는 우리나라를 공격하고, 불리

춘추전국 시대 화폐

하다고 생각하면 동쪽으로 창을 돌립니다.

현재 우리나라는 융성합니다. 그러나 반대로 위나라는 제齊나라와의 싸움에서 대패했기 때문에 제후들로부터 따돌림을 받고 있습니다. 위나라를 치려면 지금이 좋은 기회입니다. 위나라는 반드시 우리나라의 공격을 견디지 못하고 동쪽으로 옮겨 갈 것입니다. 그렇게 되면 우리나라는 천연의 산과 강을 요새로 삼아 동쪽의 제후들을 누를 수가 있습니다. 이것이야말로 제왕의 업이라고 할 수 있습니다."

효공은 그의 말에 찬성하고 상앙을 장군으로 임명하여 위나라를 공격케 하였다. 그러자 위나라는 공자公子 앙을 장군으로 하여 반격해 왔다. 양쪽 군사가 서로 대치했을 때 상앙은 사자를 보내 공자 앙에게 한 통의 편지를 보냈다.

"제가 옛날 위나라에 있을 때 당신과 친히 교제하기를 원하였습니다. 그런데 지금의 입장은 서로 다르기 때문에 공격하게 된 것입니다. 옛일을 생각하면 쓰라린 생각이 듭니다. 가능하다면 직접 뵙고 동맹을 맺어 서로가 기분 좋게 군사를 거두고 싶습니다. 그렇게 되면 귀국이나 우리나라가 다 함께 편안하고 태평할 수 있다고 생각합니다."

공자 앙은 잘 됐다고 생각하고 맹세를 맺기 위하여 술자리에 응했다. 그러나 상앙은 그 자리에 무장한 군사를 숨겨 두었다가 공자 앙을 포로로 잡았다. 이렇게 준비해 놓고 위나라군을 공격하여 승리를 거두고 돌아왔다.

위나라는 제나라와 싸워 패한 데다가 다시 진나라에게도 패하여 국력은 몹시 쇠퇴했고, 영토는 점점 줄어들었다. 위나라 혜왕惠王은 공포에 사로잡혀 진나라에 사신을 보내서 하서의 땅을 떼어 준다는 조건을 내걸고 화의를 맺었다.

드디어 위나라는 도읍인 안읍을 버리고 대량으로 옮겼다.

"그때 공숙좌의 의견을 받아들이지 않은 것이 원통하다."

뒷날 혜왕은 이렇게 후회했다고 한다.

상앙이 위나라를 무찌르고 돌아오자 진나라 왕은 그에게 상과 어의 15읍을 주었다. 그 뒤 상앙은 상군商君으로 불리게 되었다.

진나라에서는 효공이 죽고 태자가 그 뒤를 이었다. 공자 건의 일당은 상앙이 모반을 꾸민다고 밀고하였다. 그리하여 그를 잡으라는 명령이 내려졌다. 상앙은 도망쳐 한구관에 이르렀다. 그는 여관에 묵으려 했다. 여관 주인은 손님이 상앙이라는 것을 알 리가 없었다. 그는, 상앙 어른이 정하신 법률 때문에 증명서가 없는 사람을 재우면 벌을 받으니 안 된다는 것이었다.

상앙은 크게 한숨을 쉬었다.

"아아! 법의 폐해는 이렇게 철저한 것인가!"

상앙은 위나라로 도망치려 했다. 그러나 위나라 사람들은 그가 공자 앙을 속여 위나라군을 무찔렀던 일을 잊지 않고 있었기 때문에 받아들이려 하지 않았다.

그뿐만이 아니었다. 상앙이 다른 나라로 도망치려 하자,

"진나라는 강대국이다. 그런 진나라의 역적을 받아들인다면 큰 봉변을 당한다."

하고 말하며 그를 진나라로 내쫓았다. 다시 쫓겨 진나라로 돌아온 상앙은 그의 영지인 상읍으로 몸을 피했다가 가족을 거느리고 북쪽의 정鄭나라로 가려고 했다.

그러자 진나라에서는 군사를 보내 상앙을 쫓았다. 드디어 상앙은 정나라의 면지에서 잡혀 죽었다.

진나라 혜왕은 백성들에게 경고하는 뜻으로, 상앙의 시체를 눕혀 놓고 사지에 마차를 매달고 사방에서 말을 몰아 몸을 찢어 죽이도록 하고, 이렇게 포고했다.

"모반을 시도한 자의 말로를 똑똑히 보아라."

그리고 상앙의 가족도 모두 죽였다.

# 소진蘇秦 열전

소진은 동주東周의 뤄양 출신으로 젊었을 때 동쪽의 큰 나라인 제齊나라에 유학하여 귀곡鬼谷 선생에게 유세술을 배웠다.

그 뒤 그는 여러 나라에 유세하려고 떠났다. 수년 동안 돌아다녔으나 그의 뜻을 받아들이려는 사람이 없어 궁색한 모습으로 고향에 돌아오자 그의 형제 자매들은 물론 그의 아내까지 이렇게 소진을 비웃었다.

"백성은 일을 열심히 한다든가 장사를 열심히 하여 돈을 손쉽게 벌 수 있습니다. 그것은 사람으로서 합당한 생활 방법일 것입니다. 그런데 당신은 유세한답시고 떠돌아다니고 있소. 그러니까 이런 꼴이 된 것도 당연하지 않소."

이런 말을 듣고 소진은 새로운 결심이 솟았다. 일단 학문에 뜻을 두었으면서도 그것으로 뜻을 세우지 못하면 사나이로서 명분이 서지 않는다.

그 뒤부터 소진은 방 안에 틀어박혀 책을 읽었다. 그러다 보니 유난히 마음을 사로잡는 책이 있었다. 〈주서周書의 음부陰符〉(태공망 여상이 저술한 병법서)에 마음이 이끌린 것이다. 소진은 음부 연구에 골몰했다.

1년이 지났다. 그는 '취마' 라는 독특한 독심술을 연구했다.

"이 비법으로 제후들을 설득할 수 있다."

소진은 즉시 주나라의 현왕에게 만나기를 청했다. 그러나 현왕의 주위 사람들은 전부터 소진에 대한 얘기를 듣고 있었기 때문에 알선해 주지 않았다. 그래서 소진은 미련없이 주나라를 떠나 서쪽의 진秦나라로 향했다.

진나라에는 혜왕惠王의 시대였다. 소진은 혜왕을 만나 설득하기 시작했다.

"진나라는 주위가 산과 강물로 둘러싸인 천혜의 조건을 갖추고 있습니다. 동쪽으로는 한구관과 황하를 끼고 있으며 서쪽은 한중, 남쪽은 파 · 촉, 그리고 북쪽은 대와 마가 있습니다. 다 천혜의 자연 조건입니다. 여기에 어진 사람들을 받아들여 그에 걸맞은 적절한 전략을 곁들이면 천하를 제압하고 제후로 군림할 수도 있습니다."

그러나 혜왕은 소진의 말을 들으려 하지 않았다.

"새도 깃털이 다 갖추어지기 전에는 아무리 높이 날고 싶어도 불가능한 일이오. 이와 같이

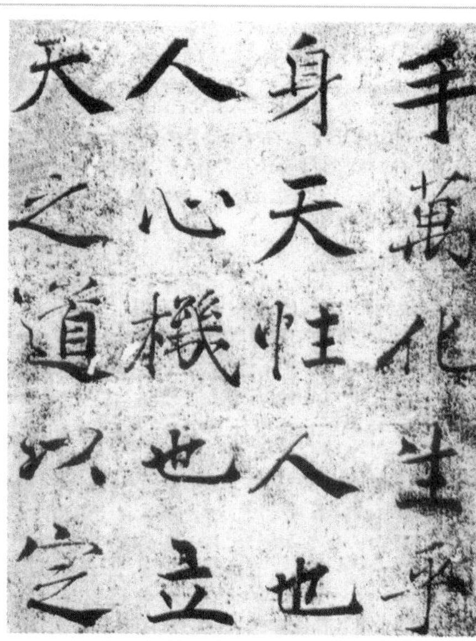

음부陰符

연나라의 청동으로 만든 문고리

우리나라는 아직 정치도 안정되어 있지 않소. 그런데 천하를 새것으로 만들다니 생각지도 못할 일이오."

그때 진나라는 상앙을 죽인 뒤였기 때문에 유세자들의 평판이 나빴다. 그리하여 소진은 동쪽에 있는 조趙나라로 갔다.

이때 조나라에서는 왕의 아우인 봉양군이 재상으로 있었는데 그도 역시 소진의 뜻을 받아들이지 않았다.

그는 이번에는 연燕나라로 향하였다. 그리고 1년쯤 지나서 연나라의 문후를 겨우 만날 수 있었다.

"연나라는 동쪽으로 조선과 랴오둥, 북쪽으로는 임호와 누번, 서쪽은 운중과 구원, 남쪽은 호타·역수라는 곳이며, 그 영토는 사방 2천여 리에 이르고 있습니다. 연나라의 군사력은 수십 만이나 되며 전차가 6백 승, 군마 6천 두를 가지고 있으며 곡식은 수년 치를 넉넉하게 준비하고 있습니다. 그런 데다 남쪽으로는 갈석·안문 등 기름진 들녘을 가지고 있고, 북쪽은 대추와 밤의 산지인데, 힘 안 들이고도 많은 수확을 할 수 있습니다. 이런 것을 두고 바로 천연의 보고라고 할 수 있습니다. 그리고 또 연나라를 둘러싼 정세를 살펴보면, 지금과 같이 전쟁이 계속되는 때에 다른 나라의 침략을 받지 않고 태평 성대를 누리고 있는 나라는 연나라뿐입니다. 그 이유를 아십니까? 그것은 조趙나라가 연나라의 남쪽에 있으면서 그 방패가 되어 주기 때문입니다. 다시 말씀드리면, 조나라와 진나라는 다섯 번 싸워 조나라가 세 번 이겼고 진나라가 두 번 승리했습니다. 그 때문에 이 두 나라는 다 같이 지쳐 있습니다. 그러나 폐하께서는 용감한 군사들을 가지고 있으면서 이 두 나라를 배후로부터 노려보고 계시는 겁니다. 연나라가 침략을 받지 않는 이유는 바로 이것입니다. 가령, 진나라가 연나라를 공격한다고 가정해 봅시다. 진나라 군사는 운중과 구원을 넘어 대와 상곡을 지나 수천 리의 길을 걸어오지 않으면 안 됩니다. 설령, 한때는 연나라의 도읍을 점령했다고 하더라도 이것을 계속하여 지켜 낼 묘책은 없습니다. 이런 점으로 보아도 진나라의 연나라 침략은 불가능합니다. 그러면 조나라가 연나라를 공격했을 경우는 어떠하겠습니까? 전군에게 출전 명령을 내리기만 하면 열흘도 안 되어 수십 만의 군대가 동원으로 집결할 것입니다. 호타 · 역수를 건너 불과 4, 5일이면 연나라의 도읍에 올 수 있습니다. 이런 상태를 진나라는 천 리 밖에서 싸우고 조나라는 백 리 안에서 싸운다고 할 수 있습니다. 백 리 안의 걱정을 가볍게 생각하고 천 리 밖을 중시한다면 그것은 어리석은 일입니다. 그러므로 연나라는 조나라와 합종(중국 춘추전국 시대 소진에 의해서 주창된 외교정책으로 한 · 위 · 조 · 연 · 제 · 초나라가 힘을 합하여 서쪽의 강국인 진秦나라에 대항한다는 일종의 공수동맹攻守同盟)하셔야 합니다. 연나라와 조나라가 하나가 되어 진나라에 대항하면 연나라의 걱정은 없어질 것입니다."

문후는 소진의 말에 고개를 끄덕이며 말했다.

"그 말이 맞소. 그러나 우리나라는 작은 나라로 서쪽으로는 조趙나라, 동쪽으로는 제齊나라, 이렇게 모두 강국과 국경을 맞대고 있소. 그런데 그대가 반드시 합종을 성공시켜 우리나라를 편안하게 해 준다면 나는 나라의 총력을 다하여 그대의 말에 따르겠소."

그리하여 소진은 마차와 황금, 비단 등을 받아 가지고 조나라를 설득하기 위하여 길을 떠났다.

소진은 한韓나라의 혜선왕惠宣王을 만나 설득했다.

"한나라의 지세를 살펴보면 북쪽은 공락 · 성고 등이 튼튼한 진지이며, 서쪽은 의양 · 상판 등이 요새입니다. 그리고 동쪽은 완 · 양 · 유수, 남쪽은 형산으로 국경을 견고히 하고 있습니다. 그 영토는 사방 9백 리가 넘으며 더구나 병력은 수십만에 이릅니다. 또 무기를 보아도 천하의 강궁과 강노가 모두 한나라의 특산물입니다. 계자나 소부 지방에서 만들어지는 시력時力이나 거래距來(성능이 좋은 활)의 사정거리는 듣기에 6백 보를 웃돈다고 합니다. 한나라의 군사가 이 활을 쏘면 백 발의 화살이 한꺼번에 날아갑니다. 먼 거리에서 쏘아도 화살이 적의 가슴을 뚫을 정도이고 가까운 거리이면 화살촉이 적의 심장을 후빌 정도로 파괴력이 강하다고 합니다. 그리고 병사들이 손에 쥐는 칼이나 극(창의 일종)은 모두 명산에서 만든 것입니다. 당계 · 묵양 · 합부 · 등사 · 완빙 · 용연 · 태아 등의 명검들은 육지에서는 소나 말도 한칼에 두 쪽이 나며 물 속에서는 따오기와 기러기를 베며 적과 마주치면 쇠로 만든 갑옷도 벱니다. 그 밖에 가죽으로 만든 만현이나 순유 등속까지도 무엇하나 부족한 것이 없습니다. 용맹스럽기로 이름난 한나라 병사가 갑옷을 입고 이와 같은 강노(큰 활)와 이로운 검을 가지고 싸운다면 마치 귀신에게 금으로 된 봉을 들린 것과 다름이 없을 것입니다. 이와 같은 강대한 군사력과 왕의 현명한 재능을 갖추고 있으면서도 한나라는 진나라에게 봉사하고 있습니다. 이는 선조의 체면을 욕되게 할 뿐만 아니라 세상 사람들의 비웃음을 사기 쉽습니다. 이 점을 잘 헤아려 주시기 바랍니다. 왕께서 만일 진나라에 복종한다면 진나라는 반드시 한나라의 요새인 의양과 성고를 달라고 할 것입니다. 금년에 그들의 요구를 받아들이면 반드시 내년에도 다시금 새로운 땅을 요구할 것입니다. 그들이 요구하는 대로 주다 보면 언젠가는 한나라의 땅은 하나도 남지 않게 됩니다. 그리고 그 요구를 거절하면 지금까지 주어 온 것은 헛된 것이 되고 오히려 화가 닥쳐올 뿐입니다. 한나라의 영토에는 한계가 있지만 진나라의 요구는 끝이 없습니다. 한정된 땅을 가지고 끝없는 요구에 응한다는 것은 부질없이 원한을 사고 화를 입는 결과를 초래하게 되는 것입니다. 그리고 싸우지도 않고 영토를 잃는 입장이 될 것입니다. 차라리 닭머리가 될지언정 쇠꼬리가 되지 말라는 속담이 있습니다. 지금 한나라가 진나라에 고분고분한다면 이것이야말로 쇠꼬리라는 것이 아니겠습니까? 현명하신 대왕께서 무적의 군사를 가지고 있으면서 쇠꼬리로 불린다면 이것은 정말 부끄러운 일입니다."

한나라 왕은 분노의 표정을 짓고 하늘을 쳐다보며 탄식했다.

"불초한 나이지만 진나라에 봉사할 수는 없다. 조趙나라 왕의 교훈을 받아들이겠다. 나는 총력을 다하여 따르겠다."

진나라의 혜왕은 딸을 연나라 태자에게 시집

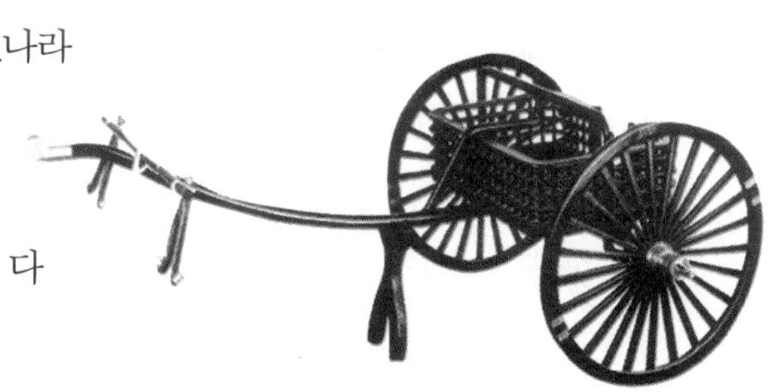

전국 시대의 전차

보냈다. 그 해(기원전 333) 연나라의 문후가 죽자 태자가 왕으로 즉위했다. 이분이 이왕易王이다. 이왕이 즉위하자마자 제齊의 선왕宣王이 연나라가 국상 중인 것을 기화로 군사를 동원하여 10개의 도읍을 빼앗았다.

이 소식을 들은 이왕은 즉시 소진을 불러들었다.

"전에 선생이 우리나라에 오셨을 때, 돌아가신 아버님은 마차를 갖추어 선생을 조나라에 보냈습니다. 덕분에 6국의 합종이 이루어졌습니다. 그런데 제나라는 그 약속을 저버리고 전번에는 조나라를 공격했고, 이번에는 우리 연나라에까지 군사를 몰고 왔습니다. 이대로 있는다면 우리 연나라는 천하의 웃음거리가 될 것입니다. 이렇게 되도록 만든 것은 바로 선생입니다. 제발 제나라에 가서 빼앗긴 땅을 돌려받아 오기 바랍니다."

이 말을 듣고 소진은 몸 둘 바를 몰랐다.

"반드시 되찾아 오겠습니다."

소진은 제나라로 가서 제나라 왕 앞에 나갔다. 소진은 우선 왕에게 축하의 말을 했다. 그리고 계속하여 원망의 말을 했다. 제나라 왕이 불쾌한 표정으로 그 까닭을 묻자, 소진은 이렇게 말했다.

"이런 얘기를 들은 일이 있습니다. 굶어 죽기 직전에 있는 사람일지라도 오훼(독초 껍질)만은 입에 대지 않는다, 그 말은 먹으면 먹을수록 죽음을 재촉하기 때문이라 했습니다. 그런데 연나라는 작은 나라이긴 하지만 연나라 왕과 진나라 왕은 사돈 간입니다. 그런 연나라의 영토를 빼앗았다면 제나라와 강국인 진나라와는 앞으로 원수가 될 것입니다. 작은 나라인 연나라의 머리를 누른 것이 원인이 되어 강국인 진나라가 연나라를 보호하기 위하여 천하의 빼어난 군사들로 제나라를 친다면 그것은 마치 오훼를 먹은 꼴이 되지 않습니까?"

이 말을 듣고 제나라 왕은 얼굴빛이 변했다.

"도대체 무슨 말인가?"

"성공하는 자는 화를 복으로 바꾸고, 실패를 성공의 어머니로 삼는다는 말이 있습니다. 그래서 제 생각이지만, 이제 와서는 빼앗은 10개 도읍을 곧 연나라로 다시 돌려주는 것이 상책인가 합니다. 빼앗긴 땅이 되돌아오면 연나라에서는 기뻐할 것입니다. 그리고 진나라 왕은 자신의 위엄이 두려워서 돌려준다고 생각하고 역시 기뻐할 것입니다. 옛 원한을 버리고 친교를 맺는다는 것은 이런 것을 두고 하는 말입니다. 이것이 계기가 되어 연 · 진 두 나라가 제나라에 순종해 온다면 다른 제후들도 왕의 뜻대로 될 것입니다. 거짓으로 진나라를 따르고 약간의 땅을 버리고 천하를 얻는 것은 그야말로 패왕의 업이라고 할 수 있습니다."

"좋소. 잘 알겠소."

제나라 왕은 빼앗은 땅을 연나라에 돌려주었다. 그러나 이때 제나라 왕에게 고자질한 자가 있었다.

"소진이라는 자는 세 치 혀 끝으로 나라를 파는 믿을 수 없는 자입니다. 그가 엉뚱한 계략을 꾸미고 있는 것이 틀림없습니다."

이 소문을 들은 소진은 제나라에 있다가는 죽임을 당할 위험이 있다고 생각하고 급히 연나라로 돌아갔다.

그러나 연나라 왕의 태도는 쌀쌀했다. 그는 소진을 본디 관직에 두려고 하지 않았다.

소진은 연왕燕王에게 만나기를 청했다.

"저는 하찮은 동주의 촌사람으로 왕께는 이렇다 할 공도 세우지 못하였습니다. 그런데도 왕께서는 저를 친히 만나시고 제나라에 사신으로 보내 주셨습니다. 다행히도 계획했던 대로 제나라 군사를 철수시키고 빼앗긴 땅을 도로 찾아왔습니다. 이런 일을 하고 돌아와 보니 대우는 고사하고 옛 직위에 복귀시켜 주시지도 않습니다. 이는 반드시 저를 믿을 수 없는 사람이라고 헐뜯은 사람이 있었기 때문입니다. 제가 술책꾼이라면 오히려 왕께는 다행한 일입니다. 충의와 신의는 자기 자신을 위해서이며, 앞으로 나아가는 것은 남을 위해서라는 말이 있습니다. 제가 제나라 왕을 설득시킨 것도 결코 기만에 의한 것이 아닙니다. 저는 늙은 어머니를 동주에 남겨 두고 왔습니다만, 그것은 자기 자신을 버리고 앞으로 나아가기 위해서입니다. 지금 가령 증삼과 같이 부모에 효도하는 사람과 백이와 같은 청렴한 사람, 그리고 미생과 같은 순진한 사람이 있다고 가정하여 이 세 사람이 왕께 봉사한다면 어떻겠습니까?"

"그 이상 좋을 수가 없겠지."

소진은 말을 계속했다.

"증삼과 같이 효도가 지극한 아들은 하룻밤도 어버이 곁을 떠나 밖에서 자지 않습니다. 그와 같은 인물을 멀리 작은 나라인 연나라로 데리고 와서 내일 일도 모르는 왕께 봉사시킬 수 있겠습니까? 백이는 의를 지켜 고죽국의 왕위를 이어받지 않았고 무왕의 신하가 되는 것도 받아들이지 않았으며 후로 책봉하겠다는 것도 사양하고 수양산 속에 들어가 굶어 죽었습니다. 이와 같이 청렴한 사람을 멀리 연나라까

춘추전국 시대 나무로 만든 화살통

지 데리고 와서 제나라와의 외교 교섭을 하라고 할 수 있겠습니까? 그리고 미생은 여자와 다리 밑에서 만나기로 약속했습니다. 그 여자를 기다리는 동안에 물이 점점 불어났지만 꼼짝도 하지 않고 그대로 죽었습니다. 이와 같이 순진한 인물을 먼 곳으로부터 연나라로 데리고 와서 제나라의 정예군을 쫓게 할 수 있겠습니까? 저는 제 나름대로 충의와 신의를 좇았기 때문에 오히려 그게 죄가 된 것입니다."

"아니요. 그것은 충의와 믿음이 아니요. 충의와 신의였다면 죄를 받을 리가 없소."

"그것은 잘못된 생각입니다. 왕께서는 이런 얘기를 아시는지요? 어떤 남자가 관리가 되어 먼 곳에 부임했는데 남편이 집에 없는 사이 그 아내는 다른 남자와 몰래 간통하게 되었습니다. 얼마 뒤 남편이 돌아온다는 소식이 왔습니다. 그러자 간통하던 남자가 불안해했습니다. 그때 여자가 이렇게 말했습니다. '걱정할 것 없습니다. 남편이 돌아오면 독약을 넣은 술을 마시게 하겠습니다…….' 그 뒤 사흘쯤 지나 남편이 돌아왔습니다. 아내는 즉시 하녀에게 명령하여 독약이 든 술을 남편에게 권했습니다. 그 하녀는 술에 독약이 들어 있는 것을 알고 있었습니다. 그러나 그 일을 남편에게 알리면 아내가 쫓겨나게 됩니다. 그렇다고 해서 알리지 않으면 남편의 목숨이 위험합니다. 하녀는 고민 끝에 일부러 넘어져 술을 엎지르고 말았습니다. 주인이 화를 내고 그 하녀를 50회나 매질을 하였습니다. 다시 말하면, 술을 엎지른 하녀의 지혜가 주인의 목숨을 구하고 아내의 지위도 지켜 줬습니다. 그런데도 불구하고 하녀는 매를 맞았습니다. 이 얘기에서도 알 수 있는 것처럼, 충의와 믿음을 다한다고 해서 죄를 받지 않는다고 말할 수 없습니다. 불행하게도

춘추전국 시대 누공용문동방경

저의 경우는 이와 같은 경우가 아니겠습니까?"

얘기를 듣고 난 왕은 이렇게 말했다.

"잘 알았소. 부디 옛날의 관직으로 돌아가 열심히 일해 주기 바라오."

그래서 연나라 왕은 전보다 더 소진을 대우했다.

소진은 문후의 부인, 다시 말하면 이왕易王의 어머니와 몰래 관계를 맺고 있었다. 왕은 그 사실을 알고 있으면서도 점점 소진을 더욱 대우했다. 그러나 소진은 그대로 연나라에 머무르면 언젠가는 무거운 벌을 받게 되리라고 생각했다.

그는 왕에게 이렇게 말했다.

"제가 이렇게 연나라에만 머무르면 이 나라의 세력을 넓힐 수가 없습니다. 제나라에 가서 연나라를 위하여 일을 꾸미고 싶습니다."

"뜻대로 하시오."

승낙을 받은 소진은 연나라에서 죄를 범했다는 소문을 내기로 하고 제나라로 도망쳤다. 제나라의 선왕은 그를 고문으로 맞아들였다. 얼마 뒤 그 선왕이 죽고 민왕이 즉위했다. 소진은 민왕을 설득하여 선왕의 장례를 성대히 치러 효심을 천하에 알리도록 했다. 그리고 궁궐이나 정원을 높고 크게 지어 위세를 과시하라고 권했다. 그렇게 함으로써 제나라의 경제를 어렵게 만들어 연나라에 유리하게 하려 했던 것이다.

한편, 연나라에서도 이왕易王이 죽고 쾌가 왕으로 즉위했다.

얼마 뒤 제나라에서는 새로운 왕의 총애를 차지하기 위해 대부들이 서로 다투기 시작했다. 그리고 소진을 미워하는 대부들도 많아졌다. 어느 날 누군가가 보낸 자객에 의하여 소진은 중상을 입고 빈사 상태가 되었다. 범인을 잡지 못한 제나라 왕은 범인을 찾도록 힘썼지만 잡히지 않았다.

소진은 세상을 떠나기 전에 제나라 왕에게 이렇게 유언했다.

"제가 죽거든 시체를 말에 매달아 찢어 주십시오. 그리고 소진은 연나라에게 유리하도록 제나라에서 내란을 꾸민 자라고 소문을 퍼뜨려

여섯 나라의 재상이 된 소진의 모습

주십시오. 그렇게 하면 반드시 저를 습격한 범인을 잡을 수가 있을 것입니다."

소진의 유언대로 하자 과연 범인이 제 발로 나타났다. 제나라 왕은 즉시 그를 죽였다.

이러한 이야기가 연나라에 전해지자 이런 말이 퍼졌다.

"소진의 원한을 풀어주다니, 제나라도 우습군."

소진이 죽은 뒤 그가 연나라를 위하여 제나라의 세력을 약화시키려고 도모한 사실이 밝혀졌다. 그리하여 제나라는 연나라의 행위에 분노를 금치 못했고 연나라는 보복을 두려워하게 되었다.

# 장의張儀 열전

장의는 위魏나라 사람이다.

청년 시절에 귀곡 선생에게 유세술을 배웠는데, 그때 소진이 있었다. 그는 그때부터 장의를 이길 수가 없었다.

장의는 공부를 마치자 유세의 길을 떠났다.

여러 나라를 두루 떠돌다가 초楚나라에 들어가 재상의 식객으로 있을 때의 일이다. 장의가 연회 자리에서 재상이 자랑하던 구슬을 잃어버린 일이 벌어졌다. 혐의는 장의에게 집중되었다.

"저 사내가 의심스럽군. 그는 돈도 없고 믿을 수 없는 점이 많아."

그러자 그들은 곧장 장의를 잡아 고문했다. 장의는 모르는 일이라고 끝까지 버텨 겨우 풀려났다.

온갖 모욕을 당하고 고향에 돌아온 장의는 아내에게 사건의 전말을 얘기했다.

아내는 말했다.

"유세술 같은 걸 공부하니까 그런 변을 당한 거요. 이제 그만두는 게

춘추전국 시대 오리 모양의 술 그릇

좋겠어요."

그러자 장의는 아내에게 말했다.

"잘 보시오. 내 혀는 아직 달려 있지?"

"물론이지요."

영문을 몰라하는 아내에게 장의는 말했다.

"됐소. 그것이면 부족함이 없소."

소진은 그 당시 이미 합종책을 조나라 왕에게 말하여 조나라 왕의 신임을 얻었고, 그 실현을 위해 일을 착수하고 있었다. 그러나 하나의 어려운 문제가 있었다. 서쪽의 큰 나라 진秦의 움직임이 바로 그것이었다.

만일 진나라가 6개국의 어느 하나를 공격하는 일이 벌어지면 맹약은 성립 이전에 깨지고 만다. 진나라를 견제하는 데는 왕의 마음속을 알 수 있는 사람을 그 중심부에 보내지 않으면 안 되었다.

그리하여 소진은 장의를 생각했다. 소진은 곧장 장의에게 사람을 보내서 이렇게 충동질하도록 했다.

"소진은 당신의 친구요. 그 소진이 이제 국제 무대에서 눈부시게 활약하고 있는데 당신이 언제까지나 이러고 있으라는 법은 없소. 그에게 부탁하여 어느 나라이든 추천해 달라고 하시오."

장의는 곧장 조나라 도읍인 한단으로 가서 소진에게 면회를 청했다. 그러나 소진은 무슨 생각에서인지 하인에게 장의를 돌려보내지도 않고 잡아 두도록 일렀다.

이렇게 며칠이 지났다. 장의는 가까스로 소진을 만나는 것을 허락 받았다. 그러나 소진은 장의를 뜰 아래 앉히고 하인들이 먹는 음식을 대접하였다. 그리고 소진은 욕지거리를 퍼부었다.

"지금의 나라면 너를 왕에게 추천하여 좋은 자리를 마련해 줄 수도 있지만 너는 그럴 만한 가치가 없는 사내다."

장의의 입장에서 보면 무척 의외의 대접이었다. 옛 친구의 정을 생각하여 그에게 의지할 생각이 났던 것이다. 그러나 그 앞에 주어진 것은 애꿎은 모욕뿐이었다. 그는 몹시 화가 났다. 무슨 일이 있어도 반드시 이 모욕을 갚아야 했다. 그러기 위해서는 소진이 일하고 있는 조나라를 때려부수는 일이다. 천하를 두루 살펴보아도 조나라를 때려부술 수 있는 나라는 진나라밖에 없다. 다른 제후로서는 무리다.

장의는 이렇게 생각하고 곧장 진나라로 향했다.

소진은 생각한 대로 일이 잘 되어 나가자 식객을 불러 이렇게 말했다.

"저 사내는 유능한 인재요. 다행히 행운을 얻어 내가 먼저 출세하였지만, 지금 진나라의 국정을 요리할 수 있는 것은 저 사내밖에 없소. 그러나 그가 가난하기 때문에 출세할 실마리를 잡을 수 없을 거요. 그대로 두면 자기 재능을 발휘하지 못하고 말 것이오. 그래서 나는 그를 분발시키기 위하여 일부러 불러서 모욕을 준 거요. 이제부터 저 사내의 뒤를 쫓아가서 무사히 진나라에 도착할 때까지 잘 돌봐 주시오. 단 이쪽의 뜻을 조금도 눈치 채게 해서는 안 되오."

소진은 조나라 왕에게 장의를 위한 돈을 얻어 식객에게 주어 그의 뒤를 따라가게 하였다.

그는 소진이 시키는 대로 장의와 같은 여관에 머무르면서 가까워졌다. 그리고 계속하여 그의 여비를 모두 부담해 주었다. 물론 장의로서는 그 돈이 어디서 나왔는지 알지 못하였다.

장의는 마침내 염원한 대로 진나라의 혜왕惠王을 만나는 데 성공했다. 혜왕은 장의의 건의에 감동되어 고문으로 맞았다. 그리고 장의가 제후들을 공략하는 계획을 세우는 데 참여케 했다.

소진의 식객은 여기까지 확인하자 장의에게 길을 떠나겠다고 했다. 이때 장의는 이렇게 말했다.

"나에게 오늘날이 있게 한 것은 당신입니다. 당신의 덕택에 내가 잘 되었으니 이제부터 그 은혜에 보답하려 하는데 왜 떠나려고 합니까?"

진나라의 청동으로 만든 창

"저는 소진 어른이 시키는 대로 했을 뿐입니다. 당신의 인물됨을 미리 안 것은 소진 어른이었습니다. 소진 어른은 진나라의 공격으로 합종이 깨어지지 않을까 무척 걱정하였습니다. 그래서 당신을 지명하고, 또 당신이 일을 꾸미도록 일부러 모욕을 주었던 것입니다. 그것은 당신을 분발시키기 위한 것이었으며, 그 뒤 저에게 뒤따라가서 당신의 편의를 보살피게 한 것도 소진 어른의 뜻이었습니다. 이제 당신은 진나라에 등용되었으니 저의 역할은 끝났습니다. 저는 이제 돌아가서 일의 전말을 그 어른에게 보고해야 합니다."

장의는 할 말이 없었다.

"음, 일이 그렇게 되었던가. 소진의 큰 뜻에 항복할

수밖에 없군. 그러나 나는 등용되었다고는 하지만 풋내기로서 조나라에 대한 일을 꾸밀 수 있을 정도의 입장이 못 되오. 소진에게 전하시오. 내가 할 수 있다면, 소진이 있는 한 조나라를 치기 위한 책략을 세우지는 않을 것이며, 또 소진이 있는 한 내가 나설 곳은 없다고 말이오."

그 뒤 곧 장의는 고문에서 재상으로 등용되었다. 그리고 옛날의 원한이 있는 초나라 재상에게 이런 뜻의 도전장을 보낸 것도 이 무렵이다.

"전에 그대의 식객으로 연회 자리에 초대되었을 때 그대는 나에게 구슬을 훔쳤다는 누명을 씌워 나를 고문하게 했다. 그 보답으로 이번에는 그대의 성을 훔치려 한다. 그대는 수비를 튼튼히 하여 그대의 나라를 잘 지켜라."

진나라는 제나라를 공격하려고 했다. 이때 제나라는 초나라와 동맹을 맺고 있었다. 그리하여 우선 제나라와 초나라 사이를 이간시키기 위하여 장의는 초나라로 갔다.

초나라의 회왕懷王은 장의가 찾아오자 화려한 숙소를 준비하고 직접 그곳으로 찾아왔다.

"우리나라는 외지고 먼 땅인데 일부러 찾아와 주신 것은 무슨 좋은 책략이라도 가르쳐 주시려는 것이 아니겠습니까?"

장의가 대답했다.

"대왕께서 저를 믿어 주신다면 먼저 제나라와의 국교를 끊으십시오. 그 대신에 진나라는 상과 어의 땅 사방 6백 리를 드리고, 또 진나라 공주를 대왕의 측실로 들이도록 하겠습니다. 초나라도 진나라에 공주를 보내면 우리 두 나라는 형제의 인연을 맺는 것입니다. 그러면 결국 초나라는 서쪽의 강국인 진나라에 은혜를 팔고 동시에 북쪽의 강국인 제나라로부터의 위협을 없애는 일이 되므로 초나라로서는 그 이상의 묘책이 없다고 생각합니다."

초나라 왕은 귀가 솔깃했다. 신하들도 모두 왕의 결단에 찬성했다. 그러나 이때 반대하는 사람이 있었다. 장의의 정적인 진진陳軫(본디 진나라에서 일한 책사로 장의와 왕의 신임을 다투다가 초나라로 옮겨 갔다) 이었다. 초나라 왕은 화가 나서 그에게 물었다.

"군사를 일으키지 않고도 사방 6백 리의 영토를 얻는 거요. 신하들이 모두 기뻐하는데 그대만이 반대를 하는 것은 무슨 이유에서인가?"

"그것은 잘못입니다. 제 생각으로는 상 · 어의 땅이 우리 손에 들어올 리가 없습니다. 그리고 제나라와 국교를 끊으면 제나라와 진나라의 연합은 성립되기 쉽습니다. 이렇게 제나라와 진나라의 연합이 성립되면 초나라는 마침내 궁지에 빠지고 맙니다."

"그 이유를 말해 보시오."

"진나라가 초나라를 두려워하는 이유가 무엇이겠습니까? 뒤에 제나라가 있기 때문입니다. 그런 제나라와 국교를 끊으면 초나라는 외톨이가 됩니다. 저 진나라가 그런 나라에 사방 6백 리의 상 · 어의 땅을 줄 리가 없습니다. 장의가 진나라로 돌아가면 반드시 대왕과의 약속을 어길 것입니다. 그렇게 되면 제나라와 국교를 단절한 데다가 진나라와도 대결하는 결과가 됩니다. 이들 두 나라가 연합하여 공격해 오리라는 것은 너무나 명백합니다.

제 생각으로는 제나라와는 겉으로 단교한 것처럼 보이게 하는 것입니다. 그렇게 한 뒤 장의에게는 감시자를 붙이는 것이 상책이라고 생각합니다. 제나라와 완전히 단교하는 것은 진나라로부터 땅을 받고 난 뒤에도 늦지 않습니다. 진나라로부터 땅을 받기까지는 제나라와의 단교는 피해야 합니다."

초나라 왕은 이 말을 듣지 않았다.

"이제 아무 말도 하지 마시오. 나는 내 생각대로 영토를 넓히겠소."

초나라 왕은 장의를 재상으로 임명하고 선물도 주었다.

그리하여 제나라와의 국교를 끊고, 진나라로 돌아가는 장의에게 한 사람의 장군을 딸려 보냈다.

그런데 장의는 귀국하자마자 말고삐를 잘 못 잡은 척하여 마차에서 굴러 떨어졌다. 그리고 이를 구실로 석 달이나 조정에 나아가지 않았다.

이 소식을 들은 초나라 왕은,

'내가 조처한 방법으로는 불충분하다고 생각하고 있는 것이 아닌가.' 이렇게 생각하고 일부러 송宋나라의 통행증을 빌려 용사를 제나라로 보내 제나라 왕을 매도했다.

크게 노한 제나라 왕은 즉시 보복 조처를 취했다. 그리고 그는 진나라에 머리를 숙이고 국교를 수립하였다. 이렇게 하여 진秦 · 제齊의 연합이 이루어졌다.

이렇게 되자 장의는 비로소 조정에 나아갔다.

그리고 초나라 사자에게 말했다.

"나는 사방 6리의 영지를 가지고 있습니다. 이를 초나라에 드리겠습니다."

"나는 상 · 어의 사방 6백 리의 땅을 준다고 알고 있습니다. 사방 6리라니 당치 않은 말씀입니다."

초나라 사자는 이렇게 항의했다. 그러나 장의의 태도는 조금도 달라지지 않았다. 사자는 곧장 귀국하여 초나라 왕에게 이 사실을 보고했다. 화가 난 초나라 왕은 진나라를 치기 위하여 곧 전군에게 동원령을 내렸다.

그때 진진이 말했다.

"기다려 주십시오. 이제 말씀드리지 않을 수 없습니다. 지금 진나라를 공격하는 것은 이로울 것이 못 됩니다. 오히려 진나라에 적당한 영토를 떼어 주어 비위를 맞추어 주고 진나라와 연합하여 제나라를 쳐야 합니다. 이렇게 하면 진나라에 준 대가를 제나라로부터 얻을 수 있습니다. 그러면 초나라는 한치의 땅도 잃지 않고 일을 끝낼 수 있지 않겠습니까?"

초나라 왕은 듣지 않았다. 그는 장군 굴흉屈匃을 총사령관에 임명하고 출전을 명령했다.

진나라와 제나라의 연합군이 이를 맞아 싸웠다. 초나라군은 크게 패하였고 이때 장군 굴흉도 죽었다. 승세를 몰고 쳐들어간 연합군은 초나라 땅을 휩쓸고 단양 · 한중을 빼앗았다.

그리하여 초나라는 다시금 대군을 보내 역습하여 진나라로 쳐들어갔다. 이들과 진나라 군사는 남전에서 부딪쳤다. 그러나 여기에서도 초나라 군사는 무참히 패배했다.

초나라는 두 도읍을 떼어 주고, 진나라와 강화를 맺었다.

그 뒤 진나라는 초나라에 상 · 어와 초나라의 검중을 교환하자고 제의해 왔다.

이때 초나라 왕은 이런 조건을 붙였다.

"땅의 교환은 사양하겠다. 단, 장의를 보낸다면 검중 땅을 주겠다."

진나라의 혜왕은 이 조건을 받아들이려고 했다.

그러나 장의에게,

"그대가 가 주게."

하기는 어려웠다.

그러나 이때 장의가 나섰다.

"저를 보내 주십시오."

혜왕은 장의가 걱정되었다.

"그대는 상과 어의 땅을 초나라에 주겠다고 약속하고서도 지키지 않았소. 초나라 왕은 그 원한을 풀려고 그대를 기다리고 있소. 그래도 가겠소?"

진나라 무사의 머리 상

장의는 이렇게 대답했다.

"진나라에 비하면 초나라는 몹시 약한 나라입니다. 그리고 저는 초나라 왕의 측근인 근상(초나라 왕의 측근으로 굴원과는 항상 대립하였다)이란 자와 매우 친합니다. 그는 초나라 왕에게 사랑받는 정수鄭袖 부인에게 신임을 받고 있습니다. 초나라 왕은 여자의 말을 잘 들으므로 어려울 때는 두 사람의 힘을 빌릴 수가 있습니다. 그러나 저는 대왕의 신임장을 가지고 가기 때문에 아무리 초나라 왕이 저를 미워한다고 하더라도 죽이지는 못 할 것입니다. 혹시 제가 죽는다 하더라도 그 대신 진나라는 검중의 땅을 손에 넣을 수 있을 것이므로 이 일은 오히려 제가 바라는 바입니다."

장의는 곧장 초나라로 떠났다.

그가 초나라에 도착하자 회왕懷王은 곧장 그를 잡아 죽이려 했다. 그것을 보고 근상이 즉시 정수 부인에게 달려갔다.

"큰 일이 생겼습니다. 대왕의 총애도 이제 오래가지 못할 것 같습니다."

부인은 깜짝 놀랐다.

"도대체 어쩐 일입니까?"

"우리 대왕은 장의를 없애려고 하는데, 장의는 진나라 왕이 몹시 아끼는 사람입니다. 그래서 그를 구하기 위하여 상공의 6개 현과 아름다운 공주를 우리 대왕께 선물한다는 소식입니다. 그리고 공주에게는 가무에 능한 아가씨들을 많이 딸려 보내겠다는 것입니다. 대왕께서는 땅을 선물받은 데 대한 의리를 지키기 위해서도 당연히 진나라 공주를 총애할 것입니다. 부인을 위해 말씀드립니다만, 이런 일이 일어나기 전에 부인께서 나서서 장의를 석방해야 합니다."

부인은 이 말을 듣자 밤낮을 가리지 않고 회왕을 설득했다.

"신하가 주군을 위하여 일하는 것은 당연한 일입니다. 장의를 꾸짖는 것은 잘못된 일입니다. 그리고 우리나라에서는 아직 땅도 주지 않았는데 진나라에서 장의를 사자로 보낸 것은 대왕을 믿고 후하게 대접하고 있다는 증거입니다. 그럼에도 불구하고 대왕께서는 장의를 사자로서의 대우는 고사하고 죽이려고 하십니다. 그렇게 하시면 오로지 진나라의 분노를 살 뿐입니다. 진나라가 공격해 올 경우 도대체 어떻게 하실

상록문반와당

작정입니까? 저는 불행하게 죽임을 당하기는 싫습니다. 부탁하오니 우리 모자로 하여금 강남으로 몸을 피하게 해 주십시오."

회왕은 부인의 말을 듣고 생각을 고쳤다. 그리고 장의를 풀어주고 후대했다.

장의는 연횡책의 완성을 보고하기 위하여 진나라로 돌아갔다. 그러나 그가 진나라의 도읍인 셴양에 도착하기 전에 혜왕이 죽고 무왕武王이 왕위에 올랐다.

무왕은 태자 적부터 장의를 몹시 싫어했으므로, 그가 즉위하자 신하들 사이에서는 장의를 비방하는 소리가 높았다.

"장의는 믿을 수 없는 사람입니다. 자신을 위해서는 나라까지도 팔아먹을 놈입니다. 지금 다시 그를 등용하신다면 그야말로 천하의 웃음거리가 됩니다."

마침내 장의와 무왕 사이가 좋지 않다는 소문이 여러 나라에 퍼졌다. 이 소문을 들은 제후들은 차례로 연횡책을 버리고 다시금 합종하게 되었다.

다음해에도 나라 안에서는 장의를 비방하는 소리가 그치지 않았는데, 제나라에서까지 장의를 문책하기 위해 사신이 찾아왔다.

몹시 두려워한 장의가 무왕에게 건의했다.

"저에게 좋은 생각이 있습니다."

"말해 보시오."

"진나라는 동쪽의 여러 나라 사이에 큰 싸움이라도 일어나지 않는 한 더 이상 영토를 넓힐 수가 없습니다. 그런데 제나라 왕은 저를 원수처럼 생각하고 있습니다. 그는 제가 가는 곳이면 반드시 대군을 몰고 쳐들어올 것입니다. 그래서 저는 위나라로 가려고 하는데 어떻게 생각하십니까? 제가 위나라에 있다는 것을 알면 제나라는 반드시 위나라에 쳐들어갈 것입니다. 위나라와 제나라의 두 나라 군사가 대치하고 병력을 빼돌릴 수 없는 상태가 되었을 때, 그때야말로 대왕께서 한韓나라를 공격하여 삼천 지방에 나아가고 한구관을 넘어 주周를 위협하는 것입니다. 그러면 싸우기도 전에 주나라는 제기를 내놓을 것입니다. 그렇게 되면 대왕께서는 천자를 등에 업고 천하를 마음껏 호령할 수 있지 않겠습니까? 이것이야말로 정말 왕자의 대업이라고 할 수 있습니다."

무왕은 이 말이 옳다고 생각하고, 전차 30대를 장의에게 주어 위나라로 떠나게 했다. 제나라는 과연 군사들을 위나라로 돌렸다.

이때 어쩔 줄 모르는 위나라의 애왕哀王에게 장의는 이렇게 말했다.

"걱정하지 마십시오. 모든 것을 저에게 맡겨 주십시오."

그는 즉시 식객인 풍희馮喜를 초나라로 가게 하고, 그 뒤 초나라의 사신으로서의 이름을 빌려 제나라로 가게 했다.

풍희는 제나라 왕을 만나서 이렇게 말했다.

"대왕께서는 장의를 누구보다도 미워하고 계시면서 실제로 하시는 일은 일부러 그의 신임을 높여 주는 일만 하고 계십니다."

"장의는 미워하는 것만으로는 모자라오. 그놈을 감싸는 나라는 어느 나라든 때려부술 생각이오. 그런데 그것이 왜 그의 신임을 높이는 일이 되오?"

풍희는 대답했다.

"대왕의 말씀을 들으니 제 의견이 옳다는 것이 분명해졌습니다. 장의는 위나라로 가기 전에 진나라의 무왕과 이런 밀약을 맺었습니다.

'진나라로서는 동쪽의 여러 나라들이 싸울 때가 영토를 확장할 수 있는 가장 좋은 기회이다. 지금 제나라 왕이 장의를 원수로 생각하고 있는 점을 이용하여 위나라와 제나라 사이에 싸움을 일으킨다. 위 · 제 두 나라 군사가 대치하여 돌이킬 수 없는 상태가 되면 진나라는 군사를 일으켜 삼천 지방을 누르고 주나라를 위협하여 주 왕실의 제기를 빼앗는다. 이렇게 하면 진나라는 손쉽게 패업을 달성할 수가 있다…….' 그 뒤의 경과를 보면 완전히 장의가 생각한 대로 일이 되어 가고 있습니다. 대왕께서는 장의를 미워한 나머지 자기 나라의 힘을 피폐시킬 뿐만 아니라 동맹국까지 적으로 만들려고 생각하십니다. 이렇게 되면 진나라 왕은 점점 장의를 신임하게 될 것입니다. 일부러 장의의 믿음을 높여 주고 있다고 말씀드린 것은 바로 이런 사정을 알고 있기 때문입니다."

얘기를 듣고 난 제나라 왕은,

"잘 알겠소."

라고 말하고 즉시 군사를 철수시켰다.

그 뒤 장의는 1년 동안 위나라의 재상으로 있다가 일생을 마쳤다.

진나라 사수의 모습

# 맹상군孟嘗君 열전

맹상군의 성은 전씨田氏이고 이름은 문文이다. 그의 아버지는 설薛의 영주인 정곽군靖郭君 전영이다. 전영은 제齊나라 위왕威王의 막내아들로 선왕宣王의 배다른 동생이었다.

전영에게는 40명의 아들이 있었는데, 전문은 그 중에서도 첩의 아들로 5월 5일에 세상에 태어났다.

이때 아버지는,

"곧장 버리도록 하라."

고 첩에게 명령했다.

그러나 첩은 전영 몰래 전문을 키웠다. 그가 커서 청년이 되었을 때 여러 형제들과 아버지를 만나게 되었다. 그때 비로소 전문이 죽지 않고 자란 것을 안 전영은 몹시 화를 내면서 전문의 어머니를 꾸짖었다.

"내가 버리라고 한 자식을 왜 키웠는가?"

그러자 전문이 앞으로 나아가 이마를 조아리며 말했다.

"아버님, 황송하오나 5월 5일에 태어난 아이는 키우지 말라고 말씀하시는 이유를 알고 싶습니다."

"5월 5일에 태어난 인간은 키가 문설주 정도 자라면 어버이를 죽인다는 말이 있기 때문이다."

전문이 아버지에게 다시 물었다.

"그렇다면 인간의 운명은 하늘로부터 받는 것입니까? 아니면 문설주로부터 받는 것입니까?"

아버지가 대답하지 못하는 것을 보고 전문은 말을 계속했다.

"하늘로부터 운명이 주어지는 것이라면 아버님께서는 걱정하실 필요가 없습니다. 그리고 만일 문설주로부터 주어지는 것이라면 그 문설주를 높여서 키가 거기에 미치지 못하게 하면 된다고 생각합니다."

이 말을 듣고 전영은 아무 말도 하지 못했다.

그 뒤 전문은 기회를 엿보아 아버지에게 물었다.

"아버님, 아들의 아들은 무엇이라고 합니까?"

"그것은 손자가 아니냐."

"그러면 손자의 또 손자는?"

"고손자다."

"그러면 고손자의 손자는 무엇이라고 합니까?"

"그건 뭐라고 하는지 모르겠다."

그러자 전문은 몸가짐을 바로 하고 이렇게 말했다.

"아버님은 제나라의 재상으로서 3대의 왕을 모시고 일하고 계십니다. 그 동안 제나라의 영토는 조금도 넓어지지 않았는데 우리 집은 엄청난 부를 쌓았으면서도 문하에는 한 사람도 어진 사람이 없습니다. 장군의 집안은 반드시 장군을 낳고, 재상의 집은 반드시 재상을 낳는다는

춘추전국 시대 왕후나 귀족들이 쓴 장식 기와

말이 있습니다. 그런데 우리 집안은 과연 어떻습니까? 아버님의 심부름을 하는 여관들은 비단 옷을 땅에 끌고 다니며, 심지어 종들까지도 쌀밥과 고기에 부족함을 모르는 사치를 누리고 있습니다. 그러나 이와 반대로 문 밖을 나가 보면 선비와 사람들은 굶주림과 추위에 떨고 있습니다. 지금 아버님께서는 재물을 모으기 위하여 애를 쓰고 계시지만 도대체 누구에게 남겨 주기 위하여 애를 쓰시는 겁니까? 미래의 자손에게 그것을 물려주기 위해서입니까? 이와 같이 사사로운 일에 열중하시다 보면 공적인 일은 결국 소홀히 하는 결과가 오지 않겠습니까. 저는 언제나 이러한 일이 몹시 걱정스럽습니다."

이 일이 있은 뒤부터 아버지는 전문을 다시 보게 되었다. 그리하여 그에게 식객의 접대를 맡게 하였다. 그러자 식객은 날마다 늘어나고 전문의 이름은 삽시간에 여러 나라에 알려졌다. 그리고 제후들의 요청에 의하여 전문을 후계자로 정하였다. 얼마 뒤 전영이 죽자 정곽군의 시호를 받았다. 전문은 아버지 뒤를 이어 설薛의 영주가 되었고 이 사람이 곧 맹상군이다.

맹상군은 설 땅의 영주로서 널리 여러 나라들로부터 식객을 초청했다. 이러한 소문이 퍼지자 도망 중인 죄인들까지 찾아왔지만 맹상군은 항상 그들을 따뜻하게 대접했다. 그리하여 식객의 수는 수천 명에 달했고 천하의 인사는 모두 설 땅으로 모이는 것 같았다. 그리고 그 식객들은 신분에 차별이 없이 공평한 대우를 받았다.

맹상군이 새로 온 식객을 만날 때에는 으레 발 뒤에 서기를 대기시키고, 찾아온 식객의 부모와 형제에 관한 것을 묻고는 그것을 기록시켰다. 그리고 식객이 물러가면 맹상군은 즉시 그 식객의 가족에게도 빠짐없이 사자를 보내서 선물을 전하는 것이었다.

어느 날 그가 식객을 맞아 저녁 식사를 하고 있었다. 그때 하인 한 사람이 등불 앞에 서 있어서 방 안이 잘 보이지 않았다. 그러자 식객은 주인이 음식물에 차별을 둔 것을 감추려는 것인 줄로 추측하고 수저를 놓고 물러가려 했다. 그러자 맹상군은 자기 상을 식객에게 가져가서 음식물에 차별이 없다는 것을 직접 보여 주었다. 그러자 식객은 부끄러움을 느끼고 스스로 칼로 목을 찔러 죽었다.

이러한 얘기가 세상에 전해지자 맹상군의 이름은 점점 높아져 갔다.

맹상군은 어떤 식객도 우대했지만 그 방법이 교묘했기 때문에, 식객 개개인 모두가 자기 혼자만 맹상군의 사랑을 받고 있다고 생각하였다.

맹상군의 이름은 멀리 진나라에까지 전해졌다. 진나라의 소왕昭王은 맹상군을 꼭 만나고 싶었다. 그리하여 그는 왕의 아우인 경양군涇陽君

춘추전국 시대 돼지 모양의 합

을 볼모로 제나라에 보내고 맹상군을 초청했다.

맹상군은 그의 초청에 응하여 진나라로 가려고 했다. 이때 식객들은 모두 반대했다. 그러나 맹상군의 뜻은 변하지 않았다.

그러자 유세에 능한 소대(소진의 아우)가 이렇게 말했다.

"오늘 아침, 댁으로 들어오는 도중 나무로 만든 인형과 진흙으로 만든 인형이 언쟁을 벌이는 것을 보았습니다. 나무 인형이 진흙 인형을 꾸짖으며 이렇게 말했습니다. '너 같은 건 비가 오면 곧장 무너져 버리잖아.' 그러자 진흙 인형이 반박했습니다. '역시 나는 진흙에서 태어났다. 그러니까 진흙으로 돌아가면 된다. 그런데 너는 어떤가. 나무로 만들어졌으니까 비가 오면 어디까지 떠 내려갈지 모르지 않는가.' 진나라는 소문대로 호랑이와 같은 나라입니다. 그곳으로 가셨다가 만일 돌아오지 못할 경우엔 그야말로 이 나무 인형처럼 웃음거리가 될 것입니다."

맹상군은 이 말을 듣고 진나라로 가는 것을 그만두었다.

제齊나라의 민왕 25년(기원전 299), 맹상군은 왕명에 의하여 진나라로 가게 되었다. 진나라의 소왕昭王은 맹상군을 만나자 그를 재상으로 임명하려고 했다. 이때 강력한 반대 의견이 나왔다.

"맹상군은 빼어난 인물이지만 그의 근본은 제나라의 왕족입니다. 그가 나랏일을 맡아 보게 되면 우선 제나라를 첫째로 생각하게 되고, 진나라의 이익은 둘째로 미룰 것입니다. 그를 재상으로 임명한다는 것은 위험한 생각이십니다."

소왕은 이 말을 듣고 꺼림칙하여 맹상군을 옥에 가두고 때를 보아 죽이려고 했다.

맹상군은 소왕의 애첩에게 은밀히 사람을 보내어 자기의 석방을 위해 노력해 달라고 부탁했다. 그러자 소왕의 첩은 그 대가로서, 맹상군이 가진 여우의 겨드랑이 털로 만든 외투를 요구했다. 맹상군은 값이 천 금千金이나 된다는 천하 일품의 그 외투를 가지고 있었으나 진나라에 왔을 때 이미 소왕에게 바쳤기 때문에 그 요구를 들어줄 수가 없었다. 그는 자신의 식객들에게 상의했지만 묘안이 나오지 않았다.

그때 개도둑의 명수라는 사내가 앞으로 나왔다.

"저에게 그 일을 맡겨 주십시오."

그리고 그날 밤, 그는 왕궁에 깊이 숨어 들어가 잽싸게 그 외투를 훔쳐 왔다.

외투가 왕의 애첩에게 보내지자 효과는 금세 나타났다.

마침내 맹상군은 석방되었다.

맹상군은 석방되자 즉시 진나라를 빠져 나가려고 했다. 이름을 바꾸고 관소의 증명을 변조하고 걸음을 재촉하여 한밤중에 한구관에 도착했다.

한구관

한편, 소왕은 마음이 바뀌어 맹상군을 체포하려고 했다. 그러나 이미 맹상군이 출발한 뒤였다. 소왕은 즉시 관소에 사람을 보냈다.

당시 관소의 규칙은 닭이 울 때까지 문을 열지 못하게 되어 있었다. 맹상군은 몹시 초조했다. 이곳에서 우물쭈물하다가는 잡힐 위험성이 있었다.

이때 다시 식객 중에서 닭울음 소리를 잘 내는 사람이 앞으로 나왔다. 이 사내가 닭울음 소리를 흉내내자 곧 그 부근의 닭들이 일제히 울어 댔다. 그러자 관소의 문이 열렸다. 맹상군 일행이 열린 관소의 문을 빠져나간 뒤 소왕이 보낸 사람이 도착했다.

그러나 이미 때는 늦었다. 그는 허탕치고 돌아갈 수밖에 없었다.

맹상군이 당초 이 개도둑과 닭울음 소리를 잘 내는 사내를 식객으로 받아들였을 때 다른 식객들은 일제히 불만을 늘어놓았었다. 그러나 이 두 사람의 활약으로 그를 구한 것을 보고 식객들은 다시 맹상군에게 존경심을 나타냈다.

진나라에서 돌아오는 길에 그들은 평원군에게 들렀다.

조趙나라 사람들은 맹상군의 소문을 듣고 길가에 나와 일행을 정중하게 맞았다. 그러나 길가에 나온 사람들의 기대는 실망으로 변했다.

그들은 이렇게 비웃었다.

"별거 아니군. 설 땅 영주님은 대장부인 줄 알았더니, 겨우 저렇게 볼품없는 사내였군."

맹상군은 이 말을 듣자 화를 냈다. 식객들은 마차에서 내려 눈에 보이는 대로 수백 명을 죽이고 그곳을 떠났다.

# 염파廉頗 · 인상여藺相如 열전

조趙나라의 혜문왕惠文王이 초楚나라의 이름난 구슬인 '화씨和氏의 구슬'을 손에 넣었다. 그러자 이 소문을 들은 진秦나라의 왕이 사자를 보내 그 구슬을 15개의 도읍과 바꾸자고 제의하였다.

조나라 왕은 대장군 염파를 비롯하여 중신들을 모아 놓고 상의했다. 그러나 의견은 쉽게 통일되지 않았다. 그리고 또 진나라로 보낼 사자를 뽑는 일도 어려웠다.

이때 환관의 우두머리인 목현이 말했다.

"저의 식객 중에 인상여라는 사람이 있습니다. 그 사람이라면 이번 일을 맡겨 진나라로 보낼 만합니다."

"어떤 사람인가 자세히 말해 보시오."

왕이 묻자 목현은 이렇게 대답했다.

"저는 전에 죄를 짓고 연燕나라로 도망치려 한 적이 있었습니다. 그때 저를 못 가게 한 것이 인상여입니다. 그때 '그가 저에게, 연나라 왕과는 어떻게 아는 사이입니까' 하고 묻기에, '전에 대왕께서 국경에 가서 연나라 왕과 회담하실 때 같이 따라간 적이 있는데, 그때 연나라 왕은 나의 손을 잡고 친해지고 싶다고 했다, 그런 일이 있기 때문에 연나라로 가려는 것이다' 하고 제가 대답했습니다. 그러자 인상여는, '조나라는 강대국이며 연나라는 약소국이다. 그런데다 당신은 조나라 왕의 총애를 받기 때문에 친구가 되자고 말했던 것이다. 그러나 지금 연나라로 도망가면 어떻게 되겠는가. 연나라는 조나라를 두려워하고 있기 때문에 당신을 받아들이지 않을 뿐만 아니라 반드시 붙잡아 조나라로 되돌려보낼 것이다. 그러니까 이번에는 도망가는 것보다는 진심으로 왕께 사과해야 한다. 그러면 용서를 받을는지도 모른다' 라고 말했습니다. 그래서 저는 인상여의 말대로 대왕께 용서를 빌었고, 다행히도 대왕께서는 과분한 조처를 내려 주셨습니다. 이런 점에서 보면 인상여는 지혜와 용기를 가진 사람이라고 판단됩니다. 그래서 진나라로 그를 보냈으면 합니다."

인상여

이 말을 듣고 왕은 인상여를 불러들였다.

"진나라 왕이 15개의 도읍과 내가 가진 구슬을 바꾸자고 제의해 왔소. 어떻게 하면 좋은지 그대의 의견을 듣고 싶소."

인상여는 대답했다.

"진나라는 강대한 나라입니다. 그들의 요구를 받아들이지 않을 수 없습니다."

"하지만 구슬만 빼앗기고 땅을 얻지 못하면 어떻게 될까?"

"진나라는 교환을 제의한 것입니다. 구슬을 주지 않으면 잘못은 우리나라에 있습니다. 그리고 구슬만 받고 땅을 주지 않는다면 잘못은 진나라에 있습니다. 어느 쪽이 이로운 일인가 하면, 진나라의 제의를 받아들여서 잘못이 진나라에 있도록 만들어야 합니다."

"사자로서 마땅한 사람이 있을까?"

"마땅한 사람이 없다면 제가 가겠습니다. 땅을 주면 구슬을 놓고 오겠습니다. 그리고 땅을 주지 않을 경우에는 구슬을 도로 가지고 오겠습니다."

조나라의 혜문왕은 인상여가 구슬을 가지고 진나라로 가도록 명령했다.

진나라 왕은 왕궁에서 인상여를 만났다. 인상여가 조심스럽게 구슬을 올리자 진나라 왕은 기뻐서 옆에 있는 여자들과 하인들에게까지 그것을 보이고 자랑했다. 그러자 주위에 있던 사람들이 모두 만세를 불렀다. 진나라 왕은 교환 조건으로 제시한 도읍에 대해서는 아무 말도 하지 않았다.

그러자 인상여는 앞으로 나가 이렇게 말했다.

"사실 구슬에는 흠이 있습니다. 그것을 대왕께 가르쳐 드리겠습니다."

진나라 왕은 구슬을 인상여에게 건네 주었다. 인상여는 그 구슬을 손에 받자 곧장 뒤로 물러서서 기둥에 기대 섰다.

그리고 험상궂은 표정으로 이렇게 소리쳤다.

화씨벽을 돌려받는 인상여

"대왕은 구슬을 손에 넣기 위하여 사자를 조나라 왕에게 보냈습니다. 조나라 왕이 신하들과 상의했더니, '진나라는 욕심이 많은 나라이고 부강한 것을 미끼로 다른 나라에게 억지를 쓴다, 땅을 준다는 것은 거짓말이다' 하는 의견이 대부분이었소. 그래서 한때는 교환에 응하지 않기로 결정하였소. 그러나 그때 나는 이렇게 반대했소. '보잘것없는 백성들 사이에서도 사기 행위는 수치로 알고 있습니다. 하물며 큰 나라가 거짓을 말할 리가 있겠습니까. 구슬 하나로 진나라와의 우호 관계를 그르쳐서는 안 됩니다…….' 그래서 조나라 왕은 이런 저의 의견을 받아들여 닷새 동안이나 재계(신하에게 제사를 지낼 때 음식을 조심하고 몸을 깨끗이 하여 외출을 삼가는 것)한 뒤 저에게 구슬과 친서를 주어 이곳에 보내셨습니다. 이것은 대국에 경의를 표하기 위해서였습니다. 그런데 지금의 대왕의 태도는 어떻습니까? 구슬을 손에 넣기가 바쁘게 여자들에게 구경시키고 저를 우롱하였습니다. 예의에 어긋나는 정도가 지나치며, 한 나라의 사자를 대우하는 방법이 예의에 어긋납니다. 그리고 또 대왕은 교환 조건으로 제시한 땅도 줄 뜻이 없는 것 같습니다. 그래서 구슬을 도로 제 손에 넣었습니다. 그러니 저를 죽이시오. 억울하게 죽임을 당하기 전에 구슬도 이 기둥에 깨 버리고 제 머리도 이 기둥에 부딪쳐 죽겠소."

인상여는 구슬을 치켜 들고 곧장 기둥에 그것을 부딪쳐 깨려고 했다. 그러자 진나라 왕은 구슬이 깨지는 것을 두려워하여 황급히 인상여에게 사과했다. 그는 곧장 지도를 가지고 오게 하여 떼어 줄 도읍 15개를 가리켰다. 그러나 인상여는 그것이 그의 임기응변이라는 것을 잘 알고 있었다. 인상여는 다시 이렇게 말했다.

"화씨의 구슬은 천하에 이름 높은 보물입니다. 조나라 왕은 진나라를 두려워하여 바치지 않을 수 없었지만, 이 구슬을 이곳으로 가져올 때 닷새 동안 온갖 몸가짐을 바르게 하셨습니다. 따라서 대왕께서도 이것을 받으실 때는 조나라 왕처럼 닷새 동안 나쁜 것을 물리치고 온갖 몸가짐을 바르게 하시고 난 뒤 궁전에서 최고의 예의를 갖추어 받으셔야 합니다. 그러신다면 저도 기꺼이 구슬을 바치고 돌아가겠습니다."

진나라 왕은 곧 5일 동안 몸가짐을 바르게 하기로 결정하고, 인상여는 광성이라는 집에 머물도록 했다. 그러나 인상여는, 진나라 왕의 약속은 형식적이고 땅을 주지 않을 것임에 틀림없다라고 판단했다.

그리하여 인상여는 자신을 따라온 사람 하나를 골라 그에게 남루한 옷을 입히고 그 구슬을 품에 넣고 몰래 조나라로 돌아가게 했다.

진나라 왕은 닷새 동안의 몸가짐을 바르게 하고 궁정에서 최고의 예의를 갖추어 인상여를 만났다. 인상여는 앞으로 나아가 이렇게 말했다.

"진나라의 왕은 목공 이래로 20여 대에 걸쳐서 믿음이 두터운 분이

셨습니다. 저는 진나라 대왕의 꾀에 넘어가 우리나라 왕과의 약속을 저버리는 일을 두려워하여 몰래 구슬을 다시 조나라로 가지고 가게 했습니다. 그렇지만 진나라는 강국이고 우리나라는 약한 나라입니다. 대왕께서 사자를 보내시기만 하면 우리나라는 즉시 구슬을 바치겠습니다. 강국인 진나라가 먼저 15개의 도읍을 약속대로 내 놓으신다면, 조나라는 구슬이 아까워 대왕의 원한을 사는 일을 할 리가 없습니다. 대왕을 기만한 죄는 이미 각오하고 있습니다. 가령 끓는 물에 죽는다고 하더라도 저는 조금도 원망하지 않겠습니다. 그러나 저를 처치하시기 전에 신하들과 잘 상의하여 주시기 바랍니다."

진나라 왕은 이 말을 듣고 신하들과 마주 쳐다보며 아연할 뿐이었다. 이때 옆에 있던 사람이 인상여를 체포하려고 하자 진나라 왕은 그것을 만류했다.

진나라 왕은 이렇게 생각했다. '지금 인상여를 죽인다고 하더라도 나에게 구슬이 돌아올 리 없다. 뿐만 아니라 조나라와의 우호 관계까지 깨어지고 만다. 그러니 인상여를 후대하여 돌려보내는 것이 좋겠다. 조나라 왕도 구슬 하나로 우리 진나라를 배신하지는 않을 것이다.'

인상여는 무사히 귀국할 수 있었다. 귀국하자 조나라 왕은 사자로서의 임무를 다한 공으로 그를 대부로 앉혔다. 이렇게 하여 이 사건으로 진나라가 땅을 주지 않은 대신 조나라도 구슬을 주지 않았다.

그 뒤 조나라는 진나라를 공격하여 석성을 빼앗았다. 그 다음해(기원전 280) 진나라는 조나라를 공격하여 조나라 군사 2만 명을 죽였다.

진나라 왕은 사자를 보내어 이렇게 자신의 뜻을 전했다.

"두 나라의 우호를 위하여 하서의 면지에서 회담합시다."

이 제의를 받고 조나라 왕은 두려워서 회담 장소에 가려고 하지 않았지만 염파와 인상여는,

"왕께서 가지 않으시면 조나라의 비겁함을 나타내는 결과를 가져옵니다."

하고 권했다. 그리하여 조나라 왕은 할 수 없이 이 제의를 받아들였다. 그 회의에는 인상여가 따라가기로 했다.

일행을 국경까지 전송한 염파는 왕에게 작별 인사를 했다.

"부디 조심하시기 바랍니다. 날짜를 계산해 보니 회담을 끝내고 돌아오실 때까지 30일이 걸리겠습니다. 30일이 지나도 돌아오시지 않으면 태자를 왕으로 즉위시켜 진나라의 야망을 꺾겠습니다."

왕은 염파의 건의를 승낙했다.

이렇게 하여 조나라 왕은 면지에서 진나라 왕과 회담하였다. 주연이 한창일 때 진나라 왕이 이렇게 말했다.

"전부터 조나라 왕은 음악을 좋아한다는 말을 들었는데 어디 한번 슬(현악기의 일종)이라도 연주해 주시기 바라오."

그리하여 조나라 왕은 슬을 연주했다. 그러자 진나라의 기록관이 앞으로 나와서 이렇게 기록했다.

"모년 모월 모일 진나라 왕은 조나라 왕과 회담하고 슬을 연주하게 하였다."

그러자 이번에는 인상여가 앞으로 나아갔다.

원숭이 모양의 은으로 만든 혁대

"진나라 왕께서는 진나라 음악을 잘 하신다는 소문을 들었습니다. 마침 좋은 기회이니 분부(술 같은 것을 붓는 기와로 만든 그릇. 진나라의 음악은 이것을 때려 반주로 삼았다)로 반주하시면서 옥음을 들려 주시면 같이 즐기겠습니다."

진나라 왕은 거절했다. 인상여는 진나라 왕 앞으로 바싹 다가가서 무릎을 꿇고 다시금 청했다. 그래도 진나라 왕은 응하려 하지 않았다. 그러자 인상여는 은근히 진나라 왕을 협박했다.

"대왕과 저는 가까운 거리에 있습니다. 승낙하지 않으시면 목숨을 해치겠습니다."

진나라 왕의 좌우에 있던 사람들이 인상여를 베려고 했다. 그러나 인상여가 크게 꾸짖자 모두 뒤로 물러갔다. 진나라 왕은 할 수 없이 명령을 거두었다. 그러자 인상여는 조나라의 기록관을 불러서

"모년 모월 모일 진나라 왕이 조나라 왕을 위하여 분부를 치다."

라고 기록하게 하였다.

그 뒤 또 이런 일이 있었다.

진나라의 신하들이,

"우리 대왕의 장수를 축하하는 뜻에서 귀국의 도읍 15개를 올리면 좋겠습니다."

하는 데 대하여 인상여는,

"귀국이야말로 우리 대왕의 장수를 축하하는 의미에서 도읍인 셴양을 올리시오."

하고 받아넘겼다.

술자리가 끝날 때까지 결국 진나라 왕은 조나라를 굴복시키지 못하

였다. 조나라도 호위병을 늘려 진나라의 움직임에 대비했기 때문에 진나라는 손을 쓰지 못하고 말았다.

회담이 끝나고 귀국하자 조나라 왕은 인상여의 공을 인정하여 상경(대신)에 임명했다. 뿐만 아니라 같은 상경인 염파보다 윗자리에 앉혔다. 기분이 좋지 않은 것은 염파 장군이었다.

"나는 조나라의 대장군으로서 수많은 전쟁에 큰 공을 세웠다. 인상여는 입만으로 일을 꾸몄는데, 지위는 나보다 그가 더 높아졌다. 더구나 인상여는 비천한 출신이다. 그런 사람 밑에서 일할 수는 없다."

이렇게 말하며,

"그놈과 마주치기만 하면 그냥두지 않겠다."

하고 별렀다.

인상여는 이 소문을 듣고 될 수 있는 한 염파와 마주치지 않도록 조심했다. 조정에 나가는 것도 병을 구실로 삼갔다. 그것은 자신과 염파와의 서열 관계가 나타나지 않도록 하기 위해서이다.

전국 시대, 괴상한 짐승 문양이 새겨진 술병

어느 땐가 인상여가 외출했을 때, 먼 곳에서 염파가 이쪽으로 오고 있는 것을 보자 옆길로 도망쳤다. 그러자 인상여의 가신들은 더 이상 참을 수 없었다.

"우리들이 당신의 밑에서 일하는 것은 당신의 높은 뜻을 흠모하기 때문입니다. 이제 당신은 저 염파와 같은 서열이십니다. 그런데도 불구하고 염파를 두려워하여 숨어 버리십니다. 장군이나 재상이라는 분들이 보잘것없는 백성들이 꺼릴 수 있는 일을 하시며, 더구나 그것을 조금도 부끄러워하지 않으십니다. 도대체 이유를 알 수 없습니다. 더 이상 참을 수 없습니다. 저희들로 하여금 이 일에서 손을 떼게 하여 주십시오."

인상여는 그들에게 이렇게 물었다.

"그대들은 진나라 왕과 염 장군 중에서 어느 쪽이 두렵다고 생각하는가?"

"물론 진나라 왕입니다."

"나는 진나라 왕을 궁전에서 당당하게 대했소. 진나라 왕의 신하들을 마치 어린애처럼 다루었소. 그런 내가 왜 염 장군을 두려워하겠소. 나는 이렇게 생각하고 있소. 강대한 진나라가 우리나라를 공격하지 않는 것은 염 장군과 내가 버티고 있기 때문이라고. 만일 우리 두 사람이 다툰다면 어느 쪽인가가 상처를 입게 될 것이오. 내가 이렇게 처신을 하는 것은 개인의 다툼보다는 국가가 중요하기 때문이오. 이제 내 뜻을 알겠소?"

이 말을 전해 들은 염파는 웃옷을 벗고 가시 회초리를 등에 지고 인상여를 찾아와서 사죄했다.

"이 어리석은 자를 잘 살펴 주시기 바라오. 장군의 관대한 마음을 소생은 알지 못하였습니다."

두 사람은 이 일을 계기로 다시 사이가 좋아졌다. 그리고 그 뒤로 두 사람은 문경의 교우(목이 잘려도 후회하지 않을 그런 친한 교우 관계를 말함)를 맺었다.

# 범수范睢 열전

위魏나라에 범수라는 사람이 있었다. 그의 자는 숙叔이었다.

그는 제후를 찾아다니며 유세하고, 귀국하자 마음을 고쳐먹고 위나라의 왕 밑에서 일하려고 했다. 그러나 집이 몹시 가난하여 돈을 마련하지 못했다. 그래서 그는 위나라의 중대부 수가須賈를 섬기기로 했다.

그 뒤 수가가 위나라 왕의 사자로서 제나라에 가게 되었다. 범수는 그를 따라 제나라에 갔다. 제나라와의 교섭은 어려움을 거듭했고, 그들은 수개월 동안 머물렀다. 그 동안 제나라 왕이 범수의 빼어난 재능을 듣고, 쇠고기와 술을 보내면서 금 10근을 준 일이 있었다. 범수는 그것을 받아들이려 하지 않았다. 그러나 주인인 수가는 범수에게 선물이 왔다는 것을 알고 몹시 화를 냈다.

'범수는 위나라의 기밀을 팔았음에 틀림없다.'

이렇게 생각한 수가는 범수에게 쇠고기와 술을 받아들이도록 하고 금은 돌려보내라고 했다.

이 사건은 그들이 귀국한 뒤에도 꼬리를 이었다. 당시 위나라의 재상은 공자의 제자인 위제魏齊였다. 위제는 수가의 말을 듣고 몹시 화를 냈다. 그는 범수를 고문하라고 명령했다. 범수는 늑골이 부러지고 이가 빠지는 등 혹독한 고문을 받았다. 범수가 고문을 이기지 못하자 대나무발로 범수를 둘둘 말아서 변소 안에 버렸다. 술에 취한 빈객들이 번갈아 드나들며 그에게 소변을 누었다. 국가의 기밀을 누설하는 자가 다시는 나타나지 않도록 본보기로 범수를 이렇게 처형한 것이었다.

범수는 대나무발 속에서 문지기에게 이렇게 애원했다.

"제발 살려 주십시오. 반드시 사례하겠습니다."

마침내 문지기는 대나무발 속에 있는 시체를 치우겠다고 위제에게 말하자 그는 술에 취해 자기도 모르게 그것을 허락했다. 그래서 범수는 죽음 직전에서 탈출할 수가 있었다.

위제는 술이 깨자 비로소 자기가 잘못했다는 것을 깨닫고, 하인을 시켜 다시 한번 범수를 잡아오라고 명령했다. 그러나 이미 탈출에 성공한 범수는 정안평鄭安平의 보호를 받아 이름도 장녹張祿으로 바꾸었다.

그 무렵, 진나라의 소왕昭王은 알자(궁궐의 의식을 맡아 보는 관리)인 왕계王稽를 위나라에 사자로 보냈다. 정안평은 신분을 속이고 그의 수행원이 되었다. 왕계는 정안평에게 물었다.

"이 나라에서 진나라로 데리고 갈 만한 인물이 있습니까?"

"네, 제 마을에 장녹 선생이라는 분이 있는데 빼어난 인물입니다. 그는 당신과 만나 천하의 일을 논하고 싶어합니다. 그러나 그는 지금 쫓기는 몸이므로 낮에는 사람의 눈에 띄는 것을 싫어하십니다."

"그러면 밤에 데리고 오시오."

그날 밤, 정안평은 장녹을 안내하여 왕계와 만나게 해 주었다. 왕계는 그와 얘기를 나누면서 그의 재능을 갈파했다.

"선생, 제가 돌아갈 때 삼정(국경에 있는 역의 이름)의 남쪽에서 저를 기다리십시오."

두 사람은 비밀리에 약속하고 헤어졌다.

왕계는 삼정의 남쪽에서 범수를 마차에 싣고 진나라로 돌아갔다. 일행이 호현(셴양 동쪽)에 이르렀을 때 앞에서 마차 행렬이 다가오는 것이 보였다. 이때 범수가 왕계에게 물었다.

"저쪽에서 이리로 오는 것이 누구입니까?"

"재상인 양후穰侯입니다. 그는 지금 동쪽 지방을 순시하고 있습니다."

"양후라면 나라의 실권을 한 손에 쥐고 다른 나라 사람들을 진나라로부터 쫓아내려 하고 있습니다. 저를 발견하면 어떤 일이 일어날지도 모릅니다. 일단 마차 속에 숨어 있겠습니다."

양후는 왕계의 노고를 위로하기 위하여 일행에게 다가가서 마차를 세웠다.

"수고하십니다. 동쪽의 여러 나라에서는 별다른 일이 없었습니까?"

양후의 말이었다.

"아무 일도 없었습니다."

"귀공은 혹시 제후의 식객들을 데려오시지 않았습니까? 그런 사람들은 나라를 어지럽힐 뿐이지 아무 도움도 되지 않습니다."

"제가 그런 일을 할 리가 있습니까."

양후는 고개를 끄덕이고 헤어졌다.

"양공은 지혜가 있는 사람이라고 들었습니다. 그러나 결단력이 모자란다고 들었습니다. 그는 마차 속에 사람이 있지 않을까 하고 의심했지만 수색하는 것을 사양하고 그냥 갔습니다. 틀림없이 그는 후회하고 다시 돌아올 것입니다."

범수는 이렇게 말하고 마차에서 내려 재빨리 도망쳤다.

일행이 10리쯤 가자 과연 양후의 명령을 받은 기마병이 마차 속을 뒤지기 위해 되돌아왔다. 그러나 범수는 이미 그곳에 없었다.

범수는 왕계를 따라서 셴양에 무사히 도착했다.

왕계는 진나라 소왕에게 명령받은 일을 끝내고 곧 범수를 추천했다.

"위나라에 장녹 선생이라는 빼어난 인물이 있습니다. 이분이, '진나라는 위기에 처해 있다, 나에게는 그것을 극복할 비책이 있다, 그러나 소왕을 직접 만나 뵙기 전에는 말씀드릴 수 없다' 라고 말하기에 데리고 왔습니다."

그러나 소왕은 왕계의 말을 믿지 않았다. 범수에게 잠자리는 주었지만 낮은 대우를 하면서 1년 이상을 그냥두었다.

범수는, 이렇게 허송 세월만 보낸다면 일부러 진나라까지 찾아온 보람이 없었기 때문에, 결심하고 소왕에게 상소를 올렸다.

이 상소문 때문에 범수는 이궁에서 왕을 만날 수가 있었다. 그때 범수는 하나의 계략을 생각했다. 일부러 길을 잘 못 들은 것처럼 위장하여 남자 출입 금지 지역인 내전으로 들어갔다. 이때 소란한 소리를 듣고 왕이 모습을 나타냈다. 환관이 당황하여 범수를 끌어내려 했다.

"물러가라. 대왕께서 거둥하신다."

그러나 범수는 일부러 이렇게 말했다.

"진나라에도 왕이 있는가? 태후와 양후가 있을 뿐이 아닌가."

진나라 때의 정

이 말은 일부러 소왕을 화나게 하려 한 것이다. 그러나 소왕은 범수를 불러들이고 정중하게 인사를 했다.

"실은 일찍부터 선생을 뵙고 가르침을 받아야 했소. 이렇게 늦어진 것은 공교롭게도 의거(서융국)의 문제를 해결하는 데 골몰하여 밤낮으로 태후의 지시를 받느라고 바빴기 때문이오. 이제 의거의 문제도 해결되었으니 선생의 가르침을 받을 수 있게 되었소이다. 나는 이렇게 어리석은 사람이오. 부탁하니 사양치 마시고 고귀한 의견을 말해 주시오."

그러나 범수는 엎드린 채 침묵을 지킬 뿐이었다. 그 날 그 자리에 있던 신하들은 범수의 침묵으로 일관한 태도를 보고 모두가 숨을 죽이면서 지켜보고 있었다. 진나라 왕은 사람들을 물러가게 하고 범수와 단둘이 있었다. 그리고 그는 무릎을 꿇고 간청했다.

"선생, 어떤 것을 가르쳐 주시렵니까?"

그러나 범수는 그저,

"네, 네."

하는 대답뿐, 계속 침묵을 지키고 있었다. 진나라 왕은 다시 무릎을 꿇었다.

그래도 범수는 여전히,

"네, 네."

할 뿐이었다.

이런 문답이 세 번이나 되풀이되었지만, 진나라 왕은 다시 무릎을 꿇고 물었다.

"그렇다면 어떤 이유라도 있습니까?"

이윽고 범수는 이렇게 대답했다.

"아닙니다. 대왕께서는 이런 얘기를 알고 계십니까? 옛날 주나라의 문왕이 태공망 여상을 만난 것은 여상이 웨이수이 근처에서 낚시질을 하고 있을 때였습니다. 그때 두 사람은 서로 모르는 사이였습니다. 그러나 문왕은 여상의 말을 듣자 태사로 받들고 마차에 태워 모시고 돌아갔습니다. 그것은 여상의 말이 문왕의 마음을 사로잡았기 때문입니다. 그 뒤 문왕은 여상의 힘으로 공을 이루어 천하의 패자가 되었습니다. 만일 문왕이 여상을 깔보고 그 의견에 귀를 기울이지 않았다면 주나라는 천자로서의 덕을 갖추지 못하고, 문왕과 무왕은 대업을 이루지 못하였을 것입니다. 그런데 저는 대왕의 입장에서 보면 이웃 나라 사람이고 만나 뵙기를 허락 받은 정도에 지나지 않으며, 아직 신임을 얻지 못하고 있습니다. 더구나 이제부터 말씀드리는 것은 정치의 자세를 올바르게 바로잡기 위한 것으로, 대왕의 혈육에 관한 것입니다. 어리석은 저의 의견을 말씀드리고 싶지만 대왕의 마음을 알 길이 없습니다. 그래서 세 번에 걸친 대왕의 물음에 대답하지 못한 것입니다. 벌을 받는 것이 두려워서 이런 말씀을 드리는 것이 아닙니다. 오늘 말씀 올림으로써 내일 저는 벌을 받을는지도 모릅니다. 그러나 걱정이 되는 것은 이 벌이 두려워서가 아니라, 제가 죽은 뒤에 천하의 사람들이, 대왕께 충성을 다한 사람이 죽은 것을 알고, 앞으로 진나라에서 일하려 하지 않게 될 것이 두렵습니다. 만일 대왕께서 태후 앞에서 이견을 말하지 못하고,

간신들의 농간에 빠져서 언제까지나 정치를 돌보지 않는 나날을 보낸다면 어떻게 되겠습니까? 대왕 자신의 몸이 위험할 뿐만 아니라 나라의 앞날도 위태롭다고 말할 수 있습니다. 이것을 저는 두려워하는 것입니다. 저는 죽임을 당하더라도 진나라의 정치가 올바른 길로 돌아온다면 아무런 후회가 없겠습니다."

진나라 왕은 무릎을 꿇고 대답했다.

"우리나라는 외딴 곳에 있으며, 나 자신은 어리석은 왕이오. 이런 곳을 선생께서 일부러 찾아오신 것은, 나로 하여금 선생의 가르침을 받고 종묘를 지키라는 하늘의 뜻이오. 나는 이 하늘의 뜻에 보답하고 싶소. 이런 내가 꺼릴 리가 있겠소이까. 태후의 일이든 중신의 일이든 개의치 마시고 나를 믿고 진실을 말씀해 주시오."

범수는 머리를 숙였다. 진나라 왕도 같이 예를 갖추었다.

그러자 범수는 이렇게 말했다.

"진나라의 지형을 살펴보면 사방이 천혜의 요새로 둘러싸여 있습니다. 북쪽은 감천 · 곡구, 남쪽은 경수 · 웨이수이, 서쪽은 농 · 촉, 동쪽은 한구관 · 상판을 가지고 국경을 견고히 하고 있습니다. 무력도 용감한 군사가 백만 명이고 전차가 수천 승에 이르고 있습니다. 이만하면 수비와 어떤 작전을 벌여도 가능합니다. 이것이야말로 패자의 땅이라고 말할 수 있습니다. 그리고 또 백성들은 법을 충실하게 지키며, 적국에 대해서는 용감합니다. 이것 또한 패자의 백성이라고 말할 수 있습니다. 왕은 이 두 가지 장점을 갖추고 계십니다. 이 국력을 배경으로 하여 제후들에게 임하는 것은 명견 한노韓盧가 절름발이 토끼를 쫓는 것과 다름이 없습니다. 그러므로 패권을 잡는 것은 쉽습니다. 그러나 대왕의 신하들 중에는 한 사람도 그 책임을 다할 사람이 없으며, 지금까지 15년 동안을 계속하여 쇄국 정책을 고집하여 처음부터 한구관 동쪽으로는 출전을 하려 하지 않았습니다. 이것은 양후穰侯가 진심으로 나라를 일으킬 생각은 하지 않았다는 증거이지만 그 책임은 대왕에게도 있습니다."

얘기를 다 듣고 난 진나라 왕은 무릎을 꿇고 말했다.

"부탁하오. 내가 어떻게 하면 좋을는지, 자세하게 말씀해 보시오."

범수는 주위의 눈치를 살폈다. 아무리 생각해 보아도 신하들이 방 밖에서 엿듣고 있는 것 같았다. 범수는 나라의 내정 문제를 미루고 우선 외교 문제를 얘기하여 왕의 반응을 살펴보기로 했다. 그는 왕 앞에 가까이 다가갔다.

"양후는 한 · 위 두 나라를 뛰어넘어 제齊나라의 강수를 공격하려 하고 있습니다만 그것은 큰 잘못입니다. 조그만 병력으로서는 제나라를 쳐부술 수 없으며 대군을 동원하면 본국이 위험합니다. 대왕께서는 진나라 군사력을 되도록 적게 하고 모자라는 것은 한 · 위 두 나라 군사로 보충하시려고 하지만 그것은 이쪽 생각에 지나지 않습니다. 그 계획은 너무 안이합니다. 다른 나라의 영토를 넘어가서 전쟁하여 어떻게 감당하실 작정입니까? 전에 제나라에 이런 일이 있었습니다. 민왕 시대에 남쪽의 초나라를 공격하여 초나라군을 무찌르고 사방 천 리나 되는 영토를 넓힌 일이 있습니다. 그러나 결국 제나라는 힘들여 얻은 영토를 모두 버리게 되었습니다. 왜 그렇게 되었겠습니까? 그 영토가 불필요해졌기 때문이 아니라, 그것을 지킬 수 없었기 때문입니다. 그 결과 마침내 제나라는 국력이 쇠약해져서 내분이 일어났고, 그때에 제후들의

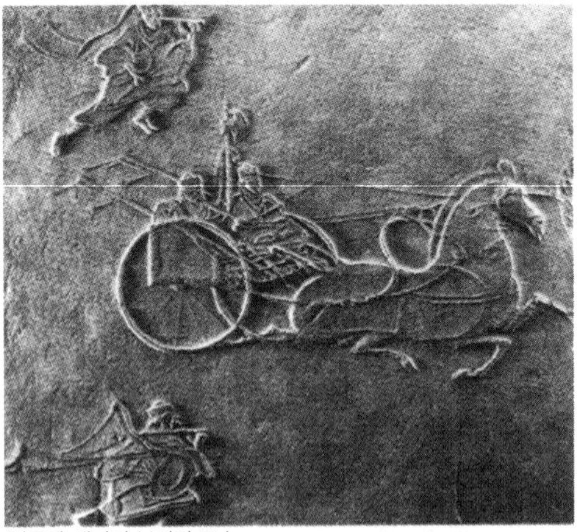
벽돌에 새겨진 부거의 모습

연합군이 공격해 왔기 때문에 본토를 철저하게 빼앗겼습니다. 그때 신하들은 일제히 왕을 탓하며, '도대체 누가 이런 계획을 세웠소?' 하고 추궁했습니다. 그때 왕은, '전문(맹상군)이 한 일이다' 라고 대답했습니다. 그러자 곧 반란이 일어났고, 이때 전문은 나라 밖으로 도망치지 않을 수 없게 되었습니다. 제나라가 대패한 것은, 멀리 있는 초나라를 공격하고 있는 동안에 이웃 나라인 위나라의 전력이 강해졌기 때문입니다. 이 사실에서도 알 수 있는 것처럼 거꾸로 먼 나라와 친교를 맺고 가까운 나라를 공격하는 것이 최상의 방법이라고 저는 생각합니다. 한치의 땅을 얻으면 그 한치를, 한 자의 땅을 얻으면 그 한 자가 대왕의 영토가 되는 것입니다. 그것을 버리고 먼 나라인 제나라를 공격하시는 것은 잘못된 일입니다. 옛날 조나라는 사방 5백 리의 중산국을 공격하여 마침내 점령했지만 다른 제후들은 속수무책, 그저 지켜보고만 있었습니다. 이제 한나라나 위나라는 중원에 근거를 두고 천하의 중앙에 위치해 있습니다. 대왕께서 앞으로 천하를 호령하시려면 중원의 조 · 위 두 나라와 친교를 맺고 초 · 조 두 나라에 압력을 가해야 합니다. 그리고 초나라가 강하면 조나라를, 그리고 조나라가 강하면 초나라를 우선 이쪽 편으로 만들어야 합니다. 이렇게 하여 초 · 조 두

나라를 내쪽 편으로 만들면 제나라는 반드시 두려워하여 스스로 우호 관계를 맺자고 원할 것입니다. 제나라와의 제휴가 성립하면 그때야말로 한·위 두 나라는 마음대로 요리할 수가 있습니다."

소왕이 질문했다.

"위나라와는 전부터 손을 잡고 싶었지만 아무래도 믿을 수 없는 나라이기 때문에 그것이 불가능했었소. 어떻게 하면 좋겠소?"

"우선 예의를 갖추어서 정중하게 우호 관계를 맺자고 제의하시고, 응하지 않으면 영토를 떼어 주어야 합니다. 그래도 안 될 경우에는 무력을 사용할 수밖에 없습니다."

"잘 알았소. 공의 말씀대로 하겠소."

범수는 기회를 엿보아 소왕을 설득했다.

"제가 전에 동쪽 나라에 있을 때 여러 가지 많은 나라의 얘기를 소문으로 들었습니다. 제나라의 경우 맹상군의 이름은 들었지만 왕의 이름을 들은 일이 없습니다. 그리고 진나라의 경우도 태후나 양후·화양군·고능군·경양군의 이름은 들었지만 왕의 이름을 들은 일이 없습니다. 본디 왕이란 자신의 뜻에 의하여 나라를 다스리며, 백성들의 생살 여탈生殺與奪의 권리를 쥐고 있는 분을 말하는 것이 아닙니까. 그런데 진나라에서는 태후가 마음대로 나랏일을 처리하며, 양후는 왕의 허락도 없이 제후에게 사신을 보내고 보고하지 않습니다. 그리고 화양군·경양군은 왕의 명령도 받지 않고 마음대로 사람을 죽이며, 고능군도 왕의 결재를 받아야 할 인사 관리를 자기 마음대로 처리하고 있습니다. 따라서 그 아래에 있는 관리들도 이 네 사람을 본따서 왕을 안중에 두지 않고 있습니다. 이런 상태에서 왕위를 지탱한 일이 일찍이 있었습

서한 때의 만발와당

니까? 나라 안을 위엄으로 복종시키고 나라 밖으로부터는 중히 여김을 받는 것이 비로소 이상적인 군주라고 하는데, 이 진나라에서는 양후가 왕의 권한을 혼자서 외교 문제를 처리하고, 제멋대로 군사권을 행사하여 제후를 마음대로 조종하고 있습니다. 싸움에서 이기면 거기서 얻은 이익을 모두 자기 것으로 하고, 패배하면 그 책임을 모두 왕에게 돌릴 수가 있는 것입니다. 시에, '열매가 많이 맺으면 가지가 꺾이고 가지가 꺾이면 나무가 죽는다' 하는 구절이 있습니다. 이와 다름없이 도읍이 살찌면 나라가 메마르고 신하가 존귀해지면 왕의 존재가 희미해지는 것입니다. 제나라의 중신 최저·요치의 예를 보십시오. 그들은 모두가 왕을 무색케 할 실권을 쥐고 있습니다만 얼마 후 최저는 주군 장공의 겨드랑이에 활을 쏘아 죽이고, 요치도 주군 민왕의 손발과 근육을 도려 내고 궁전의 들보에 매달아 하룻밤 사이에 죽게 했습니다. 그리고 조나라의 명신 이태(조나라 무령왕의 큰아들이 동생인 하가 왕위에 오른 것에 불만을 나타내고 반란을 일으키자 진압했다)도 국정을 손에 넣게 되자 주군 무령왕을 사구대에 가두고 백 일 후에 굶어 죽게 하지 않았습니까? 그런데 우리나라에서도 태후와 양후 두 사람이 권력을 제 마음대로 휘두르고 고능군·화양군·경양군이 이를 도와 왕을 무력하게 만들고 있다는 소문이 퍼져 있습니다. 만약 그것이 사실이라면 이들 또한 요치·이태와 같은 사람들이라고 할 수 있습니다. 저 하·은·주 3대의 왕조가 차례로 멸망한 것은 모두 군주가 실권을 신하에게 넘겨 주고 자기네

들은 술과 놀이에 취하여 나랏일을 돌보지 않았기 때문입니다. 그리고 나랏일을 맡아 보는 중신이 우수한 인재를 멀리하고, 아랫사람을 핍박하는 한편 군주의 눈을 속여 사욕을 채우는 데 전념했습니다. 이것이 나라를 망친 원인입니다.

이런 점에서 볼 때 대왕은 어떠십니까. 지방 관리들로부터 조정의 고급 관리 그리고 대왕의 좌우에 있는 시종들까지 모두가 양후의 손이 닿지 않은 사람이 없습니다. 대왕은 정치적으로 완전히 고립되어 있습니다. 이런 상태로서는 왕의 자손이 언제까지나 왕위를 계승받아 안존할 수 있다고 보증하지는 못 합니다."

범수의 얘기를 듣고 있던 왕은 이렇게 간단히 대답했다.

"잘 알겠소."

그리고 소왕은 깊은 불안에 싸였다.

그로부터 얼마 지나지 않아 소왕은 선 태후를 폐하고 양후 · 고능군 · 화양군 · 경양군 등 내쫓기로 결정했다.

소왕은 범수를 재상으로 발탁하고, 양후는 그의 영지인 도 땅으로 돌아가게 했다. 그를 돌아가게 하면서 소왕은 현의 관리들에게 명령하여 가재를 운반할 짐차를 동원케 하였다. 그 뒤 약 1천 대가 넘는 마차가 한구관에 도착했고, 관소의 관리가 그 가재를 점검해 보니 보물 · 진품 등이 왕실보다도 훨씬 많았다고 한다.

소왕은 범수를 응 땅에 책봉했다. 때는 소왕 41년(기원전 266), 범수는 그 뒤 응후라고 불리게 되었다.

# 백기白起 열전

백기는 미 땅 출신으로 군사들을 부리는 데 뛰어나서 진나라의 소왕에게 발탁되었다. 소왕 13년(기원전 294), 백기는 좌서장이 되어 군사를 이끌고 한나라 신성을 공격했다. 다음해에 백기는 좌경으로 승진하고 한·위 연합군과 이궐에서 싸워 적군 24만 명을 베고 적장 공손희를 포로로 잡았으며 다섯 개의 도읍을 빼앗았다. 그는 이 공으로 국위(진나라의 벼슬 이름)로 승진했다.

그는 계속하여 황하를 건너 건하의 땅을 빼앗았다.

그 다음해 백기는 대량조로 승진했다. 그가 위나라를 공격하여 함락한 도읍은 61개에 이르렀다. 다음해 백기는 왕의 고문인 사마착과 원성을 공격하여 이를 함락했다.

그로부터 5년 뒤 이번에는 조나라를 공격하여 광랑성을 함락했다. 그리고 7년 뒤에는 초나라에 침입하여 언과 등의 5개 읍을 공략했다. 그 다음해 그는 초나라를 공격하여 국도인 영을 점령하고 종묘가 있는 이릉을 불태우고 동쪽으로는 경릉까지 쳐들어갔다.

초나라 왕은 영에서 탈출하여 동쪽의 진陳나라로 옮겨 갔다. 진나라 왕은 영을 진나라의 남군으로 하고 백기를 무안군에 봉하였다.

백기

무안군이 된 백기는 다시금 초나라 영토를 계속 침략하여 무군·검중군을 평정했다. 소왕 34년 백기는 위나라에 쳐들어가서 화양을 함락시키고 적장 망묘를 쫓고, 위·한·조의 연합군의 장군을 포로로 잡고 적군을 13만 명을 베었다. 그리고 조나라의 장군 가언과 싸워 그의 군사 2만 명을 황하에 장사 지냈다. 소왕 43년에는 한나라의 형성을 공격하여 5개 도읍을 함락시키고 적군 5만을 베었다.

44년에는 태행도의 요충인 남양을, 45년에는 야왕을 공략하여 한韓나라를 남북으로 갈라 놓았다. 그리하여 북쪽의 상당군은 완전히 고립되었다.

47년 진나라는 좌서장인 왕흘을 장군으로 한나라를 공격하여 상당을 점령했다. 한편 상당의 백성들은 조나라로 피난하고, 조나라군은 상당에서 간 피난민을 장평에서 구제했다. 4월, 진나라군은 조나라의 개입을 구실로 하여 조나라와 전쟁을 벌였다.

조나라에서는 당시 명장 조사가 이미 죽었으며, 인상여는 중병으로 누워 있었다. 조나라는 염파를 장군으로 삼아 출전시켰지만 곧 패배했기 때문에 수비를 굳게 하고 전술을 방어책으로 바꾸었다. 진나라군이 아무리 도전을 해도 염파는 출전하지 않았다. 초조해진 진나라는 첩자를 보내 조나라 왕에게 이렇게 말하게 했다.

"진나라가 두려워하고 있는 것은 조사의 아들 조괄뿐입니다."

조나라 왕은 이 모략에 휘말려 장군 염파를 조괄로 바꾸려고 했다. 그러나 인상여가 반대했다.

"악기의 줄을 잡아매 버리면 천변만화의 음색은 나지 않습니다. 조괄이 아버지의 병법을 이어받은 것은 사실이지만, 그것은 이론일 뿐입니다. 일단 실전에 임하면 임기응변을 구사하는 지휘관이 된다고 보장할 수 없습니다."

그러나 조나라 왕은 그의 말을 듣지 않고 조괄을 장군으로 삼았다. 진나라는 잘 되었다고 좋아했고 비밀리에 백기를 총사령관에 임명하고, 조나라군의 공격을 기다렸다.

조괄은 어릴 적부터 병법을 좋아했고 군사에 관한 일에 있어서는 자신이 천하 제일이라고 자부하고 있었다.

전에 조괄이 아버지인 조사와 병법을 토론할 때에도, 조사는 제아무리 궁지에 몰려도 아들의 의견에는 동의하지 않았다. 조괄의 어머니가 그 이유를 묻자 조사는 이렇게 대답했다.

"전쟁이란 목숨을 거는 것이오. 그런데 그 녀석의 병법은 입으로만 말하는 병법이오. 그러니까 장군으로 임용되지 않으면 다행이지만, 만일 장군이라도 된다면 반드시 군사를 파멸시킬 것이오."

조괄의 출전이 가까워진 어느 날, 그의 어머니는 이렇게 왕에게 상소했다.

"조괄은 장군의 그릇이 아닙니다. 부탁이오니, 다시 생각하시기 바랍니다."

왕이 그 이유를 묻자 조괄의 어머니는 이렇게 대답했다.

"저는 조사의 아내입니다. 제 남편이 죽기 전 장군 시절의 일입니다. 남편은 한번도 교만한 일이 없었습니다. 대왕이나 왕족으로부터 하사받은 은상은 남김없이 부하들에게 나누어 주었을 뿐만 아니라 출전의 명을 받은 날로부터는 집안일은 전혀 돌보지 않았습니다. 이와 같은 아버지와는 반대로 제 아들은 장군에 임명되었을 때에도 단지 허세를 부릴 줄밖에 몰랐다고 합니다. 하사받은 금은 모두 자기 혼자 차지하여 땅이나 집을 샀습니다. 이러고서는 도저히 아버지의 뒤를 이어받지 못할 것 같습니다. 부탁하오니, 그의 임무를 거두어 주시기 바랍니다."

그러나 왕은 듣지 않았다.

"이제 와서 돌이킬 수 없다."

그러자 조괄의 어머니는 이렇게 말했다.

"그래도 제 자식을 장군으로 삼으시려면 부탁이 있습니다. 만일 그가 임무를 감당하지 못하는 일이 있더라도 이 어미를 꾸짖지 마시기 바랍니다."

진나라 사병의 모습

왕은 이 부탁을 받아들였다.

그 뒤 조괄은 염파로부터 군대를 인수받자 즉시 군율을 모두 바꾸고 대폭적인 인사를 단행했다. 이 소문을 들은 진나라 장군 백기는 때가 왔다는 듯이 기묘한 계략을 썼다.

그는 진나라군이 도망치는 것처럼 가장했다가 조나라군의 보급로를 차단해 버린 것이다.

조나라군은 둘로 갈라졌으며, 조괄에 대한

장병들의 불신은 날로 높아 갔다.

이런 상태로 40여 일이 지나자 조나라 군사의 군량미는 바닥이 났다. 조괄은 주력 부대를 이끌고 진두에 서서 돌격을 감행했지만 아무 공도 세우지 못하고 죽고 말았다. 주력 부대가 패하자 나머지 수십만의 조나라군은 전의를 잃고 항복했다. 그러나 조나라 왕은 약속대로 조괄의 어머니를 처벌하지 않았다.

이렇게 하여 조괄의 군은 패배하고 항복한 군사는 40만 명에 이르렀다.

이 포로의 처리 문제를 놓고 백기는 결단을 내려야 했다.

"전에 우리나라가 상당을 함락했을 때 상당의 백성들은 우리나라의 백성이 되는 것이 싫어서 조나라로 도망쳤다. 조나라의 포로들도 언제 마음을 바꿀지 모른다. 장래 화근을 없애기 위하여 모두 죽여야 한다."

그리하여 모두 산 채로 묻어 죽여 버렸다. 이 40만 명 가운데서 용서를 받고 집으로 돌아간 것은 나이 어린 2백40명뿐이었다. 이 싸움에서 조나라군의 희생은 45만 명에 이르렀다.

48년(기원전 259) 10월, 진나라는 다시금 상당군을 평정하고 곧 군사를 둘로 나누어 왕흘의 군사는 피로를 공략하고 사마경의 군사는 태원을 평정했다. 한韓과 조趙 두 나라는 진나라의 군세를 두려워하여 말재주에 능한 소대(소진의 동생으로 유세객이었다)에게 후한 뇌물을 들려 보내 진나라 재상 응후를 설득하기 시작했다.

"조괄을 죽인 것은 무안군이지요?"

"그렇소."

"머지않아 조나라의 도읍 한단도 포위할 것입니까?"

"물론이죠."

"그리고 조나라가 망하면 진나라 왕은 천자가 되고 무안군은 삼공(주나라의 관 제도로 태사 · 태부 · 태보를 가리킨다)이 되겠군요. 그분이 공격하여 함락시킨 도읍은 70여 개나 되며 남쪽으로 언 · 영 · 한중을 평정하고, 북으로는 조괄의 대군을 모두 무찔렀습니다. 저 주공 단, 소공 석, 태공망 여상의 공도 이에 미치지 못합니다. 그러므로 조나라가 망하고 진나라 왕이 천자가 되면 무안군이 우선 삼공으로 승진하는 것은 확실합니다. 그렇게 되면 불행히도 당신은 무안군의 밑에서 일하게 되는데, 그때가 되어 복종하지 않으려 해도 때는 이미 늦게 됩니다. 지난해에 귀국이 한나라를 공격하여 형구를 포위하고 상당을 곤경에 빠뜨렸을 때 상당의 백성들은 모두 조나라로 도망쳤습니다. 천하의 백성들은 진나라에 들어오기를 싫어합니다. 지금 조나라를 멸망시킨다 하더라도 그 백성들은 북쪽에 살고 있는 자는 연나라로, 동쪽에 살고 있는 자는 제나라로, 그리고 남쪽에 살고 있는 자는 한나라나 위나라로 제각기 피난을 갈 것이며, 진나라가 실제로 다스릴 수 있는 인구는 얼마 되지 않을 것입니다. 일단 한나라와 조나라의 화의를 받아들여 더 이상 무안군이 공을 세우지 못하게 하는 편이……."

옥으로 만든 경대

소대의 말을 듣고 응후는 진나라 왕에게 이렇게 건의했다.

"우리나라 군사들은 몹시 지쳐 있습니다. 한 · 조의 화의를 받아들여 군사를 쉬게 하는 것이 어떻겠습니까?"

그러자 왕은 응후의 의견을 좇아 한나라로부터는 원옹, 조나라로부터는 6개의 도읍을 떼어 받기로 하고 화의를 맺었다.

그리고 정월에 전 군사들에게 철수를 명령했다.

백기는 이 소식을 듣고 응후에게 반감을 품게 되었다.

그 해 9월, 진나라는 오대부(진나라의 벼슬 이름으로 다른 나라의 상대부에 해당하는 벼슬) 왕릉을 장군으로 삼아 다시 조나라 수도 한단으로 출전했다. 그때 백기는 병으로 출전하지 못하였다.

49년(기원전 258) 정월, 왕릉은 한단을 공격했지만 신통치 않았다. 본국으로부터 계속하여 증원 부대를 보내왔는데도 불구하고 왕릉의 군대는 지휘관을 다섯 사람이나 잃어버렸다.

그때 백기가 건강을 회복했다는 말을 듣고 진나라 왕은 그를 다시 장군으로 출전시키려고 하자 백기는 승낙하지 않았다.

"한단은 수비가 단단하여 함락하지 못합니다. 그런데다 제후들의 지원병도 날이 갈수록 증가하고 있습니다. 우리나라에 대한 제후들의 적의가 너무도 뿌리 깊이 박혀 있습니다. 지금 우리나라는 장평에서 승리를 거두었다고는 하지만 병력을 반 이상이나 잃었으며 국내는 무방비 상태입니다. 이대로 원정을 계속한다면, 조나라가 반격을 할 것이고 제후들이 여기에 호응하여 본국을 공격해 올 경우 우리는 뾰족한 방법이 없습니다. 한단의 공격은 중지해야 합니다."

진나라 왕은 다시 명령을 내렸지만 백기는 움직이려 하지 않았다. 다시금 응후를 보내 간청했지만 끝내 승낙하지 않았다. 그는 입장이 난처해지자 병을 핑계하고 집에 틀어박혀 꼼짝도 하지 않았다.

진나라 왕은 왕릉 대신에 왕흘을 장군으로 임명했다. 그러나 포위한 지 8, 9개월이 되도록 한단은 함락되지 않았다. 그리고 초나라의 춘신군과 위나라의 신릉군이 지휘하는 수십만의 지원군이 진나라군을 급습하여 진나라군은 큰 타격을 입었다.

자세한 내용을 듣고 난 백기는,

"내 말을 들었더라면 이런 일은 당하지 않았을 것이다."

하고 사람들에게 말했다.

이 말이 진나라 왕에게 전해지자 왕은 몹시 화가 나서 무슨 일이 있어도 백기를 출전시키려 했다. 그러나 백기는 중병을 핑계로 움직이지 않았다. 응후의 간절한 부탁도 소용이 없었다. 그리하여 백기는 결국 무안군의 지위를 빼앗기고 한 사람의 병졸의 신분이 되어 벽지인 음밀 땅으로 가라는 명령을 받았다. 그러나 백기가 옮겨 가는 일은 병 때문에 자꾸만 연기되고 있었다.

그로부터 석 달 뒤, 제후들의 공격은 차츰 심해졌다. 진나라군은 계속 물러가지 않을 수 없었으며, 구원을 요청하는 사자가 줄지어 국도인 셴양으로 달려오곤 했다.

그러자 진나라 왕은 백기를 셴양에 있게 해서는 무슨 일이 벌어질지 모른다고 생각했다. 그는 즉시 백기에게 도읍을 떠나라고 엄명을 내렸다. 백기는 할 수 없이 길을 떠나 셴양의 서쪽 문에서 10리쯤 떨어진 두우라는 곳에 도착했다.

그때 진나라 왕은 응후와 중신들을 모아 놓고 상의했다. 이때, 백기는 이번 일에 불만을 품고 왕을 원망하는 언동을 일삼았다는 의견이 있어 그를 죽이기로 결정했다. 그리하여 왕은 그에게 사자를 보냈다. 그 사자는 백기에게 왕이 하사하는 칼을 주며 자결을 명령했다.

백기는 칼을 받아 뽑았다. 그리고 그것을 목에 대면서 혼잣말로 이렇게 말했다.

"도대체 내가 어떤 죄를 지었단 말인가?"

그리고 잠시 동안 눈을 감고 생각한 뒤에 이렇게 말했다.

"내가 이렇게 된 것도 당연한 보상이다. 장평의 싸움에서 항복한 조나라 병사 수십만을 계교로써 산 채로 묻은 내가 아닌가."

그리고 그는 목숨을 끊었다. 때는 진나라의 소왕 50년(기원전 257) 11월이었다. 그의 불행한 최후는 진나라 백성들의 동정을 샀다.

그리하여 진나라의 모든 마을에서는 그를 위하여 제사를 지내게 되었다.

# 평원군平原君 열전

평원군 조승趙勝은 조나라 혜문왕의 동생으로 공자들 사이에서는 가장 그 인품이 뛰어나고 식객을 매우 중시했다. 그리하여 그에게 찾아온 식객의 수는 무려 수천 명에 달했다고 한다. 그는 혜문왕·효성왕의 2대에 걸쳐 세 번씩이나 재상으로 일했다.

그런데 평원군의 집 앞에 있는 민가에는 절름발이 남자가 한 사람 살고 있었다. 어느 날 평원군의 애첩 한 사람이 층계 위에서 이 남자가 물을 길러 가는 모습을 보고 재미있다고 크게 웃었다. 그러자 그 다음날 절름발이 사내가 평원군을 찾아와서 이렇게 말했다.

"저는 본디 나리께서 선비들을 우대한다는 것을 알고 있었습니다. 천하의 선비들이 먼 길을 불구하고 나리를 찾아오는 것은 아마 그들을 중히 생각하시고 여자들을 가볍게 생각하는 마음씨에 감동되었기 때문이라고 생각합니다. 그런데 나리의 애첩은 제가 절름발이인 것을 비웃었습니다. 남자로서 이 모욕은 도저히 참을 수 없습니다. 제발 부탁합니다. 그 여자의 목을 잘라 주시기 바랍니다."

평원군은 그 뜻을 승낙했다. 그러나 절름발이 사내가 돌아가자 배를 안고 웃어 댔다.

"대단한 녀석이군. 비웃음을 당했다고 해서 내 애첩의 목숨을 요구하다니!"

그리고 그의 요구는 불문에 부쳤다.

그러자 그 뒤 식객들은 한 사람 두 사람 떠나갔고 1년이 지나자 식객의 수가 많이 줄었다.

"나는 빈객들에게 예의에 어긋난 일은 하지 않았소. 그런데 왜 이런 결과가 온 것이오?"

하고 평원군이 의아해하자 식객 한 사람이 대답했다.

"당신은 전번에 그 절름발이를 비웃은 애첩을 처벌하지 않았습니다. 그렇기 때문에 당신이 선비들보다는 여자를 소중히 한다고 오해를 받아도 할 수 없는 노릇입니다."

이때 자신의 잘못을 깨달은 평원군은 애첩의 목을 베어 들고 절름발이를 찾아갔다. 그리고 정중하게 사과했다.

이 일이 세상에 알려지자 식객들의 수는 다시 늘어났다.

동으로 만든 양의 모습의 등잔

얼마 뒤 진나라군이 조나라에 쳐들어와서 국도 한단이 포위되는 일이 발생하자(기원전 258), 급히 초나라로 가서 원군을 요청하라는 왕명이 평원군에게 내렸다. 그러자 평원군은 이렇게 말했다.

"초나라와 맹약이 성립되면 문제는 간단하지만 만일 안 될 경우에는 힘에 호소해서라도 반드시 임무를 마치고 돌아오겠습니다. 저를 따르는 사람들은 제 집에 있는 자들로 충분합니다."

그는 자기의 식객 중에서 지혜와 용기를 갖춘 20명을 뽑으려고 했다. 그런데 19명까지는 쉽게 뽑을 수 있었지만 나머지 한 사람이 아무래도 생각이 나지 않았다.

그러자 모수毛遂라는 사내가 나섰다.

"초나라와의 맹약을 교섭하러 가시면서 우리들 가운데서 20명을 선발할 예정인데 한 사람이 모자란다는 말을 들었습니다. 부탁합니다. 저를 일행에 끼워 주시기 바랍니다."

"귀공은 이곳에 온 지 몇 년이 되는가?"

"3년 전에 왔습니다."

"유능한 인재란 예를 들면 송곳과 같은 것이네. 설령 자루 속에 넣어 두었더라도 날이 밖으로 튀어나오게 되어 있지. [낭중지추囊中之錐] 그런데 귀공은 내 집에 온 지 3년이나 된다는데 한 번도 그 이름을 들은 일이 없네. 실례이지만 이 중대한 일을 해야 하는 마당에 귀공을 데리고 갈 수는 없네."

그러나 모수는 결코 물러서지 않았다.

"그 자루라는 곳에 이제부터 넣어 주시기 바랍니다. 만일 제가 전부터 그 자루 속에 들어 있었다면 끝뿐만 아니라 통째로 튀어나왔을 것입니다."

평원군은 결국 모수를 일행 속에 넣었다. 다른 19명의 사람들은 입 밖에 말을 꺼내지는 않았지만 서로 드러내 놓고 모수를 경멸했다.

그러나 모수는 그들과 길을 가는 도중에 토론하여 초나라에 도착할 무렵에는 일행을 굴복시키고 말았다.

평원군은 조趙나라와 초楚나라의 맹약을 성사시키려고 초나라 왕에게 그 이해 관계를 되풀이하여 설명했다. 그 교섭은 이른 아침부터 시작되었으나 한낮이 지나도 좀처럼 진전되지 않았다. 그러자 아랫자리에서 기다리던 수행원들은 차츰 초조해졌다.

"모수님이 들어가서 나리를 도우시오."

그들은 모수에게 이렇게 말했다. 그러자 모수는 칼자루를 잡고 조심스럽게 계단을 올라 평원군 옆으로 갔다. 그리고 이렇게 말했다.

"맹약을 맺으면 조·초 두 나라는 서로 유리하며 맺지 않으면 양쪽 다 불리합니다. 이런 간단한 문제를 가지고 이른 아침부터 지금까지 아무런 결론을 얻지 못하는 것은 도대체 무슨 이유입니까?"

그러자 초나라 왕은 모수의 말에 화가 나서 평원군에게 이렇게 말했다.

"이 사람은 누구요?"

"저를 따라온 사람입니다."

그러자 초나라 왕은 즉시 모수를 꾸짖었다.

"물러가라. 비천한 자가 분수 없이 무슨 일인가?"

그러나 모수는 칼자루를 잡고 초나라 왕에게로 다가갔다.

모수자천도

"대왕께서 저를 꾸짖는 것은 초나라의 힘을 믿기 때문입니다. 그러나 제가 가까이 와 있는 이상 그 힘은 아무 소용이 없으며 대왕의 목숨은 제 손 안에 있는 거나 다름없습니다. 이제부터 제 주인 앞에서 저를 꾸짖은 이유를 듣고 싶습니다. 옛날 은나라의 탕왕은 사방 70리, 그리고 주나라 문왕은 사방 백 리의 모두가 작은 나라의 군주였으나 천하에 군림하고 제후들을 다스렸습니다. 그러나 그것은 군사의 힘에 의한 것이 아니고 천하의 형편을 살피고 신망을 모았기 때문입니다. 지금 초나라는 사방 5천 리의 땅과 백만의 대군을 거느리고 있어 패왕으로서의 자격은 충분합니다. 이 초나라에 맞설 강국은 없습니다. 그런데도 불구하고 현실은 진나라의 장군 백기와 같은 보잘것없는 자가 이끄는 불과 수만 명의 군대와 싸워 국도인 언과 영을 빼앗기고 종묘가 불태워져 선조의 영혼이 모독되었습니다. 이야말로 만세에 통탄할 일이며, 우리 조나라 사람들까지 모두 수치스럽게 생각하고 있습니다. 대왕께서는 이 일을 어떻게 생각하십니까? 지금 조나라와 초나라가 동맹하여 진나라에 대항하려 하는 것은 조나라만을 위해서가 아니라 오히려 초나라를 위해서입니다. 제 얘기는 충분히 이해하셨을 겁니다. 그러면 이제 저를 꾸짖으신 이유를 말씀해 주십시오."

초나라 왕은 모수의 당돌하고 이론이 정연한 말에 굴복하고 말았다.

"잘 알았소. 이제 듣고 보니 선생의 말이 옳소. 우리나라의 운명을 걸고 선생의 말을 따르겠소."

"그러면 동맹을 맺으시겠다는 겁니까?"

"그렇소."

모수는 즉시 초나라 왕의 측근에게 명령하여 맹약의 의식을 위한 희생의 피(맹약을 맺을 때 서로 소나 양의 피를 빨았다. 이 의식으로 입술 근처에 피를 묻혔다고 한다)를 준비시켰다. 준비가 되자 모수는 직접 피가 담긴 그릇을 받쳐 들고 무릎을 꿇은 채 초나라 왕에게 올렸다.

"먼저 대왕께서 맹세해 주십시오. 그 다음은 저의 주인이 맹세하시고, 또 그 다음은 제가 하겠습니다."

이렇게 맹약의 의식이 끝나자 모수는 19명의 동료 수행원에게 그릇을 주었다.

"그대들도 의식에 참여하는 것이 좋겠소. 그대들도 말하자면 남의 뒤밖에 따르지 못하는 사람들이니까."

평원군은 큰 일을 마치고 돌아왔다.

그리고 이렇게 탄식했다.

"이제부터 나는 인물을 평가하는 일은 삼가겠다. 내가 오늘날까지 평가한 사람의 수는 수천 명에 달할 것이다. 사람을 보는 내 눈은 틀림없다고 생각했지만 모수를 잘못 본 것을 보면 나의 어리석음은 의심할 여지가 없다. 모수의 세 치 혀는 백만의 대군과도 맞먹는다. 그가 협조해 주는 한 우리 조나라는 반석 위에 놓일 수 있을 것이다. 이제 남의 인물 됨됨이를 운운할 자격이 없다."

그리하여 모수는 평원군의 식객으로서 가장 높은 지위에 오르게 되었다. 평원군이 조나라로 돌아온 뒤 초나라는 춘신군(초나라의 재상으로 식객 3천 명을 거느리고 위세를 떨쳤다)을 장군으로 하여 지원군을 보내기로 결정했다. 위나라에서도 신릉군이 왕명을 가장하여 군대를 동원하고 조나라를 구원하러 떠나려 하고 있었다.

그러나 초 · 위 양국의 지원군이 조나라에 도착하기 전에 진나라군은 도읍인 한단을 공격하고 있었다. 그리하여 한단은 함락 직전의 위기에 놓이게 되었다. 평원군이 고전하고 있을 때 한단의 옛 집을 지키는 관리의 아들인 이동李同이 이렇게 말했다.

"어른께서는 우리 조나라가 망하는 것을 남의 일처럼 보고 계시는군요."

"무슨 말이냐. 조나라가 망하면 나도 죽는데. 농담하지 말아라."

"농담이 아닙니다. 한단의 백성들은 이제 입을 옷도 없으며 식량도 바닥이 났습니다. 그래서 사람들은 서로 제 자식을 남과 바꾸어 그 살점을 먹으며 그 뼈로 땔감을 삼고 있습니다. 그와는 반대로 어

평원군

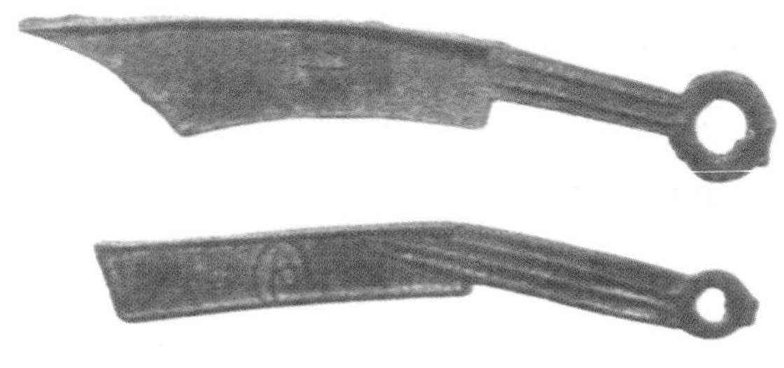

춘추전국 시대의
칼 모양의 화폐

르신의 후궁 수백 명은 변함없이 깨끗한 옷을 입고 맛있는 음식을 먹고 있습니다. 물자가 모자라고 병사들이 죽창밖에 가지고 있지 못한 형편인데 어르신의 집에는 구리 그릇이 가득 차 있습니다. 만일 조나라가 망하면 어르신의 후궁도 재산도 모두 소용이 없습니다. 제가 남의 일처럼 본다는 것은 이런 점을 두고 하는 말입니다. 우선 조나라를 구하는 데 전력을 기울이셔야 합니다. 어르신의 부인들도 병사들과 함께 일을 하게 하고 물자를 내놓아 사병들에게 나누어 주십시오. 어려운 때라서 모두가 그 은혜에 감사할 것입니다."

이 건의는 즉시 실행되었다. 그러자 병사들 사이에서 결사대를 지원하는 자가 줄을 이었다. 그 수가 무려 3천 명에 이르렀다.

이동은 3천 명을 거느리고 적진으로 쳐들어갔다. 진나라군은 그 기세에 눌려 30리나 후퇴를 했다. 그때 마침 초 · 위 두 나라의 구원군이 도착했기 때문에 진나라군은 마침내 적을 물리쳤고 한단은 무사할 수가 있었다.

이 싸움에서 이동은 죽었다. 그러나 그의 공로에 의해 이동의 아버지는 영지를 받았고, 이후李侯라 불리우게 되었다.

당시 조나라에는 우경虞卿이라는 유세가가 있었다. 그는 왕의 두터운 신임을 얻고 있었는데 이 우경은 위나라의 신릉군이 한단을 구하게 된 것이 평원군의 공이라고 하여, 평원군을 위한 영지를 늘리게 하는 운동을 일으키려고 했다. 그러자 변론가 공손룡이 이 사실을 알고 밤중에 몰래 평원군을 찾아왔다.

"우경이 신릉군의 도움이 당신의 공적이라고 하여 당신을 위하여 영지를 늘리는 운동을 일으키려고 합니다. 이것이 사실입니까?"

"그렇소."

"그것은 잘못입니다. 본래 왕께서 당신을 재상으로 임명하고 동무성의 영주로 삼은 것은 당신이 왕족이기 때문입니다. 당신의 재능이나 공이 다른 사람보다 뛰어났다고 인정했기 때문이 아닙니다. 당신이 왕족이기 때문에 재상이 되었으며 또 영지를 받은 것입니다. 그러한 당신께서 신릉군의 도움을 계기로 영지를 늘리는 것을 청하는 것은 왕족으로서의 특별 대우 이외에도 신하로서의 공을 내세우는 것입니다. 그렇다면 두 가지의 권리를 주장하는 것이 되니, 그것은 불가한 일입니다. 그리고 우경은 대단한 사람입니다. 그는 영지를 늘리는 운동이 성공하면 반드시 당신에게 대가를 요구할 것이며, 또 성공하지 않더라도 은의를 베풀었다고 자만할 것입니다. 그의 손에 놀아나면 안 됩니다."

이렇게 하여 영지를 늘리는 운동은 취소되었다.

# 위공자委鬼公子 열전

위魏나라의 공자 무기無忌는 소왕의 막내아들로 안희왕과는 배가 다른 형제였다. 소왕이 세상을 떠나고 안희왕이 제위에 오르자 그는 영지를 하사받고 신릉군이라 불리게 되었다.

이때 진秦나라 재상은 위나라에서 도망간 범수였다. 그는 위나라에 있을 때 위나라 재상 위제魏齊에게 첩자라는 의혹을 사서 죽임을 당할 뻔했었다. 범수는 그 원한을 갚기 위하여 진나라군을 보내 위나라 도읍인 대량을 포위하고, 또 화양에게 위나라군을 공격하여 장군인 망묘를 물리쳤다. 이 진나라와의 분쟁이 위나라로서는 큰 골칫거리였다.

신릉군은 자애롭고 겸손하였다. 그는 누구를 대하든 예의바르고 부나 지위를 자랑한 일이 없었다. 그러므로 그를 사모하여 수천 리나 되는 먼 곳으로부터 유능한 사람들이 모여들었으며 그의 식객 수는 무려 3천 명에 이르렀다. 신릉군이 총명하고 또 식객의 수도 많고 보니 진나라를 비롯하여 제후들은 군사를 동원하여 위나라를 공격하려 하지 않았다.

어느 날 신릉군은 안희왕과 장기를 두고 있었다. 그때 북쪽 국경으로부터 계속하여 봉화가 오르며 조나라군의 공격을 알려왔다. 왕은 장기짝을 던지며 즉시 중신들을 소집하라고 명령했다.

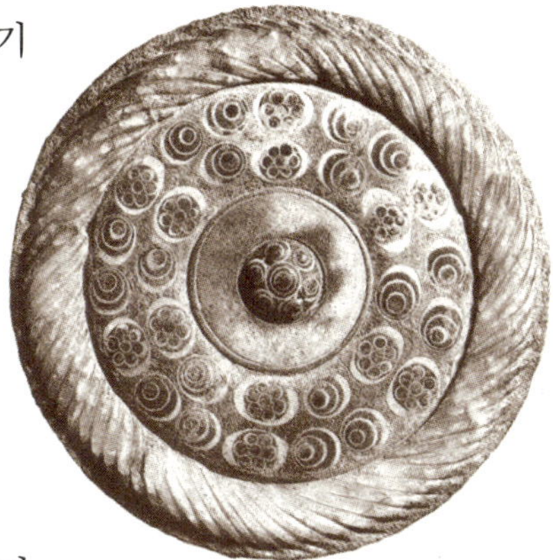

전국 시대 귀족들이 쓰던 거울

그러나 신릉군은 이렇게 말하며 왕을 제지했다.

"아무것도 아닙니다. 조나라 왕이 사냥을 나온 것입니다."

그리고 태연스럽게 장기를 계속 두었다. 그러나 왕은 불안하여 장기를 제대로 두지 못했다. 그러는 동안에 북쪽으로부터 전령이 와서, 조금 전의 봉화는 사실 조나라 왕이 사냥을 나왔기 때문이라고 알렸다.

그러자 안희왕은 다시 한번 놀랐다.

"도대체 신릉군은 그것을 어떻게 알았소?"

신릉군은 이렇게 대답했다.

"저의 식객 중의 한 사람이 조나라 궁궐에 정보원을 가지고 있으므로 조나라 왕의 움직임을 계속 살피고 있습니다."

안희왕은 이 말을 듣고 신릉군을 두려워하여 그 뒤부터는 그를 정치에 참여시키지 않았다.

그런데 조나라를 공격하던 진나라의 소왕이 장평에서 조나라 군사 40만을 무찌른 뒤 계속 진격하여 위나라의 안희왕 20년에 조나라 도읍인 한단을 포위했다. 조나라 혜문왕의 동생인 평원군의 부인은 위魏나라 신릉군의 누이였다.

이러한 이유로 조나라로부터 위나라 왕과 신릉군에게 구원군을 요청하는 사자가 여러 차례 왔다. 위나라 왕은 장군 진비에게 10만의 군사를 주어 조나라를 구원하라고 명령했다. 이를 안 진나라 왕은 곧장 위나라에 사자를 보내 그 움직임을 견제했다.

"조나라의 항복은 이제 시간 문제입니다. 만일 위왕이 조나라에 가담한다면 조나라를 공격한 뒤 즉시 보복하겠소."

위나라 왕은 이 말이 두려워서 즉시 진비 장군에게 전령을 보내 위나라 군사가 국경의 업성에 머물도록 명령했다.

그리하여 조나라의 구원이란 이름뿐이고 국경에서 정세를 관망하는 결과가 되고 말았다. 그러나 평원군으로부터는 계속하여 사자가 찾아와서 신릉군에게 독촉하는 것이었다.

"내가 당신과 처남 매부가 된 것은 어짐과 옳음이 두터우며 위급을 방관하지 않을 사람이라고 보았기 때문이오. 그런데 지금 우리나라의 도읍인 한단이 진나라의 공격을 받아 함락 직전에 놓여 있는데도 귀국으로부터는 구원군이 오지 않습니다. 남의 어려움을 구해 주는 것은 인의로운 사람이 해야 할 일입니다. 나 같은 사람이 죽는 것을 방관하는 것은 어쩔 수 없습니다만 피를 나눈 누이까지 버릴 생각이십니까?"

이 말을 사자에게서 전해 들은 신릉군은 마음이 몹시 아팠다. 그리하여 그는 몇 번이고 왕에게 출전을 간청하였다. 이때 신릉군의 식객도 건의했지만 왕은 진나라를 두려워하여 전혀 이 말을 받아들이려 하지 않았다.

결국 왕의 뜻을 바꾸게 하기는 어려웠다. 그러나 조나라가 망하는 것을 그대로 보면서 자기만 살 수는 없는 일이었다. 이렇게 생각이 미친 신릉군은 식객들에게 호소하여 전차 백여 대를 준비시켜 식객들과 함께 진나라군의 진영으로 쳐들어가 조나라와 운명을 함께하기로 결심했다.

조나라를 구원하기 위하여 길을 떠난 신릉군의 일행이 동쪽 문에 이르렀을 때 문지기인 후생侯生과 만났다. 신릉군은 진나라 진지에 쳐들어가 조나라와 운명을 같이하는 길이라고 그에게 말했다. 그리고 작별을 고하자 후생은 단 한 마디 이렇게 말할 뿐이었다.

"공의 분투를 빕니다. 이 늙은이는 같이 가지 못합니다."

신릉군은 그 뒤 몇 리쯤 갔다. 그러나 후생의 태도가 아무래도 마음에 걸렸다.

'후생에게 나는 할 수 있는 일은 다했다. 그것은 천하가 다 아는 사실이다. 그런데 지금 내가 죽을 곳으로 가고 있는데 후생의 태도는 아무래도 석연치 않았다. 내게 무슨 잘못이라도 있었는가?'

신릉군은 이렇게 생각하고 곧장 되돌아왔다.

후생은 신릉군을 보자 빙긋 웃었다.

"반드시 되돌아오시리라고 생각했습니다."

그리고 그는 계속하여 이렇게 말했다.

"당신이 인재를 소중히 대하신 것은 누구나 다 아는 사실입니다. 그런 당신이 곤란을 무릅쓰고 진나라군의 진영으로 들어가려고 합니다. 이것은 마치 굶주린 호랑이의 코 앞에 고기를 던져 주는 것과 다름없는 짓입니다. 이와 같은 때에 도움을 드리지 못한다면 제가 어찌 당신의 식객이겠습니까? 제가 평소에 은혜를 입었으면서도 이번 출전에 앞서

병부

아무런 의견도 드리지 않은 것은, 내가 그렇게 하면 당신은 반드시 되돌아오리라고 생각했기 때문입니다."

신릉군은 후생의 말을 듣자 정중하게 가르침을 청했다. 후생은 사람들을 물러가게 하고 조용히 말했다.

"진비 장군의 병부幷符(전국 시대에 군대를 출전시킬 때 사용한 할부를 일컫는다)는 언제나 왕의 침실에 놓여 있습니다. 왕이 가장 총애하는 여희라면 왕의 침실에 자유롭게 드나들 것입니다. 그녀라면 그 병부를 쉽게 훔쳐 낼 수가 있습니다. 제가 알기로는 여희는 아버지를 죽인 원수를 갚아 달라고 3년 동안 왕과 신하들에게 부탁하였고, 여희의 원수를 갚아 주기 위하여 그들은 온갖 노력을 했으나 그 뜻을 이루지 못했잖습니까? 그러자 여희는 당신에게 눈물을 흘리며 아버지의 원수를 갚아 달라고 부탁했습니다. 그리고 당신은 즉시 식객들에게 명령하여 여희의 원수를 찾게 했고 또 그 목을 잘라서 여희에게 바쳤지 않습니까? 그때 여희는 감격하여 당신을 위하는 일이라면 목숨을 바쳐도 좋다고 말했습니다. 제 생각으로는 결코 말만으로 그칠 여자는 아니라고 봅니다. 단지 여희에게는 지금까지 그럴 기회가 없었던 것입니다. 병부에 관한 일은 당신이 부탁하면 여희가 반드시 그것을 훔쳐다 줄 것입니다. 병부를 가지고 가서 진비의 군대를 빼앗고, 그 군대를 이끌고 가서 진나라군의 포위를 푸십시오. 이것은 마치 춘추 5패와 비견할 만한 공이 될 것입니다."

신릉군은 후생의 말대로 했다.

그러자 여희는 기대한 대로 병부를 훔쳐 내서 신릉군에게 가져왔다.

신릉군이 병부를 가지고 출발하려 하자 후생이 다시 주의를 주었다.

"원정 중의 장군은 전결권을 갖고 있으므로 설령 왕명일지라도 거부할 수가 있습니다. 그러므로 진비는 병부가 꼭 맞더라도 지휘권을 넘기는 일을 거부하고 왕에게 다른 명령을 요구할지도 모릅니다. 그렇게 되면 일은 난처해집니다. 그러니 제 친구인 도축업자 주해朱亥를 데리고 가십시오. 주해는 힘이 세기로 유명한 자입니다. 진비가 지휘권을 넘기면 좋지만 만일 거부할 경우에는 주해를 시켜 그를 죽여야 합니다."

이 말을 듣고 신릉군은 눈물을 흘렸다.

"왜 그러십니까? 사람을 죽이는 것이 그렇게 두렵습니까?"

"아니요. 진비는 뛰어난 노장이기 때문에 반드시 나의 요구를 거부할 것입니다. 그러면 그를 죽이지 않을 수 없습니다. 그것을 생각하니 눈물이 납니다."

그 뒤 신릉군은 주해를 찾아가서 같이 가자고 요구했다. 주해는 반가운 표정으로 신릉군을 맞았다.

"저같이 신분이 낮은 도축업자를 전에도 몇 번이고 찾아와 주셨었는데도 어떤 보답을 해 드리지 못했습니다. 그것은 하찮은 예의는 쓸모가 없다고 생각했기 때문입니다. 그러나 당신께서 어려움에 처해 있는 지금 몸을 바쳐 반드시 은혜에 보답하겠습니다."

주해는 같이 갈 것을 승낙했다. 신릉군은 다시 후생을 찾아가서 고맙다고 인사했다. 이때 후생은 이렇게 말했다.

"이 늙은이는 너무 늙어서 따라가지 못합니다. 저는 당신이 진비의 진영에 도착한 날 당신이 계실 북쪽을 향해 자결함으로써 전송을 대신 하겠습니다."

마침내 신릉군은 길을 떠났다. 신릉군은 업성으로 달려가자 즉시 왕명이라고 거짓말을 하고 진비에게서 지휘권을 넘겨 줄 것을 요구했다. 그러나 진비는 병부만으로는 신용하지 않았다. 예법대로 그를 정중하게 응대하면서도 의심스러운 눈으로 살폈다.

"나는 국가의 중임을 맡고 10만의 대군을 지휘해서 국경의 수비를 견고히 하고 있소. 그런데 공자께서는 호위군도 거느리지 않고 찾아와서 교대하자고 하십니다. 아무리 생각해도 납득이 가지 않습니다."

이렇게 말하는 진비에게서 지휘권을 넘겨받을 수 없다고 생각한 주해는 옷 속에 감추고 있던 40근짜리 철퇴로 진비를 때려 죽였다.

이렇게 하여 신릉군은 진비의 군사를 장악하자 즉시 열병을 하고 전군에게 포고를 내렸다.

"부자가 함께 종군하고 있는 자는 아버지의 귀국을 허락한다. 형제가 함께 종군하고 있는 자는 돌아가서 부모를 공양하라."

그리고 신릉군은 나머지 병력 8만 명에게 진나라군의 공격을 명령했다. 진나라군은 위나라군의 움직임을 알자 포위를 풀고 물러갔다.

이렇게 하여 신릉군은 한단을 구하여 조나라의 위급함을 구할 수가 있었다.

사후문경

조나라에서는 왕과 평원군이 국경까지 달려와서 신릉군을 맞이했다. 평원군이 전통을 메고 위의를 갖춘 채 신릉군을 맞자 조나라 왕도 정중하게 머리를 숙이고 이렇게 말했다.

"예로부터 현자라고 불리는 자는 많았지만 당신을 능가할 사람은 없습니다."

평원군도 이때만은 신릉군 앞에서 머리를 들 수가 없었다.

한편 후생은 신릉군이 진비의 진영에 도착한 날, 그와 약속대로 북쪽을 향해 서서 칼로 목을 찔러 자결했다.

위나라의 왕은 그 뒤 신릉군이 병부를 훔치고, 왕명을 가장하여 진비를 죽인 것을 알자 몹시 화를 냈다. 신릉군도 이것은 미리 각오했던 일이었으므로 귀국할 수 없다고 생각했다.

조나라를 구원하는 일을 마친 뒤 군사들은 아랫사람에게 맡겨 본국으로 보내고, 자신은 식객들과 함께 그대로 조나라에 머물기로 하였다.

조나라에 머문 신릉군은 전부터 소문으로 듣고 있던 두 사람을 만나야겠다고 생각했다. 한 사람은 모공毛公이라고 하여 박도의 무리에 몸을 담고 있었으며, 또 한 사람은 설공薛公으로 언제나 찻집에서 지낸다고 했다. 신릉군은 이 두 사람을 초대했지만 한 사람도 오지 않았다. 그래서 신릉군은 두 사람이 있는 곳을 알아내서 남몰래 찾아가 얘기를 나누어 보았다. 그리고 서로가 뜻을 통할 수 있었다.

이 얘기를 듣고 평원군이 부인에게 이렇게 말했다.

"신릉군은 천하에 둘도 없는 인물이라는 평판을 받고 있지만, 요즘 와서는 도박꾼이나 집 없는 떠돌이들과 교제하고 있다는 소문을 들었소. 정말 그 사람은 알 수 없는 사람이야."

부인은 이 말을 신릉군에게 전했다.

그러나 신릉군은,

"나는 평원군이 어질다는 말을 들었기 때문에 왕을 배반하면서까지 조나라를 도와 평원군의 기대에 보답했었소. 그런데 지금 얘기를 듣고 보니 평원군의 교제는 단지 겉치레뿐인 것 같소. 모공이나 설공이 보통 사람이 아니라는 것은 위나라에 있을 때부터 소문을 듣고 알았으며, 이 나라에 왔을 때에도 두 사람이 과연 나를 만나 줄 것인지 걱정이 되었소. 그들과 교제하고 있는 지금도 내가 그들에게 불만을 품고 있지나 않나 하고 걱정하고 있을 정도요. 그러한 그들과의 교제를 평원군은 부끄러운 일로 알고 있다니 참으로 딱한 일이오. 평원군이야말로 교제할 가치가 없는 사람이오."

이렇게 말하고 길을 떠날 준비를 했다.

그러자 부인은 일의 모두를 남편에게 보고했다. 이 보고를 듣자 평원군은 당황하여 신릉군에게 자기의 어리석음을 사과하고, 굳이 길을 떠나지 못하게 했다.

마침내 이 얘기가 퍼지자 평원군의 식객들은 차례로 그를 버리고 신릉군에게로 몰려 왔다. 그 뒤 평원군에게는 식객의 수가 눈에 띄게 줄어들었다.

신릉군이 조나라에 머문 지 10년이 되었다. 그 동안 진나라는 신릉군이 없는 틈을 타서 위나라를 공격하였다. 위나라 왕은 조나라에 사자를 보내 신릉군의 귀국을 권했다. 그러나 신릉군은 귀국하면 처벌된다고 믿고 있었기 때문에 식객들에게 단단히 지시해 놓고 있었다.

"위나라 왕의 사자가 찾아오더라도 만나게 해서는 안 된다. 만일 어기는 자가 있으면 죽음을 각오하라."

식객들도 신릉군과 함께 위나라를 배반하고 조나라로 옮긴 사람들뿐이므로 누구 한 사람 나서서 신릉군에게 귀국을 권하는 사람이 없었다.

그런 어느 날, 모공과 설공 두 사람이 신릉군을 찾아왔다.

전국 시대 중기 동물 문양의 그릇

"당신이 조나라에서 후한 대접을 받고 제후들에게 명성이 있는 것은 위나라가 있기 때문입니다. 지금은 위나라가 진나라의 공격을 받아 위급한 처지에 놓여 있는데도 당신은 너무나 태연하십니다. 만일 위나라의 도읍인 대량이 함락되어 선왕의 종묘가 짓밟힌다면 무슨 면목으로 살겠습니까?"

이 말을 듣자 신릉군은 얼굴이 변했다. 그리고 곧장 마차를 준비시켜 귀국의 길에 올랐다.

위나랑 왕은 신릉군을 반갑게 맞이했다. 10년 만의 만남이었다. 두 사람은 서로 손을 맞잡고 울었다. 그리고 왕은 신릉군을 상장군에 임명하고 위나라 군대의 지휘를 맡겼다. 안희왕 30년의 일이다.

신릉군은 즉시 제후들에게 사자를 보내 자신이 상장군에 임명된 사실을 알렸다. 이 소식을 듣고 제후들은 잇달아 원군을 보내 왔다. 신릉군은 위 · 초 · 조 · 한 · 연의 5개국 연합군을 이끌고 황하 남쪽의 진나라군을 무찔렀고, 진나라 장군 몽오를 물리쳤다. 이어서 계속하여 함곡관 서쪽으로 진나라군을 쫓아 버렸다.

그 뒤 얼마 동안 진나라는 조용했다.

이 승리로 신릉군의 이름은 천하에 알려지고 여러 나라의 식객들이 병법서를 가지고 찾아와서 신릉군에게 바쳤다. 이렇게 신릉군에게 바쳐진 모든 병법서는 후일 『위공자魏公子』의 병법이라고 불리우게 되었다.

진나라 왕에게는 신릉군이 눈엣가시였다. 그리하여 진비의 옛날 식객들에게 많은 돈을 주어 위나라 왕에게 신릉군을 헐뜯게 했다.

"신릉군은 나라 밖에서 10년이나 도피 생활을 했는데도 불구하고 지금은 위나라의 상장군에 임명되었고, 5개국 연합군의 총수까지 겸하고 있습니다. 따라서 제후들의 생각에는 신릉군밖에 없고, 대왕의 위엄은 땅에 떨어져 있습니다. 신릉군 자신도 왕위를 빼앗을 기회를 노리고 있으며, 제후들 또한 신릉군의 위세에 눌려 그를 도우려고 합니다."

이렇게 시작된 진나라의 이간 공작은 점점 심해져 갔다.

"신릉군은 이미 위나라 왕에 즉위한 것으로 알고 있습니다만."

이런 어처구니없는 말까지 들려 왔다.

그러자 위나라 왕은 차츰 마음이 변하기 시작했다. 마침내 신릉군을 장군직에서 해임시켜 버렸다.

신릉군은 자신이 물러난 것은 모함 때문이라는 것을 알자 병을 핑계 삼아 조정에 나오지 않았고, 식객들을 상대로 술을 마시며 날을 보내게 되었다. 신릉군은 술에 취하여 여자에 빠지는 향락에 몸을 던진 채 4년을 보냈다. 그러다가 결국 술중독으로 세상을 떠났다.

# 형가荊軻 열전

위나라에 형가라는 사람이 있었다.

형가는 유세술과 검술을 익힌 뒤에, 위나라 원군元君을 만나 자기 자랑을 늘어놓았다. 그러나 그에게 채용되지 못했다.

형가는 이미 여러 나라들을 돌아다닐 때 유차에 들러 그 고장에 사는 개섭이라는 자와 칼에 대해서 논의한 일이 있었다. 논의하는 도중에 개섭이 화를 내고 형가를 흘겨보자 형가는 곧장 일어나 가 버렸다. 그 뒤 개섭에게 다시 한번 형가를 초청해 보면 어떻겠느냐고 권하는 사람이 있었다.

그러자 개섭은,

"전날 그와 칼에 대하여 논의했었소. 그때 마음에 들지 않는 일이 있어 눈을 흘겨 주었소. 하지만 헛걸음한 셈 치고 가 보시오. 이미 여관에 없을 것이오."

여관에 심부름꾼을 보내 알아보았으나 형가는 이미 유차를 떠난 뒤였다. 심부름꾼이 돌아와 그 사실을 전했다. 그러자 개섭은 이렇게 말

형가가 진나라 왕을 시해하는 모습

했다.

"그럴 겁니다. 내가 눈을 흘겨 주었으니까 그가 있을 리가 있겠소?"

형가는 조나라의 도읍인 한단에 갔을 때 노구천魯句踐과 투전을 한 일이 있었다. 그러나 그 노름의 방법을 두고 언쟁을 벌이게 되자 노구천이 화가 나서 큰 소리를 질렀다. 그러자 형가는 그 자리를 피해 도망갔고, 그 뒤 노구천과 다시 만난 일이 없었다.

형가는 연나라에 도착하자 개백정이나 축(비파의 일종)의 명수 고점리高漸離 등과 몹시 친하게 지냈다. 형가는 술을 몹시 좋아하여 날마다 이 개백정이나 고점리와 술집에 다녔다.

그는 술이 취하면 길가에서 고점리의 축 소리에 맞추어 노래를 부르고 함께 즐겼다. 그리고 감정이 오르면 남의 눈을 의식하지 않고 서로 부둥켜안고 울었다.

이처럼 형가는 매일같이 술에 빠졌지만 본디는 생각이 깊고 독서를 좋아하였다. 그가 돌아다닌 여러 나라에서는 모두 우수한 인물들과 교제했다. 연나라에서도 현자로 널리 알려진 전광田光에게 인정받아 친구로 교제했다.

형가가 연나라로 간 뒤 얼마 지나지 않아서 진나라에 볼모로 가 있던 태자 단이 연나라로 도망쳐 돌아왔다. 태자 단은 전에 조나라에 볼모로 있을 때 조나라에서 태어난 진왕秦王 정政과 어릴 때부터 아는 사이였다. 그리고 그가 진나라의 왕위에 오른 뒤에 태자 단은 진나라에 볼모로 있었지만, 이때 진왕 정은 태자 단을 냉대했다. 태자 단은 여기에 원한을 품고 도망하여 귀국한 것이다.

귀국한 태자는 자신의 원한을 풀기 위하여 진왕 정에게 보복해 줄 사람을 찾았으나 연나라는 작은 나라인 탓으로 그럴 만한 인재가 쉽게 발견되지 않았다.

그 뒤 진나라는 날이 갈수록 산둥 지방에 군사를 보내서 제 · 초 · 3진(한 · 위 · 조)을 공격하고 차츰 제후들의 영토를 침략하면서 연나라의 국경까지 쳐들어갔다. 연나라의 신하들과 왕은 모두 두려워하였다. 태자 단도 시종인 국무鞠武와 상의했다.

이때 국무는 이렇게 말했다.

"진나라는 넓은 영토를 가졌으며 한 · 위 · 조의 삼국을 위압하고 있습니다. 즉 북쪽으로는 감천과 곡구의 요충이 있고 남쪽으로는 경수, 웨이수이의 기름진 땅을 가지고 있으며, 파 · 한중의 부를 독점하고 있을 뿐만 아니라, 서쪽으로는 농 · 촉 지방의 산이 가로막고 있으며, 동쪽으로는 한구관과 효산의 요새를 가지고 있습니다. 그리고 인구가 많기 때문에 군사력도 강합니다. 그리고 무기도 많습니다. 진나라가 공격할 뜻이 있다면 우리 연나라의 운명은 바람 앞의 등불과 같습니다. 원한을 풀려면 진나라 왕의 화를 돋우는 결과가 되는데 그래도 괜찮겠습니까?"

"어떻게 하면 좋겠소?"

"신중히 생각해야 합니다."

국무는 이렇게 신중론을 내세웠다.

그런 일이 있은 뒤 얼마 되지 않아서 진나라 장군 번어기가 진나라 왕에게 죄를 짓고 연나라로 망명했다. 태자 단은 그를 받아들이고 집을 주었다.

국무는 다시 태자에게 이렇게 말했다.

"저 포악한 진나라 왕은 지금 연나라와 감정이 좋지 않은데, 우리나라가 번 장군을 보호하고 있다는 소식을 들으면 어떻게 되겠습니까. 이것이야말로 굶주린 호랑이에게 고기를 갖다 주는 것과 같아서, 재앙을 피할 수 없게 될 것입니다. 가령, 관중이나 안영과 같은 어진 사람일지라도 어쩔 수 없을 것입니다. 지금 곧장 번 장군을 흉노로 보내십시오. 그러고 나서 삼진과 맹약을 맺고 제나라 · 초나라와 연합하며 북쪽의 선우와 강화를 맺어야 합니다. 이렇게 손을 쓰면 길은 열릴 것입니다."

"당신의 계략대로 하려면 시일이 걸릴 거요. 나는 지금 초조한 상태에 있소. 그리고 번 장군은 몸 둘 곳이 없어 나를 찾아왔소. 이제 진나라의 위협을 받는다고 해서 그를 흉노 땅으로 쫓아 버릴 수는 없는 일이오. 내 목숨과 바꾸어서라도 감싸 주고 싶소. 그러니 다른 방법을 생각해 주시오."

그러자 국무가 대답했다.

"눈앞의 일에 사로잡혀 원한을 사고, 한 사람과의 교제를 중시하여 국가의 큰 해를 돌보지 않으십니다. 지금 태자께서 하시려는 일은 이와 같습니다. 그렇게 하시면 진나라의 반감을 사고 화를 초래합니다. 강대한 진나라로서는 연나라를 공격하는 일은 무척 쉬운 일입니다. 그런 야수와 같은 진나라에게 원한을 가지고 무모한 행위를 한다는 것은 납득이 가지 않습니다. 저에게는 별다른 방책이 없습니다만, 다행히 연나라에는 전광이라는 분이 계십니다. 그는 사려가 깊고 용감한 사람입니다. 이분과 상의해 보면 어떻겠습니까?"

"꼭 그분을 만나고 싶소. 소개해 주시오."

국무는 전광을 태자 단에게 소개하기로 했다.

국무는 전광을 찾아갔다.

"태자가 선생에게 나랏일을 상의하고 싶어하십니다만……."

전광은 정중하게 그의 요청을 받아들여 궁전으로 태자를 방문했다. 태자는 전광을 공손하게 안으로 안내하여 무릎을 꿇고 객석의 먼지를 손수 털었다. 그 자리에 전광이 앉자 태자는 주위의 사람을 물리치고 자리에서 내려와 이렇게 말했다.

전국 시대 동으로 만든 비수

"연나라와 진나라는 맞설 수 없습니다. 선생의 높은 의견을 듣고 싶습니다."

전광이 대답했다.

"준마는 하루 천 리까지도 달립니다. 그러나 늙고 나면 노둔한 말보다 못 합니다. 태자께서 알고 계시는 저도 역시 옛날의 제가 아니고 이렇게 늙었습니다. 그러나 국사에 관한 일이고 보면 그냥 있을 수 없습니다. 제가 가까이 하고 있는 형가라면 도움이 될 줄로 압니다."

"그 사람을 선생께서 소개해 주십시오."

"그렇게 하겠습니다."

전광은 그 자리를 물러나왔다. 태자는 문간에서 전광에게 이렇게 못을 박았다.

"저와 나눈 말은 모두가 나라의 큰 일이니 누구에게도 말하지 마시오."

그러자 전광은 고개를 숙이고 웃으며,

"명심하겠습니다."

하고 대답했다. 그리고 그는 곧 형가에게로 갔다.

"부탁이 있습니다. 나는 지금 태자의 부름을 받고 만나고 오는 길인데, 태자께서는 젊은 시절의 나를 알고 있을 뿐 이렇게 늙은 것은 모르고 계셨습니다. 연나라와 진나라는 결코 맞설 수 없는데, 어떻게 하면 좋으냐고 물으셨습니다. 그래서 나는 당신을 생각하고, 태자께 당신을 추천했습니다. 그러니 태자를 만나 주시면 고맙겠습니다."

"그렇게 하겠습니다."

형가가 승낙하자 전광이 덧붙여 말했다.

"태자는 나라의 큰 일에 관한 것이니 남에게 말하지 말라고 나에게 말했습니다. 이 말을 들은 나는 일단 태자에게 의심을 받은 것입니다. 남에게 내 행동을 의심 받는다면 이미 의사라고 할 수는 없습니다."

그리고 형가를 격려하기 위하여,

"태자를 만나거든 이렇게 전해 주시오. 전광은 이미 이 세상에 없으며, 비밀은 영원히 지켜졌다고……."

이렇게 말하고 나서 전광은 칼로 목을 찔러 자결하고 말았다.

형가는 태자를 만났다. 그리고 우선 전광의 자결과 그가 남긴 말을 전했다. 그러자 태자는 머리를 깊이 숙이며 무릎을 꿇더니 형가를 잡고 눈물을 흘렸다. 그리고 이렇게 말했다.

"전 선생에게 비밀을 지켜 달라고 부탁한 것은 나라의 큰 일을 성취시키기 위해서였습니다. 그런데 죽음으로써 비밀을 지킬 줄이야……."

형가가 자리에 앉자 태자는 엎드렸다.

"전 선생은 나 같은 사람을 위하여 일부러 당신을 소개하고 이와 같은 기회를 만들어 주셨습니다. 이는 하늘이 연나라를 가련하게 생각하여 나를 버리지 않는 것이라고 생각합니다. 아시는 바와 같이 진나라의 욕심은 끝이 없습니다. 천하의 땅을 모두 빼앗고 모든 나라의 왕을 신하로 굴복시켜도 모자랄 것입니다. 이미 한나라 왕을 포로로 하고 그 영토를 차지했지만 다시금 군사를 일으켜 남쪽의 초나라를 공격하고 북쪽으로 조나라를 위협하고 있습니다. 진나라 장군 왕전은 수십만 대군을 이끌고 장과 업에 쳐들어가고, 이신李信이 이끄는 군사는 태원과 운중을 공격하기 시작했습니다. 조나라의 힘으로는 도저히 저항할 수 없으며 항복은 멀지 않았습니다. 조나라가 항복하면 그 다음은 연나라입니다. 연나라도 약소국인데다 계속되는 전쟁에 시달렸으므로 국력을 총동원하더라도 진나라의 적이 될 수는 없습니다. 제후들도 모두 진나라가 두려워서 합종을 제의하는 사람은 없습니다. 그래서 보잘것없는 방법이기는 하지만 저는 우선 용사들을 모아 이들을 사자로 삼아 우선 진나라로 보내고 싶습니다. 많은 공물을 가지고 가서 바치면 탐욕스런 진나라 왕은 반드시 이들을 맞아들일 것입니다. 그러면 노나라의 조말이 제나라의 환공에게 한 것처럼 진나라 왕을 협박하여, 제후들로부터 빼앗은 땅을 모두 돌려주라고 요구해 보는 것입니다. 다행히 이에 응하면 좋지만 만일 듣지 않는다면 죽이는 것입니다. 지금 진나라의 장군들은 국외에 나가 연전 연승하고 있지만 만일 국내에 혼란이 일어난다면 군주나 신하 모두가 제각기 의견이 다를 것입니다. 그 틈을 타서 제후들이 합종을 이루면 반드시 진나라를 무찌를 수 있을 것입니다. 이렇게 하는 것이 나의 염원입니다. 그러나 아무리 애를 써도 이렇다 할 인물을 발견할 수가 없습니다. 믿을 수 있는 사람은 오직 당신 한 사람뿐입니다. 어떻게 하시겠습니까? 이 일을 맡아 주시지 않겠습니까?"

얼마 뒤 형가가 이렇게 말했다.

"이것은 나라의 큰일입니다. 저 같은 사람에게는 벅찬 일입니다."

그러나 태자는 형가에게 간곡히 부탁했다. 형가는 결국 이 청을 받아들였다.

태자는 형가에게 상경의 벼슬을 주고 호화로운 집을 주었다. 그리고 날마다 찾아가서 산해 진미의 기름진 음식을 들도록 마련해 주고, 한가한 시간에는 거마와 미녀들을 보내서 즐기게 했다. 이와 같은 과분한 대우에 형가는 무척 만족해했다.

진나라 궁궐의 문에 걸려 있던 문고리

얼마 동안의 시간이 흘렀다. 그러나 형가는 전혀 출발할 생각을 하지 않는 것 같았다. 그 동안에도 진나라 장군 왕전은 조나라를 무찌르고 왕을 포로로 하였다. 그리고 조나라의 전 국토를 빼앗고 북쪽으로 나아가 연나라의 남쪽 국경까지 다다랐다. 태자는 몹시 초조하였다.

"진나라의 군세는 지금 당장 역수를 건널 기세입니다. 언제까지 이러고 있을 수 있겠습니까?"

형가가 대답했다.

"실은 제가 말씀드리고 싶은 말입니다. 지금 진나라로 간다 하더라도 그들이 신뢰하지 않는 한 진나라 왕에게 다가갈 수 없습니다. 그래서 말씀드리는 것입니다만 진나라 왕은 우리나라에 망명해 온 번 장군의 목에 황금 천 근과 읍 1만 호를 주겠다고 현상을 걸었습니다. 그러므로 번 장군의 목에다 우리나라의 기름진 땅인 독항을 붙여 바치면 진나라 왕은 기뻐하여 사자를 만날 것입니다. 그렇게 할 수 있도록 주선해 주신다면 태자의 은혜에 보답해 드릴 수 있을 것 같습니다."

그러자 태자는 이렇게 대답했다.

"번 장군은 갈 곳이 없어 나에게 찾아온 사람입니다. 이쪽 사정 때문에 그분을 죽게 할 수는 없습니다. 제발 다른 방법을 생각해 주시기 바랍니다."

태자의 마음을 안 형가는 아무도 모르게 번어기 장군을 만났다.

"진나라가 장군을 대접하는 것도 정도를 넘었습니다. 장군의 부모가 모두 죽었을 뿐만 아니라, 이제 들으니 장군의 목에는 황금 천 근과 만 호의 현상이 걸려 있답니다. 그런데 장군께서는 도대체 어떻게 할 생각이십니까?"

번어기는 하늘을 쳐다보며 탄식했다. 그리고 눈물을 흘리며 말했다.

"그것을 생각할 때마다 뼈에 사무칩니다. 그렇다고 해서 뾰족한 방법이 생각나지도 않고……."

"한 가지 방법이 있습니다. 연나라의 화근을 없애고 또 장군의 원수도 갚을 수가 있습니다."

"그 방법이란 무엇입니까?"

번어기는 바싹 다가앉았다.

"장군의 목을 진나라 왕에게 바치는 것입니다. 그러면 진나라 왕의 가슴에 칼을 푹 찌르는 것입니다. 그렇게 하면 장군의 원수도 갚고 연나라의 피해도 피할 수 있습니다. 어떻게 하겠습니까?"

그러자 번어기는 웃옷을 벗고 주먹을 쥐고 다가앉으며,

"그것이야말로 내가 밤낮으로 이를 갈며 부심하던 것입니다. 이렇게 방법을 가르쳐 주셔서 고맙습니다."

번어기는 스스로 자기 목을 찔러 죽었다. 태자는 이 소식을 듣고 달려와 번어기의 시체를 부둥켜안고 슬피 울었다. 그러나 이제 어쩔 수 없는 일이었다. 그리하여 번어기의 목을 나무 상자에 곱게 넣었다.

그런데 태자는 전부터 예리한 비수를 찾고 있었다. 그러다가 조나라의 명공 서부인의 비수를 발견하고 금 백 근에 사들였었다. 이 비수에 독약을 칠하여 말린 후 사람에게 시험해 보니 약간의 상처를 입혔는데도 즉사했다.

이렇게 모든 준비가 끝나자 이제 떠나야 할 날만 남았다.

연나라에 진무양秦舞陽이라는 난폭자가 있었다. 그는 열세 살 때 이미 사람을 죽인 자로서 그를 보면 누구나 고개를 돌렸다. 태자는 그를 부사로서 형가를 따라가게 했다.

그러나 형가에게는 따로 도움을 받을 사람이 있었다. 그 사람은 먼 곳에서 오기로 되어 있었는데 아무리 기다려도 오지 않았다. 그러는 동안에 태자는 초조해지고 형가의 결심이 변하지 않을까 걱정되었다.

그래서 태자는 형가에게 이렇게 말했다.

"계획을 변경하시지 않을 줄은 알지만 이제 시간이 급해졌습니다.

내 생각으로는 진무양을 우선 출발시키고 싶습니다만……."

그러자 형가는 몹시 화를 냈다.

"그런 젊은 아이에게는 짐이 너무 무겁습니다. 비수 한 자루에 몸을 맡기고 그처럼 위험한 상대를 찾아가서 맞선다고 생각하니, 의지할 친구가 필요했던 것입니다. 그러나 태자께서 너무 지체한다고 하시니 즉시 떠나기로 하겠습니다."

그리하여 형가는 의지할 친구도 없이 길을 떠나게 되었다.

형가가 떠나게 되자 태자를 비롯하여 빈객들이 모두 흰옷을 입고 나와 역수 근처까지 전송했다. 형가는 친구인 고점리가 연주하는 축의 음률에 맞추어 비장한 소리로 노래를 불렀다. 듣는 사람들의 눈에서는 쉴새없이 눈물이 흘렀다.

형가는 걸으면서 이렇게 노래를 불렀다.

> 바람은 스산하고 역수는 차구나
> 장사 한번 떠나면 다시 돌아오지 않는다

그는 노래를 다시금 격렬하게 불렀다.

듣는 사람들의 눈은 번뜩이고, 머리털이 곤두서서 머리에 쓴 갓을 밀어 올릴 정도였다.

그리고 형가는 마차에 올랐다.

마차에 오르자 그는 한 번도 뒤를 돌아보지 않고 곧장 길을 떠났다.

진나라 도읍에 도착한 형가는 우선 중서자(궁내관)인 몽가蒙嘉라는 총신에게 천 금을 뇌물로 주고 진나라 왕을 만나게 해 달라고 부탁했다.

몽가는 진나라 왕에게 아뢰었다.

"연나라 왕은 대왕의 위엄이 두려워 고개를 숙이고 다른 제후들처럼 봉사하겠다고 마음먹고 우리나라에 공물을 보내왔습니다. 연나라 왕은 선조의 종묘를 지키는 것이 소원인 모양입니다. 연나라 왕은 스스로 사죄하는 뜻으로 번어기의 목을 자르고 또 연나라의 기름진 땅인 독항의 지도를 함께 지참시켜 사자를 보내왔습니다. 이 사자를 보낼 때는 직접 뜰 앞까지 전송했다고 합니다. 대왕께서는 그들에게 분부를 내려 주시기 바랍니다."

진나라 왕은 이 말을 듣고 크게 기뻐하여 최고의 예를 갖추어 사자를 셴양궁으로 불러들여 만났다.

형가는 번어기의 목이 든 나무 상자를 들었고, 진무양은 지도 상자를 들고 형가의 뒤를 따랐다. 층계 아래까지 그들이 갔을 때 진무양은 너무 긴장하여 얼굴빛이 창백해지고 몸을 떨었다. 거기에 있던 신하들이 이를 수상하게 생각하는 것 같자, 형가는 진무양을 돌아보며 웃음을 띠고 이렇게 말하여 위기를 모면했다.

"북쪽 나라의 촌놈이 처음으로 천자를 배알하기 때문에 이렇게 무서워서 떨고 있습니다. 대왕께서는 불쌍히 여기시고, 저희들로 하여금 사자로서의 일을 마치게 해 주시기 바랍니다."

그러자 진나라 왕은,

"우선 진무양이 가지고 온 지도를 먼저 보자."

하고 말했다.

형가는 지도를 꺼내 바쳤다. 진나라 왕은 지도를 펼쳤다. 그러자 그 속에서 비수가 나왔다. 그 순간 형가는 왼손으로 진나라 왕의 소매를 잡고 오른손으로 비수를 잡고 찌르려고 했다.

그러나 비수가 닿기 전에 진나라 왕은 순식간에 몸을 뒤로 젖히면서 일어났다. 그 순간 잡힌 소매가 찢어졌다.

서한 때의 삼각이배

왕은 차고 있던 칼을 뽑으려 했으나 칼이 너무 길어서 손잡이를 잡고 한손으로 칼집을 잡았지만 칼이 뽑혀지지 않았다. 형가는 다시 진나라 왕에게 덤벼들었다. 그러자 왕은 기둥을 돌아 도망쳤다.

신하들이 모두 깜짝 놀라서 벌떡 일어났다. 그러나 너무도 순식간에 일어난 일이었기 때문에 모두 당황하여 손을 쓸 여유가 없었다.

진나라의 법률에서는 왕의 앞에 서 있는 신하들은 무기를 갖지 못하게 되어 있었다. 무기를 가진 시종관은 전 아래에 줄지어 있지만 왕이 부르지 않는 이상 전상으로 오르지 못하게 되어 있었다. 진나라 왕은 갑자기 일을 당하였기 때문에 아래에 있는 무사도 부르지 못했다. 이것을 기화로 형가는 진나라 왕의 뒤를 쫓았다.

신하들은 모두 어쩔 줄을 몰랐다. 모두 맨손으로 뛰어들려고 했다. 그때 왕의 시의인 하무차가 가지고 있던 약주머니를 형가에게 던졌다. 진나라 왕은 기둥을 돌아 도망치고 있었지만 정신이 없었다. 어떻게 해야 할지 모르고 있었다. 이때 옆에 있던 신하가 소리쳤다.

"대왕, 어서 빨리 칼을 뽑으시오."

이 말을 듣고 왕은 긴 칼을 빼어 들었다. 칼을 뺀 왕은 즉시 형가의 왼쪽 겨드랑을 베었다. 형가는 쓰러졌다. 쓰러진 채로 형가는 가지고 있던 비수를 진나라 왕을 향해 던졌다. 그러나 그것은 기둥에 꽂혔다. 진왕은 계속 형가에게 칼을 휘둘렀다. 여덟 군데나 상처를 입은 형가는 체념한 듯이 기둥에 기대어 웃으면서 이렇게 말했다.

"살려 둔 채로 그 입에서 태자에게 사과의 말을 하도록 하려던 것이 잘못이었다."

그러자 옆에 있던 신하들이 형가의 목숨을 끊었다. 진나라 왕은 아직도 망연히 서 있었다.

그 뒤 신하들을 비롯하여 그 자리에 있었던 자들은 제각기 공로에 따라 상이 주어졌다.

하무차에게는 칭찬의 말과 함께 황금 2백 일이 하사되었다.

"그대의 공이 컸소. 약주머니를 잘 던져 주었소."

진나라 왕은 하무차에게 칭찬의 말을 아끼지 않았다.

# 여불위呂不韋 열전

진秦나라의 시황제는 장양왕莊襄王의 아들이다.

장양왕이 전에 조나라의 볼모로 있을 때 여불위의 첩에게 반해서 넘겨받았었다. 이 부인과의 사이에 태어난 것이 시황제이다.

시황제는 진나라의 소왕 48년(기원전 259) 정월 조나라 도읍인 한단에서 태어났고, 이름을 정政이라 하였다. 정이 열세 살 때 부왕인 장양왕이 세상을 떠났기 때문에 그의 뒤를 이어 진나라의 왕위에 올랐다.

당시 진나라는 이미 서쪽으로 파 · 촉 · 한중을 차지하고 남쪽으로는 완을 넘어 영까지 차지하여 그곳에 남군을 두었다. 그리고 북쪽으로는 상군으로부터 동쪽 일대를 다스리게 되어 허둥 · 태원 · 상당의 세 군을 설치하였으며, 동쪽으로는 형양에 이르기까지 땅을 넓히고 동주와 서주를 멸망시켜 그 지방에 삼천군을 두었다.

진나라에서 우선 먼저 말해야 할 사람이 여불위이다. 그는 재상으로서 10만 호의 영토를 가지고 있었으며, 문신후라는 작위도 받았다. 그는 또 여러 나라의 유세객들을 초청하여, 기회만 있으면 천하를 손에

여불위

넣으려는 야심을 품고 있었다.

그 뒤의 재상 이사李斯는 그 무렵에 아직 여불위의 식객에 지나지 않았다.

그리고 여불위의 식객이던 장군으로 몽오 · 왕기 · 표공 등이 있었다.

시황제는 어려서 왕위에 즉위했기 때문에 정치를 중신들에게 맡겼다. 그가 왕위에 오른 해, 때가 왔다는 듯이 진양에서 반란이 일어났다.

여불위는 양책의 대상인이었다. 여러 나라들을 오가며 물품을 값이 쌀 때 사들였다가 비쌀 때에 고가로 파는 방법으로 많은 재산을 모았다.

진나라에서는 소왕 40년에 태자가 죽고 42년에 차남인 안국군이 태자가 되었다. 안국군에게는 20여 명의 아들이 있었다. 그러나 이때 안국군의 정부인인 화양 부인華陽夫人에게는 아들이 없었다. 그 20여 명의 아들 가운데 자초子楚라는 왕자가 있었다. 자초의 어머니인 하희夏姬는 안국군의 사랑을 받지 못하였다. 그러기 때문인지 자초는 볼모로서 조나라로 보냈다. 그러나 진나라가 자주 조나라를 공격하였으므로 볼모로 간 자초는 그들에게 냉대를 받았다.

자초는 진나라 왕의 손자라고는 하지만 수많은 첩 가운데서 태어난 왕자이며 볼모의 몸이었기 때문에 생활도 어려운 형편이었다.

여불위는 장사하기 위해 조나라의 한단에 찾아왔을 때에 자초의 이야기를 전해 듣고 그를 동정했다.

"진나라 공자라고? 이것은 곧 보물이다. 사 두기로 하자."

여불위는 곧장 자초를 찾아갔다.

"모든 것을 제게 맡겨 주시면 반드시 공자가 잘 되게 해 드리겠습니다."

자초는 웃으면서 말했다.

"뜻은 고맙습니다. 그러나 그렇게 하기 위해서는 당신 자신이 우선 큰 인물이 되어야 합니다."

"공자를 세상에 출세시키는 것은 제 성공과도 관련이 있지 않겠습니까?"

자초는 드디어 여불위의 뜻을 알고 안방으로 불러들여 밀담을 주고받았다. 여불위는 이런 말부터 하였다.

"진나라 왕은 늙었고 당신의 아버지 안국군은 태자입니다. 듣자 하니 안국군은 화양 부인을 총애하는 데도 그 부인에게는 아들이 없답니다. 그렇다면 태자의 후계를 정하는 데는 화양 부인의 힘이 크게 작용하게 됩니다. 당신은 20여 명의 형제 중에 중간쯤 태어난 분으로 오랫동안 외국에서 볼모 생활을 하고 계십니다. 만일 진나라 왕이 돌아가시고 안국군이 왕위에 오르면 이때 후계자를 정해야 합니다. 그때가 되면 공자께서는 날마다 옆에 있는 큰형님이나 다른 형제분들에 비해서 현저하게 불리한 입장이 됩니다."

"아마도 그렇게 될 것이오. 어떻게 하면 좋겠습니까?"

"당신은 경제적 여유도 없으며, 더구나 볼모의 몸입니다. 그러고 보면 아버지에 바치는 선물은 물론 찾아오는 빈객들과의 교제도 어렵습니다. 제가 이제부터 전 재산을 던져서라도 진나라로 가서 안국군과 화양 부인에게 당신을 후계자로 삼으라는 일을 꾸미겠습니다."

이 말을 듣고 자초는 깊이 머리를 숙였다.

"잘 부탁합니다. 그 일이 성공하면 진나라의 반을 당신에게 주겠습니다."

이렇게 하여 여불위는 전 재산 중에서 5백금을 교제비로 자초에게 주고 나머지 5백금으로 진귀한 물건들을 사 가지고 진나라로 갔다.

그는 우선 화양 부인의 언니를 만났다. 여불위는 가지고 온 물건을 모두 부인에게 바치고 그녀의 환심을 산 뒤 일을 꾸미기 시작했다.

"조나라에 볼모로 있는 자초는 제후의 빈객들 사이에서 매우 총명한 분입니다. 그런데 그분은 언제나, '나는 화양 부인을 마음속으로부터 존경하고 있다', '아버지와 부인을 생각할 때마다 눈물이 난다' 라고 입버릇처럼 말씀하고 계십니다."

이 말을 들은 화양 부인의 언니는 무척 좋아했다. 여불위는 기회를 놓치지 않고 화양 부인에게 찾아가서 이렇게 말하도록 그 언니를 꼬드겼다.

"여자란 매력이 없어지면 남자의 사랑을 받기 어렵다고 합니다. 지금 당신은 태자의 사랑을 한몸에 받고 있지만 애석하게도 아들이 없습니다. 태자에게는 아들이 많으니까 지금부터 총명하고 효성이 두터운 분을 골라서 후계자로 정하고 그를 양자로 삼지 않으면 안 됩니다. 그렇게만 된다면 태자가 살아 계실 때는 물론이고, 가령 태자에게 불행한 일이 생긴다고 하더라도, 그 양자가 왕위에 오를 것이므로 당신도 권세를 잃지 않고 살 수 있습니다. 이런 것을 두고 한마디 말로 '만세의 이를 얻는다' 합니다. 젊을 때에 발판을 튼튼히 해 두셔야 합니다. 아름다움이 사라지고 총애를 잃은 뒤에는 아무리 노력해도 되지 않을 것입니다. 그리고 자초는 총명한 분입니다. 형제들의 순서로 보아도 그렇고 생모의 순위로 보더라도 후계자가 되리라고는 전혀 생각지 않을 것이므로 당신을 의지하고 있습니다. 이 기회를 놓치지 말고 자초를 후계자로 정해 놓으시면 당신은 평생 편안히 살 수 있을 것입니다."

듣고 보니 사실 그럴 것 같았다. 화양 부인은 기회를 보아, 조나라에 볼모로 가 있는 자초가 총명하며 또 그와 사귀고 있는 사람들이 얼마나 자초를 칭찬하고 있는가를 태자에게 말했다. 그리고 눈물을 흘리면서 이렇게 설득했다.

"저는 다행히도 태자님의 사랑을 받고 있지만 아들이 없습니다. 부탁입니다. 자초를 후계자로 정하여 저의 장래를 의지하게 해 주십시오."

안국군은 그녀의 소원을 받아들였다. 그리고 비밀리에 부인과 약속하였다.

그리고 안국군과 부인은 이를 계기로 자초에게 보내는 돈을 늘리고, 여불위에게 자초의 뒷일을 부탁했다.

그 결과 자초는 차츰 제후들의 주목을 끌게 되었다.

여불위는 한단에 있는 무희 중에서도 뛰어나게 아름답고 춤이 능한 여자를 첩으로 맞아 자기 집에 두고 있었다. 그 여자는 그 뒤 여불위의 아이를 수태했다.

어느 날 여불위가 자초를 초청하여 주연을 베풀었을 때 자초는 그 여자를 처음 보자마자 한눈에 반해 버렸다. 자초는 곧 여불위에게 그 여자를 자기에게 달라고 했다. 여불위는 순간 당황했다. 그러나 생각한 끝에 여불위는 이미 전 재산을 던져 자초에게 장래를 걸고 있는 만큼 이것은 큰일을 앞둔 작은 일이라고 판단하였다.

여불위는 자신의 애첩을 자초에게 주었다. 그 여자는 아이를 밴 것을 숨기고 자초에게로 옮겨 갔으며, 그 뒤 예정된 날로부터 두 달이나 늦게 정을 낳았다.

자초는 곧 이 여자를 정실부인으로 삼았고 그는 여불위의 계교로 조나라에서 탈출하여 부왕이 죽자 왕위에 올랐으나 일찍 죽었다.

**장양왕이** 세상을 떠나자 왕위에 오른 왕은 아직 어렸다. 이를 기화로 어머니인 태후는 아들의 눈을 피하여 여불위와 불의의 관계를 맺고 있었다. 그리고 여불위의 하인들은 1만 명에 이르렀다.

이 무렵 위나라의 신릉군, 초나라의 춘신군, 조나라의 평원군, 그리고 제나라의 맹상군 등은 서로 다투어 유능한 사람을 초청하여 세력을 겨루고 있었다. 여불위도 가만히 있지는 않았다. 강국인 진나라의 상국이란 자리에 있는 자가 약소국의 공자들에게 진다는 것은 수치라고 생각한 그는 인재를 초청해서 우대했기 때문에 그의 식객은 무려 3천 명에 이르렀다.

그리고 이 무렵은 말이 유창한 사람들이 돌아다니며 계속하여 제후를 설득하고 있었으며 순자荀子와 같이 책을 지어 천하에 자기 의견을 넓히는 사람도 있었다. 그리하여 여불위는 식객들에게 명하여 제각기 자기가 듣고 본 것을 기록케 했다. 그리고 이를 모아 『팔람』·『육론』·『십이기』 등 20여만 자나 되는 책을 편집시켰다. 그는 이 책이 천지·만물·고금의 사적을 망라하고 있다고 자부하여 『여씨 춘추呂氏春秋』라고 이름지었다. 그리고 이 책을 셴양의 시장 입구에 펼쳐 놓고, 거기에다 천 금의 현상금을 걸고, 각국에서 찾아오는 유세객이나 빈객들에게 이렇게 말했다.

"이 책의 내용을 한 자라도 고칠 수 있는 사람에게는 천금을 준다."

시황제가 다 자란 뒤에도 태후의 음란은 그치지 않았다. 여불위는 이것이 몹시 불안했다. 태후와의 관계가 드러나게 되면 자신의 파멸은 뻔했다. 그는 생각한 끝에 거대한 남근을 가진 노애라는 자를 식객으로 맞았다. 그리고 연회의 여흥을 빙자하여 노애의 남근에 오동나무 바퀴를 끼워 저속한 노래를 부르면서 오동나무 바퀴를 굴리게 하였다. 마침내 이 소문이 태후의 귀에 들어갔다. 이것은 태후의 관심이 쏠리게 하려는 여불위의 계략이었다.

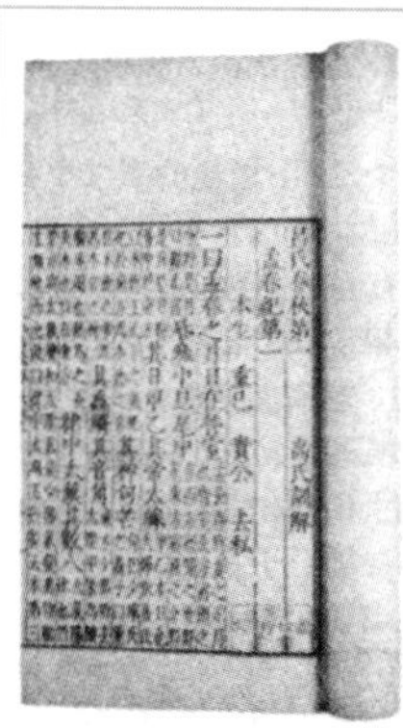

여씨 춘추

그의 생각은 적중했다. 얼마 뒤 태후로부터 그 남자를 손에 넣고 싶다는 은밀한 부탁이 있었다. 여불위는 즉시 일에 착수했다. 우선 노애가 궁형에 상당한 죄를 범했다고 고소해 놓고 태후에게 비밀리에 이렇게 전했다.

"궁형에 처하여 거세되었다고 해 두면 태후 옆에 부를 수 있을 것입니다."

태후는 비밀리에 관리를 시켜 형을 집행하

운문와당

지 말고 집행한 것처럼 꾸미라고 명령했다.

이렇게 하여 노애는 수염과 눈썹을 뽑고 환관이 되어 태후 옆에서 시중을 들게 되었다. 그 뒤 태후는 노애에게 빠져 그의 아들을 잉태했다. 이 비밀이 밖으로 새어 나가면 큰일이므로 가짜로 점을 치고 액을 피한다는 구실을 붙여 도읍을 떠나, 일단 옛 도읍인 옹으로 옮겨 갔다.

노애는 잠시도 태후의 옆을 떠날 수 없었다. 많은 상을 받은 것은 물론, 집안일을 한손에 쥐게 되었다. 마침내 노애의 집 하인은 수천 명에 이르렀고 벼슬을 얻기 위하여 찾아온 그의 집 식객도 천 명이 넘었다. 시황제 9년(기원전 238), 밀고자가 있어 마침내 이 일은 세상에 알려졌다.

"노애가 태후와 간통하여 이미 아이를 둘이나 낳으면서 이것을 숨기고, 더구나 왕이 죽으면 이 아이를 후계자로 삼겠다고 말한다는 것입니다."

이 말을 듣자 시황제는 즉시 관리에게 조사하도록 명령하여 일의 전말을 알아냈다.

상국인 여불위가 이 일에 간여된 것도 분명해졌다. 9월, 시황제는 노애의 가족을 모두 죽이고 태후가 낳은 두 아이도 죽였다. 태후는 옛 도읍인 옹으로 옮겨 갔고, 노애의 가신들은 모두 재산을 몰수당하고 촉으로 쫓겨났다.

시황제는 상국인 여불위도 죽이려고 마음먹었다. 그러나 아무래도 그는 선왕에게 바친 공이 몹시 컸고 또 빈객과 유세가들이 그를 변호했기 때문에 시황은 그를 처벌할 것을 단념했다.

다음해 시황제 10년 10월에 여불위는 상국의 지위에서 해임되었다. 그 뒤 시황제는 제나라 사람 무초의 의견을 받아들여 태후를 다시금 셴양으로 맞아들이고 여불위는 영지인 허난에서 집에 있도록 명령했다.

이렇게 하여 1년이 지났다. 그러나 여불위의 이름은 여전했고, 제후들의 빈객이나 사자들이 그를 만나기 위하여 줄을 짓는 형편이었다. 여불위의 모반을 두려워한 시황제는 그에게 다음과 같은 친서를 보냈다.

"귀공에게 어떤 공이 있어서 진나라는 허난에 책봉하고 십만 호를 주었는가? 그대는 진나라와 무슨 혈연 관계가 있어서 중부라고 불리고 있는가? 즉시 일가를 이끌고 촉으로 옮겨 가서 사는 것이 좋겠다."

여불위는 이제 모든 것이 끝났다고 생각했다.

그리고 차츰 권세를 빼앗기고 결국에는 죽음을 면할 수 없을 것이라고 느꼈다.

그는 곧 독약을 마시고 스스로 목숨을 끊었다.

# 이사李斯 · 왕전王翦 열전

이사는 초나라의 상채 출신이다. 그는 젊었을 때는 고향에서 하급 관리를 지냈다. 그 무렵 그는 관청의 변소에서 쥐가 인분을 빨아먹고 있는 것을 자주 보았다. 그 변소에 있는 쥐는 언제나 사람이나 개의 기척에 놀랐다.

그리고 식량 창고에 들어갔을 때도 그는 쥐를 보았다. 이곳에 있는 쥐는 곡식을 먹고 있었다. 더구나 훌륭한 건물 속에서 인간이나 개에도 별로 놀라지 않고 유유히 먹이를 먹고 있었다.

이사는 이 두 가지 모습을 곰곰이 생각해 보고 탄식했다.

'인간은 결국 어디다 자기 몸을 두느냐에 따라 그 인간의 가치가 결정되는 것이다.'

이렇게 생각한 이사는 순경荀卿(순자, 성악설을 주장한 유학자)의 문을 두드리고 정치학을 배웠다. 공부를 끝내자 이사는 어느 나라에 가서 일해야 할까를 곰곰이 생각했다.

'초나라 왕은 쓸모없는 인물이다. 아무리 생각해도 그를 찾아가고 싶지 않다. 그렇다고 국력이 약한 나라에서 일하면 공명을 얻을 기회가 쉽지 않을 것이다. 서쪽으로 가서 진나라에서 일하는 것이 좋겠다.'

순자

그는 자신의 결심이 서자 스승인 순경에게 작별하러 갔다.

"기회가 찾아오면 물러나지 말라는 말이 있습니다. 현재는 나라마다 싸우는 시대로서 유세객이 그 일을 할 때입니다. 지금 천하의 형세를 살펴보니 가장 우세한 것은 진나라로 천하를 무력으로 쓰러뜨려 군림하려는 기세입니다. 바로 지금이 그때입니다. 저와 같이 관직이 없는 자로서는 좋은 기회라 생각됩니다. 아무것도 없는 자로서 발전을 도모하지 않는 것은 금수와 다름이 없습니다. 인간이라면 이보다 더 부끄러운 일이 없으며, 가난한 것처럼 슬픈 일은 없습니다. 언제까지나 그와 같은 경우에 만족하고 세상을 등지고 살아간다는 것은 인간의 본성에 어긋나는 일입니다. 그래서 저는 진나라로 가서 진나라 왕을 설득해 볼 생각입니다."

이사가 진나라에 도착한 것은 장양왕이 죽은 뒤였다. 그는 진나라 최고의 실력자인 승상인 문신후 여불위의 식객이 되었다.

여불위는 그의 재능을 인정하고 왕의 시종으로 추천했다.

이리하여 이사는 왕을 설득할 수 있는 신분이 되었다.

이사는 어느 날 진나라 왕에게 이렇게 말했다.

"큰 일을 하는 데는 상대방의 허점을 이용하여 사정없이 공격해야 합니다. 소인은 그런 눈치를 채지 못하므로 대개 좋은 기회를 놓치고 맙

이사

니다. 옛날 목공이 패자이면서도 동방의 여러 나라를 병합하지 못했던 것은 무슨 이유이겠습니까? 당시에는 아직 제후들의 수도 많았으며 주 왕실의 위력도 쇠퇴하지 않았습니다. 다섯 패자가 다 함께 주 왕실을 존중하고 있었기 때문입니다. 그러나 그 뒤 주 왕실이 쇠약하고, 여러 나라들이 서로 침략을 일삼은 결과, 진나라 효공 때에 중원은 여섯 나라로 합쳐졌습니다. 진나라는 효공 이후 6대에 걸쳐 그들 6개국에 군림했기 때문에 이제 제후는 가신과 다름없으며 완전히 진나라의 위력에 복종하고 있습니다. 진나라의 국력은 몹시 강대하고 왕께서는 매우 현명하십니다. 이 두 가지 조건을 갖추었기 때문에 제후들을 멸망시키고 천하를 통일하는 것은 쉬운 일입니다. 지금이 좋은 기회입니다. 망설이고 있을 때가 아닙니다. 제후들은 틀림없이 다시 세력을 모아 합종을 이루고 대항해 올 것입니다. 그렇게 되면 어떤 방책을 강구하더라도 천하의 통일은 불가능할 것입니다."

이 말을 듣고 이사를 장사 대신 부관으로 발탁하고, 또 이사의 의견을 따라 비밀리에 모사에게 금은 보화를 주어 제후들에게 공작원으로 보냈다. 그리고 그들은 제후들 밑에서 일하는 중신 가운데 돈을 좋아하는 사람을 골라 뇌물을 주었다. 그리고 협력을 거부하는 자는 죽였다. 이렇게 하여 임금과 신하를 이간시킨 뒤에, 용감한 장군을 보내서 무력으로 치도록 했다.

이러한 공으로 진나라 왕은 이사를 왕의 고문으로 임명했다.

**이 무렵** 한나라의 기술자 정국鄭國이 진나라의 관개 용수를 만들었다. 그러나 이 공사는 진나라의 국력을 소모시켜 동쪽 정벌을 억제하기 위한 한나라의 모략이었던 것이다. 이 사실이 알려지자 왕족이나 중신들이 일제히 왕에게 아뢰었다.

"다른 나라에서 와서 진나라에 채용된 자는 대부분 첩자라고 보아도 큰 잘못이 없습니다. 모두 쫓아내야 합니다."

쫓아낼 사람 가운데는 이사도 들어 있었다. 그는 이러한 움직임을 막기 위해서 즉시 왕에게 다음과 같이 말했다.

"다른 나라 사람들을 쫓아내신다는데 이는 큰 잘못이라고 생각합니다. 옛날 목공은 인재를 여러 나라에서 구했습니다. 그래서 목공은 유여를 융으로부터 초빙하고, 백리혜는 완, 건숙은 송 그리고 비표와 공손지는 진나라에서 초빙했습니다. 이들 다섯 사람들은 모두 진나라 사람이 아니지만 진나라는 이들을 대신으로 맞아 20개국을 병합하고 패권을 잡았습니다. 그리고 또 효공은 다른 나라 사람인 상앙을 등용하여 그가 마련한 새 법으로 내정의 개혁을 단행했습니다. 그 결과 백성들의 형편은 향상되고 국력도 충실해지고, 신하들은 맡은 바 일에 정성을 다했으며 또 제후들도 심복해 왔습니다. 그래서 진나라는 초나라와 위나라의 군사를 무찌르고 영토를 넓혀서 오늘날의 기초를 닦은 것입니다. 다음으로 혜문왕은 어떠했습니까? 이분 역시 외국인인 장의의 의견을 따라 한나라의 삼천 지방을 점령하고 서쪽으로는 파와 촉을 병합했으며 북쪽으로는 위나라의 상군을 빼앗고 남쪽으로는 한중을 빼앗아, 초나라 영의 야만족을 억누르고 초나라의 언과 영을 제압하고, 동쪽으로는 성고의 요지를 발판으로 기름진 땅을 빼앗고 6개국의 합종책을 깨뜨리고 진나라에 복종시켰습니다. 그 공이 오늘날까지 계승되고 있는 것입니다. 그리고 소왕은 외국인인 범수를 재상으로 임명하는 한편 왕의 친족인 양후와 화양군 두 사람을 물리쳤습니다. 이렇게 하여 소왕은 호족의 권력을 억제하고 왕실의 통제력을 강화하는 한편 제후들의 영지를 차지하여 결국 주나라를 멸망시키고 진나라를 일으켰습니다. 이상 말씀드린 네 군주들의 공은 모두가 외국인의 활동에 의하여 이룩되었습니다. 다른 나라 사람이라 하여 진나라를 배반한다는 생각은 잘못된 것입니다. 예를 들어, 이들 네 군주가 만일 외국인들을 거부하고 등용하지 않았다면, 진나라의 오늘의 번영은 물론이고 진나라라는 이름조차도 없었을 것입니다."

이사는 계속해서 여러 가지 구슬이나 각지의 미녀, 그리고 다른 나라의 음악 등의 예를 구체적으로 들었다. 무엇이든지 자기 나라에서 나는 것밖에 갖지 못한다면 왕은 무엇으로 마음의 즐거움을 얻을 수 있겠느냐고 물었다.

"구슬이나 음악은 다른 나라의 것을 받아들이면서 유독 사람만큼은 달리 취급하려 하십니다. 외국인은 그 인물됨이 어떠하든 무조건 내쫓으려 하십니다. 이것은 인간보다도 구슬이나 음악을 중시한다는 사고방식에 지나지 않습니다. 그러한 좁은 생각으로써 어떻게 천하 통일의 위업을 성취할 수가 있겠습니까? 땅이 넓으면 그만큼 수확량도 많고, 나라가 크면 그만큼 사람들도 많습니다. 군대가 강하면 병사가 용감하다고 합니다. 무슨 일에서든, 더구나 큰 뜻이 들어 있을수록 도량이라는 것이 가장 소중합니다. 예를 들면 태산일지라도 한 줌의 흙도 버리지 않았기 때문에 그 높이를 보전할 수 있는 것입니다. 그리고 황하나 바다는 아무리 작은 시냇물이라도 받아들이기 때문에 그만한 수량을 유지할 수 있는 것입니다. 왕자도 역시 마찬가지입니다. 어떠한 인간일지라도 거부하지 않음으로써 훌륭한 정치를 펼칠 수가 있을 것입니다. 저 옛날 오제 삼황이 천하를 굴복시킨 것도 이와 같은 정치를 펼쳤기 때문입니다. 이번의 외국인의 추방은 반대로 자기 나라 백성을 버리고 적을 이롭게 하며 빈객을 멀리하여 제후들에게로 쫓을 뿐만 아니라, 천하의 인재가 진나라로 들어오는 것을 거부하는 결과를 가져올 것입니다. 이런 조처야말로 마치 '적에게 병사를 빌려 주고 도둑에게 식량을 대주는 것' 과 다름이 없습니다. 구슬이나 음악 등은 진나라 이외의 것일지라도 소중하게 해야 할 것이 많습니다. 인간도 마찬가지입니다. 진나라 출신이 아닐지라도 진나라에 충성을 맹세하는 사람은 적지 않습니다. 그런데도 불구하고 외국인을 내쫓고 백성에게 손해를 끼치며 적을 이롭게 하려고 하십니다. 그 결과로는, 국내에서는 인재가 모자라게 될 것이며 국외에서는 제후들의 원한을 삽니다. 이렇게 된다면 아무리 나라의 평안을 원해도 그것은 결코 이루어지지 않습니다."

이사의 이와 같은 말을 듣고 시황은 외국인의 추방령을 거두고 이사를 전의 관직에 복귀시켰다.

그리고 그의 정책을 다시 받아들이게 되었다.

**위나라** 도읍 대양 출신의 위료가 진나라에 찾아와서 왕을 설득했다.

"진나라의 강대함을 생각할 때 제후 같은 것은 진나라 영내의 군이나 현의 장관 정도에 지나지 않습니다. 단지 경계해야 할 것이 있다면 이들 제후들이 합종하여 진나라의 허를 찌르는 것입니다.

저 진나라의 지백이나 오나라의 부차, 그리고 제나라의 민왕이 멸망한 것도 상대가 허를 찔렀기 때문입니다. 이런 기회에 제후들의 중신들에게 돈을 뿌려 그들을 혼란시켜 놓으십시오. 아마 30만 금만 쓰면 충분하다고 생각합니다."

진나라 왕은 이 의견을 받아들였다. 그리고 이 일이 있은 뒤 위료를 만날 때 대등한 예를 차리고 의복이나 식사 등을 모두 위료와 같은 것으로 했다.

그러나 위료는,

"진나라의 왕은 눈이 가늘며 코는 독수리의 부리와 같고 가슴이 새처럼 튀어나왔으며 목소리는 늑대를 닮았다. 아무리 보아도 인간다운 마음을 갖지 않은 것 같다. 자신이 곤란에 처했을 때는 사람에게 겸손하지만 일단 뜻을 이루었을 때는 사람으로 생각지 않을 것이다. 지금은 한낱 떠돌이에 불과한 나에게도 겸손한 태도를 보이지만 천하를 얻은 뒤에는 자기 마음대로 하려고 할 것이다. 오래 옆에서 일할 상대는 아니다."

이렇게 말하고 진나라를 떠나려고 했다.

진나라 왕은 그것을 알아차리고 그를 만류하며 재상에 해당하는 요직에 앉혔다. 이렇게 하여 위료의 정책은 진나라에서 빛을 보고, 이사에 의하여 실천에 옮겨지게 되었다.

왕전은 빈양의 동향 출신이다. 어려서부터 병법을 좋아한 그는 어른이 되어 진나라의 시황제에게 관리로 임명되었다.

시황제 11년(기원전 236)에 왕전은 장군으로서 조趙나라를 공격하여 알여에서 조나라군을 무찌르고 아홉 개의 군읍을 빼앗았다. 18년에 다시금 조나라를 공격하여 일 년여에 걸친 싸움 끝에 드디어 조나라 왕을 항복시키고 조나라 영토를 모두 진나라에 편입시켰다.

그 다음해 연나라가 형가를 자객으로 보내 시황제를 살해하려 한 사건이 일어났다. 이에 화가 난 시황제는 왕전에게 명령하여 연나라를 공격케 했다. 왕전은 연나라 수도 계를 점령하고 연나라 왕인 희를 랴오둥쪽으로 내쫓은 뒤 돌아왔다.

시황제는 또 왕전의 아들 왕분을 남쪽의 초나라로 원정을 보냈다. 왕분은 초나라군과 싸워 이를 무찌르고 그 여세를 몰아 위나라로 쳐들어가서 승리를 거두고 위나라 왕의 항복을 받았다. 그리고 위나라의 전 영토를 점령했다.

이와 같이 진나라는 삼진(한 · 조 · 위)을 무너뜨리고 연나라 왕을 변경으로 내쫓고 다시금 초나라군을 무찔렀다.

진나라의 젊은 장군에 이신李信이라는 사람이 있었다. 연나라를 공격했을 때 불과 수천 명을 이끌고 시황이 미워하는 태자 단을 추격하여 드디어 랴오둥 지방의 연수에서 그를 사로잡았다. 이 공로로 이신은 시황의 두터운 신임을 받았다.

초나라만 무찌르면 이제 천하를 완전히 손 안에 넣는 단계에 이르렀다. 시황제는 이신을 불러 물었다.

"초나라를 평정하는 데는 어느 정도의 병력이 필요할까?"

"20만 명만 있으면 충분하다고 생각합니다."

시황제가 다시금 왕전에게 묻자 그는 이렇게 대답했다.

"상대방은 강적입니다. 아무래도 60만은 필요할 것입니다."

시황제는 곰곰이 생각했다. 두 사람의 얘기를 듣고 보니 왕전은 아무래도 늙었다. 이신 쪽이 기개가 있어 믿음직스럽다.

시황제는 이신과 몽염에게 20만 명의 군사를 주고 남쪽의 초나라로 출전시켰다.

왕전은 자기의 의견이 받아들여지지 않았기 때문에 병을 빙자하여 고향인 빈양으로 물러갔다.

진나라 군사는 두 패로 갈라졌다. 이신의 군사는 평여를 공격하고 몽염의 군사는 침구를 공격하여 다 함께 크게 승리했다.

이신은 다시금 언과 영을 함락시키고 거기서부터 군사를 서쪽으로 돌려 몽염의 군사와 성보에서 만났다.

그러나 초나라군은 몰래 이신의 군사를 뒤쫓아 사흘 밤낮의 강행군을 거듭하여 습격했다. 갑자기 공격을 받은 이신의 군사들은 두 곳에서 방어선이 무너지고 장수가 일곱 명이나 전사했다.

시황제는 이 소식을 듣고 몹시 화를 냈다. 그리고 즉시 빈양으로 달려가서 왕전에게 사과했다.

"내가 장군의 의견을 좇지 않은 결과 이신이란 놈이 우리 진나라군을 수치스럽게 만들었습니다. 지금 초나라는 여세를 몰아 우리나라에 쳐들어온다고 합니다. 몸이 불편한 것은 알고 있지만……."

"저는 늙어 이제 쓸모가 없습니다. 이번 일을 맡을 사람이 있을 것입니다."

그래서 왕전은 태도를 고치고 이렇게 말했다.

진 시황제 능에서 출토된 동으로 만든 마차

"대왕께서 저에게 꼭 이번 일을 맡으라고 하시려면 60만의 군사를 주시겠습니까?"

"모든 것을 장군에게 맡기겠소."

이렇게 하여 왕전은 60만 명의 대군을 거느리는 장군으로 돌아왔다.

드디어 출전의 날이 왔다. 시황제는 친히 왕전을 파수 근처까지 전송했다. 그곳까지 오는 도중 왕전은 시황제에게 최고의 밭과 집을 달라고 간청하며 이렇게 말했다.

"안심하고 출전하시오. 뒷일은 나에게 맡기시오."

"아닙니다. 대왕께 일하는 장군은 지금껏 그 공의 대가로 큰 제후의 영예를 받은 일이 없습니다. 저는 대왕의 은혜를 입고 있을 때에 받아서 자손에게 남겨 주고 싶습니다."

그러자 시황제는 껄껄 웃었다.

왕전은 한구관에 도착한 뒤에도 계속 황제에게 사자를 보내 땅을 달라고 간청했다.

그러자 이것을 알고 왕전에게 충고하는 사람이 있었다.

"장군의 요구는 지나치십니다."

그러나 왕전은 이렇게 대답했다.

"왕은 냉혹하고 사람을 신임하지 않는 분입니다. 나에게 진나라 군사 전부를 맡긴 지금 마음이 편할 리가 없습니다. 이렇게 내가 재산밖에 탐하지 않는 것처럼 행동하지 않으면 반역할 마음이 나에게 있다고 왕은 생각할 것입니다."

초나라군은 진나라가 장군을 왕전으로 바꾸고 병력을 늘여서 반격해 온다는 소식을 듣고 전국의 군사들을 총동원하여 이에 대항하려 했다.

그러나 왕전은 초나라군과 마주치면 튼튼한 보루를 쌓고 쉽게 싸우려 하지 않았다. 초나라군이 자주 유인해 오더라도 왕전은 조금도 움직이지 않았다. 뿐만 아니라 왕전은 전 군사들을 쉬게 하고 충분한 식량을 지급하면서 병사들과 식사를 같이 하며 그들의 사기를 한껏 북돋우었다.

이와 같은 상태가 계속된 뒤 왕전은,

"병사들은 전쟁터에서 어떻게 하고 있는가?"

하고 전군의 동태를 물었다. 그러자,

"모두 운동 경기에 열중하고 있습니다."

하는 보고였다.

왕전은 부하 장군으로부터 이 보고를 듣고 회심의 미소를 지었다.

'우리 군사들은 만전을 기하고 있다.'

왕전이 이렇게 생각하고 있을 때 초나라군은 상대가 움직이지 않자 동쪽으로 군사를 철수시키기 시작했다.

왕전은 그제야 때가 왔다는 듯이 전군을 풀어 초나라군의 추격전을 펼쳤다.

그는 손쉽게 초나라군을 대패시킬 수 있었다. 그리고 치수이 남쪽에서 초나라 장군 항연項燕을 사로잡았다. 초나라군은 완전히 무너졌다. 진나라군은 승세를 몰아 각지의 도읍을 차지했다.

1년쯤 뒤에 초나라 왕 부추를 사로잡고 초나라의 전 국토를 평정하여 진나라 영토로 편입시켰다.

그리고 그 여세를 몰아 남쪽의 백월의 왕도 항복시켰다.

한편 왕전의 아들 왕분도 이신과 함께 연나라와 제나라를 평정했다.

이렇게 하여 시황제 26년(기원전 221), 진나라는 드디어 천하를 통일했다. 왕전 부자는 몽염과 함께 신하들 가운데서도 그 공이 가장 높았으며, 그들의 이름은 후세에까지 전해졌다.

**천하** 통일을 이룬 뒤 진나라 왕은 승상 및 어사(비서관)에게 이렇게 명령했다.

"전에 한왕韓王은 영토와 옥새를 내놓고 신하로서 충성을 다하겠다고 약속하였으나 그 맹약을 배신하고 조나라, 위나라와 연합하며 반란을 일으켰다. 그러나 그들을 모두 토벌하였고 한왕을 포로로 잡았다. 나는 그것으로 만족하고 무력 행사는 끝내려 했다. 조왕이 재상인 이목

셴양궁에서 출토된 진나라의
통일을 알리는 청동 조판

李牧을 보내서 맹약을 맺었을 때 볼모를 돌려준 것도 그 때문이다. 그런데도 조나라는 맹약을 배신하고 태원에서 군사를 일으켰기 때문에 나는 할 수 없이 그를 토벌하고 조왕을 잡아 왔다. 조나라 공자 가嘉가 제멋대로 왕이 되었기 때문에 이것도 멸망시켰다. 그리고 위나라 왕도 일단 신하로서 따르기로 하고서도 한·조와 합세하여 공격해 왔기 때문에 이것도 역시 무너뜨렸다. 초왕은 청양과 이서 땅을 내놓고 화의를 청했지만 약속을 깨뜨리고 우리나라 남쪽으로 쳐들어왔기 때문에 이를 토벌하고 왕을 잡아 초나라의 전 국토를 평정했다. 연燕나라 왕은 어리석었기 때문에 태자 단이 실권을 잡고 비밀리에 형가를 시켜 나를 죽이려 했다. 그래서 단도 죽이고 연나라도 멸망시켰다. 그리고 또 제齊나라 왕은 재상 후승이 시키는 대로 하여 우리 진나라의 사자를 죽이고 반란을 기도했다. 그도 쳐부수어 제나라 왕을 사로잡고 제나라 전부를 내 손에 넣은 것이다. 내가 이들 여섯 나라들을 평정하고 태평 천하를 이룩하게 된 것은 모두가 조상의 도움에 의한 것이다. 이 일을 후세에 전하기 위해서는 이제 왕이라는 호칭을 바꿀 필요가 있다. 이 문제에 대해서 대답하라."

승상인 왕관, 어사대부(비서실장)인 풍겁, 정위(법무장관)인 이사 등 세 사람은 꼭같이 이렇게 아뢰었다.

"옛날의 오제는 천하의 주인이라고는 하지만 그 영토는 사방 천 리에 지나지 않았고 주위는 제후나 야만족의 나라였습니다. 제후들 가운데

신하로서의 예의를 지키지 않는 자가 있어도 이를 다스릴 수가 없습니다. 그러자 폐하께서는 정의의 군사를 일으켜 포악한 무리를 치고 법령은 폐하 한 사람이 마음대로 하도록 정하셨습니다. 이는 예로부터 그 유례를 찾아볼 수 없는 일이며 오제라 할지라도 성취하지 못할 일입니다. 박사들의 말에 의하면 오제 이전의 태고적에는 천황 · 지황 · 태황의 3자가 지상에 군림했고, 그들 가운데서도 태황이 가장 존엄한 존재였다고 합니다. 그러므로 앞으로 왕을 태황이라는 존칭으로 바꾸고 왕명을 제, 왕명을 조라고 고치고, 천자가 스스로를 칭할 때에는 짐이라고 하시면 어떨까 생각합니다."

이 말을 듣고 진나라 왕은 이렇게 말했다.

"그러면 태황의 황을 취하고, 상고의 제와 합하여 황제라고 칭하기로 한다. 다른 것은 그대들 생각이 좋다."

이 결정은 정식으로 수속을 밟아 행해졌다. 그리고 죽은 장양왕에게는 태상황이라는 칭호를 추증하고 다음과 같은 왕명을 내렸다.

"짐이 아는 바로는 태고 적에는 호는 있었으나 추서되는 이름이 없었다. 중고 적에는 호 이외에 추서되는 이름을 두는 제도가 있어, 사람이 죽은 뒤 상전의 행위에 따라서 추서되는 이름이 있었다고 한다. 이는 아들이 아버지에게, 신하가 군주에게 평가를 내리는 결과가 되며 도저히 용납될 수 없는 일이다. 따라서 앞으로 이 제도는 폐지한다. 짐은 최초로 황제가 되었기 때문에 시황제라고 칭한다. 짐의 뒤는 순차에 따라 2세, 3세라고 칭하고 이를 천만세 뒤까지도 무궁하게 전하는 것으로 정한다."

승상 왕관 등이 이렇게 아뢰었다.

"이제 제후를 무찌르고 천하 통일을 이루었지만 연 · 제 · 초는 너무나 멀리 떨어진 곳이기 때문에 왕을 두지 않으면 완전히 장악할 수 없을 것 같습니다. 신의 생각으로는 여러 황자를 왕으로 책봉하여 그 임무를 맡기는 것이 좋을 것 같습니다."

시황이 이 의견을 조정의 대신들에게 내놓자 모든 신하가 찬성하였다. 그러나 단 한 사람 이의를 제기하는 사람이 있었다. 그는 정위인 이사였다.

"주周나라의 문왕 · 무왕은 많은 왕자나 왕족을 책봉했지만 그들이 대를 거듭할수록 혈연 의식이 희박해지고, 서로가 마침내 대립하게 되었습니다. 그리고 제후간의 싸움에 이르러서는 손을 댈 수가 없었습니다. 그래서 주나라의 권위는 땅에 떨어진 것입니다. 다행히 이제는 폐하의 위대한 덕으로 천하가 통일되었고 군 · 현으로 편성되어 있습니다. 그러므로 공주나 공신에게는 국고에서 충분한 보수를 하사하시는 것이 지당한 줄로 압니다. 국가의 통제를 보전하면서 인심의 이반을 막는 것이야말로 치안 유지의 중점입니다. 이제 또다시 제후를 책봉하는 것은 유해 무익한 것이라고 말하지 않을 수 없습니다."

그러자 시황이 말했다.

"천하의 만민이 계속되는 전쟁으로 고통을 받았다. 그 대부분의 원인은 제후들 때문이었다. 다행히 조상의 도움을 받아 평화를 되찾게 된 지금 다시금 제후를 책봉한다면 그것은 또한 앞으로 전쟁의 씨를 뿌리는 결과가 될 것이다. 결국에는 평화를 원하는 것도 헛일에 그치고 말 것이다. 정위의 의견이 참으로 옳다."

그리하여 황자를 왕으로 책봉하는 일은 폐기되고 시황은 천하를 36

군으로 나누고 군마다 행정 장관과 군사령관 · 감찰관을 두었다. 그리고 백성을 '검수' 라 부르기로 했다.

진나라는 천하 통일의 업적을 기념하기 위하여 거국적으로 축하연을 베풀었다.

그리고 모든 무기를 거두어서 셴양에 모아 그것을 녹여 무게 천 석(23톤)의 종과 동상 12개를 만들어 궁중에 안치했다.

그리고 도량형을 통일하고 또 마차의 차폭과 문자의 서체를 통일했다. 진나라의 영토는 동쪽으로 바다를 건너 조선까지 미치고, 서쪽으로는 임조 · 강중, 남쪽으로는 북호까지 미쳤다.

그리고 북쪽은 황하를 기점으로 하여 음산 산맥을 따라 랴오둥에 이르는 장성을 쌓아 그 지배를 굳혔다. 시황제 34년(기원전 213), 함양궁에서 주연이 열렸다. 그 자리에서 박사복사인 주청신 등이 시황제의 위대한 덕을 찬양하자, 제나라 사람인 순우월淳于越이 앞으로 나아가 이렇게 건의했다.

분서갱유

"은나라 · 주나라 왕조가 천여 년이나 번영한 것은 왕자나 공신을 제후로 책봉하고 왕실의 방패로 삼았기 때문입니다. 저는 그렇게 배웠습니다. 그런데 폐하께서는 천하를 장악하고서도 왕자들께서는 모두 일개 평민으로 있습니다. 장래에 제나라의 전상이나 진나라의 육경이 제국을 보전하겠습니까? 무슨 일이든 옛일을 교훈으로 삼지 않고 잘 된 일이 없습니다. 그런데 주청신 등은 폐하의 비위를 맞추며 폐하께서 잘못을 저지르게 하고 있습니다. 정말 불충한 신하들입니다."

시황제는 이 문제를 이사에게 명령했다. 이사는 순우월의 의견이 잘못이라고 말하고 다음과 같이 아뢰었다.

"옛 시대에는 천하가 몹시 흩어졌는데도 이를 통일하는 자가 없어 제후들의 난립을 초래했던 것입니다. 당시의 상황을 살펴보면 모두가 옛날의 세상을 이상으로 생각하고 현세를 비판했고 저마다 황당 무계한 주장을 하여 현실을 혼란시키며 자기 주장이 옳다고 하여 위정자를 비난하는 것을 일삼았습니다. 그러나 오늘날은 폐하께서 천하를 통일하고 사물의 가치 기준을 분명히 했으며, 또 황제라는 유일한 지위에 올라 계시는데도 불구하고 저마다 자기 주장이 옳다고 하는 자가 여전히 자취를 감추지 않고 있습니다. 그들은 폐하께서 정하신 법을 비난하고 포고를 내려도 비난하며, 나아가서는 그 불만을 거리에 나가서 제멋대로 떠듭니다. 또 그들은 폐하의 명에 이의를 나타냄으로써 그것을 기화로 헛된 명예를 얻으려고 무리를 이루어 비방으로 날을 보내고 있습니다. 이와 같은 무리를 방치한다면 머지않아 폐하의 권위를 손상시킬 것입니다. 즉시 조처를 취해야 한다고 생각합니다. 그 방법으로는 학술 · 시서 · 백가의 저서를 가지고 있는 자에게 이것을 거두어들여 불

진 시황제의 능에서 발굴된 점토로 만든 진나라 병사들

태워야 합니다. 가져도 좋은 것은 의약과 복서, 농사에 관한 서적에 국한해야 합니다. 그리고 학문을 좇는 자의 스승은 관리가 대행하게 합니다. 이것이 저의 계획안입니다."

시황제는 이사의 상소를 허락하고, 시서 · 백가의 저서를 몰수하여 불태우고 우민 정책을 추진하면서 비판하는 자들을 구덩이를 파고 묻어 버렸다.

법제나 율령의 제정도 시황제 시대에 처음으로 행해졌다. 시황제는 또한 공문서를 규격화하여 각지에 이궁과 별궁을 지었다. 그리고 다음 해에는 나라 안의 각지를 돌아다니고 사방의 야만족을 토벌했다.

이 모든 일에 이사는 중심적인 역할을 했다.

# 조고 趙高

시황제는 37년(기원전 210) 10월부터 여러 나라를 돌아다니고 있었는데 남쪽의 회계까지 갔다가 돌아오는 길에 바닷길을 따라 북쪽으로 올라가 낭야에 이르렀다. 이때 승상 이사와 중거부령 조고 등이 따랐다.

이때 조고는 부새령(옥새를 관장하는 관리)을 겸직하고 있었다.

시황제에게는 아들이 20여 명 있었는데 맏아들 부소는 황제가 하는 일에 여러 차례에 걸쳐 잘못된 것을 바로잡을 것을 건의하였기 때문에 노여움을 사서 멀리 북녘의 상군으로 쫓겨나서 변경 수비군을 감독하고 있었다. 당시에 상군의 군사를 지휘하던 사람은 명장 몽염이었다.

왕자들 가운데서 시황제의 총애를 받고 있었던 것은 막내인 호해로, 그는 이번 부왕이 나라 안을 보살피며 돌아다니는 길에 같이 갈 것을 허락받았다. 이때 시황제를 따른 왕자는 오직 그뿐이었다.

37년 7월, 시황제는 사구 땅에 이르러 중한 병을 얻었다. 죽음이 가까워진 것을 깨달은 그는 조고에게 명령하여 맏아들 부소에게 다음과 같은 조서를 쓰게 했다.

"군사는 몽염에게 맡기고 곧장 셴양으로 돌아와 짐의 유해를 맞이하여 장례를 거행하라."

조서는 봉인되었으나 부소에게 사자를 보내기 전에 황제가 세상을 떠나고 말았다. 이리하여 황제의 조서는 옥새와 함께 조고의 손에 들어갔다.

시황제의 죽음은 비밀에 부쳐졌고 알고 있는 사람은 호해와 이사, 그 밖에 시황제의 총애를 받던 환관 5,6명뿐이었다. 이러한 일은 승상 이사가 취한 조처였다. 그는 시황제가 여행 중에 세상을 떠났을 뿐만 아니라 황태자도 책봉되지 않았으므로 아직 발표할 수는 없다고 생각했던 것이다.

유해를 온량거(시황제의 수레)에 안치하고 계속 돌아다녔다. 평소와 마찬가지로 여러 관리들의 보고가 이루어졌고, 식사 때에는 황제의 수라상이 온량거로 날라졌다. 결재는 온량거로부터 환관이 전하는 방법을 택하였다.

고대의 환관의 모습

조고는 조나라 왕족의 먼 일가였다. 그의 형제들은 모두 환관으로 끌려 갔고 어머니는 사형을 당하였다. 본디 비천한 집안의 출신이었으나 시황제는 그가 형법에 밝다는 소문을 듣고 중거부령으로 등용한 것이다. 그는 등용되자 곧 왕자 호해에게 소송 및 재판의 진행 방법을 가르쳤다.

조고가 중죄의 혐의를 받은 일이 있었다. 황제는 몽의(장군 몽염의 동생)에게 명령하여 법에 따라 판결하도록 했다. 몽의는 그에게 사형판결을 내리고 그의 관직을 빼앗았다. 그러나 황제는 조고의 부지런함과 성실성을 참작하여 죄를 용서하고 관직과 작위를 돌려주었다.

조고는 시황제가 세상을 떠났을 때 그가 평소에 총애하는 호해를 태자로 옹립하고 싶어했다. 또한 몽의에 대해서는, 자기가 신문을 받을 당시 혹독하게 당했던 일에 앙심을 품고 기회만 있으면 없애 버리려고 마음먹었다. 조고는 시황제의 조서와 옥새를 손에 넣자 호해에게 다음과 같이 말하였다.

"폐하께서는 승하하셨습니다만 큰아들인 부소에게 조서를 내리셨을 뿐이고 어떤 왕자를 황제로 책봉한다는 조칙은 없었습니다. 이제 부소가 돌아와서 황제가 되실 겁니다. 그렇게 되면 왕자님에게는 한 치의 땅도 주어지지 아니할 텐데 그래도 괜찮으시겠습니까?"

"어진 임금은 신하를 알고, 어진 아비는 아들을 안다고 하지 않았소. 부왕께서는 돌아가실 때까지 왕자들에 대해 아무런 조처도 취하시지 않으셨으니 그에 대해 따질 까닭은 없을 것이오."

"아닙니다. 그렇게 할 수는 없습니다. 지금 천하의 권력을 얻느냐 잃느냐는 공자님과 나 그리고 승상, 이렇게 세 사람이 하기에 달려 있습니다. 이 점을 잘 살펴 주십시오. 황제가 되느냐, 신하가 되느냐, 어느 쪽을 택하느냐에 따라 엄청난 차이가 생기는 겁니다."

"형을 폐하고 아우가 그 자리에 올라가다니. 부왕의 조칙을 무시하고 황제에 올라 죽음의 공포를 스스로 초래하다니. 재능도 없는 주제에 남의 농간에 좌우되어 높은 자리를 넘보는 일, 이런 불의와 분에 넘치는 악덕으로 천하가 굴복하리라 생각한다면 큰 오해일 것이오. 머지않아 이 몸은 위기에 처하게 되고 진나라의 사직도 끊어질 것이오."

"그렇다면 은의 탕왕, 주의 무왕은 어쨌는지 생각해 보십시오. 그분들도 왕을 죽였습니다만, 천하의 인심은 그 분들을 불충이라고 비난하기는커녕 옳은 일이라고 칭송하지 않았습니까? 또한 위나라 왕은 아버지를 죽였습니다만, 위나라에서 그는 덕망이 높은 임금으로 불리워졌으며, 공자도 이때의 사건을 기록할 때, 불효라는 평가를 내리지는 않았습니다. 큰일을 도모하려는 자는 작은 일에 구애되지 않아야 하며, 큰 덕을 갖춘 자는 사소한 일 따위에 속박되지 말아야 합니다. 작은 일에 얽매어 큰일을 잃는다면 반드시 화가 다가올 것입니다. 어물어물하다가는 나중에 뉘우칠 일이 생깁니다. 어려운 일에 결단을 내려 행하면 귀신도 피해 갑니다. 그렇게 함으로써만 성공이 약속됩니다. 아무쪼록 결단을 내리십시오."

호해는 한숨을 내쉬었다.

"아직 제왕의 승하도 공포되지 않았고 장례도 치르기 전인데, 어찌 이런 일을 승상에게 의논하겠소."

"아닙니다. 그러기에 오히려 촌각을 다투는 일입니다. 이것저것 따지고 있을 여유가 없습니다. 달리는 말에 채찍을 가하여 오직 달릴 따름이옵니다."

호해는 고개를 끄덕였다. 조고는 즉시 이렇게 말했다.

"승상과의 의논이 없이는 이 일은 성공하기 어렵겠습니다. 왕자님을 대신하여 제가 승상과 얘기하겠습니다."

조고는 곧장 이사를 만나 설득하기 시작했다.

진나라의 화살촉

"승하하신 폐하께서는 장차 부소에게 조서를 내리시어 당신의 유해를 셴양으로 모시도록 하라고 명령하셨고, 또한 부소를 후계자로 세울 것을 뚜렷이 말씀하셨습니다. 그런데 그 조서 말입니다만, 사실은 아직 발송하지 않았습니다.

황제께서 돌아가신 일은 아무도 모릅니다. 그리고 조서와 옥새는 호해가 가지고 있습니다. 그렇다면 승상과 제가 어떻게 행동하는가에 따라 태자가 결정된다는 얘기가 되겠는데, 승상께서는 어찌 생각하시는지요?"

"지금 무슨 소리를 하는 거요?"

"승상님, 자신과 몽염을 비교한다면 어느 쪽이

강자라고 생각하십니까? 능력과 공적 그리고 장래를 내다보는 안목과 천하의 신망을 얻고 있는 점, 또 큰아들 부소의 신임을 받고 있는 점에 대해서 말씀해 보시죠."

"나는 몽염을 당할 수 없소. 하지만 그게 어쨌다는 거요?"

"저는 비천한 출신입니다. 다행히 문서 기록의 직책에 처음으로 등용되었습니다. 그로부터 20여 년 동안 이 일을 맡아 보고 있습니다만, 그 동안에 한 가지 깨달은 것이 있습니다. 그것은 승상이나 공신이 일단 파면당하면 그 녹봉이 자손의 대에까지 계속된 예가 없었다는 사실입니다. 결국은 모조리 죽임을 당하여 집안이 망해 버리는 것입니다. 승상께서는 황제의 아들 20여 명에 대해 속속들이 잘 알고 계실 것입니다. 큰아들 부소는 호쾌한 성격이면서 무예가 뛰어난 분입니다. 신하를 신뢰하고 또한 신하를 다루실 줄 아시는 그런 인품입니다. 만일 그 분이 황제로 즉위하신다면 몽염을 승상에 앉힐 것은 분명합니다. 그렇게 될 경우, 승상께서 인수를 간직한 채 무사히 고향에 돌아가실 수 있으리라고는 생각되지 않습니다. 그럼 호해는 어떤가 살펴보십시다. 저는 황제 폐하의 명에 의하여 호해의 교육을 맡아서 수년 동안 법률을 가르쳐 왔습니다만, 일찍이 그 분이 잘못을 저지르는 것을 본 적이 없습니다. 그는 겸허한 인품으로 재물보다는 인재를 중히 여기십니다. 공적이 있는 사람에게는 예를 갖추어 존경을 표합니다. 여러 왕자님들 중에서는 으뜸이라고 할 것입니다. 후계자가 되실 분으로서 아무 손색이 없습니다. 아무쪼록 잘 살피시어서 결정을 내려 주십시오."

"어찌 그런 엄청난 이야기를 꺼내는 것이오? 나는 폐하의 조칙을 받들어 거행할 생각이오. 그 결정은 내가 내릴 일이 아니오."

"아닙니다. 세상을 변하게 하는 것은 사람입니다. 태평 천하도 난세를 초래하는 것도 모두 인간이 할 탓입니다. 태평 성세를 이룩하는 자가 비로소 만인의 존경을 받게 되는 것입니다."

"나는 본디 상채의 시골 구석에 태어난 일개 서민에 지나지 않았었소. 그러나 요행히 폐하에게 발탁되어 승상이 되었고, 열후에 봉해져서 자손들에 이르기까지 과분한 작록을 약속받은 것이오. 더구나 폐하는 진나라의 일과 위험을 내게 맡기고 돌아가셨소. 그럴진대 그 신뢰를 저버리는 짓을 내가 어찌 생각이나 하겠소. 충신이란 목숨을 바쳐서 임금을 모시는 법, 자신의 이해 득실에 마음을 빼앗겨서는 안 되오. 또한 효자라면 음모에 가담하여 위험 속에 뛰어드는 따위의 짓은 결코 하지 않는 법이오. 신하인 이상 직분을 지키는 일 이외에 또 뭐가 있겠소. 그대는 나를 범죄 속에 끌어들이려고 애쓰는 모양인데 이 이야기는 그만 둡시다."

조고의 설득은 계속되었다.

"예컨대 성인에 관해서 이런 얘기가 전해 내려오고 있습니다. 성인은 그 어떤 것에 대해서도 고집하지 않고, 융통성 있게 매사를 처리하기 때문에 변화에 따르고, 때를 따르고, 끝을 보면 처음을 알고, 처음을 보면 이미 끝을 통찰할 수 있다고 말입니다. 이 말은 모든 경우에 해당되는 것, 처음부터 일정하고 불변한 절대적인 법 같은 것은 존재하지 않습니다. 그 호해의 마음을 저는 이 손에 쥐고 있습니다. 어떠십니까? 변방에 있던 신하가 돌아와 궁중을 제압하고 또한 신하가 군왕을 제압하는 것이 불손임을 모르시진 않겠죠. 이미 대세는 결정되었습니다. 서리가 내리면 초목이 시들고 얼음이 풀리면 만물이 소생하는 법, 이것은 자연의 이치입니다. 승상께서는 이 이치를 아직도 깨닫지 못하고 계십니까?"

"또한 이런 전례도 있소. 진나라의 헌공은 태자를 폐했기 때문에 그 나라가 3대에 걸쳐 혼란을 거듭했소. 제나라에서는 왕자들이 자리 다툼을 했기 때문에 환공께서 승하한 뒤에도 장례를 치르지 못하고 방치했었소. 은나라의 주왕은 친척들을 죽이고 간언을 듣지 않았기 때문에 사직의 위험을 초래하였소. 그들은 모두 하늘의 뜻을 거역한 탓으로 자손이 끊기고 말았던 것이오. 나는 인간으로서 온전한 태도를 취하겠소. 하늘의 뜻을 거역하는 음모에는 결코 동조할 수가 없소."

진나라 귀족들이 사용하던 허리띠 고리

"안과 밖이 일치하면 의혹이 생길 까닭이 없습니다. 저의 일에 찬성해 주시면 승상께서는 길이 봉후의 지위를 누릴 것이며 자손들까지도 제후 칭호를 보전할 것입니다. 반드시 왕자교나 적송자 둘 다 전설상의 선인과 같은 장수를 얻을 것이며, 공구나 묵책 같은 성인의 슬기를 얻으실 것입니다. 만일 거절하시면 그 화는 자손들에게까지 미치겠지요. 현명한 자는 화를 바꾸어 복으로 하는 법. 화냐 복이냐, 승상께서는 어느 쪽을 택하시겠습니까?"

이사는 하늘을 우러러보며 한숨을 쉬었다. 그리고 눈물이 뺨을 적셨다.

"난세에 태어나 이런 치욕을 겪어야 한단 말인가. 도대체 나는 어찌해야 좋을 것인가?"

이사는 끝내 조고의 뜻에 동의하고 말았다.

조고는 돌아가 호해에게 보고했다.

"태자님의 명령을 받들어 승상에게 전달하고 왔습니다. 승상도 반대하진 않더군요."

호해 · 조고 · 이사 등은 서로 모의하여 시황제의 조칙을 받았노라고 속여, 승상의 이름으로 공자 호해를 태자로 받들 것을 발표했다.

그리고 변방에 있는 큰아들 부소에게는 다음과 같은 허위 조서가 작성되었다.

> "짐은 천하를 돌아다니며 명산의 제신들에게 제사를 지내 장수를 빌고 있다. 그런데 부소는 몽염과 더불어 수십만의 대군을 이끌고 변경에 머물기 10여 년, 한 발자국도 나아가지 못한 채 수많은 병사들을 잃었을 뿐 털끝 만한 공조차 세운 일이 없다. 그럼에도 불구하고 빈번히 글을 보내어 짐이 하는 일에 비방을 일삼아 왔다. 게다가 궁성에 돌아와 태자로 책봉되는 것을 허락받지 못한다 하여, 밤낮으로 짐을 원망한다고 들린다. 너는 아비의 자식으로서 불효 막심이다. 이에 하사하는 칼로써 자결하여라. 또한 장군 몽염은 부소와 함께 지내면서도 부소를 바로 보필하지 못했다. 그 음모를 미루어 짐작할 만하거니와 신하로서의 불충을 저지른 것이다. 따라서 자결을 명령한다. 이제부터 군의 지휘는 부장 왕이에게 위임할지어다."

이 조서는 호해의 식객을 사자로 보내 상군에 있는 부소에게 전달시켰다. 조서를 받아 읽은 부소는 울음을 터뜨리며 안으로 달려가서는 그

자리에서 자살을 도모했다. 이때 몽염이 그 손을 잡아 누르고,

"폐하께서는 현재 도성에 계시지 않으며, 또한 태자를 결정하신 일도 없습니다. 그리고 폐하께서는 저에게 30만 명의 군사를 주어 변경을 지키게 하셨고 공자님을 감독으로 임명하셨습니다. 이렇듯 공자님은 중책을 맡고 계십니다. 사자가 왔다고 해서 곧 자살해 버리다니 될 말입니까? 사자가 가짜가 아니라고 누가 보증합니까? 제발 황제께 한 번 사면을 청하여 보십시오. 자결은 그런 뒤에 하셔도 늦지 않습니다."

사태가 심상치 않게 되었음을 깨달은 사자가 집요하게 자결을 강요했다. 부소는 성품이 착했다.

"아버님께서 아들에게 죽음을 명령하신 것이오. 이제 와서 소명을 청하다니 부당한 얘기요."

몽염에게 이 말을 남기고 부소는 자결하였다. 그러나 몽염은 자결하기를 거절했다. 사자는 그를 관리에게 인계하여 양저우의 감옥에 가두고 돌아와 사건의 경위를 호해 · 이사 · 조고에게 보고했다. 세 사람은 크게 기뻐하고 셴양으로 돌아와서 비로소 시황제의 죽음을 널리 알렸다.

9월, 시황제의 유해를 여산에 장사지냈다. 여산은 시황제의 즉위 때부터 묘지로 결정되어 그때부터 공사가 시작되던 곳으로서, 그가 천하 통일 이후에도 사형수 60여만 명을 동원하여 공사를 계속했다.

땅 속 깊이 3층의 수맥을 파고 들어간 곳에 묘실이 마련되고, 동판을 두껍게 깐 위에 관이 안치되었다. 묘의 안에는 궁전을 만들고 제관의

진 시황릉에서 발견된 유물

자리도 마련했다. 또한 궁중의 보물 창고에서 진기한 보물을 날라다가 그 속에 진열하고, 이를 훔치려는 자가 접근하지 못하도록 하기 위해서 자동 발사 장치로 된 활을 만들게 하고, 침입자가 있을 경우에는 이것이 화살을 발사할 수 있게 마련되었다.

또한 수은으로 백천, 강 및 대해를 만들어 기계 장치에 의하여 자동적으로 그 수은의 줄기가 돌아 흐르도록 했다. 천정에는 천문을, 바닥에는 전국의 지리를 그려 넣었다. 묘실을 밝히는 불의 연료로는 오래 꺼지지 말라는 뜻으로 인어의 기름을 사용했다.

2세 황제 호해는,

"선황의 후궁 가운데는 아이를 낳지 않은 여인들이 많다. 이들을 그대로 후궁에서 내보낼 수는 없다."

하여 모조리 자결을 명령했다. 그리고,

"기술자들은 기계를 만들었고, 보물들을 매장했습니다. 이 중대한 사실이 만에 하나라도 세상에 알려지면 큰일입니다."

하고 건의하는 자가 있었다.

진 시황제의 유해가 매장된 후, 묘도의 중간 문을 닫을 때 바깥 문도 닫아 버려 기술자들이 모두 그 속에 갇혀 생죽음을 당하게 만들었다.

묘지에는 나무를 심어 겉으로는 보통 산과 다름없이 보이도록 위장했다.

이리하여 호해 황제 원년이 되었다. 이때 황제는 스물한 살이었다.

조고는 낭중령으로 시황제의 신임을 독차지하고 나라의 모든 것을 손에 넣었다.

호해 황제는 비밀리에 조고를 불러 상의했다.

"대신들은 나를 우습게 보는 모양이고 관리들도 내 뜻대로 움직여 주지 않는 것 같소. 내 형들도 제각기 제위를 넘보고 있을 것이오. 적당한 방법이 없겠소?"

"저도 진작부터 그걸 생각하고 있었지만, 송구스러워서 말씀드릴 수가 없었습니다."

"대신들은 누구나 명문의 출신으로 여러 대에 걸쳐 공을 쌓아 온 사람들입니다. 그런데 저는 비천한 출신입니다. 그런 제가 폐하의 부름을 받자와서 조정의 대신들의 위에 앉아 궁중의 모든 일을 맡고 있습니다. 대신들의 입장에서 보면 이건 정말 재미없는 일이겠죠. 그들은 마음속으로는 결코 복종하지 않습니다.

지금 폐하께서는 각지를 돌아다니고 계십니다만, 지금이 좋은 기회가 아닐까 생각합니다. 이때에 각 군 · 현의 수 · 위들을 엄격히 다스려서 죄 있는 자는 처벌하십시오. 그렇게 함으로써 폐하의 권위를 천하에 미치도록 할 수 있을 것이며, 평소에 폐하의 마음을 상하게 한 자들도 없앨 수가 있습니다.

지금은 황제가 모든 것을 결정하는 시대입니다. 이러한 시대의 흐름을 놓치시면 안 됩니다. 제발 망설이지 마시고 빨리 단행하십시오. 그렇게 하시면 신하들이 불손한 일을 도모할 일이 없어집니다.

대체로 명군은 새로운 사람을 조정에 등용하고 천한 신분의 사람을 발탁하여 기르는 일, 가난한 자에게 부를 주는 일, 숨은 인재를 발굴하는 일에 온 힘을 다합니다. 이 네 가지의 일을 실천하실 때, 상하는 한 덩어리로 굳게 뭉쳐지고 나라는 안정을 얻습니다."

호해는 즉시 이 건의를 실천에 옮겼다. 죄를 뒤집어씌워서 대신이나 왕자(2세의 형제)들을 차례로 죽였다. 더구나 이에 연좌시켜 선왕의 측근 신하인 삼랑관까지도 모두 체포하였기 때문에 조정에는 죄를 모면할 자가 한 사람도 남아 있지 않게 되었다. 두 땅에 가 있던 6명의 왕자는

진 시황제의 능에서
발견된 병마용의 일부

죽임을 당했으나 왕자 장려와 다른 두 형제는 내궁에서 잡혔다. 그 때문에 그들에 대해서는 조사가 좀처럼 결론이 나지 않았다. 감질이 난 2세 황제는 사자를 보내 장려에게 말했다.

"그대는 신하로서의 자신의 신분을 잃어버렸으니, 그 죄는 사형에 해당한다. 이에 형리를 보내 형을 집행한다."

그러나 장려는 승복하지 않았다.

"나는 조정의 의식이 있을 때에는 언제나 의례관을 따라 행동하였고, 종묘의 의식에 있어서도 순위를 다툰 적이 없었다. 또한 황제의 명령에 의하여 빈객을 접대하는 자리에서도 명령을 위반한 일이 한 번도 없었다. 명령을 따른 것이 어째서 분수를 망각한 일이란 말인가? 그 이유를 알기 전에는 절대로 죽을 수 없다."

그러나 사자는 계속 말하는 것이었다.

"저는 조정의 회의에 참석하지 않았습니다. 다만 황제의 명령을 받들어 형을 집행할 따름입니다."

장려는 하늘을 우러러 세 번 힘껏 외쳤다.

"이런 것이 천명이라고 하는 것이냐? 하지만 나에게는 아무 죄가 없다."

삼형제는 눈물을 흘리며 함께 칼을 뽑아 자결했다. 이 사건은 왕족들의 간담을 서늘하게 했다. 황제에 대하여 섣불리 간언이라도 했다가는 비방죄에 적용되었기 때문에 고관들은 자신의 자리를 보전하는 일에만 급급하여 듣기 좋은 말밖에는 하지 않게 되었다. 그리하여 백성들은 누구나 공포에 떠는 시대가 다가온 것이었다.

이 해의 4월, 나라 안을 돌아다니다가 수도 셴양으로 돌아온 호해 황제는,

"선제께서는 대궐이 좁아 아방궁의 건축에 착수하셨는데 준공을 보시기 전에 승하하셨다. 그래서 나는 공사를 일시 중지하고 여산의 능묘부터 완공시켰다. 능이 완성된 지금 아방궁의 건축을 미완성인 채로 놓아 둔다면 이는 선제의 사업을 비판하는 것처럼 보일 우려가 있다."

이렇게 말하고 아방궁의 공사를 다시 시작했다.

그리고 변경의 오랑캐를 공격하는 일에도 시황제의 적극적인 정책을 따르기로 했다. 그래서 전국에 대동원령을 내려 힘센 남자 5만 명을 징집하고 이를 셴양의 둔영에 상주시켜 활 쏘기 등의 훈련을 연마케 했다.

그래서 말을 비롯해서 군용 가축들의 사료를 확보하기 위해서 각 군 · 현에 징발령을 내려 콩 · 조 · 사초 따위를 셴양으로 보내도록 했다. 게다가 이 수송에 징발된 농민들에게 식량을 스스로 부담토록 했다. 그 결과, 셴양을 중심으로 한 주위 3백 리 이내의 농촌은 심각한 식량난에 빠졌다. 그럼에도 불구하고 조정의 법령은 더욱더 가혹하게 집행되었다.

7월에 들어서서 마침내 초나라 지방에서 반란이 일어났다. 변경 수비군에 동원된 진승 등이 군사를 일으켰다. 그들은 '장초張楚' 란 국호를 내세우고 스스로 초왕을 자칭하고, 진에 거점을 두어 각지의 장병을 모아 세력을 넓혀 갔다. 진나라의 학정에 시달리던 산둥의 각 군 · 현에

서는 젊은이들이 반란을 일으켰다. 그들은 고을의 수 · 위 · 영 · 승 등을 죽이고 진승에게 호응하여 제각기 후 혹은 왕을 자칭하며, 진나라를 쳐부수자는 기치 아래 연합했다. 이 연합 세력이 서쪽으로 나아갔다.

한편 진나라 조정에서는 알자궁중에서 빈객을 대접하거나 사자로서 파견되는 관리의 한 사람이 동쪽에서 돌아와 반란의 실정을 보고했다. 그러나 호해 황제는 이를 믿지 않고 오히려 그를 옥리에게 넘겨 버리고 말았다. 곧 전선으로부터 사자가 도착했다. 호해가 그곳의 실정을 묻자 사자는 꾸며 댔다.

"한낱 떼도둑에 지나지 않습니다. 군의 수 · 위 등이 모조리 잡아들이고 있었으니 지금쯤은 완전히 소탕되었을 것입니다. 심려를 놓으십시오."

호해는 이 말을 듣고 기분이 좋아졌다.

그러나 현실은 이와 정반대였다. 조나라에서는 무신이 일어나 왕이 되었다. 위에서는 위구가, 제에서는 전담이 왕을 자칭했다. 다시 패에서도 패공(한나라의 시조 유방을 가리킴)이 일어났고, 회계군에서는 항량이 군사를 일으켰다.

호해 황제 2년째의 겨울, 진승의 부하 주장이 거느리는 반란군이 한구관을 넘어 희 땅까지 나아가서 수도 셴양을 위협했다. 그 군사들은 10만 명을 헤아렸다. 크게 당황한 호해 황제는 대책을 물었다.

이때 소부 장한이 건의했다.

“적도들은 이미 인근까지 쳐들어왔습니다. 숫자도 많고 몹시 날쌘 놈들입니다. 이제 와서는 이 부근의 장병에게 동원령을 내려도 때를 맞춰 오지 못할 것입니다. 다행히 여산에는 능의 노역에 동원되었던 죄수들이 다수 남아 있습니다. 그들을 석방하여 무기를 주고 싸우게 하심이 어떻습니까?”

호해는 나라 안에 대사령을 내리고, 장한에게 죄수 부대의 지휘를 맡겼다. 장한은 주장의 군대를 맞아 싸워 이를 무찌르고 도망가는 주장을 뒤쫓아 마침내 조양에서 잡아 죽였다.

호해는 다시 장한의 보좌역으로서 장사 사마흔과 동예를 보내 반란군을 공격케 했다. 반란군은 패주하던 끝에 진승은 성보에서 죽었으며 항량은 정도에서 패하였고 위구는 임제에서 죽었다.

초나라 지방에서 일어난 반란군이 지도자들과 함께 이렇게 패하자 장한은 북쪽으로 올라가 황하를 건너, 조왕 헐 등이 할거하는 거록 지방을 공격하려 하였다.

반란군이 진정된 후에 조고가 호해에게 건의했다.

“선제의 위엄 앞에서는 신하들이 누구 하나 법을 어지기 못하였고 사설을 늘어놓지 못하셨습니다. 그러나 폐하께서 공경들과 더불어 조정에서 정사를 보시는 일이 과연 어떨는지 모르겠습니다. 만일 결재하시는 일에 어떤 착오라도 생기는 경우에는 그것이 폐하의 잘못임을 신하들 앞에 드러내는 결과가 됩니다. 원래 천자가 짐이라고 칭하는 것은 짐징조을 보인다는 뜻에서입니다. 앞으로 폐하께서는 대신들에게 모습도 나타내시지 않음은 물론 목소리도 들려 주시지 말아야 되겠습니다.”

그로부터 호해는 궁중에 틀어박힌 채 오직 조고만을 상대하여 나랏일을 보게 되었다. 비록 대신이라 할지라도 조정에서 황제의 모습을 보기가 어렵게 되고 말았다.

조고는 승상 이사가 호해를 만나고 싶다는 이야기를 듣고 이사를 만나 이렇게 말했다.

"관동(한구관 동쪽)에는 난적들이 기세를 떨치고 있습니다. 그런데도 폐하께서는 백성들을 가혹하게 노역에 동원하여 아방궁의 역사를 진척시키고 계실 뿐만 아니라 개나 말 같은 동물들을 모아들이고 계십니다. 저로서도 간하는 말씀을 올리고 싶습니다만, 저는 비천한 출신이어서 송구스럽기만 할 뿐입니다. 이런 문제는 아무래도 승상께서 말씀해 주십시오."

"나도 벌써 그런 생각은 하고 있었지만 요즘 폐하께서는 조정에 나오시지 않고 늘 궁중에만 계시니 어찌 하겠소. 말씀드리고 싶은 일이 있어도 기회가 없소."

"제가 폐하께 말씀드려 승상께 알려 드리겠습니다."

이런 이야기를 미리 말해 놓고 조고는 호해가 술자리를 벌이고 궁녀들과 어울려 놀고 있을 때 승상에게 알렸다.

"지금이 폐하께 상주하실 기회입니다."

이사는 곧장 달려와서 황제를 만나려고 했다.

이런 일이 여러 번 되풀이되자 호해는 몹시 화를 냈다.

"승상은 짐이 재미 좀 보려고 하면 찾아와서 잔소리를 늘어놓지 뭔가. 짐을 병신으로 아는가."

조고는 기다렸다는 듯이 이렇게 말했다.

"이것은 매우 위험한 징조입니다. 지난날 사구에서 모의를 가졌을 때에는 승상도 가담했었습니다. 폐하께서는 이제 황제가 되셨지만 승상의 지위는 전혀 변하지 않았습니다. 아마도 그 불평이 아닐까요? 폐하께 성가시게 구는 것도 영토를 받아 왕이 되려고 하는 속셈이 있는 겁니다. 그뿐이 아니라, 실은 승상의 큰아들 이유의 일 말입니다. 이유는 현재 삼천 군수로 있습니다만, 초나라 진승이 삼천군을 지날 때에도 성 안에 처박혀 출전하려고 하지 않았습니다. 그것도 진승의 고향이 바로 승상의 고향과 이웃한 곳이어서 봐주었다는 소문이 들립니다만, 자세한 내막은 알지 못하기에 폐하께는 말씀드리지 않았던 것이옵니다. 게다가 또 한 가지, 지금 조정에서는 승상의 권세가 폐하를 능가할 정도입니다."

진나라 2세 황제 호해의 조판

그의 말을 듣고 호해는 고개를 끄덕였다. 즉시 이사의 죄상을 조사하기 시작하였는데, 만족할 만한 결과를 얻기가 몹시 힘들어서 그 대신 그의 아들 삼천군수 이유가 반란군과 내통한 사실을 조사하게 했다.

이 사실을 전해 들은 이사는 즉시 호해를 만나려고 하였으나 마침 황제가 감천궁에서 씨름과 연극 등을 구경하고 있는 중이어서 뜻을 이루지 못하였다.

반란군의 세력은 점점 커졌다. 이를 진압하기 위해 조정에서는 관중의 주력 부대까지도 관동으로 계속 보내지 않으면 안 되었다.

이때 우승상 풍거질, 좌승상 이사, 장군 풍겁 등이 나서서 호해 황제에게 건의했다.

"관동에서는 도적 떼가 일어나고 있습니다. 조정에서도 토벌군을 보내어 상당한 전과를 올리고는 있습니다만 아직 회복되지 못한 상태입니다. 이처럼 도둑들이 들끓는 것은 백성이 변경 수비, 물자 수송, 노역 등의 일에 견디어 내지 못하는 데다가 세금 또한 무겁기 때문입니다. 제발 당분간이라도 아방궁의 건축 공사를 중지하시고 병역 및 노역을 경감해 주시기를 바랍니다."

호해 황제의 대답은 다음과 같았다.

"한비는 이렇게 말했소. 요임금과 순임금은 초가집에 살면서 질그릇으로 식사를 했다. 문지기가 오히려 무색해할 정도로 몹시 검소한 생활을 했다. 또한 우임금은 용문산을 뚫어 대하의 수로를 만들고 황하에서 범람하는 물을 바다로 뽑아내는 등 공사를 하면서 임금 자신이 손수 흙을 만지고 절굿공이와 괭이를 잡고 무릎이 벗겨지도록 일을 했다. 노예보다도 더한 노동이었다. 그러나 처음부터 천하를 손에 넣을 때의 목적은 무엇인가? 천하를 손에 넣으면 하고 싶은 일이 모두 마음대로 되고 어떤 욕망이라도 자신의 마음대로 충족시킬 수 있기 때문이 아닌가. 천자로서 스스로 노동해야 할 까닭은 없는 것이다. 법이라고 하는 것은 잘 활용하기만 하면 백성들과 세상을 다스릴 수가 있다. 그럼에도 순임금이나 우임금은 천자라는 존귀한 자리에 있으면서도 스스로 가난한 생활을 택하여 백성에게 모범을 보이려고 했다. 그러나 그런 방식은 본받을 필요가 없다. 짐은 천자에 앉기는 하였으되 아직 그 실익을 거두지 못하고 있소. 그러기에 천자다운 풍모를 갖추기 위하여 1천 승의 마차를 비롯한 여러 가지 격식을 정비하고 있는 것이오. 더구나 이것은 선제의 뜻이기도 하오. 선제께서는 제후로부터 출발하여 천하를 통일하셨소. 천하를 평정하신 뒤에는 외부의 야만족을 무찔러서 변경을 안정케 하셨고, 이번에는 궁궐을 건설하여 진나라가 번성하는 모습을 과시하려고 하신 것이오. 이러한 선제의 대업이 이미 진행 중이라는 사실은 경들도 잘 알고 있는 일이 아니겠소. 짐이 즉위한 이래 2년 동안 도둑들이 다투어서 일어났지만 경들은 이를 진압하지 못하고 있소. 하물며 선제께서 착수하신 사업을 중지하라고 간하다니 그게 될 말이오? 첫째로는 선제께 대한 망은이며, 둘째로는 짐에 대한 불충이오. 경들은 스스로가 부끄럽지 않소?"

풍거질 · 이사 · 풍겁 등을 옥리에게 넘겨 죄상을 밝히게 했다. 풍거질과 풍겁은,

"일국의 승상과 장군이 이런 수치를 겪어야 하다니!"

하며 분하여 자결했다. 이사는 투옥된 뒤 5형(몸에 문신을 새기는 형, 코를 자르는 형, 다리를 끊는 형, 머리를 잘라 저잣거리에 매달은 형, 시체를 소금에 절이는 형을 차례로 행하는 형벌)에 처해지게 되었다.

사지가 묶인 채 옥에 갇힌 이사는 하늘을 우러러보며 깊이 탄식했다.

"아아, 무도한 임금을 위해서는 제아무리 충성을 바쳐도 헛수고라는 뜻인가. 옛날에 걸왕은 관용봉을 죽였고, 주왕은 왕자 비간을 죽였고, 오나라의 왕 부차는 오자서를 죽였다. 죽은 그 세 사람은 모두가 충신들이었는데 결국은 죽음을 면치 못하였다. 그것은 그들의 상대가 충성을 바칠 만한 인물이 못 되었기 때문이다. 나는 그들 세 분에게는 미치지 못하거니와 그 대신 2세 황제의 무도함은 그 세 임금을 능가한다. 내가 충성으로 말미암아 죽임을 당하는 것도 이런 면에서는 당연할는지 모른다. 생각건대, 호해 황제의 다스림이 결코 순탄할 리는 없다. 그는 형제를 죽이고 제위에 올랐으며, 지금에 와서는 충신을 물리치고 조고 따위와 결탁하여, 아방궁 건축을 위해 천하에 중세를 과하고 있지 않은가. 나는 간하지 않았던 것이 아니다. 2세 황제가 귀를 기울이지 않았을 뿐이다. 옛날 성군은 음식이나 대궐의 온갖 것에 이르기까지 절도를 지켜, 사업에 착수할 경우에도 여분의 비용을 들여 백성의 부담을 늘리는 일은 절대로 피했다고 한다. 그렇게 하였기에 안락과 태평을 오래도록 누릴 수 있었던 것이다. 그에 비할 때 지금의 황제는 어떠한가. 형제들에게는 포악하게 굴었으면서도 반성하는 빛이 없고, 충신을 불법적으로 없애면서도 그 화를 깨닫지 못하고, 천하에 중세를 과하여 아낌없이 대궁전의 건축에 쏟아 붓고 있지 않은가. 이만큼 무도한 짓을 거듭한 이상, 천하가 그의 무도함을 따질 리는 없다. 반란군은 이미 천하의 절반을 점령했다. 그럼에도 아직 눈을 뜨지 못하고 조고 따위만을 믿고 있다. 반드시 반란군은 함양까지 쳐들어올 것이며 마침내 궁전은 폐허로 변하고 사람 없는 옛터에는 사슴이 걸어다니게 될 것이다."

호해는 조고에게 명령하여 이사의 죄를 조사하게 했다. 조고는 이사가 아들 이유와 함께 모반을 꾀하였다 하여 일족과 식객들을 모조리 잡아들였다. 조고는 이사를 가혹한 고문에 부쳤다.

태장을 맞고 이사는 없는 죄를 자백했다. 이사가 자살하지 않는 것은 자신의 공을 믿었던 탓이며 또한 모반이 전혀 없었기 때문이었다. 일이 밝혀지면 황제도 뉘우치고 자신을 풀어주려니 했던 것이다. 그는 그렇게 믿어 의심치 않았기 때문에 감옥에서 다음과 같은 상소를 올렸다.

"소신은 승상으로서 30여 년, 진나라의 영토가 아주 보잘것없었을 때부터 섬기어 왔습니다. 선제께서 아직 진왕으로 계셨을 때 진나라의 영토는 고작 사방 천 리, 군사도 수십만에 지나지 않았습니다. 소신은 정성을 다하여 법령을 집행하였습니다. 모신에게 돈을 주어, 널리 제후들에게 유세를 시키는 한편, 은밀히 군비를 충실하게 하고 정치와 교육을 정비하고 공이 있는 병사들을 포상하고 공신을 받들고 작록을 후하게 베풀었습니다. 그리하여 한나라를 위협하고 위나라를 약화시키고 연나라와 조나라를 격파하고 제나라와 초나라를 평정하여 그 왕들을 포로로 하였으며 진왕을 천자로 옹립했던 것입니다. 이것이 소신이 범한 죄의 첫 번째입니다. 진나라의 영토는 꽤 넓어졌다고 하나, 북의 야만족과 남의 백월을 평정함으로써 진나라는 천하의 강대국으로 군림하였습니다. 이것이 죄의 두 번째입니다. 대신을 존경하고 그에 작위를 높여 줌으로써 그들의 충성심을 튼튼히 하였습니다. 이것이 죄의 세 번째입니다. 사직을 모시고 종묘를 정비하여 군왕의 어진 덕을 나라 안에 과시하였습니다. 이것이 죄의 네 번째입니다. 그리고 또, 도량형을 통일하고 문물 제도를 천하에 고루 미치게 하여 진나라의 이름을 불후의 것으로 다져 놓았습니다. 이것이 죄의 다섯 번째입니다. 길을 정비하고 황제의 나라 안의 돌아다님과 의식을 성대하게 갖추어 주군이 건재하심을 천하에 떨치게 하였습니다. 이것이 죄의 여섯 번째입니다. 백성들에게 형벌을 부드럽게 하고 과세를 가볍게 하여 민심의 파악에 힘썼으며, 만민이 황제를 우러러 모시게 하여 죽을 때까지 은덕을 잊지 않도록 하였습니다. 이것이 죄의 일곱 번째 것입니다. 소신과 같은 사람은 훨씬 전에 죽었어야 마땅하였습니다. 그런데도 황공하옵게도 폐하께서 소신에게 최선을 다할 기회를 주셨으며, 그 덕분에 오늘날까지 목숨을 부지해 올 수도 있었습니다. 아무쪼록 이상과 같은 일들을 살피시도록 소청을 드리는 바입니다."

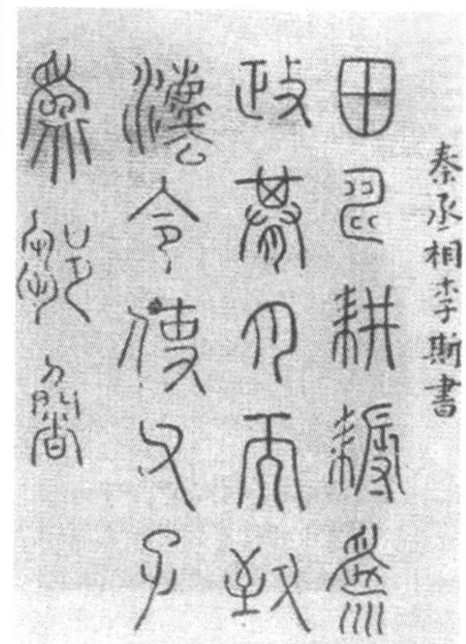

이사의 글씨

그러나 상소가 올라가자 조고는,

"죄수가 감히 무슨 상소냐!"

하고 계원으로 하여금 찢어 없애게 하였다.

그뿐 아니라, 자신의 식객 10여 명을 어사 · 알자 · 시중 등의 관리로 등용하여 계속 감옥에 들여보내서 이사를 심문하도록 했다. 그러고는 이사가 만일 범죄 사실을 털어 놓지 않으면 그때마다 무시무시한 태장으로 닦달토록 했다. 마침내 호해 황제가 사자를 보내 최종적으로 심문하는 자리에서 모든 희망을 버린 이사는 모든 것을 체념하고 상대가 부르는 대로 죄를 인정하고 말았다.

"그대가 손을 쓰지 않았더라면 짐은 자칫 승상에게 속아 넘어갈 뻔했었군……."

이사에 관한 범죄 사실이 올라오자 호해는 기뻐서 이렇게 말했다.

앞서 호해는 적군과 밀통했다는 혐의로 삼천군 태수인 이유에게 조사관을 보냈었는데, 조사관이 현지에 도착했을 때에 이유는 이미 반란군의 항량에게 죽임을 당했다. 이 사실을 보고하기 위하여 조사관이 돌아왔을 때는 이사가 옥중에 잡혀 들어간 뒤였다. 그러자 조고는 마침 잘됐다면서 이유와 이사의 모반 공술서를 멋대로 꾸몄던 것이다.

호해 황제 2년 7월, 이사는 셴양의 저잣거리에서 5형을 당하는 요참(허리를 자르는 형벌)의 형을 집행하기로 결정되었다. 이사는 옥에서 끌려나와 둘째아들과 함께 형장으로 끌려 갔다.

도중에 그는 둘째 아들을 돌아다보며 푸념을 했다.

"상채(이사의 고향)에 살 때, 너와 함께 사냥개를 데리고 나가 동문 교외에서 곧잘 토끼 사냥을 했었지. 이젠 그것도 옛 이야기구나."

그들은 슬피 울었다. 그리고 일족은 몰살당하였다.

# 팽월彭越 열전

팽월은 창읍에서 태어났고 자는 중仲이다.

그는 거야의 호수에서 고기잡이를 하는 어부였으나, 그는 사실은 부근의 도둑 떼에 가담하고 있었다. 진승과 항량이 들고 일어났다는 소문이 들려 왔을 때 도둑 친구들이 팽월에게,

"여기저기서 호걸들이 반기를 든 모양이오. 모두가 천하를 얻으려는 배짱들이오. 형님, 우리도 한판 붙어 보는 것이……."

하고 구슬렀다. 그러나 팽월은 듣지 않았다.

"지금의 세상은 두 마리의 용이 씨름을 벌인 셈이야. 아직은 일러. 좀 두고 볼 수밖에."

그로부터 1년쯤 지난 뒤에 백 명도 넘는 젊은이들이 모여들어 팽월에게 두목이 되어 달라고 간청했다.

"안 돼, 너희들과 일을 꾸밀 생각은 없다."

하고 여전히 거절했으나 그들이 물고 늘어지는 바람에 팽월은 마지못해 승낙했다. 그들은 다음날 들고 일어날 날짜로 정하고 해 뜨는 시간

에 모이기로 굳게 약속했다. 그리고 지각하는 자는 그 자리에서 처치해 버린다는 약속도 이루어졌다.

그런데 이튿날 아침에 모이고 보니 지각하는 자가 10명 이상이나 되고 어떤 자는 한낮이 가까워서야 나타나기도 했다.

단상에 올라선 팽월은 이렇게 말했다.

"너희들은 나를 두목으로 뽑았다. 오늘에 보니 약속을 어기는 자가 이렇게 많이 생기다니 참으로 한심하구나. 이렇게 많은 지각자들을 모두 처형할 수는 없으니 맨 마지막에 도착한 자만을 처치하기로 한다."

팽월은 두목 격인 부하에게 명령하여 맨 나중에 온 자를 죽이라고 명령했다. 그러나 모두들 웃으면서,

"늦게 왔다고 죽일 것까지야 없지 않소. 다음부터나 주의하면 될 텐데."

팽월은 뛰쳐나가 맨 나중에 온 자를 끌어 내어 한칼에 목을 베어 버렸다. 그리고 제단 위에 그의 시체를 바치고 그들을 향해 호령했다. 그러자 그들은 간담이 서늘해져 모두 팽월 앞에 무릎을 꿇었다.

이리하여 팽월은 그들을 거느리고 각지를 공격하는 도중에 제후군의 낙오병이나 패잔병을 부대에 끌어들여 이윽고 천여 명의 부하들을 거느리게 되었다.

유방이 탕에서 북쪽으로 올라와 창읍을 공격할 때 팽월은 유방을 도와 공격에 참전했다. 그러나 유방은 창읍 공략에서 실패하고 군을 철수

하여 서쪽으로 갔다. 그러자 팽월은 부하를 거느리고 거야로 되돌아가 위나라의 패잔병을 모아 세력을 넓혔다.

드디어 초나라의 항우가 관중을 정복, 제후를 각지의 왕에 책봉하자 그들은 각기 영지로 돌아갔다. 그런데 팽월은 1만 명을 넘는 대군을 거느리고 있었음에도 아무런 대우를 받지 못하였다.

한나라 원년의 가을, 제왕 전영이 항우에 반기를 들었다. 한왕 팽월에게 사자를 보내 장군의 인수를 주고, 제나라와 협력해서 제음으로부터 남쪽으로 내려와 초나라를 공격할 것을 요구했다. 이에 초나라는 소공각이 지휘하는 토벌군을 보내왔으나 팽월의 공격을 받아 무너졌다.

한나라 2년의 봄, 한왕은 서위왕 표 및 그 밖의 제후와 연합하여 초나라를 치기 위한 군사들을 편성했다. 이때 팽월은 3만 대군을 이끌고 외황에 머무르고 있는 한왕에게 달려왔다. 한왕은 위나라의 왕위에 관하여 다음과 같이 그에게 요구했다.

"팽 장군은 위 땅을 차지하고 이미 10여 성을 손에 넣었소. 그리고 장군은 지금 옛 왕의 후손 가운데서 새로운 왕을 찾는다고 들었소. 그런데 현재의 서위왕 표는 위왕 구의 사촌 동생이므로 위왕의 후손임에 틀림없소. 이 사람을 왕으로 인정해 주면 좋겠소."

팽월이 승낙하자 한왕은 그를 위나라의 재상으로 임명하고 위나라의 옛 영토에 대한 분배 문제는 모두 팽월에게 위임하기로 했다. 그러나 유방이 팽성의 싸움에서 패하여 물러가자 팽월도 그의 성읍들을 모조리 빼앗기고 말았다. 팽월은 부하 군사를 이끌고 북쪽으로 올라가 독립된 부대를 만들어 황하의 연안서 활동하였다.

한나라 3년, 팽월은 한나라의 유격군으로 활약하여, 위 땅에서 초나라군의 보급로를 끊었다.

한나라 4년의 겨울, 초왕과 한왕이 형양에서 대치했다. 팽월은 한나라를 도와 수양·외황 등의 17개 성을 공격했다. 초왕은 이 소식을 듣자 조구에게 성고의 수비를 맡기고 스스로 동쪽으로 나아가 팽월이 함락했던 성읍을 모두 되찾았다. 이때 팽월은 북쪽 곡성까지 도망가지 않으면 안 되었다.

**한나라** 5년의 가을, 초나라의 항우가 패하여 양하로 내려가자 팽월은 다시 창읍 부근의 20여 성을 손에 넣었다. 그는 이때 차지한 10여만 곡(1곡은 열 말을 일컫는다)을 한왕에게 군량미로 주었다.

한왕은 전세가 불리해졌기 때문에 팽월에게 사자를 보내어 연합 전선을 펼치자고 제의했다.

그러나 팽월은

"위나라 지역을 가까스로 평정하였으나 아직도 초나라의 위협 아래 놓여 있습니다. 그래서 나는 이곳을 떠날 수가 없습니다."

그는 이렇게 거절했다.

한왕은 초나라군을 뒤쫓았으나 고능에서 초나라군의 공격을 받아 패하고 말았다. 한왕은 유후(장량)에게 그에 대한 방법을 의논했다.

"제후가 협조를 거절하고 있으니 어찌하면 좋겠소?"

장량은 대답했다.

"한신이 제왕이 되었을 때 대왕께서는 좋게 보시지 않았습니다. 그 때문에 한신은 자기의 지위에 관하여 늘 불안감을 품고 있습니다. 또한 팽월은 위나라의 땅을 평정하여 많은 공을 세웠는데도 대왕께서는 위표가 왕으로 있다는 이유로 팽월에게는 재상의 지위밖엔 주시지 않았습니다. 지금은 위표도 죽었고 그의 후계자도 없으며 그리고 팽월이 왕위를 바라고 있는데도 대왕께서는 위왕에 대한 결정을 미루고 계십니다. 한신과 팽월에게 제나라와 위나라를 주어 불만을 없앤 뒤에 맹약을 하는 것이 좋겠습니다. 수양 이북 곡성에 이르기까지의 전 지역을 팽월에게 주어 그를 왕으로 삼고, 진나라로부터 해안지대까지 동쪽 지역을 제왕에게 주십시오. 그 사람은 고향인 초나라 땅을 차지하기를 바랍니다. 대왕께서는 그 두 지역을 주시고 연합군을 만드셔야만 합니다. 그렇게만 하시면 그 두 사람은 당장 군사를 거느리고 달려올 것입니다."

진나라의 동으로 만든 그릇과 쟁반

한왕은 팽월에게 사자를 보내 장량이 건의한 대로 전했다. 그러자 팽월은 곧장 전군을 거느리고 가이샤에서 한왕과 합류하여 결국 초나라를 무찔렀다.

한나라 5년에 항우가 죽었다.

이 해 봄에 팽월은 위왕에 올랐고, 정도에 도읍을 정했다.

한나라 6년 팽월은 진나라에서 한왕께 근참했다.

한나라 10년의 가을 진희가 대에서 반란을 일으켰다.

고조는 몸소 군사들을 거느리고 한단에 이르러 양왕(팽월)에게 병력을 제공토록 명령했다. 이때 양왕은 병을 핑계 삼아 자신이 출전하지 않고 부하 장군에게 군사들을 인솔케 하여 한단에 보냈다. 화가 난 고조는 사자를 보내어 양왕을 꾸짖었다. 양왕은 처벌이 두려워 스스로 나아가 사과하려고 했다. 이때 장군 호첩이 말렸다.

"왕께서는 병을 핑계대고 부하를 대신 보내셨습니다. 그런데 고조의 꾸짖음이 있었다고 해서 가신다는 것은 더욱 곤란합니다. 가시면 틀림없이 붙잡히십니다. 이렇게 된 마당에 군사를 일으켜 반기를 드는 수밖에 없습니다."

양왕은 고조에게 가는 것을 포기했으나 호첩의 건의를 물리치고, 여전히 병을 핑계대고 누워 있었다.

이 무렵 양왕은 가신 태복을 처형하려고 했었다. 이를 눈치 챈 태복이 고조에게 도망가서 양왕과 호첩이 모반을 꾸미고 있다고 헐뜯었다.

고조는 사자를 보내 양왕을 사로잡아 갔다. 뤄양에 가두어진 팽월은 법관의 신문을 받아야 했다. 법관은 고조에게 이렇게 보고했다.

"모반의 사실이 뚜렷하오니 법에 의하여 처벌하는 것이 옳은 줄로 압니다."

고조는 그를 죽이지는 않고 그 대신 서민으로 떨어뜨려 역마로 촉나라의 청의에 유배를 보내도록 명령했다.

팽월을 태운 마차가 정나라에 이르렀을 때, 마침 장안에서 뤄양으로 오는 여후의 일행이 그곳에 도착했다. 길에서 만나기를 허락 받은 팽월은 여후 앞에 꿇어 엎드려 눈물로써 자기의 무죄함을 호소하고, 제발 고향인 창읍에 돌아가서 살도록 해 달라고 탄원했다.

여후는 그의 요구를 받아들여 자신의 일행에 끼워서 낙양으로 데리고 왔다.

여후는 고조에게 보고할 때 이렇게 말했다.

"팽월은 장사입니다. 만일 촉으로 귀양 보내어 살려 두시면 틀림없이 반기를 들 것입니다. 화근을 왜 남겨 놓습니까? 곧장 죽여 버려야 옳습니다. 저는 그렇게 생각했기 때문에 그 사람을 다시 데리고 온 것입니다."

여후는 심복인 신하에게 명령하여 팽월이 여전히 모반을 꾸미고 있다고 무고케 했다. 정위인 왕염개가 팽월을 비롯하여 가족 몰살의 형에 처할 것을 건의하자, 고조는 허락했다.

결국 팽월과 그 가족은 모조리 처형되고, 영지는 몰수되었다.

# 회음후淮陰侯 열전

회음후 한신은 화이신에서 태어났다. 그는 서민으로 지낼 때 돈도 없고 웃사람의 눈에 띌 만한 일도 한 일이 없어 관리도 되지 못하였을 뿐만 아니라 장사꾼으로 밥벌이를 할 만한 재주도 없었기 때문에 남의 집에 붙어서 식객 노릇이나 해야 되었는데 사람들은 모두 그를 싫어하였다.

한때는 하향현 남창의 정장의 집에서 얻어먹고 있었다. 몇 달째 놀면서 밥만 축내는 그를 정장의 아내가 몹시 밉게 보았다. 어느 날 그녀는 일찌감치 아침밥을 해 먹고 한신에게는 밥을 주지 않았다. 그러자 한신은 그 뒤로 정장을 찾지 않았다.

한신은 매일같이 화리인성 밖에서 낚시질을 하며 보냈다. 그때 그 냇가에는 몇 사람의 노파가 빨래를 하고 있었다.

그 중의 한 노파가 한신을 불쌍히 여겨 그에게 밥을 주었다. 무명을 희게 하는 작업이 끝나기까지 수십 일 동안 노파는 하루도 거르지 않고 한신에게 밥을 주었다.

한신은 크게 감격하여,

"이 은혜는 꼭 보답하겠습니다."
하고 감사의 뜻을 전하자, 노파는 한신을 꾸짖었다.

"몸이 멀쩡한 사내가 제 입 하나도 못 먹고 살다니. 너무도 불쌍해서 밥 몇 끼니 준 거야. 이 은혜에 보답해? 그 따위 바보 같은 소리는 하지도 마."

한신

그리고 어느 날 화이인의 백정 중에 평소에 한신을 업신여기던 한 젊은이가 이렇게 시비를 걸어 왔다.

"이봐, 칼까지 주워 찼으니 꼴은 제법인데 배짱은 빈 껍데기겠지."

구경꾼들이 몰려 오자 젊은이는 더욱 기고 만장하여,

"목숨을 버릴 배짱이면 그 칼로 나를 찔러 봐라. 그게 싫거든 당장 내 바짓가랑이 밑을 기어 나가라."

한신은 물끄러미 한참 동안 그를 지켜보고 있다가 마침내 땅에 엎드려 그의 바짓가랑이 밑을 기어 나갔다. 이를 본 구경꾼들은 모두 한신을 병신이라고 놀려 댔다.

**초나라** 항량의 군사가 화이수이를 건너 쳐들어왔다. 한신은 그 밑에서 싸웠는데 뚜렷한 솜씨를 나타내지는 못하였다.

회음후 열전 중에서

항량이 전사한 뒤로는 항우의 부하로 활약하여 낭중에 임명되었다. 한신은 항우에게 여러 번 싸움에 대해 건의하였으나 채택되지 않았다. 이에 한왕(패공)이 영지인 촉나라로 갈 때 초나라에서 도망가서 한나라에 들어갔는데 여기서도 인정을 받지 못하고 연오라는 보잘것없는 벼슬을 얻었을 뿐이었다.

그리고 어떤 사건에 연좌되어 참형을 언도 받기에까지 이르렀다. 죄를 지은 열세 사람이 차례차례 목숨을 잃었고 이번에는 한신의 목이 날아갈 판이었다. 그는 머리를 들고 주위를 두리번거렸다. 이때 그의 눈에 띈 사람이 등공(하우영)이었다. 한신은 그를 발견하고 소리쳤다.

"우리 군주는 천하 제패의 일에 뜻을 둔 분이 아니었던가요! 유능한 장사를 죽이다니 이 어인 일이오!"

등공이 바라보니 그의 모습이 결코 범상하지가 않았다. 등공은 처형을 중지케 하고 그의 죄를 사면해 주었다. 그 뒤 한신을 조용히 불러 이야기를 나누고 보니 과연 예상했던 대로 훌륭한 사람이였다.

등공은 즉시 그를 한왕에게 추천했다. 한왕은 한신을 치속도위에 임명하였으나 정작 그를 인정한 사람은 재상인 소하였다.

소하는 여러 번 한신과 이야기를 나누고 훌륭한 인재를 얻었음을 매우 흐뭇해하였다.

한왕은 한중왕으로 임명 받아 도성인 남정으로 향하였다. 그런데 도중에 여러 장수들이 도망하여 그 수가 수십 명을 헤아렸다. 한신 또한 소하 등이 여러 번 추천했음에도 승진이 되지 않아, 더 이상 붙어 있어 봤자 어리석은 일이라 생각되어 도망치고 말았다. 한신이 도망쳤다는 보고를 받은 소하는 한왕에게 미처 양해를 구할 사이도 없이 곧장 한신의 행방을 뒤좇았다.

이때 어떤 자가 한왕에게 보고했다.

"폐하, 승상 소하가 도망쳤습니다."

한왕은 몹시 화를 냈다. 승상이 도망쳤다면 한왕으로서는 양팔을 잘린 것이나 마찬가지였다. 이틀쯤 지나자 소하가 되돌아와 한왕을 만났다. 한왕은 무턱대고 고함부터 질렀다.

"귀공까지 도망을 치다니 대체 어인 연유요?"

"아닙니다. 도망가지 않았습니다. 도망친 자를 뒤좇아갔을 뿐입니다."

"도대체 어느 놈이오?"

"한신입니다."

또 다시 한왕은 화가 났다.

"이때까지 도망친 장군들이 수십 명이나 되는데 공은 아무도 뒤좇아 본 적이 없었소. 그런데 하필 한신 따위를 뒤좇다니 그게 말이 되오?"

"다른 장군들이라면 얼마든지 새로 임명할 수 있으니 문제가 안 됩니다. 그렇지만 한신은 다시 찾기 어려운 뛰어난 인물입니다. 폐하께서 앞으로 천하를 제패하실 뜻을 갖고 계신다면, 한신이 꼭 필요한 인물입니다. 문제는 대왕께서 어느 쪽을 택하실 것인가, 그것이 문제입니다."

"짐의 생각은 경이 잘 알지 않소. 동쪽으로 나아가 천하를 다툴 결심이오. 이런 곳에 언제까지 처박혀 있겠소."

"그러시다면 한신에게 임무를 주어서 반드시 붙잡으셔야 합니다. 그렇지 않으면 그는 도망치고 말 것입니다."

"경의 얼굴을 봐서 그 자를 장군으로 임명하겠소."

"장군 정도로도 안 됩니다."

"그렇다면 대장군으로 임명하지."

한왕은 즉시 한신을 불러들여 대장군에 임명하려고 했다. 이때 다시 소하가 말했다.

"대왕께서는 부하를 너무 만만하게 보시는 나쁜 버릇이 계십니다. 대장군을 임명하는 자리에 마치 아이들을 불러들이는 것 같은 절차로 처리하시려 들다니 그래서야 되겠습니까? 한신이 도망친 것도 그런 일 때문입니다. 만일 대왕께서 그를 대장군에 임명하실 뜻이시라면, 좋은 날을 택하여 목욕 재계하시고 훌륭한 식장을 마련하시어 그에 걸맞은 의식을 갖추도록 하셔야 합니다."

한왕은 허락했다.

'한신을 쫓는 소하'를 표현한 쟁반과 베개

장군들은 대장군이 새로 임명된다는 소

식을 듣자 저마다 기대에 한껏 부풀어 있었다. 그런데 막상 임명된 사람이 한신이라고 하자 모두들 벌린 입을 다물지 못했다.

**대장군으로** 임명된 한신은 한왕에게 동쪽의 정벌을 제의했다.

"항왕도 알고 보면 필부에 지나지 않습니다. 그와 정반대의 행동을 택하는 것, 다시 말씀드려서 정의의 깃발을 높이 들고 고향을 그리는 장병의 뜻을 만족시켜 줄 경우엔 천하를 손에 넣는 일도 결코 어렵지 않습니다."

그 해 8월, 한왕은 삼진에 나아가 관중을 완전 평정하고 그 여세를 몰아 항우의 본거지인 팽성까지 쳐들어갔다. 그러나 팽성 공격 직후에 한왕은 대패하여 목숨만을 겨우 보전하고 형양까지 후퇴했다.

이때 궁지에 빠진 한왕을 구하고 그에게 재기의 길을 열어 준 사람이 한신이었다. 그는 퇴각하는 한왕과 합류하여 경 · 색 일대에서 초나라군을 무찌르고 한나라군의 후퇴를 막았다.

팽성의 패전에서 한왕이 입은 타격은 컸다. 형세가 매우 불리해진 한왕에게 각지의 제후들이 일제히 등을 돌리는 사태가 벌어졌다.

새왕 · 책왕 · 제왕 · 조왕 · 위왕 등등. 좌승상이 된 한신은 군사들을 이끌고 위 · 조 · 제나라를 토벌하였다. 이로써 한나라군의 걱정을 없애고 천하 평정의 기반을 굳건히 하였다.

**한나라** 4년, 한신은 마침내 제나라를 완전히 평정했다. 그는 한왕에게 사자를 보내 이렇게 전했다.

"제나라는 마음을 잘 바꾸는 나라입니다. 더구나 그 남쪽은 초나라와 국경을 맞대고 있습니다. 제나라에 새 왕을 내세워 진압하지 않으면 앞으로 위험만이 찾아올 뿐입니다. 임시로 저를 이곳의 왕으로 책봉해 주시면 좋겠습니다."

한왕은 이때 초나라의 기습에 몰려 형양에 포위되어 있었다. 하필이면 이런 때 한신의 사자가 도착한 것이었다. 편지를 받아 읽은 한왕은 화가 몹시 치밀었다.

"짐이 이런 어려움에 처해 있는데, 제놈은 하루 빨리 원군을 끌고 달려올 생각은 하지 않고, 왕이 되고 싶다고?"

옆에 있던 장량과 진평이 한왕을 만류하고 사자에게 들리지 않을 목소리로 이렇게 속삭였다.

"우리는 지금 최악의 곤경에 처해 있습니다. 한신에게 안 된다고 해 봤자 통하지 않습니다. 차라리 이때에 그를 왕으로 책봉하여 제나라를 잘 지키도록 격려해 두는 편이 좋을 듯합니다. 그가 혹시 모반이라도 일으켰다가는 그때는 돌이킬 수 없는 불행한 사태가 일어날 것입니다."

한왕도 비로소 깨닫고 목청을 높여 이렇게 말했다.

"대장부로서 제후를 거느렸을 때는 왕이 되어야 마땅하거늘, 진짜 제왕이 되라고 하라!"

한왕은 장량을 사자로 보내, 한신을 제왕에 책봉하고 군사를 동원하여 초나라를 공격하라고 명령하였다.

초나라는 한신 때문에 용저의 군사 20만 명을 모두 잃었다. 앞날을 걱정한 항우는 한신을 자기들 편에 끌어들이려고 우이 출신 무섭을 보내 그를 설득케 했다.

"우리는 오랫동안 진나라의 시달림을 받았기 때문에 군사를 일으켰습니다. 진나라를 쓰러뜨린 뒤 우리는 각기 공적에 따라 땅을 받아 왕의 자리에 앉고, 전쟁에 시달린 병사들이 돌아가서 쉬게 하였습니다. 그런데도 한왕은 다시 군사를 일으켜 동쪽으로 쳐들어와서는 남의 영토를 빼앗기 시작하였습니다. 3진을 공략한 뒤 한구관에서 출전하여 제후들의 군사를 손에 넣고는 드디어 동쪽으로 나아가 초나라에 싸움을 걸었습니다. 천하를 모두 집어삼키기 전에는 그만두지 않겠노라고 끝없는 탐욕을 부리고 있습니다. 도대체 한왕이라는 자는 믿을 수가 없습니다. 우리 항왕께서는 그를 죽일 기회가 많았었지만 그때마다 인정으로 대하여 목숨을 살려 주곤 했습니다. 그럼에도 한왕은 일단 그런 자리만 벗어나면 약속을 어기고 반역을 꾸밉니다. 이런 사실을 보더라도 그가 얼마나 믿지 못할 위인인지는 충분히 증명됩니다. 귀공께서는 한왕의 신임이 두텁다고 믿고 그를 위해 온 힘을 다해 싸우고 계십니다만, 언젠가는 그에게 죽는 날이 찾아올 것입니다. 오늘날까지 귀공의 목숨이 부지되는 것만 해도 실은 항왕이 있기 때문입니다. 항왕과 한왕의 세력 다툼은 오직 귀공의 행동에 달려 있습니다. 그리고 오늘 항왕이 패한다면 내일 패할 사람은 바로 귀공입니다. 귀공은 원래 항왕과 오랜 인연을 가지고 계십니다. 어이하여 한나라를 버리고 초나라와 연합함으로써 천하를 삼분하여 그 하나를 가질 생각을 하시지 않습니까? 이런 중요한 기회를 놓치고 한나라를 믿어 초나라에 대적하고 계신데, 이건 지혜로운 사람이 할 일이 아닙니다."

그러나 한신은 그의 제의를 거절했다.

"항왕을 섬겼을 때 나는 고작 낭중으로 경호병 노릇이나 하였을 뿐이오. 무슨 건의를 해도 인정받지 못하였고 내 작전은 채택되지 못했었소. 그래서 초나라를 버리고 한나라에 갔던 것이오. 한왕은 나를 대장군으로 임명하고 수만의 대군을 거느리게 해 주었소. 왕 자신의 옷을 벗어 나에게 주시고 기름진 음식을 나에게 베풀어 주셨소. 나의 건의가 인정되고 계략은 채택되었소. 내가 오늘 이렇게 된 것은 오로지 한왕의 덕택이오. 상대방의 신임이 두터운데도 이를 배반한다는 것은 옳지 않소. 설령 그에게 죽임을 당한다 할지라도 내 마음은 변할 수 없소. 나는 결코 항왕의 제안을 받아들일 수는 없소."

무섭이 빈손으로 되돌아가자 이번에는 제나라의 괴통이 찾아왔다. 천하를 좌우할 열쇠가 한신의 손에 달려 있다고 생각하여 그를 설득하려는 것이었다. 그러기 위해서는 색다른 방법을 써야 했기 때문에 그는 한신에게 자기가 관상술에 뛰어나다는 이야기부터 내세웠다.

"저는 관상술을 배웠습니다."

"관상술이라?"

"귀와 천함은 골상에 나타나고, 기쁨과 슬픔은 얼굴 빛깔에 나타나고, 성공과 패배는 결단 여하에 나타납니다. 이 세 가지를 종합하여 운세를 판단하면 백발 백중입니다."

"그렇다면 내 상은 어떻소?"

"단 둘이서만 말씀드리고 싶습니다."

한신은 옆에 있던 측근을 물리쳤다.

"이러면 되겠소?"

"우선 용모만을 말씀드린다면 제후 이상의 상이 못 되십니다. 그것도 몹시 불안정한 운이어서 언제 뒤집힐지 모르는 형편입니다. 그런데 등을 돌린 모습을 뵈오면 그 존귀하신 인품은 설명할 길이 없습니다."

"무슨 뜻이오?"

"천하가 어수선할 때는 영웅 호걸들이 왕을 자칭하고 무리를 모으자 천하의 장사들이 구름처럼 모여들었고 생기를 띠었으며 사기는 불길처럼 타올랐습니다. 당시는 진나라를 무너뜨리는 일만이 최대의 관심사였습니다. 그러나 지금은 초나라와 한나라가 대립하여 죄 없는 백성들을 괴롭히고 있습니다. 중원의 넓은 땅 위엔 시체들이 뒹굴고 있습니다. 그런데 초나라의 항왕은 팽성 싸움에 이긴 뒤로 패주하는 한나라군을 쫓아 형양까지 쳐들어갔고, 각지를 차지하여 천하에 위세를 떨쳤습니다. 그런데 그것도 잠시뿐으로 경 · 색 일대에서 궁지에 빠져, 한 발자국만 더 가면 서산을 바라볼 수 있는 지점까지 갔으면서도 거기서 발이 묶인 채 3년 동안을 보내고 있습니다. 한편 한왕은 수십만의 대군을 이끌고 공 · 낙 일대에 방어진을 치고 있었는데, 험악한 산과 강에 가로막혀 싸워 보지도 못한 채 형양에서 패하고 성고에서 부상을 입었으며,

결국은 완 · 섭까지 물러나고 말았습니다. 이미 그들의 예기는 꺾여서 견고한 요충 지대를 뚫지 못하는 형편이며, 군량미는 바닥이 났습니다. 그리고 백성의 원성이 하늘에 닿아 있습니다. 어리석은 생각입니다만 이제는 천하의 성인이 아니고서는 이 대란을 가라앉힐 수가 없게 되어 있습니다. 지금 두 왕의 운명은 오로지 귀공에게 달려 있습니다. 귀공이 한나라에 가담하면 반듯시 한나라가 승리합니다. 그리고 초나라에 가담하시면 초나라가 이깁니다. 저는 이 자리에서 솔직한 의견을 말하려고 합니다. 귀공께서 제 의견을 채택해 주실지가 의문입니다. 제 계략은 이렇습니다. 두 왕과 함께 천하를 셋으로 나누어 귀하께서 그 하나를 가지시고 3자 정립하는 것이 최선의 방책이라고 생각합니다. 그렇게 되면 삼자가 서로 견제하여 함부로 싸움을 벌이지는 못 할 것입니다. 귀공은 천하의 인물이십니다. 더욱이 대군을 거느리셨고, 대국인 제나라를 다스리고 계십니다. 이제 연나라와 조나라를 누르시고 한나라와 초나라의 힘이 미치지 못하는 지역으로 나아가 양군의 후방을 억누르는 한편, 백성들의 열망에 부응하여 동쪽의 땅에서 천하를 향해 만민의 생명을 구하리라고 선언하신다면 천하의 백성은 모두 호응하리라 저는 믿습니다. 그때 대국을 나누어 강국의 세력을 없애고 각지에 제후를 세우는 것입니다. 그리하여 제후의 지위가 안정되면 제나라는 맹주로서의 존경을 얻고 천하는 그 뜻에 따르게 될 것입니다. 제나라는 예로부터의 전통에 따라 교 · 사 두 땅을 차지하는 것이 좋을 줄 생각됩니다. 제후를 복종시키되 은혜로운 덕으로 대하시고 겸허한 태도로서 사람들을 대하시면 천하의 군왕들은 일제히 제나라를 따를 것입니다. 하늘이 내린 것을 받지 않으면 벌이 내리고, 시기를 얻었음에도 이룩하지 않으면 화가 미친다고 합니다. 깊이 헤아려 주시기를 바랍니다."

한신은 머리를 저었다.

"한왕은 나를 후하게 대접하고 있소. 당신의 수레에 나를 태웠고, 당신의 옷을 나에게 입혔으며, 당신의 수라를 나에게 들도록 해 주었소. 옛말에 남의 수레를 얻어탄 자는 그 사람의 근심을 같이 나누어야 하고, 남의 옷을 얻어 입은 자는 그 사람의 걱정을 함께 안아 주어야 하며, 남의 음식을 얻어먹은 자는 그 사람을 위해 목숨을 바쳐야 한다고 했소. 자신의 이해 관계에 사로잡혀 의를 저버릴 수는 없소."

며칠 뒤에 괴통은 다시 한번 한신에게 말했다.

"옳은 말을 듣지 않고 모사를 그릇되게 한 사람이 큰 것을 얻었다고 하는 예는 일찍이 보지 못하였습니다. 일의 가볍고 무거움을 분별해서 들을 줄 알고 일의 선후를 착오 없이 할 줄 아는 자만이 어떤 말에도 현혹당하지 않는 법입니다. 작은 일에 구애받다가는 반드시 권좌를 놓치십니다. 하찮은 녹봉에 연연하시면 큰 자리를 잃으십니다. 안다는 것이야말로 결단의 원동력이 되며 의리는 큰 일을 하는 데 장애물입니다. 사소한 부분에만 매달리시다가는 천하의 큰 일에서 실패하실 것입니다. 이성이 명하는 바를 잘 알고는 있으면서도 이것을 행동에 옮기기를 망설인다는 것은 만사의 화근이 될 뿐입니다. 공은 이루기 어렵고 잃기는 쉬우며, 때는 얻기 어려운 반면에 놓치기는 쉬운 것입니다. 시기는 두 번 다시 찾아오지 않습니다. 부디 깊은 헤아림이 계시기를 바랍니다."

한신은 잠시 머뭇거렸다. 한왕에 대한 배신 행위가 도무지 내키지 않았던 것이다. 그리고 자기는 '큰 공을 세웠으니 설마 한왕이 이 나라를 빼앗는 일이야 없겠지' 하는 마음도 있었다. 결국 그는 괴통의 권고를 사양했다. 괴통은 그의 건의가 채택되지 않자 미친 사람의 흉내를 내는가 하면 마치 신이 들린 사람처럼 가장하고 다녔다.

**한왕은** 고능에서 초나라군의 역습을 받아 궁지에 빠지자, 장량이 건의한 대로 한신을 불렀다. 한신은 군사를 거느리고 가이샤에서 항우의 군사를 무찔렀다. 그런데 한왕은 일이 끝나자 갑자기 한신을 사로잡고 그의 군사도 빼앗아 버렸다.

한나라 5년 정월에 제왕 한신은 초나라로 옮겨 팽성의 동쪽 하비에 도읍을 정했다. 영지로 돌아간 한신은 그 옛날 자기에게 밥을 주었던 무명 표백쟁이 노파를 불러 천금을 주었다.

그리고 한때 그가 신세를 졌던 하향 남창의 정장에게는 백전을 주고 이렇게 덧붙였다.

"당신은 나를 돌봐주기로 했으면 끝까지 돌봐주었어야 했었다."

그리고 옛날에 한신에게 바짓가랑이 밑을 기어 나가라고 창피를 주었던 불량배를 찾아내어 그를 초나라의 중위에 임명하고, 부하 장군과 대신들에게 이렇게 소개했다.

"이 사람은 지난날 나에게 창피를 주었을 때 나는 이 사나이를 죽여 버릴 수도 있었다. 그런데 '죽여 봤자 내 이름이 알려지는 것은 아니다', 이렇게 생각하고 꾹 참았었다. 이 사나이가 있었기 때문에 오늘의 내가 있다고 말해도 좋을 것이다."

**항왕으로부터** 도망쳐 온 장군 가운데 종리매(진평의 모략에 의해 항우의 의심을 받고 한나라에 항복한 초나라의 장군)가 있었다. 본디 그의 고향은 한신의 영지 이어서 한신과는 가까운 사이였으므로 항왕이 죽은 뒤 한신의 군중에 있었다.

한왕은 진작부터 종리매를 눈엣가시처럼 미워하고 있었기 때문에 그가 초나라에 있다는 말을 듣고는 체포를 명령했다.

한신은 영지를 시찰할 때는 으레 경호병을 거느리고 다녔다.

한나라 6년, 고조에게 '초왕 한신이 모반을 일으켰다' 고 상소하는 자가 있었다. 이때 고조는 진평의 건의를 받아들여 순행을 빙자하고 제후를 소집하도록 하되 남쪽의 운몽호까지 돌아보기로 하고 각지의 제후에게 사자를 보냈다.

"진나라에서 만나자. 짐은 운몽에 가리라."

고조의 목적은 한신을 체포하는 데 있었다. 한신으로서는 전혀 눈치도 못 채고 있었지만 고조가 초나라를 방문한다는 말에 문득 불길한 예감에 사로잡혔다. 이때 한신에게 어떤 사람이 건의했다.

"종리매를 처치한 뒤에 폐하를 만나십시오. 폐하는 몹시 흐뭇해하실 겁니다."

한신은 종리매를 불러 이 이야기를 했다.

그러자 그는,

"한왕이 초나라를 공격하지 못하는 것은 내가 버티고 있기 때문이오.

한왕의 비위를 맞추기 위해서 나를 잡아갈 생각이시라면 나는 기꺼이 목숨을 내놓겠소. 그러나 내일은 당신의 차례가 될 것이오."

이렇게 말하고 나서 그는 스스로 목을 찔러 죽고 말았다. 한신은 종리매의 목을 가지고 진나라로 가서 고조를 만났다. 한왕은 즉석에서 병사들로 하여금 한신을 묶어 수행원의 수레에 가두어 버렸다.

"토끼 사냥이 끝나면 사냥개를 잡아먹게 마련이고, 하늘에 잡을 새가 없어지면 활을 창고에 처박게 마련이며, 적국을 모두 쳐 없앤 뒤에는 모신들을 처치하게 마련이라는 말이 옳긴 옳소이다. 천하가 평정된 이상 저 같은 자는 이제 쓸모가 없게 되었다는 뜻이겠습니다."

한신이 항변하자,

"그렇지 않아. 그대의 모반을 밀고한 자가 있었기 때문이야."

하고 고조는 한신을 가두어 낙양으로 데리고 갔는데, 그 뒤 죄를 용서하고 왕에서 제후로 떨어뜨려 회음후라 부르게 했다.

한신은 한왕의 경계가 삼엄한 것을 알고는 몸이 아프다는 핑계로 한왕의 거둥에도 따라가지 않았다. 그는 고조를 원망하는 마음과 분한 생각이 날로 더하였다. 자기가 주발이나 관영 따위와 같은 인간으로 취급당한다는 것이 억울하기 짝이 없었다.

어느 날 그가 장군 번쾌의 집에 들른 적이 있었다. 번쾌는 한신을 맞이하여 신하의 예를 갖추고 스스로 '신'이라 불렀다.

"대왕께서 신의 집엘 다 들러 주시다니 황공하기 이를 데 없습니다."

볼 일을 마치고 그 집에서 나올 때 한신은 이렇게 자기 자신을 비웃었다.

"오래 살다 보니 끝내는 번쾌 따위와 같은 위치가 되고 말았구나."

한신을 처단하는 여후

고조와 한신이 잡담을 나누고 있는 자리에서 장군들을 평가하는 일이 있었다. 두 사람의 뜻에 거리가 생겼다. 이에 고조가 물었다.

"짐에게는 몇 만 정도의 군사를 거느릴 역량이 있다고 보는가?"

"폐하께서는 10만 정도이겠지요."

"그렇다면 귀공은?"

"저는 많을수록 좋습니다. 군사들을 부리는 데에는 자신이 있습니다."

고조는 웃었다.

"그런데 귀공이 왜 나에게 붙잡혔는가?"

"폐하는 병사들의 장이 되실 역량은 없습니다만 장수의 장이 되실 힘을 갖추고 있습니다. 제가 체포된 것은 그 때문입니다. 더욱이 폐하의 경우는 그 재능이 저 따위와 비교할 수 없는 타고난 것이어서 아무나 갖출 수 있는 것이 아닙니다."

거록의 태수로 임명된 진희가 한신에게 작별 인사를 하러 왔을 때, 한신은 그의 손을 잡고 마당을 거닐면서 하늘을 우러러 탄식했다.

"내 얘기를 들어 주겠소? 얘기할 것이 있는데……."

"말씀하십시오."

"당신이 부임하는 곳은 천하의 정병들이 모여 있는 땅이오. 그대에 대한 폐하의 신임은 매우 두텁소. 설사 당신을 모함하는 자가 나타나더라도 폐하께서는 약간 의심해 보는 정도일 거요. 그러나 그런 소리가 들려 오면 그때는 폐하께서도 화가 나서 토벌의 군사를 동원하여 몸소 지휘를 맡으실 거요. 그때 내가 도성에서 당신과 내응하여 일을 벌이면 천하는 우리 손에 넘어오리라고 보는데……."

일찍이 진희는 한신의 재능을 높이 평가하고 있었으므로 이런 유혹도 솔직히 받아들였다.

"뜻하시는 대로 따르겠습니다."

한나라 10년에 진희가 반기를 들었다. 고조는 스스로 군사를 이끌고 출전했는데, 한신은 병을 핑계대고 나서지 않았으며 은밀히 진희에게 사자를 보냈다.

"군사를 일으켜 도성에서 호응하겠소."

한신은 곧 부하들을 불러 대책을 강구했다. 그 결과, 칙명을 사칭하여 여러 곳에 갇혀 있는 도형수들을 밤중에 모두 풀어주고, 도성 안을 혼란스럽게 만든 뒤 그 혼란을 틈타서 여후와 황태자를 기습한다는 작전이 세워졌다.

각자의 책임 부서도 결정되었으므로 이제는 진희의 회답만을 기다리고 있었다. 그런데 뜻하지 않은 잘못이 생겼다. 부하 가운데 부정을 저지른 자가 있어 한신이 그를 처형할 목적으로 잡아 가두어 놓았는데 그의 아우 되는 자가 여후에게 달려가 한신의 음모의 사실을 밀고해 버렸다.

여후는 즉시 한신을 불러들일까 하다가 생각을 달리했다. 한신이 선선히 나타날지가 의문이었던 것이다. 그리하여 재상 인 소하와 의논하여, 신하를 전선에 있는 고조가 보낸 사자로 위장시켜 '진희는 이미 죽임을 당했다' 는 말을 여러 제후들과 신하들 사이에 퍼뜨리게 했다. 열후들과 군신은 모두 축하하기 위해 궁성에 들어왔다. 이때 상국인 소하는 시치미를 뚝 떼고 한신에게도 명령을 전달했다.

"병 중인 줄은 알지만 이런 때는 무리를 해서라도 입궐하여 축하를 드리도록 하시오."

한신이 들어오자 여후의 밀명을 받은 군사들이 날쌔게 그를 잡아 장락궁의 종실로 끌고 가서는 그 길로 목을 베어 버렸다. 목이 잘리기 직전에 한신은 이렇게 탄식했다.

"내가 지난날 괴통의 건의를 따랐더라면 오늘날 이 꼴이 되지 않았을 텐데……. 아녀자(여후)의 농간에 속아 넘어가는 것도 천명이란 말인가."

한신의 삼족은 떼죽음을 당했다.

고조는 진희의 토벌을 마치고 도성에 돌아와서 한신이 처형되었음을 비로소 알았다. 그는 한편으론 그가 측은하기도 하여 여후에게 물어 보았다.

"죽기 전에 한신이 뭐라고 말했소?"

"괴통인지 뭔지 하는 자의 건의를 묵살한 것이 한스럽다고 뇌까리더군요."

"제나라의 세객, 그놈 말이지."

괴통을 곧장 잡아들이라는 명령이 제왕에게 내려졌다. 괴통이 붙잡혀 도성에 끌려오자 고조가 심문했다.

"네놈이 회음후에게 모반을 사주했느냐?"

"그렇습니다. 분명히 제가 그런 짓을 했습니다. 그런데 회음후는 저의 말을 받아들이지 않았습니다. 그러기에 자멸을 초래한 것이죠. 만일 그 사람이 제 말을 따랐더라면 폐하는 그 사람을 멸망시키지 못하셨을 것입니다."

고조는 몹시 화를 내면서

"저놈을 당장 가마솥에 넣고 삶아라!"

"폐하, 너무 억울하옵니다."

"모반을 사주한 놈이 뭐가 억울하다는 말이냐?"

"노여움을 진정하시고 제 말씀을 들어 보십시오. 일찍이 진나라가 흔들리자 산동에서는 진 왕실과 아무 연고도 없는 자들이 들고 일어나서 멋대로 왕을 칭하고 군웅 쟁패의 시대를 열었습니다. 그리하여 천하의 호걸들이 다투어 중원의 사슴을 쫓아, 그 중에서 특히 뛰어난 자가 사슴을 잡는 데 마침내 성공하였습니다. 도척(춘추 전국시대 유명한 도둑)이 기르는 개가 요제를 향하여 짖어 댄 것은 요제께서 부덕하셨기 때문만은 아니었습니다. 개라는 짐승은 자기 주인이 아닌 사람에게는 누구에게나 짖어 대는 법입니다. 그때에 제가 알고 있었던 사람이라면 오직 한신뿐이었습니다. 폐하와 만날 기회가 없었습니다. 그뿐 아니라 그때 천하에는 폐하와 같은 사람들이 많았습니다. 그들이 실패한 것은 단지 힘이 모자랐기 때문입니다. 폐하께서는 그런 자들도 모두 잡아다가 가마솥에 삶으실 겁니까?"

"알았다. 처형은 그만두겠다."

괴통은 풀려났고 한신의 목을 받아 장례를 치렀다.

# 소하蕭何 열전

한나라 재상 소하는 고조가 태어난 패현의 평이에서 태어났다.

그는 법령에 매우 밝아서 처음에는 현청의 하급 관리 노릇을 했었다.

고조가 서민이었을 때 소하는 관청에서 자주 고조의 편리를 돌봐주었다. 그는 고조가 정장이 된 것도 그의 도움있었으며, 뒤에도 그를 보살펴 주었다.

고조가 노역의 감독관으로 셴양으로 출발할 때에는 다른 관리들이 고조에게 3백 전을 내놓았으나 소하는 선뜻 5백 전을 마련해 주었다.

진나라의 감찰관이 내려왔을 때 소하의 일솜씨가 그의 눈에 띄었다. 그 덕택에 소하는 사수군의 관리로 등용되었는데 여기서도 그의 수완은 뛰어났다.

진나라의 감찰관은 소하를 중앙의 요직으로 올려 앉히려고 하였으나 소하가 굳게 사양하는 바람에 감찰관은 몹시 아쉬워하며 단념했다. 고조가 군사를 일으켜 패공이 되자 소하는 그 밑에서 줄곧 일을 도왔다.

고조가 진나라를 무찔러 셴양에 들어왔을 때 남들은 앞을 다투어 보물 창고로 뛰어들었는데 소하만은 금은 보화 따위는 거들떠보지도 않고 오직 진나라의 승상과 어사들이 소중하게 간직했던 법령과 문서들을 챙겨 보관했다.

고조가 한왕이 되자 소하는 그 밑에서 재상의 일을 맡았다.

진나라가 멸망했을 때에 항우는 셴양 시내를 모두 불살라 버리고 떠났었다. 그러나 그에 앞서 소하가 진나라 조정의 문서들을 챙겨 보관하고 있었으므로 고조는 천하의 요새, 인구의 동태, 각국의 전력, 백성의 고충 따위를 자세히 파악해서 전략에 이용할 수 있었다.

이때 한신을 등용하라고 건의한 것도 소하였다. 그의 추천으로 고조는 한신을 대장군에 임명했다.

고조가 동쪽으로 나아가 3진 지방을 정복했을 때 소하는 승상으로서 후방에 머물러 파·촉의 통치 기반을 튼튼히 하고 백성에게 선정을 베풀면서 군량미를 확보했다.

한나라의 2년, 고조가 제후들과 더불어 초나라를 공격하고 있었을 때에도 소하는 관중에서 태자 효혜를 받들어 수도 여양의 제도 정비에 열중했다. 그는 법규를 제정하고, 종묘를 세우고, 토지신과 곡물신에 제사 지내고, 궁궐을 건설하고, 지방 행정을 정비했다. 더욱이 이 모든 일을 고조에게 건의하여 그 허락을 얻은 뒤에 실시하는 방법을 취했다. 그리고 긴급을 요하는 경우에는 자신의 뜻대로 처리하였으나 나중에 반드시 고조의 승낙을 받았다.

소하

그는 관중의 호수와 인구를 정확히 파악하고, 전선으로의 물자 보급을 원활하게 실시하였다. 고조는 싸움에서 자주 패하여 그때마다 병력의 손실이 적지 않았으나 소하가 수시로 관중에서 병력을 모아 보냈다. 그러므로 고조는 관중의 일을 모두 소하에게 맡겼다.

다음해, 고조는 경·색 일대에서 항우와 대치하여 어려운 싸움을 되풀이하고 있었는데 그런 어려움 속에서도 후방으로 자주 사자를 보내 소하의 노고를 위로하곤 하였다.

포생이 소하에게 이렇게 충고를 했다.

"몸소 전쟁터에 나가 계신 대왕께서 모진 비바람과 찌는 듯한 더위와 살을 에이는 추위에 시달리면서도 후방에 있는 승상에게 자주 사자를 보내 노고를 위로한다는 것은 보통 일이 아닙니다. 이것은 승상에게 의심을 품고 있다는 증거일 것입니다. 이렇게 한번 폐하를 시험해 보시면 어떻겠습니까? 승상의 가족과 친척 중에서 전쟁터에 나가 싸울 수 있는 자는 모두 보내는 일 말입니다. 꼭 그렇게 하셔야 됩니다. 그러면 대왕께서는 좀 더 승상을 신임하실 것입니다."

소하가 그의 건의대로 실시하자 고조는 몹시 만족했다.

한나라 5년, 드디어 항우를 무너뜨리고 천하를 평정한 고조가 이제 공이 있는 사람에게 상을 주게 되자 신하들은 저마다 자기의 공을 내세워 몹시 소란을 피웠기 때문에 1년이 넘도록 매듭을 짓지 못했다.

마침내 고조는 최고의 공을 세운 자가 소하라고 말하고 그에게 가장 큰 땅인 찬을 주었다.

이때 공신들은 다투어 불평을 늘어놓았다.

"우리는 목숨을 걸고 싸움터에 나아가서 온갖 고생을 겪어 왔습니다. 공훈에 차이는 있을지언정 누구나 성을 공략하고 땅을 빼앗는 싸움에 참전했습니다. 그러나 승상 소하는 단 한 번도 싸움터에 나가 본 일이 없고, 다만 후방에서 나랏일만 보살펴 왔을 따름입니다. 그런 그가 어찌 우리보다 많은 대접을 받아야 합니까?"

이 말을 듣고 고조는 이렇게 대답했다.

"귀공들은 사냥을 아는가?"

"알고 있습니다."

"그렇다면 사냥개가 무엇인지도 알고 있겠군."

"그렇습니다."

"사냥을 할 때 짐승을 쫓아가서 잡는 것은 사냥개지만 그 개가 달려 나가게 하는 것은 사람이오. 말하자면 그대들은 도망치는 짐승을 쫓아가서 잡아 온 셈이니 공을 따지자면 사냥개의 공이라고 할 수 있소. 그에 비하면 소하는 그대들을 뛰게 한 사람이니 그의 공이 큰 것이오. 그

뿐만이 아니오. 그대들은 대부분 몸 하나만 가지고 짐을 따라온 것이 아니겠소. 그런데 소하는 자기 가족 중에서도 수십 명을 전쟁터에 내보냈소. 그 공도 또한 무시할 수 없는 것이오."

그러자 신하들은 모두 입을 다물었다.

제후에 대한 영지의 분배가 끝나고, 이번에는 조정에 있어서의 차례를 추천하여 정하는 것이었다. 모두가 입을 모아,

"평양후 조참은 몸에 70여 군대의 상처를 입고 용감히 싸웠을 뿐만 아니라 공도 누구보다 큽니다. 그분이야말로 제1위에 해당합니다."

고조는 이미 소하에게 가장 큰 영지를 준 일이 있으므로 차례의 문제에 관해서는 신하들의 뜻에 거스르고 싶지 않았으나, 마음속으로는 역시 소하를 첫째 자리에 앉혔으면 하였다.

이 눈치를 살핀 관내후(제후에 버금가는 벼슬) 악군이 건의했다.

"여러분의 의견은 다소 편파적이 아닌가 생각합니다. 조참님으로 말하면 많은 공을 세우셨습니다. 그러나 그것은 일시적인 공에 지나지 않습니다. 근본적인 점을 한번 생각해 봐 주십시오. 폐하께서는 초나라 군과 싸우시기 5년간, 싸움에 패하여 부하를 잃고 혼자서 탈출을 꾀한 일도 여러 번 있었습니다. 그럴 때마다 소하님은 관중에서 보충 병력을 보내왔던 것입니다. 폐하의 명령이 있기도 전에 수만 명의 부대가 위급한 전쟁터에 달려온 일도 한두 번이 아닙니다. 또한 형양성에서 한·초의 양군이 몇 년 동안 공방전을 펼칠 때에도 병력과 군량미가 떨어질

만하면 관중에서 보급이 오곤 하여 우리는 배고픔을 모르고 용감히 싸울 수 있었습니다. 그리고 폐하께서는 산둥에서 여러 번 패하셨습니다만, 소하님은 폐하께서 언제든지 귀국하실 수 있도록 관중을 끝까지 잘 지켰습니다. 이것이야말로 만세에 빛나는 공입니다. 조참 같은 분을 백 명 잃었다 해도 우리 한나라는 끄떡도 하지 않습니다. 또한 조참 같은 분이 백 명 가량 있다고 해서 그것만으로 우리 한나라가 만전을 기할 수 있다고는 보지 않습니다. 한때의 공을 만세의 공보다 높이 평가할 수는 없습니다. 소하님을 제 1위, 조참을 그 다음으로 정하는 것이 옳다고 생각합니다."

붉은 비단으로 만든 부절

"그러는 것이 좋겠소."

고조는 맞장구를 쳤다.

그리하여 소하에겐 특전이 주어졌다. 큰 칼 한 벌, 그리고 신발을 신은 채 전각에 오를 수 있고, 궁중에서 보통 신하들과는 달리 종종걸음을 하지 않아도 된다는 특별 대우였다.

고조는 또한,

"인재를 추천한 자도 후한 상을 받을 만하다고 들었소. 소하의 높은 공도 악군의 추천이 있어 더욱 빛나게 된 것이오."

이렇게 말하고 악군의 작위를 한 급 올려 안평후에 책봉했다. 같은 날 소하의 형제 10여 명에게도 각기 영지를 주고 소하에게는 따로 2천 호의 영지를 주었다. 고조가 그 옛날 노역 감독관으로 셴양으로 떠날 때, 소하가 다른 사람보다도 2백 전이 더 많은 전별금을 자기에게 준 일에 대해 보답한 것이다.

한나라 10년, 조나라의 대신 진희가 한단에서 반란을 일으켰다. 고조는 스스로 토벌전에 나섰는데, 그가 없는 사이에 이번에는 관중에서 한신이 역모를 꾸몄다. 다행히 소하의 계략에 의하여 황후인 여후가 한신을 없애 버렸다.

고조는 이 보고를 받자 사자를 보내 소하를 승상에서 상국으로 승진시키고 5천 호의 영지를 주는 한편 도위를 우두머리로 하는 5백 명의 호위병을 그에게 주었다.

여러 신하들이 다투어 이를 축하하는 가운데 소평만이 가시 돋친 말을 했다. 소평은 진나라 시대에 동릉후를 지내다가 서민이 된 사람이다. 장안의 동쪽 교외에 참외를 심어 근근이 살아가고 있었는데 그 참외의 맛이 뛰어나 '동릉 참외' 라는 소문이 자자했다.

상국이 된 소하에게 소평이 이렇게 말했다.

"이번 일은 귀공에게 재난의 근본이 될는지도 모릅니다. 폐하께서는 전쟁터에 나가시고 공은 국내에서 집이나 보고 있었습니다. 화살 한 번 맞아 보지 않은 귀공에게 벼슬을 올려 주셨을 뿐만 아니라 호위병까지 붙여 주셨는데 그건 무엇 때문일까요? 믿었던 한신이 모반을 꾀하였으니 폐하께서는 승상도 의심하신 것입니다. 호위병을 붙인 것은 결코 승상을 위해서가 아닙니다. 이런 때에 승상의 전 재산을 처분하여 폐하께 바치도록 하십시오. 그렇게 하시면 폐하께서는 마음을 놓으실 것입니다."

소하가 그의 충고대로 실행하자, 고조는 매우 흐뭇해했다.

**한나라** 12년 가을, 경포가 반란을 일으키자 고조는 이번에도 몸소 군사를 거느리고 토벌에 나섰다. 군중에서 고조는 몇 번씩이나 관중으로 사자를 보내 소하의 움직임을 물었다.

소하는 한왕이 없을 때 선정에 힘써 백성의 협력을 얻고, 군비 조달에 보태기 위하여 자신의 재산을 내던졌다.

이때 어떤 식객이 말했다.

"머지않아 상국께서는 일족이 몰살을 당하실 듯합니다. 본디 당신은 상국의 지위에 있고 국가에 대한 공적도 최고위에 있습니다. 이제는 더 승진할 수가 없게 되어 버렸습니다. 게다가 상국께서는 지난 10여 년 동안 이 관중에 머물러 민심을 다스리기에 힘써 오셨습니다. 민심은 당신을 따르고 있고 당신도 민생 안정에 공헌한 바 큽니다. 그러고 보면 폐하께서 자주 사람을 보내시는 것도 무리는 아닙니다. 이것은 상국이 관중에서 반역이라도 꾸미지 않을까 경계하는 까닭입니다. 이렇게 하시면 어떨까요? 논과 밭을 마구 사들이시면……. 사들이되 싸게 사들이고 대금 지불은 질질 끌고 당신에 대한 백성들의 평판을 스스로 떨어뜨리도록 하십시오. 그러면 폐하도 안심하실 것입니다."

소하는 그의 충고대로 했다. 과연 고조는 몹시 기뻐했다.

고조는 경포의 난을 다스리고 귀국길에 올랐다. 그 도중에 사람들이 그의 길을 막고 소장을 올렸다. 상국 소하가 백성들의 밭과 논을 돈으로 따져 1만 금 가까이나 강제로 사들였다는 내용이었다.

귀국하여 소하를 만난 고조는 웃으면서,

"귀공은 백성들을 착취하여 돈을 모았다면서!"

하고 사람들의 소장을 모두 넘겨 주었다.

"상국이 직접 나서서 사과하는 편이 좋을 것이오."

소하는 이때라고 생각하고 이렇게 자신의 뜻을 말했다.

"장안에서는 농지가 퍽 부족한 형편입니다. 그런데 상림의 어원(금원 또는 비원으로 새와 짐승을 놓아 기르는 자연 동물원)에는 광대한 땅이 놀고 있습니다. 이것을 백성들에게 주십시오. 그리고 농작물을 거둬들일 때 완전히 베지 말고 그대로 두게 하면 새나 짐승의 먹이가 될 것이니, 두루 좋은 일이 아니겠습니까?"

그러자 고조는 갑자기 표정을 달리했다.

"귀공은 상인들에게 뇌물이라도 받아먹은 것이 아니요. 내 정원을 내놓으라니……."

이렇게 말하고 소하를 옥리에게 넘기고 말았다.

며칠이 지났다. 왕이라는 위위(시종무관)가 고조 앞에 나아가 아뢰었다.

"소하에게 무슨 중죄가 있기에 별안간 투옥하셨는지요?"

"진나라의 승상 이사는 좋은 일은 모두 군주의 덕으로 돌리고 나쁜 일은 모두 자기 탓으로 떠맡았다고 들었는데, 이 소하란 자는 상인들에게서 뇌물을 받아먹고 내 정원을 개방하라고 말하였다. 그래서 잡아 넣었다."

이에 시종 무관은 말했다.

"폐하의 그 말씀은 납득하기가 어렵습니다. 재상으로서 백성에게 보탬이 될 만한 일을 건의한다는 것은 당연한 일이 아니겠습니까? 그런데 어찌 상인들에게서 뇌물을 받아먹었다고 의심을 하시는지 모르겠습니다. 소하로 말씀드릴 것 같으면, 폐하께서 몇 해 동안이나 전쟁터에 나가 계실 때에도, 그리고 폐하께서 진희와 경포의 반란 진압에 친정하셨을 때에도 줄곧 관중을 지키고 있었습니다. 만일 소하가 그럴 생각을 품었더라면 벌써 옛날에 관중을 손에 넣었을 것입니다. 그런 기회조차 이용하지 않았던 그가 이제 와서 장사치의 뇌물 따위에 한눈을 팔겠습니까? 소하를 의심하신다는 것은 이해하기가 어렵습니다."

고조는 몹시 불쾌한 표정을 지었으나 그 날 중으로 소하를 석방했다.

소하는 이제 늙었을 뿐만 아니라 원래가 착한 위인이어서 고조를 원망한 줄도 모르고 사죄했다.

고조는 이렇게 말했다.

"그대는 백성을 위해 건의했는데 짐은 허락하지 않았소. 어차피 짐은 걸이나 주와 같은 폭군이며 그대는 명재상이오. 그대를 투옥한 것도 짐의 밝지 못함을 백성들에게 알리기 위함이었나 보오."

소하는 전부터 조참과 사이가 나빴다. 소하가 병석에 누웠을 때 효혜제는 친히 그를 문병하고 이렇게 물었다.

"상국의 후임자로는 누가 적임자라 생각하오?"

소하는 이렇게 대답했다.

"신하의 일을 가장 잘 아시는 분은 바로 왕이십니다."

한나라의 귀족들이 사용하던
봉황 모양의 등잔

"그럼 조참은 어떻겠소?"

효혜제가 되묻자 소하는 머리를 숙이고 이렇게 대답했다.

"폐하, 지당하신 말씀이십니다. 소신은 이제 죽어도 한이 없습니다."

소하는 논밭이나 집을 장만할 경우 반드시 좋은 곳을 피했으며, 건물을 화려하게 꾸미는 일도 하지 않았다. 그리고 사람들에게 이렇게 말하는 것이었다.

"내 자손들 가운데 머리가 좋은 녀석은 내 검소함을 본받겠지. 그 대신 바보 같은 자손이 대를 잇더라도 이런 집이나 논밭이라면 권력자에게 빼앗기지 않고 물려줄 수 있을 것이다."

효혜제 2년 소하는 세상을 떠났다. 그에게 문종후의 시호가 내려졌다. 자손 중에 죄를 범하여 신분을 빼앗기는 자가 생겨 4대로서 가문이 멸망하였다. 그러나 황제는 널리 손을 써서 그의 혈통을 찾아내어 녹봉을 계승케 했다.

# 장량張良 열전

**장량**의 간언으로 고조는 여러 번 위기를 벗어났다 사마천은 그의 생애를 기록한 뒤에 이런 말을 덧붙였다.

"나는 그의 행적으로 보아 십중팔구 준엄한 용모의 남자려니 생각하였는데 초상화를 보니까 미녀와도 같았다. 공자는, 용모만으로 사람을 판단하다가는 담대멸명(공자의 제자로 얼굴이 못생겼다)과 같은 인물을 놓치기 쉽다고 경고한 바 있는데, 이 말은 장량의 경우와도 같다."

**유후** 장량은 한나라의 명문의 집안에 태어났다. 그의 할아버지 개지는 한나라의 재상으로서 소후 · 선혜왕 · 양애왕를 섬겼고, 아버지 평도 이왕 · 도혜왕 때 재상을 지낸 집안이다.

아버지 평은 도혜왕 23년에 세상을 떠났고 그 뒤 20년 뒤에 한나라는 진나라에 멸망당했다. 이때 장량은 나이가 어려서 벼슬길에 나아가기

장량

전이었으므로 화를 모면할 수 있었다.

한나라가 멸망할 때 장량의 집안에는 부리는 사람이 3백 명이나 되었었다. 장량은 재산을 아낌없이 처분하여 자객들을 모아들이면서, 그 아우가 죽었을 때도 장례를 치르지 않았다.

그의 할아버지와 아버지가 5대에 걸쳐 재상을 맡았던 한 나라의 부흥을 도모하기 위해서 진왕을 암살하고 원수를 갚으려 한 것이었다.

장량은 일찍이 화이양 땅에서 예를 배운 적이 있었다.

진나라의 시황제가 동쪽을 돌아다닌다는 소식을 듣자 그는 곧장 화이양으로 달려가서 그 동쪽 지역에 사는 추장 창해군을 만나 장사를 구하였다. 장량은 이 장사와 함께 무게 1백20근의 철퇴를 만들어 들고 시황제의 뒤를 밟았다. 그의 행렬이 박랑사에 다다랐을 때 잠복하고 있던 두 사람은 철퇴를 시황제의 수레에 집어 던졌으나 겨냥이 빗나가 수행원의 수레에 맞았다. 시황제는 몹시 화가 나서 범인을 잡기 위해 전국에 대대적인 수색령을 내렸다. 진나라의 탄압 정책은 이를테면 장량이 그 단서를 만든 셈이었다.

장량은 이름도 바꾸고 멀리 하비까지 도망쳤다.

어느 날 하비의 다리 근처를 서성대고 있는데 초라한 모습의 웬 노인 하나가 다리 저쪽에서 걸어오고 있었다. 그 노인은 장량이 보는 앞에서 신발을 벗어 다리 밑으로 떨어뜨리고 그를 불러 세웠다.

"여보게, 내려가서 저것 좀 주워 오게나."

화가 치민 장량은 주먹을 움켜쥐었으나 상대가 노인이므로 꾹 참고 신발을 주워 왔는데, 노인은 또 이렇게 명령했다.

"어서 내 발에 신겨라."

장량은 참기로 한 이상 별 수 없다고 생각하고 허리를 굽혀 노인에게 신발을 신겼다. 노인은 발을 내뻗고 신발을 신기게 하더니 빙그레 웃고는 가 버렸다. 장량은 어처구니없어 쳐다보고만 있었다. 백 미터쯤 걸어간 노인이 되돌아왔다.

"보아하니 너는 장래성이 있는 놈이야. 닷새 뒤의 새벽에 이곳에 오너라."

영문을 모른 채 장량은 무릎을 꿇고 대답했다.

약속한 날 다리에 가 보니 노인이 벌써 와 있었다. 그는 장량에게 고함을 질렀다.

"늙은이를 기다리게 하다니!"

그러고는 휙 돌아서서,

"닷새 뒤에 다시 한번 와!"

하고는 가 버렸다.

닷새 뒤에 장량은 첫닭이 울자 그곳에 나타났다. 그러나 역시 노인이 먼저 와 있었다.

"또 늦었어! 닷새 뒤에 또 오너라."

이번에도 노인은 그냥 돌아가 버렸다.

다시 닷새가 지났다. 장량은 한밤중에 일어나 그곳에 갔다. 잠시 뒤에 나타난 노인은 웃으면서,

"됐어, 그 마음씨가 첫째로 중요해……."

동으로 만든 화로

하고는 품속에서 한 권의 책을 꺼냈다.

"이 책을 공부하면 후일에 반드시 왕자의 군사가 될 수 있다. 13년 뒤에 자네는 반드시 신나게 한판 벌이고 있을 거야. 13년이 지난 뒤에 우리 다시 만나자. 제북 땅의 곡산성 기슭에 있는 황색의 바위, 그것이 바로 나야."

노인은 장량이 되물을 겨를도 없이 어디론가 자취를 감추고 말았다.

날이 새어 책을 펼쳐 보니 태공망의 병법서였다. 장량은 그 내용에 반해 항상 머리맡에 놓고 읽었다.

그는 하비에 머물면서 임협의 무리와 어울렸다. 항우의 작은아버지 항백이 살인 사건을 저지르고 장량의 도움을 받은 것은 이 무렵의 일이었다.

10년 뒤 진승이 군사를 일으켰을 때 장량도 젊은이 백여 명을 거느리고 일어나, 우선 유에 있는 경구의 밑에 들어가려고 했었다. 경구는 독립하여 군사를 모아 스스로 초왕이라 일컫고 있었다. 그런데 그 유로 가는 도중에 장량은 패공을 만났다. 패공은 그때 수천 명의 군사로 하비의 서쪽 일대를 공격하는 중이었다. 장량은 패공의 진영에 가담키로 마음먹고, 패공으로부터 정식으로 구장에 임명되었다.

장량은 태공망의 병법을 자주 패공에게 건의하여 그때마다 채택되곤

했다. 장량은 '패공이야말로 영걸임에 틀림없다' 고 굳게 믿었고 경구의 군에 참여하려던 처음의 생각은 깨끗이 버리고 말았다.

패공은 설에 들어가서 항량의 군과 합류했다. 항량이 회왕을 옹립하자, 이때 장량은 정식으로 항량에게 건의했다.

"초왕의 후계자를 결정하셨으니 이번에는 한왕에 대한 배려가 계시기를 바랍니다. 한나라의 제후 가운데는 횡양군 성이 인물입니다. 그분을 한왕으로 세우시면 우리의 세력은 보다 강화되리라고 믿습니다."

항량은 장량에게 명하여 횡양군 성을 찾아오게 하고 그를 한왕에 세운 뒤 장량을 그 대신으로 임명했다. 장량은 한왕과 함께 천여 명의 군사를 이끌고 서쪽으로 나아가 한나라의 옛 땅을 공격하여 여러 성읍을 함락했다. 이들 성읍은 즉시 진나라에 다시 빼앗기고 말았지만 장량은 계속 버티면서 영천 일대에서 유격전을 펼쳤다. 그리하여 뤄양에서 남쪽으로 내려온 패공이 환원에 이르렀을 때 그와 합류하여 한나라의 10여 성을 점령하고 진나라 장군 양웅의 군대를 무찔렀다.

여기서 패공은 한왕 성에게 양책의 수비를 맡기고 장량과 더불어 다시 남쪽으로 내려가 완을 함락시키고는 서쪽으로 방향을 바꾸어 무관을 돌파하자, 2만 군사를 몰아 요관 기슭에 포진한 진나라군을 단숨에 쓰러뜨리려고 했다. 이때 장량이 이를 만류했다.

"적은 아직도 강합니다. 절대로 깔보실 일이 아닙니다. 들으니 적장은 푸줏간의 아들이라고 합니다. 장사꾼이란 원래가 흥정에 능한 법입니다. 패공께서는 이대로 성 안에 머물러 계십시오. 우선 선발대를 보내서 근처의 산등성이에 무수한 깃발과 장대를 세워 대병력으로 위장하는 것입니다. 식사도 5만 명분을 준비해야 합니다. 그 다음에 여이기를 보내 적장의 눈치를 살펴보게 합시다."

과연 진나라의 장군은 겁에 질린 표정이었다. 패공과 손을 잡고 서쪽으로 나아가 함양을 치고 싶다고 청해 왔다. 패공은 이를 받아들이려고 했는데 이번에도 장량이 말했다.

"진나라를 배반하겠다고 말하는 자는 그쪽의 장군뿐입니다. 부하들이 따라오지 않을 것입니다. 그건 위험한 일이니, 저들이 방심하고 있는 틈을 타서 지금 쳐들어가는 것이 좋겠습니다."

패공의 군사는 진나라군을 공격하여 쓰러뜨리고 추격전에 들어갔다. 북쪽 남전에 이르러 다시 한번 진나라군을 크게 무찔렀다. 공격을 거듭한 패공은 마침내 셴양에 입성했다. 이때 진나라의 왕 자영의 항복도 받았다.

한나라 때
대통 모양의 금구

패공이 진나라의 궁전에 들어가 보니, 궁전에는 훌륭한 말과 보물 등이 엄청나게 많았다. 후궁의 미녀들도 수천 명을 헤아려, 패공은 얼이 빠졌다. 패공은 궁전 안에 머무르리라 생각하고, 번쾌가 야영하기를 권하는 데도 들은 척도 하지 않았다. 이때 장량이 간했다.

"진나라가 무도한 짓을 저질렀기 때문에 우리가 이곳까지 올 수 있었습니다. 천하를 위해 남은 적군을 소탕코자 생각하신다면 호화로운 생활에 탐닉하시면 아니 됩니다. 만일 그러신다면 걸왕의 포악보다 더한 짓을 했다고 욕할 사람도 생길 것입니다. 옛 말에 충언은 귀에 거슬리되 실행함에 이로움을 가져오고, 좋은 약은 입에 쓰되 병을 고친다고 말합니다. 제발 번쾌의 권유대로 하여 주십시오."

패공은 패상에 되돌아와서 벌판에서 묵었다.

장량은 한나라로 돌아갔다. 그런데 항우는 장량이 패공과 행동을 같이하여 왔기 때문에 한漢·한韓이 연합할까 봐 두려워한 나머지 한왕 성의 귀국을 허락하지 않고 군중에 붙잡아 둔 채 자신과 함께 동쪽으로 끌고 가 버렸다. 장량은 항우에게,

"한왕은 다리를 모두 불태워 없앴습니다. 그가 동쪽으로 돌아갈 뜻은 전혀 없습니다."

이렇게 설명하고 또한 제왕 전영의 모반을 알리는 서한을 보내어 항우의 생각이 북쪽으로 쏠리게 하였다. 과연 항우는 서쪽의 한왕에 대한 경계심을 품고 제나라를 토벌하기 위해 북으로 나아갔지만 끝내 한왕 성의 귀국은 허락하지 않았을 뿐만 아니라 왕에서 제후로 신분을 떨어뜨린 뒤에 팽성에서 죽여 버렸다. 장량은 이때 가까스로 몸을 피하여 한왕을 찾아갔다.

그 무렵 한왕은 동쪽으로 군사를 되돌려 3진을 평정하는 중이었다. 장량은 성신후로 정식 임명되었으며, 한왕을 따라 동쪽으로 나아가 초나라군과 싸워 항우의 본거지인 팽성을 점령했다. 그러나 한나라군은 급히 되돌아온 항우의 군사에게 패하여 하읍까지 달아났다.

한왕은 말에서 내려서기는 하였으나 걸터앉을 자리조차 없어 별 수 없이 말의 안장을 끌어내려 그 위에 걸터앉고 이렇게 탄식했다.

"이제 한구관 동쪽의 땅은 포기할 수밖에 없게 되었소. 이왕 포기할 바에야 힘을 합쳐 초나라를 무찌른 사람에게 주고 싶은데 누가 적당하겠소?"

장량이 말했다.

"구강왕 경포는 초나라의 맹장입니다만 항우와는 싸움이 그치지 않습니다. 또한 팽월은 제왕 전영과 더불어 양나라에서 반란의 깃발을 들었습니다. 우선 이 두 사람에게 사자를 보내십시오. 우리 군주의 부하 장군 가운데서 큰 일을 맡아 한몫을 담당할 수 있는 장수는 오직 한신뿐입니다. 이 세 사람들에게 한구관 동쪽의 땅을 주시면 반드시 초나라를 무찌를 수 있으리라고 생각합니다."

한왕은 수하를 보내 구강왕 경포를 설득케 하고 팽월에게도 사자를 보내어 동맹을 맺었다. 또한 위왕 표가 배반하자 즉시 한신에게 군사를 주어 위나라를 치게 했다. 이렇게 하여 한나라는 연·대·제·조의 네 나라를 손에 넣었다. 결국 한왕이 초나라를 누를 수 있었던 것은 이 세 사람의 힘에 의해서였다.

장량은 항상 몸이 약했기 때문에 한 번도 장군이 되어 본 일이 없고, 늘 참모로서 항상 한왕 옆에 붙어 있었다.

한나라 6년 정월, 공이 있는 사람에게 상을 주는 자리가 마련되었다. 장량은 도대체 전공이라고는 세운 적이 없었다. 그러나 고조는, 장량의 전공을 이렇게 평가했다.

"그대는 유장(싸움터의 장막)에서 작전을 세우고 능히 천 리 밖의 승리를 결정했소. 이것이 그대의 공이오. 제나라의 3만 호의 영지를 주니 희망하는 장소를 택하도록 하시오."

"소신은 하비에서 군사를 일으켰고 유에서 폐하를 처음 뵈었습니다. 그것은 하늘이 준 인연이었습니다. 폐하께서는 소신의 작전을 자주 채택해 주셨습니다. 그것이 성공을 거둔 것은 오로지 운이었습니다. 소신은 지금 매우 만족합니다. 3만 호를 주시다니 분에 넘칩니다."

한왕은 소하 등을 책봉할 때에 장량을 유후로 책봉했다.

같은 해 봄에는 큰 공을 세운 신하가 20여 명이나 포상되었는데, 그 밖의 공신들에 대해서는 경쟁이 심하여 평가가 끝나지 않아 봉지를 결정하지 못하고 있었다. 고조가 뤄양의 남궁에 머물던 어느 날, 2층 복도에서 문득 내려다보니 장군들이 정원 여기저기에 무리 지어 앉아 무슨 말인지 수군거리는 것이었다.

고조는 유후에게 물었다.

"저 자들은 지금 왜 수군거리고 있소?"

"반란을 모의하고 있는 중입니다."

"천하가 안정됐는데 반란은 또 뭐요?"

"폐하께서는 한낱 서민으로부터 일어나셔서 저 사람들을 부려 천하를 손에 넣었습니다. 그런데 폐하께서 천자가 되셨다고 하는 이때 봉지를 받은 자들은 소하와 조참, 옛날부터 폐하의 마음에 들었던 사람들뿐이고, 한편 죽음과 벌을 받은 자는 평소부터 폐하의 미움을 샀던 사람들입니다. 지금 담당자가 개인들의 공적을 일일이 평가하고 있는 중입니다만, 그들에게 줄 봉지를 합하면 천하의 땅을 다 내주어도 오히려 모자랄 지경입니다. 저 사람들은, '폐하께서 자신들 모두에게 봉지를 내리시지는 못 할 것 같다, 그렇다면 과거의 잘못을 들추어 내어 오히려 죽음과 벌을 내리시지나 않을까', 이러한 것들을 두려워하며 저렇게 모여앉아 반란을 모의하고 있는 것입니다."

고조는 얼굴을 찌푸렸다.

"어떡하면 좋겠소?"

"폐하께서 평소에 그 중 못마땅해하셨고, 그것을 남들도 다 아는 그런 인물이 있다면……."

"그야 옹치지. 옹치에게는 옛날부터 감정이 있어. 그는 나를 여러 번 골탕먹였지. 지금이라도 죽여 버리고 싶은데 공이 크기 때문에 참고 있소."

"우선 옹치에게 봉지를 내리시고 많은 신하들이 모인 자리에서 그것을 발표하셔야 합니다. 옹치가 봉지를 받았다고 하면 다른 사람들도 저절로 조용해질 것입니다."

고조는 술자리를 베풀고 옹치를 십방후에 책봉하는 한편, 승상과 어사를 독촉하여 상을 주는 일을 조속히 매듭하도록 명령했다. 많은 사람들은 술잔을 내려 놓고 환성을 올렸다.

"옹치도 제후가 됐단 말이야. 이제 우리는 기다리기만 하면 돼요."

유후 장량은 스스로,

"우리 집안은 대대로 한나라의 재상을 맡아 왔었다. 한나라가 멸망했을 때 나는 많은 돈을 들여서 원수인 진나라에 보복을 감행, 천하를 놀라게 한 바도 있다. 오늘날엔 이 세 치의 혀 끝으로 제왕의 군사가 되었으며 1만 호의 봉지를 받아 열후의 자리에도 앉았다. 한낱 서민으로 떨어져 버렸던 몸으로 이보다 더한 영달이 어디 있겠는가. 나는 이것으로 충분하다. 장차 속세를 버리고 적송자(상고 시대의 선인)처럼 선계에서 살고 싶다."

이렇게 말하고는 곡식으로 만든 음식을 끊고 도인의 법(신선이 되기 위한 수업)을 실천하며 몸을 가볍게 하는 일에 전념했다.

고조가 세상을 떠나자 태자가 황제에 올랐고, 유후를 은인으로서 존경한 여 태후는 그의 건강을 염려하여 제발 밥을 먹으라고 강권했다.

"인생은 오직 한 번뿐이오. 그것도 눈 깜짝할 사이에 지나가오. 무엇을 바라기에 그처럼 스스로를 괴롭히시는지 알 수 없소."

유후는 끝내 거절하지 못하고 밥을 먹기 시작했다. 고조가 세상을 떠난 지 8년 뒤에 유후도 세상을 떠났다. 시호는 문성후. 아들인 불의가 유후의 작위를 이어받았다.

그 옛날 하비의 다리 위에서 태공망의 병법서를 그에게 준 일이 있는 노인이 '13년 뒤에 다시 만나자' 고 한 바로 그 해, 장량은 마침 고조를 따라 제북을 지나고 있었는데, 곡성산의 기슭에 가 보니 노인이 말한 대로 과연 황석이 있었다. 장량은 이를 가지고 돌아와 정성껏 제사 지냈다. 유후가 세상을 뜨자 이 바위도 한 무덤에 합장되었으며, 봄과 가을의 제사 때에도 같이 모심을 받았다. 장량의 큰아들인 유후 불의는 효문제 5년에 불경죄에 연좌되어 봉지를 몰수당했다.

# 진평陳平 · 주발周勃 · 육가周勃 열전

한나라 12년(기원전 195), 고조는 경포의 반란을 진압하고 장안으로 돌아왔다. 그러나 그 뒤부터 고조는 병세가 더욱 위독해져서 태자를 여의로 바꿨으면 하는 마음이 더욱더 높아져 갔다.

이때 유후 장량이 옳지 않음을 간언해도 그는 듣지 않았다. 그뿐 아니라, 병을 앓고 있다는 핑계로 정무도 돌보지 않았다. 태자 태부(태자의 교육 담당관)인 숙손통이 고금의 예를 들면서 죽음을 각오하고 설득했을 때에도 고조는 조금도 변함이 없었다.

그 무렵, 궁중에서 주연이 베풀어져 태자도 그 자리에 참석했다. 태자 뒤에는 4명의 노인이 있었다. 모두 80세를 넘은 노인으로 수염이나 눈썹까지 새하얗고, 그들의 모습에는 주위를 제압하는 위엄이 깃들어 있었다.

고조는 이상하게 생각하고 곁에 있는 시종에게 물었다.

"저들은 누구냐?"

그러자 네 노인은 고조 앞에 나아가 자신들의 이름을 밝혔다. 이들은 동원공 · 녹리 선생 · 기리계 · 하황공이었다.

고조는 깜짝 놀라면서 말했다.

"이제까지 어디에 계셨었소? 몇 년 전부터 애타게 찾고 있었는데 나를 피해 오지 않았소? 그런데 지금 보아하니 태자하고는 사귀고 있는 것 같은데……."

노인들은 말했다.

"태자는 부모를 공경하고 형제 간에 우애하고 남에게도 겸손한 마음으로 대해 주시기에 많은 사람들이 태자를 따르며 태자를 위해서는 목숨조차 아까워하는 자가 없다기에 이렇게 나타난 것이옵니다."

"그랬던가……."

고조는 이렇게 말했다.

"앞으로도 태자를 잘 부탁하오."

노인들은 고조의 장수를 기원하는 술잔을 들고 물러갔다. 그 뒷모습을 바라보던 고조는 척 부인을 불러 네 노인을 가리키며 말했다.

"나는 여의를 태자로 삼고 싶었으나 태자에게는 저 네 사람이 붙어 있어. 내 힘으로도 이제는 어쩔 수가 없지. 내가 죽으면 그대는 여후를 주인으로 섬기지 않으면 안 된다."

척 부인은 흐느껴 울었다. 이윽고,

"초무를 한번 추어 주게. 내가 초가를 불러 줄 터이니……."

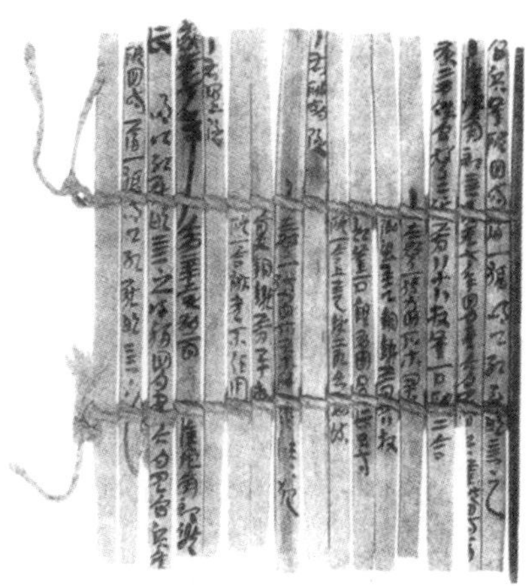

한나라 보병 부대의
장비 목록이 적혀 있는 간책

고조는 이같이 말하고 읊기 시작했다.

큰 새는 하늘 높이 천 리를 날으네
날개가 어느새 튼튼하여 사해를 건너네
사해를 나는 날개를 어찌 막으리요
화살이 있다 해도 쏠 수가 없구나.

노래는 되풀이되었다. 척 부인의 뺨에 눈물이 흘렀다.

이윽고 고조가 안으로 들어가고 주연은 끝났다.

태자는 네 사람 덕분에 그 지위를 지키게 되었다. 이 네 사람을 초빙한 것은 유후 장량이었다.

여 태후는 여씨 일족을 왕으로 책봉할 계획을 세우고 그 문제를 먼저 우승상 왕릉에게 물었다. 이때 왕릉은 결연히 대답했다.

"안 됩니다."

여 태후는 이어 좌승상 진평에게 묻자,

"지당한 말씀이십니다."

하고 찬성했다.

여 태후는 자기의 의견을 반대한 왕릉이 못마땅해서 그를 어린 황제를 지키는 태부로 좌천시킴으로써 조정의 제일선에서 쫓아내 버렸다.

왕릉은 병을 핑계로 태부를 거절했다. 그 뒤로 집에 틀어박힌 채 조정에 나가는 일도 그만두어 버렸다.

그 뒤 7년이 지나서 왕릉은 죽었다.

그런데 여 태후는 왕릉을 쫓아낸 뒤 우승상에 진평을 임명하고 좌승상에는 벽양후 심이기를 앉혔다. 그러나 심이기는 일에는 관심이 없고 궁중에서 여 태후의 비위만 맞추고 있었다.

심이기는 패현 사람이었다. 고조가 팽성 싸움에서 패했을 때 태상황(고조의 아버지)과 여후가 볼모로 초나라에 잡혔다. 그때 그는 여후를 담당한 집사로서 그녀의 시중을 들었다. 그 뒤 고조를 따라 항우와의 싸움에서 공을 세우고 후로 책봉되었다. 그런 까닭에 여 태후가 심이기에게 베푸는 총애는 특별하였다. 그가 좌승상으로 궁중에 들어가자 관리들은 무슨 일이건 그의 결재를 받게 되었다.

한편, 진평은 평소부터 여 태후의 여동생인 여수의 원한을 사고 있었다. 일찍이 고조가 여수의 남편인 번쾌를 사로잡은 일에 진평이 관련되었기 때문이다. 여수는 기회가 있을 때마다 여 태후에게 참소했다.

"진평은 승상이면서 정치는 돌보지 않고 매일 여자와 술에 빠져 있습니다."

이 말이 전해지자 진평은 여수의 말대로 매일같이 지내었다. 여 태후는 그 말을 듣고 빙그레 웃었다. 여 태후는 진평을 불러 여수가 한 말을 물어본 뒤에 이렇게 말했다.

"그대는 오직 어떻게 하면 나에게 충성할 수 있을까만을 생각하오. 여수의 말 따위에 마음을 쓸 필요는 없소."

그 뒤 여 태후는 여씨 일족을 차례로 왕으로 내세웠다. 그때마다 진평은 반대하지 않았다.

그러나 여 태후가 죽자 진평은 태위 주발과 힘을 합쳐 여씨 일족을 죽이고 문제를 옹립했다. 진평의 속셈은 거기에 있었던 것이다.

한편, 좌승상 심이기는 여씨 일족이 망하자 벼슬을 빼앗겼다.

새로 즉위한 문제는 태위인 주발이 나서서 여씨 일족을 없애 버렸으므로 그를 제일의 공로자라고 생각했다. 진평은 그것을 알아차리고 우승상을 주발에게 양보하기로 마음먹었다. 그래서 그는 건강을 핑계로 문제에게 그만둘 것을 청원했다. 그러나 즉위한 지 얼마 안 되는 문제로서는 진평의 속셈을 알 수가 없었다.

"그대가 몸이 아프다는 소문은 들어 본 적이 없는데 사임하겠다니 무슨 이유라도 있는가?"

"고조 때에는 제 공이 주발을 뛰어넘었습니다. 그러나 여씨 일족의 토벌에 관해서는 주발에 미치지 못합니다. 우승상은 주발에게 주시옵소서."

그래서 문제는 강후 주발을 우승상에 임명하였고 진평을 좌승상으로 삼았다.

그때 진평에게는 금 1천 근을 하사하고 봉지 3천 호를 주었다.

그러는 사이에 상당히 나랏일에 어느 정도 익숙해진 문제가 어느 날 조의에서 우승상 주발에게 물었다.

"재판은 전국에서 연간 몇 건쯤 있는가?"

"저는 알지 못합니다."

주발은 사과했다.

"그러면 국고는 연간 얼마나 되는가?"

"모르겠나이다. 죄송하옵니다."

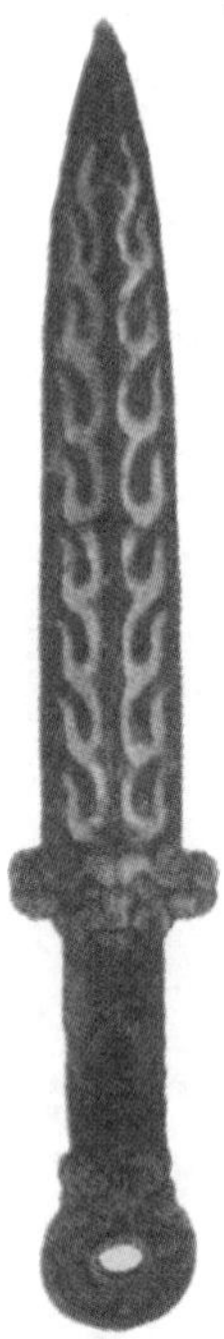
한나라 때의 금을 박은 단검

주발은 또다시 사과할 수밖에 없었다. 그는 온 몸에 식은땀을 흘렸다.

문제는 좌승상 진평에게 물었다. 그러나 진평은 말을 회피했다.

"그 문제는 담당자에게 물어 주시기 바랍니다."

"담당자라니, 누굴 말하는가?"

"재판에 대해서는 정위가 있사오며, 국고에 대해서는 치속내사가 있사옵니다."

"그대는 대체 무엇을 담당하고 있는가?"

"폐하께서는 소신의 어리석음을 모르시고 황공하옵게도 재상에 임명해 주셨습니다만, 모름지기 재상의 임무는 위로는 천자를 보좌하고 음양 2기의 조화를 꾀하여 사계절의 순환을 순조롭게 하오며 아래로는 만물을 잘 살게 하는 데 있사옵니다. 또한 바깥으로 사방의 야만족 및 제후를 진무하며, 안으로는 백성들을 다스리며 관리들에게 제각기 맡은 일을 잘 하도록 하는 데에 있습니다."

문제는 그 말을 듣고,

"좋은 말을 했소."

하고 좌승상 진평을 칭찬했다. 우승상 주발은 더욱 부끄러웠다. 주발은 밖에 나오자 진평에게 불평했다.

"평소에 왜 황제께 대답할 말을 가르쳐 주지 않았는가?"

그러자 진평은 웃으며 대답했다.

"자네는 우승상이면서도 그 직책이 무언지 몰랐단 말인가? 가령, 폐하께서 장안의 도난 건수를 물으셨다 해서 자네는 그것까지 대답해야 한다고 생각하나?"

주발은 자신의 능력이 진평에게 미치지 못함을 깨달았다. 얼마 뒤 그

진평

는 병을 구실 삼아 물러날 것을 청원했다.

그 뒤 진평은 승상으로 문제 2년(기원전 187)에 죽었다. 이때 헌후라는 시호가 내려졌다.

문제가 즉위하자 여씨 일족을 없애는 데 제일 공이 컸던 주발을 최고 지위인 우승상에 임명하고 금 5천 근을 하사하고 봉지 1만 호를 주었다.

그런데 한 달 남짓이 지나자 주발에게 이렇게 경고하는 사람이 있었다.

"당신이 여씨 일족을 없애고 신제를 옹립했을 때 이미 권세는 다한 것이오. 게다가 엄청난 포상도 받고 우승상까지 얻어 문제의 각별한 은총을 받고 있는 것은 스스로 무덤을 파는 거나 다름이 없소. 그대로 우승상에 머물러 있다간 언제 화를 당할지 모르는 일이오."

주발은 이 경고에 느끼는 바가 있었다. 그리하여 문제에게 우승상의 인수를 반환하겠노라고 청원하였다. 그러자 문제도 그 청을 들어주었다. 1년쯤 뒤에 승상 진평이 죽자 주발은 다시 그 후임으로 기용되었다. 그러나 그로부터 10개월쯤 지나자 이번에는 그만둘 것을 권고받게 되었다.

"내가 제후들에게 각기 자신들의 영지로 돌아갈 것을 명했는데도 이것이 실현되지 못하고 있다. 그대는 내게 매우 소중한 사람이지만 이때에 솔선해서 영지로 돌아감으로써 다른 제후에게 모범을 보여 줄 수 없겠는가?"

주발은 승상을 그만두고 그의 영지 강현으로 돌아갔다.

그때부터 주발은 공포에 사로잡혔다. 허둥군의 장관이나 군사령관이 각 현을 돌아보고 강현으로 올 때마다 문제가 자기를 죽이기 위해 보낸 것이 아닌가 겁을 먹고 스스로 갑옷과 투구로 무장하고 가신들에게도 그렇게 시키고는 그들을 맞았다.

1년 남짓 동안 그런 일이 몇 번씩 되풀이 되는 동안에 주발은 모반의 혐의로 고발되었다. 문제는 이 사건을 정위에게 맡겼다. 정위는 옥리를 시켜 주발을 사로잡아 신문하였다.

주발은 죽음이 두려워서 변명조차 변변히 하지 못했다. 그러나 고문이 가해지자 옥리에게 천 금을 주어 이것이 뜻밖의 효과를 내게 되었다. 옥리가 조서 뒤에다 '공주에게 증언을 시키라' 고 써 보인 것이다. 공주란, 문제의 딸로, 주발의 큰아들인 승지의 아내다. 옥리는 그 공주를 증인으로 세울 것을 가르쳐 준 것이다.

그 무렵, 문제의 주위에서도 주발을 구제하려는 움직임이 일어나고 있었다. 주발은 일찍이 문제로부터 받았던 벼슬과 포상을 모두 박 태후의 동생 박소에게 주었다. 이 박소가 주발이 옥에 갇혔다는 소식을 듣자 박 태후에게 구원을 호소한 것이다. 태후도 주발이 모반을 일으킬 사람이 아니라고 생각했으므로 문제가 찾아오자 꾸짖었다.

"강후를 체포하다니 무슨 영문이오? 그 사람은 여씨 일족을 없애고 그대가 즉위할 동안 옥새를 가지고 있었소. 그뿐 아니라, 그때 그는 북군의 장군이었소. 모반을 일으키려면 언제나 일으킬 수 있었던 게 아니오? 권세가 한창할 때 모반치 않던 사내가 작은 고을에 틀어박힌 지금에 와서 모반을 하다니 그런 말이 어디 있소?"

그때는 문제도 이미 주발의 조사 내용을 읽고 혐의가 없다는 걸 알고 있었으므로 그 자리에서 풀어주기로 약속했다.

"이번 문제는 저의 잘못이었습니다. 옥리의 신문에 혐의가 없다는 것이 드러났으니 곧 석방시킬 것입니다."

문제는 즉시 주발을 석방하고 영지로 돌려보냈다.

감옥에서 풀려난 주발은 이렇게 말했다.

"일찍이 백만 대군을 이끈 나였지만 옥리 하나가 이렇게 대단한 줄은 미처 몰랐다."

강후 주발은 영지에서 문제 11년(기원전 196)에 죽었다. 시호는 무후이다.

육가는 고조 앞에 나가 강의할 적마다 정치에 있어서 시·서가 얼마나 중요한가를 말했다.

어느 날, 고조는 짜증을 내면서 호통을 쳤다.

"나는 말 위에서 천하를 얻었어. 시·서 따위는 문제가 아냐."

그러자 육가는 말했다.

"폐하는 과연 말 위에서 천하를 얻으셨습니다. 그러나 말 위에서 천하를 다스릴 수가 있겠습니까? 저 탕왕·무왕을 보십시오. 탕왕과 무왕은 걸·주를 무력으로 없앴습니다만, 천하를 얻은 뒤에는 문의 힘으로 다스렸습니다. 문과 무를 병용하는 것, 이것이 천하를 다스리는 비결입니다. 옛날에 오왕 부차나 진나라의 지백은 막강한 무력을 자랑하

육가교유도

면서도 결국은 망했으며, 진나라도 그처럼 엄격한 법으로 다스렸건만 드디어 멸망하지 않았습니까? 진나라가 천하를 통일한 뒤, 만일 어진 도를 밟고 선정을 베풀었더라면, 폐하가 천하를 얻을 기회는 없었을 것입니다."

고조는 이윽고 부끄러운 표정을 드러내며 말했다.

"그대의 말이 옳을지도 모르지. 나를 위해서 진나라가 천하를 잃은 것은 무엇이며, 내가 천하를 얻은 것은 어째서인가, 그리고 옛나라들의 흥망성쇠에 대해서도 들려 주게."

육가는 국가 존망의 갖가지 모습을 12편의 책자로 만들었다. 1편을 상주할 때마다 고조는 칭찬했으며, 측근들은 만세를 부르며 축하했다. 그 책은 『신어』라 이름을 붙였다.

이윽고 혜제의 시대가 되어 여 태후가 천하의 대권을 한손에 휘어잡았다. 태후는 여씨 일족을 왕으로 내세우려는 마음을 품고 있어서 중신 가운데서 간언을 많이 하는 자를 멀리했다.

육가는 여 태후의 마음을 돌릴 수 없다고 단정하자 병을 핑계로 조정에서 물러났다. 그러고는 호치에 있는 자기 땅에 돌아가기로 했다.

육가에게는 아들 다섯 명이 있었다. 그는 우선 남월에 사자로 갔을 때 얻은 재물을 천 금으로 바꿔서 이것을 다섯 아들에게 2백 금씩 나누어 주고 각각 독립시켰다. 그리고 자기 자신은 언제나 네 말이 이끄는 마차를 타고, 10여 명이나 되는 악사들을 거느리고, 허리에는 백 금쯤 되는 보검을 차고 있었다.

육가는 아들들과 헤어질 때 말했다.

"미리 약속을 해 두자. 내가 너희들한테 들르는 날에는 술 한 잔씩 대접해 다오. 그리고 말 시중도 들어주렴. 열흘쯤 즐기고 나서는 다음 집을 찾아가겠다. 그러는 동안에 나도 죽겠지. 내가 숨을 거둔 바로 그 집에다 이 보검과 마차와 종들을 남기겠다. 딴 집에 갈 때도 있을 것이다. 너희에게 가는 것은 고작 1년에 두세 번일 게야. 너무 자주 만나면 서로가 그렇게 반갑지도 않을 것이고, 너무 오래 묵어서 너희들에게 피해를 줘도 안 되지 않겠느냐?"

여 태후가 여씨 일족을 제왕으로 내세운 뒤, 그들 일족은 나라의 권력을 독차지하고 드디어는 제위를 넘보고 모반을 꾸미게 되었다.

진평은 이 일을 걱정했으나 이때 그에게는 여씨와 싸울 만한 힘이 없었다. 그뿐 아니라, 섣불리 움직였다간 언제 자기가 화를 당할지 모른다고 생각한 그는 줄곧 집 안에 틀어박혀 방법을 생각하고 있었다.

어느 날 육가가 진평을 찾아와서 그 방으로 들어갔다. 이때 진평은 깊은 생각에 잠겨서 육가가 온 줄도 모르고 있었다.

육가는 말을 걸었다.

"승상께서는 무슨 생각을 그렇게 하고 계시오?"

"육가 선생이 오셨군. 선생은 지금 내가 무슨 생각을 했는지 아시겠습니까?"

"공은 봉지 3만 호를 가진 신분이요, 또한 승상이 아닙니까? 신하로서 더 이상의 부귀는 없을 줄 압니다. 그런데도 걱정거리가 있으시다면 역시 여씨 일족의 횡포와 어린 황제를 염려하시는 일밖에 더 있겠습니까?"

"잘 보셨습니다. 무슨 방법이 없겠습니까?"

"선비란 원래 태평 시대에는 재상에게 기대하고 위급한 시대에는 장군에게 기대하는 법입니다. 재상과 장군이 힘을 합친다면 선비는 모두 따라가게 마련입니다. 선비의 뒷받침이 있는 한 천하에 어떤 일이 일어나건 나라의 권력이 무너지지는 않을 것입니다. 즉 국가의 운명은 두 분 손 안에 들어 있다는 뜻이지요. 나는 항상 이 문제에 대해서 태위

한나라 때의 화폐 저장 용기

강후에게 말하려고 하였습니다. 그러나 강후는 내 말을 들어 주지 않았소. 그래서 승상께 말씀드리오니, 무엇보다도 먼저 태위와 친교를 맺어 협력을 강구하셔야겠습니다."

육가는 진평에게 이렇게 말하고 여씨를 억누르기 위한 여러 가지 방법을 말했다.

진평은 육가가 말한 대로 즉시 강후를 초청하고 5백 금을 들여서 주연을 베풀었다. 태위도 잔치를 베풀어 보답함으로써 그 기회에 그들은 협력 관계를 굳혔다. 그 결과 여씨 일족의 음모는 좌절되었다.

진평은 육가에게 사례로써 노비 백 명, 거마 50승, 돈 5백 금을 주고 쓰라고 했다. 육가는 그것으로 조정의 고관들과 사귀며 더욱더 이름을 떨쳤다. 여씨 일족을 없애고 문제를 옹립할 무렵에 육가가 담당한 역할은 몹시 대단한 것이었다.

# 여 태후呂太后 열전

여 태후는 한나라 고조의 첫 번째 부인으로 혜제와 노원 공주를 낳았다. 고조는 한왕이 된 뒤 정도의 척희를 총애했다. 이 척 부인의 아들이 뒤에 조나라의 왕이 된 여의다. 고조는 이 여의를 몹시 사랑하였다.

태자 효혜는 매우 인자했으나 사내답지가 못 해서 고조는 효혜를 버리고 여의를 태자로 책봉하고 싶었다.

척 부인은 고조의 총애를 받았으므로 고조가 궁궐을 떠날 때에도 꼭 곁에 붙어 있었다. 그리고 기회 있을 적마다 자기가 낳은 아들 여의를 태자로 책봉해 달라고 눈물로써 애원했다.

한편, 여 태후는 항상 궁중에만 있었으니 고조와 얼굴을 맞댈 기회도 별로 없었고 소외당하기 일쑤였다.

여의가 조왕에 오른 뒤에도 효혜는 여러 번 폐위 직전의 고비를 넘기곤 했다. 효혜가 태자의 지위를 지킬 수 있었던 것은 중신들의 간언과 유후 장량이 있었기 때문이었다.

여 태후는 남자를 능가하는 성품으로 30여 년 동안 고조의 천하 통일

여 태후

을 도왔다. 고조가 나라를 세우는 데 이바지하는 공신들을 차례로 죽이고 한나라의 왕실을 태평하게 하는 데에도 여 태후의 도움이 컸었다.

여 태후에게는 오빠가 두 명이 있었는데 모두 장군이 되었다. 큰오빠 주여후는 전사했으나 그의 아들인 여태는 역후에, 여산은 교후에 책봉되었다. 작은오빠 여석지는 건성후에 책봉되었다.

고조는 재위 12년(기원전 195) 4월 갑진날에 장락궁에서 세상을 떠났고 태자 효혜가 뒤를 이어 황제에 올랐다.

척 부인에게 복수하려고 벼르던 여 태후는 고조가 죽자 그녀를 영항(궁중에서 일하는 여관女官들의 감옥이 있는 곳)에 가두었다. 그리고 한편으로는 조왕에게 즉시 입궐하라고 독촉했다.

그러나 몇 차례씩 사신을 보내도 조왕은 오지 않았다. 조나라의 재상 건평후 주창(말더듬이로, 태자를 고조가 폐하려고 할 때 반대했기 때문에 여 태후의 신임을 받았다)이 들어와 이렇게 말하였다.

"'조왕은 아직 어리니 네가 지켜 주어라' 하는 고조의 고명이 계시었소. 들리는 바에 의하면 태후께서는 척 부인을 미워하여 조왕까지 끌어내서 함께 죽일 생각이시라니 어떻게 왕을 보내 드리겠습니까? 그렇지 않아도 왕께서는 지금 병으로 누워 계시니 올라가실 수가 없습니다."

여 태후는 몹시 화를 냈다. 이번에는 주창에게 조정에 들어오라고 명령했다. 주창은 장안으로 올라왔다. 그 사이에 여 태후는 또 다시 사신을 보내어 조왕을 불렀다. 조왕은 마침내 출발했다.

형제 간의 우애가 깊은 혜제는 태후의 속셈을 눈치 채고는 조왕이 도착하기 전에 패상까지 마중을 나가 함께 궁중으로 돌아왔다. 그 뒤 조왕과 행동을 같이하면서 잠시도 그의 곁을 떠나지 않았다. 그 때문에 태후는 좀처럼 조왕을 죽일 기회를 잡지 못했다.

혜제 원년(기원전 194) 12월에 혜제는 사냥을 나섰다. 어린 조왕은 일찍 일어나지를 못 해 뒤에 처졌다. 태후는 그것을 알고 곧장 사람을 보내 조왕에게 짐독(짐은 새의 이름으로, 이 새의 날개를 술에 적시면 맹독이 된다고 한다)을 먹였다. 혜제가 사냥에서 돌아오니 조왕은 이미 죽어 있었다. 조왕의 후임으로는 회양왕 우(혜제의 이복 동생)를 앉혔다.

여름이 되자 조칙을 내려서 역후 여태의 아버지(태후의 큰오빠)에게 영무후를 추증했다.

마침내 척 부인에 대한 복수의 기회가 왔다. 여 태후는 우선 그녀의 손과 발을 잘라 버렸다. 눈을 도려 내고, 귀를 불에 지져서 도려 내고, 약을 먹여 목줄기를 태워 버렸다. 그러고는 변소에 버리고 '사람 돼지'라 이름 붙였다.

며칠 뒤 혜제를 불러 '사람 돼지'를 보여 주었다. 혜제는 처음에는 누군지를 몰랐다. 그러나 척 부인이라는 소리를 듣자 통곡하다가 앓아 눕더니 1년이 지나도 회복되지 못했다. 혜제는 사람을 보내어 태후에게 탄원했다.

"그것은 인간이 할 짓이 아닙니다. 저는 더 이상 천하를 다스리지 못하겠습니다."

그 뒤 혜제는 정치에 전혀 관여하지 않았고 매일같이 술과 여자로 세월을 보냄으로써 스스로 제 목숨을 단축시켰다.

혜제 2년(기원전 193)에, 초나라의 원왕 교(혜제의 숙부)와 제왕 비(혜제의 이복 형)가 조정에 들어왔다.

10월에 혜제는 여 태후를 모시고 제왕과 주연을 베풀었다. 혜제는 제왕이 자기의 형이었으므로 그를 윗자리에 앉혔다. 그런데 이 일이 여 태후의 비위를 건드렸다. 여 태후는 짐독을 탄 술잔을 두 사람 앞에 놓고 제왕에게 마시라고 했다. 제왕이 일어섰다. 그러자 혜제도 일어서며 술잔을 들고 함께 건배하려 했다. 여 태후는 갑자기 혜제의 술잔을 엎어 버렸다.

수상쩍게 생각한 제왕은 술잔을 도로 놓고 취한 척하면서 도망쳐 나왔다. 나중에 알아보니 역시 짐독이었다. 제왕은 섬뜩했다. 그는 몹시 안절부절못했다. 그러자 제나라의 내사인 사가 꾀를 내어 아뢰었다.

"태후의 친자식은 혜제와 노원 공주뿐입니다. 그런데 주상이 가지고 있는 영토는 70여 성이나 되는데, 외딸인 노원 공주는 불과 몇 개의 성에 불과합니다. 주상께서 공주께서 쓰시라고 한 고을을 태후에게 바치신다면 태후는 마음을 풀 것이며, 따라서 주상께서도 평안하심을 얻으실 겁니다."

제왕은 그의 건의를 받아들여 성양 땅을 바치고 공주를 받들어 왕태후라 불렀다.

그제야 여 태후는 마음을 풀었다. 제왕의 집으로 가서 주연을 베풀고 기분 좋게 술을 마셨고, 제왕은 무사히 자기 나라로 돌아갔다.

혜제 7년(기원전 188) 가을의 8월 무인날에 혜제가 세상을 떠나자 국상이 포고되었다. 여 태후는 예법에 따라 눈물을 흘리지 않았다.

시중 장벽강은 유후 장량의 아들로 이때 나이가 겨우 15세였으나 승상 진평에게 이렇게 말했다.

"태후께서는 외아들인 혜제를 잃고도 조금도 슬픈 표정이 깃들지 않았습니다. 왜 그런지 아십니까?"

"모르겠는데……."

"혜제에게는 성장한 아들이 없으므로 태후가 중신들에게 위협을 느끼고 있습니다. 승상께서는 이 기회에 여태 · 여산 · 여녹을 장군으로 임명하여 남북 양군의 병권을 맡기도록 하시고, 나아가 여씨 일족을 궁중에 불러들여 요직을 맡기도록 건의하십시오. 그러면 태후의 걱정도 풀릴 것이며, 따라서 여러분들에게도 화가 미치지 않을 것입니다."

승상은 곧장 그의 제안을 실천에 옮겼다. 태후는 몹시 기뻐했으며, 그 뒤부터 울음소리에 슬픔이 서리게 되었다.

여씨 일족의 전권이 시작된 것은 이때부터이다. 신제 원년(기원전 188) 이후 천하의 법령은 모두 여 태후가 포고했다.

여 태후가 사실상의 천자가 되었다.

여 태후는 여씨 일족을 제왕으로 세우기 위한 회의를 열고는 우승상 왕릉에게 물었다.

"일찍이 고조는 백마를 제물로 바치시면서, 유씨

옥각형 술잔

이외의 성을 가진 자가 왕이 될 때에는 천하가 단결해서 이를 치라고 말씀하셨습니다. 이런 말씀이 있는 이상 여씨를 왕으로 세울 수는 없습니다."

태후는 이번에는 좌승상 진평과 강후 주발에게 묻자, 두 사람은 이렇게 답했다.

"고조께서 천하를 통일하셨을 때는 왕자로서 왕을 세우셨습니다. 지금은 태후께서 나라의 모든 것을 결재하고 계시니 형제분이나 여씨 문중에서 왕을 세우신다 해도 아무런 지장이 없을 것입니다."

여 태후는 그의 말을 듣고는 마음을 풀고 회의를 끝마쳤다.

조정에서 물러나온 왕릉은 진평과 강후를 꾸짖었다.

"도대체 귀공들은 고조와 서로 피를 마시며 맹세하던 그 자리에 없었단 말인가. 고조께서 돌아가시자 여 태후가 실권을 잡고 여씨 일족을 왕으로 내세우겠다는 때에, '지당하십니다' 하고 고해 바치니 어찌된 영문이오? 이래 가지고서야 지하에 계신 고조의 얼굴을 어떻게 뵈올 수가 있겠소?"

두 사람은 대답했다.

"이 자리에서 옳고 그름을 따지기로 말하면 우리가 귀공을 따르지 못하오. 그러나 한나라의 사직을 편안히 하고 유씨 혈통을 지킨다는 점에선 우리가 귀공의 위요."

왕릉은 대꾸할 말이 없었다.

혜제의 황후는 선평후 장오의 딸인데 아이를 낳지 못했다. 여 태후는 황후가 임신한 것처럼 꾸미고는 혜제가 후궁에게서 낳은 아들을 빼앗아 왔다. 그러고는 그를 낳은 어머니를 죽이고 그 아들을 태자로 삼았다. 혜제가 세상을 떠나자 제위를 이은 것은 이 태자다.

이윽고 그는 세상 이치를 가늠할 나이에 이르렀다. 그러자 우연한 기회에, 자기를 낳은 어머니는 죽임을 당했고, 황후는 친어머니가 아님을 알게 되자 화가 났다.

"제아무리 태후라 하더라도 내 어머니를 죽이고 나를 황후의 친아들이라고 하다니 어처구니가 없다. 내가 아직은 어린애지만 어른이 되면 가만두지 않겠다."

마침내 이 말이 여 태후의 귀에 들어갔다. 여 태후는 이대로 두었다간 장래에 화근이 되겠다고 생각하여 그를 영항에 가두었다. 그러고는 황제의 병이 위독한 상태라고 헛소문을 퍼뜨리고 가까운 신하들에게까지도 면회를 허락하지 않았다.

여 태후는 많은 신하들 앞에서 이렇게 말했다.

"천자는 백성의 평안을 도모하고 백성은 기꺼이 천자를 따라야 한다. 이 같은 마음이 통함으로써 비로소 천하는 태평이 유지된다. 그럼에도 불구하고 황제는 오랫동안 병으로 정신 착란 상태에 빠져 있어 황통을 계승하여 종묘의 제사를 주재할 능력을 잃었다. 이래서는 천하를 맡길 수가 없다. 곧장 바꾸는 것이 옳다."

신하들은 일제히 머리를 조아렸다.

"천하 만민을 위해 종묘 사직의 평안을 도모하옵시는 태후의 심중, 헤아리고도 남습니다. 신하 모두는 충심으로 조명에 따르겠습니다."

마침내 여 태후는 제위를 빼앗고 황제를 몰래 죽여 버렸다.

5월 병진날에 상산왕 의(혜제의 첩의 아들)를 황제로 책봉하여 홍이라 개명시켰다. 이때를 신제 원년으로 삼지 않는 것은 여 태후가 모든 나랏일을 다스렸기 때문이다.

소제 홍 7년(기원전 181) 정월, 여 태후는 조왕 우에게 조정에 들어오라고 명령했다.

그 까닭은 조왕의 왕후는 여씨였는데 조왕이 후궁만 사랑하고 왕후에게는 냉담했다. 왕후는 질투에 못 이겨 장안으로 올라와서 여 태후에게 거짓말을 꾸며 대어 조왕을 헐뜯었다.

"여씨 일족으로 황제를 삼다니 있을 수 없다. 태후가 죽으면 반드시 놈들을 해치워 버리겠다."

조왕이 그렇게 말했다는 것이었다. 그 말을 들은 여 태후는 조왕을 불러들였다. 조왕이 도착하자 여 태후는 궁중의 한 방에 그를 가둬 놓고 누구도 만남을 허락하지 않았다. 그러고는 사람을 보내 감시하도록 하고 음식물조차 금지해 버렸다. 남몰래 음식을 주는 자는 발견되는 즉시 처벌되었다.

조왕은 원한에 사무쳐 이렇게 읊었다.

> 여씨가 권세를 잡으니 유씨의 운명은 바람 앞의 등불
> 왕후라고는 이름뿐이고 나에게도 아내를 강요했다
> 그 아내가 질투 끝에 나를 팔아넘기니

계집의 밀고가 나라를 어지럽히는데
황제는 그것을 깨닫지 못한다
나의 충신들은 어디로 갔느냐
어찌하여 나를 버리고 갔느냐
차라리 황야에서 자결해 버렸다면
하늘이 내 정의를 밝혀 주었을 것을
자결해 버릴 것을,
아아, 어찌 미처 깨닫지 못했던고
왕이 굶어 죽는데 인정을 베푸는 사람조차 없구나
하지만 여씨의 무도함에 대하여 하늘의 힘을 빌려 보복하리라.

정축날에 조왕은 죽었다. 유해는 서민의 대우로 장안의 백성들의 묘지에 묻혔다.

기축날에 일식이 일어나 주위는 어둠에 싸였다. 여 태후는 예감이 불길하여 기분이 몹시 언짢았다. 그리고 측근에게 이렇게 말했다.

"이건 내 탓이로다."

소제 홍 8년(기원전 180) 3월, 여 태후는 패수 기슭에서 액막이를 하고 돌아오던 길에 장안 동교에 있는 지도정을 지나가게 되었다. 그때 파란 개 같은 것이 나타나서 여 태후의 옆구리를 무는가 싶더니 순간 자취를 감추었다.

점을 쳐 보니 조왕 여의가 앙갚음을 하고 있다는 점괘가 나왔다. 그때부터 여후는 옆구리의 통증 때문에 괴로움을 받게 되었다.

7월에 접어들면서 여 태후의 병은 더욱 위독해졌다. 죽음을 각오하고 있던 여 태후는 여녹을 상장군으로 임명하여 북군의 지휘를 맡기고, 여산에게는 남군의 지휘를 맡긴 뒤 두 사람을 불러 놓고 이렇게 말했다.

"고조는 천하를 통일한 다음, 유씨 아닌 자가 왕이 되었을 때는 이를 무찌르라고 서약을 시켰다. 그러므로 우리 일가가 왕이 되었다 해서 중신들이 결코 복종하는 것은 아니다. 황제는 아직도 어리다. 내가 죽은 뒤에는 그들이 반드시 반격을 가해 올 것이다. 정신 차리고 우선 군을 동원하여 궁중을 지켜야 한다. 장례를 치른답시고 그들에게 틈을 보여서는 안 된다."

신사날에 여 태후는 죽었다. 유언에 따라 제왕에게는 천금을, 장군 · 대신 · 열후 및 관리들에게는 등급에 따라 돈을 하사함과 동시에 전국에 대사령을 내렸다.

또한 여산은 상국으로 임명되었으며, 여녹의 딸이 신제의 황후가 되었다. 주허후 유장은 매사에 과감한 사람이었다. 그의 아우는 동모후 흥거이다. 둘 다 제나라 애왕(제나라 도혜왕의 아들)의 아우이며, 장안에서 살고 있었다.

이 무렵, 여씨 일족은 나라의 실권을 잡고 제위를 빼앗으려고 일을 꾸미고 있었으나 고조 때부터의 중신인 강후 주발과 관영 등이 마음에 걸려서 결단을 못 내리고 있었다.

그런데 주허후의 아내가 여녹의 딸이었으므로 여씨네의 음모를 눈치채고 있었다. 이대로 있다간 자신이 위태롭다고 생각한 그는 형이기도 한 제왕에게 밀사를 보내어 여씨의 동정을 알림과 동시에 군대를 장안으로 보내 여씨를 없애고 제위에 오르도록 요청했다. 주허후 자신은 중신들과 짜고 내부로부터 호응할 셈이었다.

제왕은 제후에게 서신을 띄워 결심을 나타냈다.

"고조가 천하를 통일하고 유씨 일문을 왕으로 책봉하실 무렵에 부왕 도혜왕에게 제나라를 주셨다. 그 뒤에 도혜왕이 세상을 떠날 무렵에 혜제는 유후 장량의 건의를 좇아 신을 제왕으로 세우셨다. 혜제가 세상을 떠나자 여 태후는 나랏일을 마음대로 하고 여씨 일족만을 등용시키고 멋대로 황제를 폐하고 신제를 세웠다. 그리고 차례로 세 사람의 왕을 죽임으로써 양 · 조 · 연의 후계를 끊고 여씨로 바꾸었으며, 또한 제나라를 4분했다. 충신의 간언에 대해서도 태후는 귀담아 듣지 않았다. 여 태후는 이미 죽었다. 그러나 황제는 어려서 아직도 천하를 다스릴 힘이 없다. 당연히 중신과 제후들의 도움이 기대되고 있다. 그럼에도 여씨는 군사력을 과시하여 제후들과 충신을 위협하며 조칙이라 빙자하여 천하를 호령했다. 유씨의 사직은 이제 위기에 놓여 있다. 나는 군사를 이끌고 장안으로 올라가 왕의 자격도 없는 여씨의 일족들을 없애려는 것이다."

이 소식을 들은 한나라 궁정에서는 상국 여산 등이 영음후 관영에게 군대를 주어 제나라를 공격하라고 명령했다.

그러나 관영은 형양에 도착하자 부하들을 모아 놓고 마음을 털어 놓았다.

"여씨 일족은 관중에서 병권을 한손에 쥐고 있다. 유씨를 좇아내고 제위를 빼앗을 속셈인 것이다. 지금 내가 제나라군을 무찌른다면 여씨에게 협력하는 것이 되는 게 아닌가."

관영은 형양에 앉아 제왕을 비롯하여 제후들에게 사자를 보내 연합군의 결성을 제의했다. 제안을 받은 여러 왕들은 즉시 군대를 제나라

서쪽 변두리까지 후퇴시키고 때를 기다렸다.

여녹과 여산은 관중을 제압할 것을 음모하고 있었다. 그러나 강후 · 주허후 등 유씨 세력이 켕기는 한편, 제나라와 초나라의 군사력도 얕잡아볼 수 없었다. 게다가 토벌을 위해 출전시킨 관영이 배신할 우려도 없지 않았다. 그들은 온갖 궁리 끝에 관영이 제나라와 싸움을 벌이기를 기다리기로 했다.

그 무렵 어린 황제의 이복 동생인 제천왕 태, 회양왕 무, 상산왕 조 등 세 왕과, 여후의 외손인 노원왕은 모두가 나이가 어렸으므로 영지에는 부임하지 않은 채 장안에 있었다. 게다가 조왕 여녹과 양왕 여산이 각각 북군과 남군을 거느리고 장안에 있었다.

이들은 모두 여씨 측이었으므로 유씨 측의 열후와 대신도 마음속으로는 불안에 떨고 있었다. 강후 주발이 태위에 있으면서도 궁중에 들어가 직접 지휘하지 못할 형편이었다.

그런데 고조의 옛 신하인 곡주후 역상은 늙었으나 그의 아들 역기가 평소부터 여녹과 사이가 좋았다. 주발은 그 점을 생각하여 즉시 승상 진평과 의논했다. 역상을 인질로 잡고 그의 아들 역기를 이용하여 여녹을 함정에 빠뜨리자는 것이었다.

역기는 여녹을 만났다.

"고조가 여후와 더불어 천하를 통일한 후 유씨 문중에서는 아홉 사람, 여씨 문중에서는 세 사람의 왕이 나왔습니다. 이는 모두가 중신들의 합의에 의한 것으로써 그 뜻을 모든 제후들에게 알리고 제후들도 이를 승인했습니다. 지금 태후는 돌아가시고 황제는 어리십니다. 이와 같은 때 귀하는 조왕이면서도 영지에 부임하지 않을 뿐 아니라, 우두머리 장군의 자리를 차지한 채 군부를 손에 넣고 있습니다. 이래서는 중신 제후들에게 공연한 소리를 들어도 하는 수 없습니다. 어째서 귀하는 장군직을 버리고 군대를 태위에게 맡기지 않습니까? 양왕에게도 상국의 인수를 반환하고 중신들과 서약하여 영지에 부임토록 권하는 것이 좋겠습니다. 그러면 제나라의 반란도 수습될 것이고 중신들 또한 마음을 놓을 것입니다. 그리고 귀공도 마음 편히 조나라의 왕으로 계실 수가 있습니다. 이것이야말로 만세의 이익이 아니고 무엇이겠습니까?"

여녹은 그의 말이 옳음을 깨닫고 장군의 인수를 반환하여 군대를 태위의 지휘 아래 두도록 즉시 사신을 보내어 여산을 위시한 장로들에게 보고했다. 그러나 찬반이 반반씩이어서 좀처럼 결정되지 않았다.

여녹은 역기와 마음을 터놓고 지내는 사이였으므로, 때마침 그를 데리고 사냥을 나갔다. 그 도중에 숙모인 여수의 집에 들르니 여수는 호통을 쳤다.

"장군인 주제에 군대를 버리다니 대체 어쩔 셈이냐? 우리 집안은 망했구나!"

그러고는 패물을 끄집어 내서 모조리 마당에다 내팽개쳤다.

"어차피 빼앗길 건데 이렇게 버리는 게 낫지!"

8월 갑진날의 아침, 어사대부의 직무를 대행하고 있던 평양후 줄은 상국 여산을 만나 정무를 상의하고 있었다. 그때 제나라에 사신으로 갔던 낭중령인 가수가 돌아와 여산을 보자마자 이렇게 말하며 나무랐다.

"왜 빨리 영지로 가지 않으셨소? 이제는 이미 때가 늦었소. 다시는 돌아갈 나라가 없소이다."

가수는 관영이 제·초와 연합해서 여씨 일족의 토벌을 음모하고 있는 사정을 상세히 보고하고, 빨리 궁중을 손에 넣으라고 여산에게 독촉했다.

곁에서 이 보고를 엿들은 평양후는 즉시 승상 진평과 태위 주발에게 달려갔다. 주발은 북군 사령부로 들어가려 하였으나 보초가 이를 막았다. 그러나 부절 관리자인 양평후 통이 부하에게 부절을 건네 주고 황제의 명령이라고 속여서 태위 주발을 북군에 보냈다.

태위는 다시 역기를 불러 전객(제후들의 감시역)인 유계와 함께 우선 여녹에게 보냈다.

"황제는 태위에게 북군의 지휘를 명령하시고 귀공에게는 영지로 돌아가도록 바라고 계시오. 지금 곧 장군의 인수를 반환하고 출발하시는 게 좋으실 것입니다. 그렇지 않으면 큰일이 벌어지고 말 거요."

여녹은, 그것이 역기의 계략이라고는 짐작하지도 못 하고 인수를 유계에게 넘겼다.

태위는 사령관으로서 군문에 들어가 장병들에게 명령했다.

"여씨를 따를 자는 바른쪽 어깨를 벗어라. 유씨를 따를 자는 왼쪽 어깨를 벗어라."

군중의 장병들은 모두 왼쪽 어깨를 벗고 유씨 측에 붙었다.

태위가 북군 본영에 도착했을 때 여녹은 이미 상장군의 인수를 내놓고 사라진 뒤였다.

태위는 이렇게 하여 북군을 손에 넣었다.

그러나 남군은 아직 여씨의 손 안에 있었다.

승상 진평은 곧 주허후를 불러 태위를 돕도록 명령했다. 태위 주발은 주허후로 하여금 군문을 감시케 하고, 평양후를 위위(궁궐 문 호위의 지휘

관)에게 보내,

"상국 여산을 궁궐 문에서 막아라."

라고 명령했다.

한편, 여산은 여록이 이미 북군 본영에서 물러난 것을 알지 못한 채 미앙궁에 들어가 반란을 일으키기로 결심했다. 그러나 문에서 저지를 당하고 그 주위를 어슬렁거릴 뿐이었다. 평양후에게도 승산은 없었으므로 태위에게 쫓아가 상황을 보고했다.

태위 역시 여씨 일족과 부닥친다는 것은 불안했다. 그래서 주허후를 궁중으로 들여보내기 위해, '급히 궁중으로 들어가서 황제를 지키라' 고 명령을 내렸다. 그때 주허후가 호위병을 요구하자 태위로부터 천여 명이 보내졌다.

주허후는 미앙궁에 들어가자 궁중에 있는 여산을 발견했다. 그때가 저녁 무렵이었는데, 그는 곧장 습격했다. 여산은 도망쳤다. 때마침 강풍이 불자 여산의 부대는 혼란에 빠져 저항할 여유가 없었다. 주허후는 여산을 쫓아가 낭중부의 변소에서 죽였다.

주허후가 여산을 죽였다는 소리가 들리자 황제는 알자(중개역)에게 부절을 들려 보내 주허후를 위로했다. 주허후는 그 부절을 내놓으라고 윽박질렀으나 알자가 말을 듣지 않았다. 그는 알자가 타고 있는 마차에 올라타고 부절을 휘두르며 장락궁으로 달려가 위위 여갱시를 죽였다. 그 길로 북군 사령부로 돌아와 사실을 태위에게 보고했다.

태위는 깊숙이 머리를 숙였다.

"여산이 문제였는데 덕분에 그를 죽일 수가 있었다. 이것으로 천하가 태평이다."

계속해서 여러 곳에 사람을 보내 여씨 일족을 사로잡아 남녀노소의 구별 없이 죽였다.

신유날에 여녹을 잡아 죽이고, 여수를 태형에 처했다.

또 명령을 내려 연왕 여통을 죽이고, 노왕 언의 왕위를 빼앗았다.

중신들은 비밀 회의를 열었다.

"지금의 소제를 비롯하여 제천 · 회양 · 상산의 세 왕은 모두가 혜제의 친아들이 아니다. 여 여후가 핏줄도 아닌 것을 친자식처럼 속인 데 불과했다. 친어머니를 죽이고 후궁에서 키워 가지고 혜제로 하여금 친자식이라 일컫게 하고 후사로 삼더니 뒤이어 제왕으로 삼았다. 모두가 여씨 일족의 세력을 강화하려는 여 태후의 술책이었다. 우리는 여씨 일족을 뿌리째 뽑아 버렸으니 소제나 제왕을 그대로 둔다는 것은 잘못이 아닐까? 그들이 자라서 권세를 휘두르게 되면, 이번에는 우리가 모두 죽임을 당할 것이다. 이 기회에 유씨 직계의 왕 가운데서 가장 적당한 사람을 골라 제위에 오르도록 함이 어떨까?"

중신 하나가 말했다.

"그렇다면 제왕이 어떨는지. 제왕이라면 도혜왕의 아들이며, 도혜왕은 알려진 바와 같이 고조의 큰아들 아닌가. 따라서 제왕은 고조의 적장손에 해당되는 분이니 자격은 충분하다."

그러나 다른 중신들이 일제히 반대했다.

"여씨가 외척임을 악용했기 때문에 한나라의 종묘가 위태로웠던 것이고 유씨의 공신도 어지럽히지 않았던가. 문제는 제왕의 외가인 사씨네 집안이다. 그 집안 장로 사균은 뱃속이 검은 인간이다. 제왕을 황제

처단되는 여씨 일족

로 즉위시킨다면 또다시 여씨와 같은 시대가 되고 만다."

이어 화이난왕의 말이 나왔으나 왕이 너무 젊고 외가가 좋지 않다는 것이었다.

"그렇다면 대왕은 어떨까? 대왕은 현재 살아 있는 고조의 아들 가운데서 가장 나이가 많으며, 인품은 관대하고 인정이 깊다. 외가인 박씨도 조촐한 일족이다. 게다가 나이가 많은 사람을 세우는 것은 합당하고, 부모에게 효도하는 인품은 존경을 받는다. 모든 조건이 갖추어져 있다."

이렇게 되어서 의견은 모아졌다. 중신들은 비밀리에 사자를 보내서 대왕을 초청했다.

대왕은 사신을 보내 거절했다.

그러나 그 뒤 두 차례나 권유를 받은 대왕은 마침내 여섯 대의 수레로 장안을 향했다.

대왕은 윤(기원전 180) 9월 말 기유날에 장안에 도착하여 대나라의 집으로 들어갔다. 중신 모두는 즉시 그에게 찾아가서 옥새를 바치고 황제로서 받들었다.

대왕은 중신 모두의 간절한 요청에 못 이겨 제위에 올랐다.

혜제와 여 태후의 시대, 그것은 백성이 전란의 도탄에서 해방되어 군주나 신하가 모두 평화를 원하던 시대였다. 혜제가 팔짱만 끼고 있었던 것은 그 때문이다.

# 원앙袁盎 · 조착鼂錯 열전

원앙의 자는 사이고 초나라 출신이다. 그의 아버지는 도둑 떼의 한패였으나 뒤에 안릉에 옮겨 왔다.

원앙은 여녹의 식객이었다. 이윽고 조정에서 여씨의 세력이 사라지고 문제가 즉위하자, 형 원쾌의 힘으로 중랑(궁중 호위관)이 되었다.

문제의 승상은 강후 주발이었다. 그때 주발은 최고의 공신이었다. 문제는 주발을 정중히 대접했다. 그가 조정의 회의를 마치고 물러갈 때에도 손수 배웅할 정도였다.

이 광경을 본 원앙은 어느 날 문제에게 물었다.

"폐하께서는 승상을 어떤 인물로 보시나이까?"

"사직의 공신으로 알고 있소만……."

"강후는 공신일 뿐 사직의 공신은 아닙니다. 사직의 공신이란 군주와 존망을 함께하는 것입니다. 그런데 강후로 말한다면, 여 태후 때에 여씨가 권력을 독차지하고 그 일족을 차례로 왕으로 책봉하는 동안, 그리고 유씨는 언제 대가 끊길지도 모를 상태였던 그때에, 강후는 태위로서 병권을 잡고 있으면서도 이를 바로잡지 못했습니다. 뒤에 여 태후가 죽자 대신들이 여씨 일족에 대항하기 위해 모두 일어났던 것인데, 이때 주발이 병권을 잡고 있었으므로 우연히 공을 세울 기회를 얻은 데 지나지 않습니다. 강후는 공신일망정 사직의 공신이라고는 할 수 없습니다. 그럼에도 불구하고 승상은 폐하를 업신여긴 듯한 태도를 취하며, 한편 폐하는 이를 묵인하고 계십니다. 이렇게 되면 군신이 예의에 벗어나는 일이 되지 않겠습니까? 폐하를 위해 좋지 않은 일이옵니다."

원앙의 건의가 있은 뒤부터 문제는 주발에게 날이 갈수록 위엄으로써 대하였고 주발도 겸손해지지 않을 수 없었다. 어느 날 주발이 원앙을 꾸짖었다.

"나는 자네 형과는 친한 사이인데 나를 조정에서 바보 취급하다니……."

그러나 원앙은 한 마디도 사과하지 않았다.

그 뒤 주발은 승상을 그만두고 임지인 강현으로 돌아갔다. 그런데 강현의 어떤 자가 주발이 모반을 꾀하고 있다고 상소해서 옥에 갇혔다. 이때 아무도 주발을 변호하지 않았으나 원앙만은 그의 죄가 없음을 말했다. 그리고 주발이 석방된 데에는 원앙의 변호가 큰 영향을 미쳤다.

그 뒤 주발과 원앙은 친밀한 교제를 맺었다.

문제 3년에, 문제의 아우인 화이난의 여왕이 궁궐에 들어와서 벽양후 심이기를 죽인 일이 일어났다. 문제의 권위를 등에 업은 여왕의 오만함은 눈을 뜨고 볼 수 없을 정도였다. 이때 원앙은 그에게 엄한 조치를 취하도록 문제에게 건의했다.

"제후가 교만해도 그대로 내버려 둔다면 반드시 화를 일으킬 것입니다. 이때 화이난 왕을 처벌하시고 영지를 줄이시는 것이 마땅하옵니다."

그러나 문제는 이 간언을 귀담아 듣지 않고 화이난 왕의 죄를 불문에 부쳤다. 이것이 여왕의 오만을 더욱 부추겼다.

그 뒤 극포후 시무의 태자가 모반을 꾸민 일이 발각되었을 때 신문 과정에서 그 사건에 화이난 왕이 얽혀 있음이 드러났다. 이렇게 되고 보니 문제는 화이난 왕을 불러 신문했다. 그 결과 화이난 왕은 촉나라로 귀양을 가게 되어 촉 땅까지 죄수 호송용 마차에 태워 호송되었다.

당시 중랑장이던 원앙은 또다시 문제에게 간했다.

"폐하는 평소에 제후들의 감독을 소홀히 하심으로써 이 같은 사태가 초래된 것입니다. 이제 엄한 처벌을 내리시는 것이 어떨까 하옵니다. 화이난 왕은 앞으로 어떻게 나올지 알 수 없습니다. 그리고 촉나라까지는 상당히 먼 길이옵니다. 만일에 도중에서 화이난 왕에게 이상한 일이라도 생긴다면 폐하는 천하를 다스리면서 아우님 한 분도 포용하지 못하고 죽였다는 오명을 면치 못하실 것입니다. 아무쪼록 다시 생각하시기 바랍니다."

그러나 문제는 원앙의 간언을 듣지 않고 화이난 왕을 촉으로 호송시켰다.

과연, 화이난 왕은 옹에서 병으로 죽고 말았다. 이때 문제는 통곡했다. 원앙은 문제 앞으로 나가 자신이 강렬히 간언하지 못한 것을 사죄했다.

"나야말로 그대의 말을 들어야 했었다."

"모두 지나간 일이옵니다. 이 정도의 일로 폐하의 명예가 더럽혀지지는 않습니다. 폐하께서는 세상에 다시 없을 세 가지의 훌륭한 일이 있습니다."

"세 가지 일이라니, 무엇이란 말이오?"

"우선 첫째로, 폐하의 효도이옵니다. 전에 대나라에서 모후이신 박태후께서 3년 동안이나 병석에 누워 계셨을 때 폐하께옵서는 잠도 제대로 못 주무신 채 간호하셨고 약은 반드시 손수 맛보신 뒤가 아니면 드리지 않으셨습니다. 저 증삼(공자의 제자)조차도 그리 못 했을 것이옵니다. 더욱이 왕이라는 존위에 계셨으니 증삼의 효도를 훨씬 능가했다고 말할 수 있사옵니다. 또한 여씨 일족의 횡포에 이어 대신들이 나랏일을 마음대로 휘두를 때 폐하는 대나라에서 고작 6대의 역마차로 장안까지 달려오셨습니다. 당시의 장안이란 그야말로 무엇이 숨어 있는지 알지 못하는 곳이었습니다. 그런 곳에 달려오신 폐하의 용기는 저 맹분 · 하육(중국의 전설적인 영웅)이라도 미치지 못하는 것이옵니다. 나아가 폐하는 장안의 집에 들어가신 뒤에도 천자의 제위를 거듭 사양하셨습니다. 폐하의 다섯 번의 사양은 허유(요임금으로부터 천하를 양도받고도 사양했다는 성인)보다 네 차례나 더 됩니다. 저는 이상의 세 가지를 말씀드린 것입니다. 이번의 조치는 그 근원이 화이난 왕에게 괴로움을 줌으로써 잘못을 깨닫게 하려는 것이었는데, 여왕이 병사하신 것은 오로지 호위 관리들의 잘못이었사옵니다."

원앙의 말을 듣고 문제의 기분은 풀리는 듯했다. 문제는 다시 원앙에게 물었다.

"뒷수습을 어찌하면 좋겠소?"

" 화이난 왕에게는 아들이 셋 있습니다. 아무쪼록 폐하의 뜻대로 하십시오."

문제는 화이난 왕의 세 아들에게 각각 왕위를 주었다. 그 뒤 조정에서 원앙의 이름은 빛났다.

문제가 황후와 신 부인을 데리고 상림원(장안 교외)에 거둥했을 때의 일이다. 그때까지 궁중에서 신 부인은 황후와 같은 위치에 있었다. 그리하여 상림원의 경비관도 두 사람의 자리를 나란히 마련해 두었다.

그런데 막상 참석할 단계에 오자, 원앙은 신 부인의 자리를 뒤로 물려 놓았다. 그러자 신 부인은 화를 내며 참석치 않았다. 문제도 성이 나서 자리에서 일어나 그대로 궁중으로 돌아가 버리고 말았다. 그러자 원앙은 일행의 뒤를 좇아 궁궐로 돌아가서 다음과 같이 말했다.

"존비의 구별을 명확히 함으로써 상하의 관계가 원만해지는 법입니다. 폐하가 황후를 맞이하신 이상 신 부인은 후궁입니다. 후궁을 황후와 같은 자리에 앉게 해서는 존비의 구별을 지을 수 없습니다. 폐하가 그처럼 신 부인을 총애하신다면 금품을 내리시든가 그 밖에 얼마든지 마음을 나타내실 방법이 있으실 것입니다."

그 말을 듣고 문제는,

"좋은 말이오."

하고 기뻐하며, 즉시 신 부인을 불러서 원앙의 뜻을 들려 주었다. 신 부인은 원앙에게 감사하여 금 50근을 주었다.

원앙은 너무도 번번이 바른 말을 했기 때문에 차츰 문제로부터 멀어져 마침내 농서의 도위로 좌천되었다.

동루

농서에서는 부하를 아꼈기 때문에 부하들은 모

두 그를 위해 스스로 목숨을 바칠 정도였다.

원앙은 그 뒤 제나라의 재상으로 있다가 오나라 재상으로 임명되었다. 오나라로 출발할 때 조카 원종이 말했다.

"오왕은 평소부터 자만심이 강하다는 평판이 자자한 자이며, 주위에는 간신들이 우글거리고 있습니다. 그렇다고 그들을 꾸짖어 옳은 길을 잡으실 생각일랑은 아예 마십시오. 그런 일을 하시는 날에는 그들에게 당하시든가 이검(날카롭고 썩 잘 드는 검)을 맞으실 게 뻔합니다. 남쪽은 하루 종일 술이나 마시기에 제일 좋습니다. 이따금씩 오왕에게, 모반하지 마시라고 일러 놓기만 하면 족하겠죠. 그 이외의 일은 아무 소용이 없습니다."

원앙은 원종의 충고대로 실행함으로써 오왕에게서 정중한 대우를 받았다.

원앙과 조착은 평소부터 개와 원숭이의 사이였다. 조착이 나타나면 원앙이 자리를 뜨고, 원앙이 나타나면 조착이 자리를 떠났다. 그래서 그들은 서로 말을 주고받은 적도 없었다.

문제가 죽고 경제가 즉위하자 조착은 어사대부(부승상 겸 감찰 장관)에 임명되었다. 그는 즉시 원앙이 오왕으로부터 돈을 받았다고 하여 죄를 뒤집어 씌웠다. 그러나 형의 집행은 황제에 의해 면제되고 벼슬을 빼앗는 것으로 끝났다.

이윽고 오·초 반란의 정보가 전해졌다. 조착은 이를 갈며 분하게 여졌다.

"원앙이란 놈이 뇌물을 받고 오왕의 음모를 숨겼었구나. 그런 사실은 없다더니, 현재 이렇게 모반이 일어나지 않았는가. 경제의 허락을 얻어 신문을 다시 하여 음모의 모두를 폭로해야겠다."

그러나 부관들이 일제히 반대했다.

"이미 반란군은 서쪽으로 나아가고 있습니다. 그러니 원앙을 신문한들 무슨 소용이 있겠습니까? 첫째 원앙이 음모를 꾸몄다고는 도저히 생각조차 못 할 일입니다."

조착은 결단을 내리지 못하고 망설이게 되었다. 그 사이에 그 사실을 원앙에게 알린 자가 있었다. 놀란 원앙은 그날 밤, 두영을 만나 오나라가 반란을 일으키게 된 이유를 설명하고는,

"이 사건에 대해서, 경제에게 직접 말씀드리고 싶습니다. 어전에 나갈 수 있도록 추천해 주시오."

라고 부탁했다. 두영은 그 다음날 아침에 입궐하여 그 뜻을 경제에게 말했다. 경제는 즉시 원앙을 불러들였다.

그런데 원앙이 어전으로 나가자 그곳에는 조착이 기다리고 있었다. 원앙은 그를 내보내 줄 것을 청원했다.

조착이 물러갔다. 그는 몹시 분하게 여겼다.

원앙은 조착을 내쫓고 오나라가 반란을 일으키게 된 사실을 상세히 경제에게 설명했다. 그리고 그 책임은 오직 조착의 정책이 실패한 데에 있다고 다음과 같이 잘라 말했다.

"우선 조착을 죽여서 오왕에게 사의를 표하는 수밖에는 방법이 없습니다. 조착을 죽인다면 곧장 반란은 진압될 것입니다."

조착은 영천 사람이다. 지현의 장회 선생 밑에서 법가의 학설을 배웠다. 같이 배운 제자로는 뤄양의 송맹과 유예가 있다. 이윽고 그는 학식을 인정받아 태상(종묘의 의식을 관리한다)의 부관 격인 장고에 발탁되었다.

그의 인품은 강직하고 준엄했다.

문제 때『상서(『서경』을 일컬음)』에 통달한 사람은 천하에 하나도 없었다. 다만 이전에 진나라의 박사였던 복생이 제남에 있어 그만은『상서』에 정통했다고 한다. 그러나 이미 90세를 넘은 노인이므로 조정에 불러낼 수는 없었다.

그리하여 문제는 적당한 사람을 보내서 강의를 받게 하라고 태상에게 명령했다. 태상은 조착을 뽑았다.

복생의 강의를 듣고 돌아와서 조착은 황제에게 정책을 건의할 때마다 반드시『상서』를 인용해서 그 정책이 얼마나 중요한가를 강조했다. 문제는 조착을 태자의 시종으로 임명하고 이어서 그를 문대부 · 가령 등으로 승진시켰다. 조착은 태자의 은총을 한몸에 받았다. 태자의 신하들은 그를 '지혜 주머니' 라고 불렀다.

조착은 문제 때 수십 회에 걸쳐 상소했다.

그가 말한 것은 제후의 영지를 줄일 것과 법령의 엄격화였다. 문제는 그 의견을 따르지는 않았으나 그의 재능을 높이 평가하여 중대부로 중용했다. 당시 그의 사고방식에 찬성한 것은 태자뿐이었고, 원앙을 비롯하여 대신 · 공신들은 모두 조착을 싫어했다.

문제가 죽고 태자인 효경이 즉위하자 조착은 내사(장관)로 기용되었다. 그는 아무 때라도 황제에게 자신의 의견을 말할 수 있었고, 그때마다 경제는 그의 말을 들어주었다. 경제의 은총은 조착에게 집중되고 법령이 잇달아 바뀌었다.

승상 신저가는 매우 언짢았으나, 그렇다고 조착을 없앨 만한 실력은 없었다. 내사부는 태상황(한나라 고조의 아버지)을 모신 종묘의 경내에 있었는데, 문이 동쪽에만 있어서 사람들이 출입할 때마다 불편했다. 그리하여 조착은 남쪽으로도 나갈 수 있도록 묘의 바깥 담에 구멍을 뚫어 문을 만들었다.

이 말을 들은 승상은 화가 났다.

'얼마나 불경스러운 짓인가. 옳지, 이 허물을 경제에게 건의하여 조착을 죽여야지.'

그러나 조착은 이를 알아차리고 그날 밤에 재빨리 입궐해서 그간의 경위를 자세하게 경제에게 말했다. 그걸 알 까닭 없는 승상은 여느때처럼 일에 대해 건의한 다음, 조착이 멋대로 묘의 담에다 구멍을 뚫어 출입구를 만들었다면서, 정위에게 죽일 것을 청원했다.

그러나 미리 조착의 보고를 받은 경제는 간단히 그 청을 물리쳤다.

"그것은 법으로 문제 삼을 필요까지는 없소."

승상은 사죄하고 물러날 수밖에 없었다. 돌아오는 길에 승상은 마음 속의 분노를 장사(부관)에게 말했다.

"그놈을 내가 먼저 죽이고 나서 건의할 걸 그랬지. 경제의 허락을 받고 죽이려고 했더니 내가 도리어 당했구나. 모두 내 잘못이었다."

승상은 그것이 원인이 되어 병으로 쓰러져 죽었다. 그 뒤 조착은 한층 더 위세를 떨치게 되었다.

마침내 조착이 어사대부로 승진하자, 제후들의 땅을 줄일 것과 속령의 몰수를 건의했다. 이 일은 몹시 중요한 일이어서 경제는 공경 · 열후 · 종친들을 한곳에 모아 놓고 회의를 열었는데, 이때 이의를 말하는 사람은 별로 없었다. 다만 두영이 문제였다. 그와 조착 사이에 틈이 생긴 것은 이때부터다.

조착이 개정한 법령은 30장을 헤아렸는데, 제후들 사이에서는 그를 비난하는 소리가 날로 높아 갔다. 그 원성이 너무나 커서 조착의 아버지가 고향인 영천에서 올라왔다.

그는 아들을 보자마자,

"폐하가 즉위하시고 나서 네가 나랏일을 맡으면서 한 일이 무엇이냐? 제후의 영지를 깎아서 집안 사람들을 이간시켜 놓았지 않았느냐? 세상에서는 네 욕뿐이니 대체 어찌된 것이냐?"

"아버님의 말씀은 지당하십니다. 그러나 이렇게 하지 않으면 천자의 존엄은 유지되지 못합니다."

"유씨가 태평하면 조씨는 망해도 좋단 말이냐? 이제 나는 너를 버리고 갈 데로 가야겠구나."

얼마 뒤 아버지는 독약을 마시고 자살해 버렸다.

"내가 말려들어 고생하는 것은 뻔한 노릇이다. 차라리 내가 죽어 버리는 게 상책이다."

이것이 그의 아버지가 남긴 마지막 말이었다.

조착을 죽이기 위해 오 · 초 7국이 반란을 일으킨 것은 그로부터 열흘쯤 후의 일이다. 반란이 일어나고 얼마 뒤 경제는 두영과 원앙의 건의에 따라 조착을 장안의 동쪽으로 끌고 가서 목을 베어 죽였다.

경제는 오 · 초 7국의 난을 평정하자 초나라의 새로운 왕으로 원왕(고조의 아우 유교)의 아들인 평륙후 예를 세우고 원앙을 초나라의 재상으로 임명했다.

초나라에 부임한 원앙은 몇 번씩 상소해서 자신의 의견을 말했으나 채택된 적이 한 번도 없었으며, 이윽고 병으로 물러났다. 그는 그 뒤부터 서민들과 어울려 투계와 투견놀이를 즐기면서 세월을 보냈다.

어느 날, 뤄양의 협객인 극맹이 찾아온 적이 있었다. 원앙은 반갑게 맞이했다. 이를 보고 안릉의 어느 부자가 원앙을 비난했다.

"극맹이란 자는 투전꾼이지 않습니까? 장군이라는 분이 왜 투전꾼을 만나시는 겁니까?"

"극맹은 투전꾼임에는 틀림없다. 하지만 그의 어머니가 죽었을 때는 장례에 참석한 조객들의 수레가 천 대를 넘었다. 그걸 보더라도 그의 사람됨을 알 수가 있다. 인간이라면 누구나 어려운 경우가 있는 법인데, 그런 때 의지가 되어 줄 사람이라면 뭇사람 중에서 계심(관중에서 용맹을 떨치던 협객)과 극맹 정도가 있을 뿐이다. 그들은 어려울 때 부탁하면 절대로 거절하지 않는다. 부모에게 불효를 저지른다거나 있으면서도 없다고 하는 따위의 몰인정한 짓은 절대로 하지 않는다. 귀공은 언제나 몇 명씩의 호위병들을 데리고 다니는데, 위급할 때 그런 자들이 무슨 소용에 있겠는가."

원앙이 물러간 뒤에 경제는 때때로 그에게 사신을 보내서 정책에 대한 의견을 물었다. 아우인 양왕이 후손의 지위를 요구했을 때도 경제는 원앙에게 의견을 물었다.

결국 원앙의 반대로 이 사건은 흐지부지되고 말았는데, 양왕은 이에 앙심을 품고 그를 없애려고 은밀히 자객을 보냈다.

자객이 관중으로 들어가 원앙을 탐색했다. 그러나 많은 사람들이 모두 원앙을 칭찬한다. 그 칭찬은 대단했다.

그래서 자객은 원앙에게 만나기를 요청했다.

"저는 나리를 죽이기 위해서 양왕에게 고용된 자입니다. 그러나 이젠 그만두기로 했습니다. 나리 같은 인물을 죽일 생각은 조금도 없습니다. 하지만 제 뒤에도 10명 이상의 자객이 대기하고 있습니다. 부디 몸조심하십시오."

그 뒤부터 원앙은 우울하게 지내었다. 사실 자객의 말을 뒷받침하듯이 그의 신변에서 잇달아 괴상한 일이 생겼다. 그는 점을 치려고 배생이라는 유명한 점쟁이를 찾아갔다가 돌아오는 길에 안능(혜제의 능)의 성문 근처에서 뒤따르는 자객의 칼에 죽었다.

# 혹리酷吏 열전

:: 질도

질도는 양나라 사람으로 문제 때 낭(숙위 · 시종 등의 벼슬)으로 조정에 들어왔다. 경제 때 질도는 중랑장(낭관의 장)으로 승진했다. 그는 경제에게 거침없이 자신의 의견을 말할 뿐만 아니라, 일을 할 때는 정면으로 중신들을 비판했다.

어느 날 질도는 경제를 따라 상림원(장안 교외의 어원)으로 갔다. 그때 황후가 막 측간으로 들어가자마자 갑자기 멧돼지가 나타나서 측간으로 뛰어들었다. 경제는 황후를 구하라고 질도에게 눈짓했으나 질도는 모르는 척하였다. 그래서 경제가 손수 무기를 들고 가서 황후를 구하려고 하자 질도가 경제 앞에 엎드리며 이렇게 말했다.

"기다리십시오. 황후는 새로 맞이하면 되옵니다. 황후님은 천하에 다시 없는 분이 아닙니다. 하오나 폐하께서 경솔하게 행동하시다가 만일 변을 당하신다면 종묘와 태후를 어찌실 셈이십니까?"

경제는 생각을 고쳐먹었고 멧돼지도 측간에서 나왔다.

두 태후(경제의 어머니)는 이 말을 전해 듣고 질도에게 금 백 근을 내렸다. 경제는 이때부터 질도를 더욱 신임하게 되었다.

제남의 간씨라면 3백여 가를 가진 대호족이었다. 그 지방 일대를 완전히 억누르고 천하의 법을 멋대로 주무를 기세였다. 조정에서는 여러 번 태수를 바꾸어 보냈지만 아무도 간씨를 다스리는 자가 없었다. 그리하여 경제는 질도를 제남의 태수로 임명했다.

제남에 도착한 질도는 간씨의 우두머리를 잡아서 사형에 처했다. 예상한 대로 나머지 간씨들은 무서워서 반항하지 못했다. 이와 같이 다스려 불과 1년 남짓한 동안에 제남의 범죄는 자취를 감추었다. 그뿐 아니라 근처 10여 군의 태수까지도 그를 두려워했다.

질도는 무서움을 모르는 사람이었다. 또한 일에 관해서는 엄정했고, 뇌물은 받지 않았다. 그리고 평소에도 늘 입버릇처럼,

"나는 부모의 반대를 무릅쓰고 이 길을 택한 것이다. 그러니 직무에 몸을 바쳐 죽는 것만이 나의 소원이다.

라고 말하며 평생 가정을 돌보지 않았다.

이윽고 질도는 중위(치안 책임자)로 옮겼다. 그 무렵의 승상은 주아부(주발의 아들)였다. 주아부는 누구에게나 거만하게 굴었다. 그러나 질도는 승상을 만나도 간단히 인사할 뿐이었다.

그때의 인심은 순박하여 준법의 기풍이 널리 퍼져 있었다. 그런 풍조

속에서 질도의 법 운용은 가혹하기 짝이 없었다. 그는 상대가 관리이건 황족이건 조금도 사정을 봐주지 않았다. 그러므로 제후들이나 황족들은 그를 만나면 눈을 제대로 뜨지 못하며 그를 '푸른 매'라고 부르며 몹시 두려워했다.

임강왕(경제의 태자, 뒤에 폐위됨)이 고향에서 사건을 일으켜 경제에게 소환되어 질도에게 신문을 받게 되었다. 그때 임강왕은 경제에게 사죄문을 내기 위해 도필(나무에 글자를 새기기 위한 필기 도구)을 빌리려 했으나 질도는 부하에게 명하여 이것을 뿌리쳤다.

그런데 임강왕의 태자 시절의 스승이던 위기후 두영(태자 폐위에 반대했다)이 몰래 일을 꾸민 끝에 임강왕에게 도필을 들여보내는 데 성공했다. 이렇게 하여 왕은 경제에게 사죄문을 제출했으나 명예 회복이 불가능하다고 예측하고 자살해 버렸다.

두 태후(임강왕의 할머니)는 임강왕이 자살했다는 소식을 듣고 몹시 화가 나서 죄를 꾸며 질도를 탄핵했다. 그로 인하여 질도는 물러나 고향으로 돌아갔다.

그러나 경제는 질도를 내버려 두지 않았다. 경제는 사신에게 부절을 들려 그에게 보내어, 흉노를 수비하는 요새인 안문군의 태수로 임명했다. 그때 태후의 노여움을 생각하여 몰래 현지에 부임시키고, 조정의 명령 없이 스스로 다스릴 수 있는 권한을 주었다.

질도의 이름은 흉노족에게까지 널리 알려져 있었다. 그 때문에 국경 주변의 흉노는 군대를 철수시켜 질도가 죽기까지 두 번 다시 안문에 다가오지 않았다. 그뿐 아니라 흉노는 질도의 인형을 표적으로 만들어 병사들에게 활을 쏘게 하였으나 아무도 맞히는 사람이 없었다. 질도에 대

한나라 때의
소금 채취 장면

한 흉노의 공포심은 이처럼 대단했다.

흉노에게 질도만큼 공포의 대상이 된 존재는 없었음에도 불구하고 두 태후는 법에 따라 질도를 처벌하라고 경제에게 집요하게 주장했다.

그럴 때마다 경제는,

"질도는 충성스런 신하입니다."

라고 질도를 두둔했으나 두 태후는,

"그럼, 임강왕은 충의가 없었다는 말이냐?"

고 몹시 화를 냈다.

마침내 질도는 목을 자르는 형에 처해졌다.

:: 영성寧成

영성은 양나라 사람으로 경제 때 낭 · 알자 등에 임명되어 조정에 들어왔다. 그는 성품이 유달리 강직해서 상관을 무시하였으며, 부하들을 혹사시켰다. 그는 교활한 수법으로 남을 짓밟으면서 점차 승진하여 제남 도위가 되었다.

그 무렵 질도가 제남 태수로 있었다. 그런데 영성의 전임자는 그때까지 한 계급 아래의 현령처럼 반드시 걸어서 관청으로 들어가 문을 통해서 태수를 만났다. 도위라 하더라도 질도를 이렇게 무서워하였던 것이다. 그런데 영성은 부임하자마자 질도에게 상관처럼 행동했다. 질도는 평소부터 영성의 소문을 듣고 있었으므로 융숭하게 대우하며 서로 친구로 대하고 있었다.

그로부터 몇 년 뒤에 질도는 죽었다. 그러자 장안의 황족들은 법을 무시하게 되었다. 그리하여 경제는 그 대책으로 영성을 중위로 임명했다. 영성은 질도와 같이 엄격했으나 질도만큼 깨끗하지는 못 했다. 그래도 황족들이나 호족들은 한결같이 두려움에 떨었다.

무제가 즉위했을 때 영성은 내사(수도 장안의 지사)가 되었다. 그러자 영성의 관할 하에 있던 황후 집안의 귀족들은 영성의 잘못을 들추어 곤겸(머리를 깎고 칼을 씌우는 형벌)에 처하는 데 성공했다. 당시 9경급의 대관이 죽을죄를 저질렀을 때는 자살하는 것이 통례요, 형의 집행을 기다리는 자는 거의 없었다.

그런 가운데서 중죄를 받은 것이니 영성도 두 번 다시 등용이 될 가망은 없다고 생각했다. 그는 탈옥하여 통행증을 위조하고 감쪽같이 관문

쇠로만든 도량형기

을 지나서 고향으로 돌아갔다.

그뿐 아니라,

"관리가 될 바에는 대신, 장사를 할 바에는 백만장자, 이렇게 되지 않고서는 사나이라 할 수 없다."

라고 큰 소리치면서 황야를 개간한 논밭을 사들이고 이 땅을 가난한 사람들에게 빌려 주어, 수천 세대의 소작인을 둘 정도가 되었다.

그로부터 수년 뒤 대사령이 내려 영성은 무죄의 몸이 되었다. 그 무렵에는 이미 수천 금의 재산을 모아 약한 자를 돕는 사람으로 변해 있었다. 그는 관리들의 횡포를 억제하고, 외출할 때에는 수십 기의 부하를 거느렸다.

백성은 태수보다도 영성의 명령에 따랐다.

## :: 주양유周陽由

주양유는 조겸의 아들이다. 조겸은 화이난 왕의 작은아버지로 주양왕에 책봉되었다. 그 때문에 주양을 성으로 갖게 되었다.

그는 황실과의 혈연에 의해 낭으로 발탁되어 문제와 경제를 받들었다. 경제 때에 그는 태수로 승진했다.

무제가 즉위한 후부터 사법관은 법조문의 엄격한 집행을 일로 삼게 되었다. 그런데 그는 태수 가운데서도 가장 냉혹하고 횡포하여, 누구에게나 하고 싶은 대로 마구 대했다. 그리고 법 해석도 기분에 따라 상대방이 마음에 들면 용서해 주고 그렇지 않으면 죽여 버렸다.

그는 자기가 부임한 고을에서는 반드시 호족을 억누르고, 도위가 되면 태수의 일을 빼앗아 실권을 장악했다.

그는 고집이 세기로 소문이 나 있던 급암에게도 적대시했다. 또한 법을 방패 삼아 타인의 생사를 마음대로 처리한 사마안조차도 같은 태수이면서 수레에 오르면 그보다 아랫자리에 앉았다.

그는 나중에 허둥 도위에 전임했을 때 군수 승저공과 권력 쟁탈을 벌인 끝에 서로 상대방을 고소하기에 이르렀다. 승저공은 유죄 판결을 받자 형벌에 따르지 않고 자살했다. 유는 기시의 형에 처해졌다.

영성 · 주양유 이후의 사건은 더욱더 늘어나 백성은 법망을 빠져 나갈 구멍만을 찾게 되었고, 관리의 신문 방법은 대개 영성이나 주양유의 수법을 따르는 경향이 강해지게 되었다.

# 장탕張湯 열전

장탕은 두나라 출신으로 아버지는 장안의 하급 관리였다.

어느 날 아버지가 외출하면서 어린 장탕에게 집을 보라고 맡겼다. 그런데 집에 돌아와 보니 쥐가 고기를 물어 갔다.

아버지는 화가 나서 장탕을 회초리로 때렸다.

그러자 장탕은 쥐 구멍을 파헤쳐 먹다 남은 고기와 함께 쥐를 끌어내어 때리고는 쥐 재판을 열었다. 우선 영장을 만들고 이어서 진술서를 작성하고 논고와 구형하고는 마당 끝에다 쥐와 증거물인 고기를 내놓고 판결문을 읽어 내리더니 책형에 처했다.

이 일을 낱낱이 지켜보고 있던 아버지는 그 판결문을 읽어 보고는 깜짝 놀랐다. 마치 사법관이 지은 것처럼 한 점의 흠도 없는 게 아닌가.

그 뒤부터 아버지는 장탕에게 관청의 판결문을 쓰게 했다.

장탕은 자신의 마음을 드러내지 않았다. 그는 사람을 교묘히 움직이는 천부적인 재능을 가지고 있었다.

그가 하급 관리였을 무렵 투기에 속은 적이 있었는데 그때의 인연으로 장안의 거상인 전갑과 어옹숙 등과 암암리에 교제를 두텁게 했다.

그는 뒤에 9경(대신)으로 승진하자 이름 있는 사대부들의 마음을 사로잡고 자기 비위에 맞지 않는 자에게도 겉으로는 정중한 태도로 교제했다.

당시에 무제는 유학에 한창 열을 올리고 있었다. 그리하여 장탕은 사건을 결재하기 위해서는 유학 경전에 근본 원리를 두자고 했다. 그러기 위해서 박사(학술 고문관)의 제자로 『상서』나 『춘추』에 정통한 자를 시켜 법 · 유 사상에 맞지 않는 법령을 개정했다. 또한 여지껏 판례가 없는 안건의 결재를 무제에게 구할 때는 미리 자신의 안을 짜 가지고 자료를 함께 제출했다. 그리고 무제가 재가한 것은 그 뒤의 판결 근거가 되도록 법령집에 기재했다. 이와 같이 하여 무제에게서 총명하다는 칭찬을 받았다.

판결문을 상주해서 무제의 꾸중을 받을 경우에 장탕은 즉각 사죄하고 무제의 뜻에 따랐으나 그럴 때는 언제나 자신의 부하 가운데서 유능한 사람을 들먹이면서 이렇게 대답하기 일쑤였다.

"방금 꾸중하셨던 조항에 관해서는 이 자가 꼭같은 취지로 반대했습니다. 하오나 어리석은 저는, 그 의견에 귀를 기울이지 않았습니다. 오로지 저의 책임이옵니다."

그럴 때마다 장탕의 책임은 불문에 부쳐졌다.

그와 반대로 판결문을 건의해서 칭찬을 들을 때에도 역시 부하의 이름을 들먹이면서 이렇게 말하곤 했다.

"이것은 저의 판단이 아니옵니다. 부하인 아무개가 저에게 말한 의견을 그대로 따른 것이옵니다."

이같이 장탕은 부하를 이끌어 내어 추천했던 것이다.

무제가 중죄에 처하려는 일에는 평소에 엄격한 판결을 내리는 자에게 맡기고, 죄를 용서해도 좋다고 생각하는 일에는 가벼운 판결을 내리는 자에게 맡겼다.

또한 재판에 부쳐친 자가 권세를 떨치고 있는 실력자라면 법을 억지로 적용시키면서까지 죄상을 꾸몄다.

만일 돈도 없고 지위도 없는 자라면,

"법에는 저촉되지만 아무쪼록 배려가 있으시기를."

하고 무제에게 건의하여 번번이 뜻을 이루었다.

장탕은 고관이 되고부터는 손님을 정중히 대접하고 친지의 아들이 관리로 임용되거나 형제 중 누군가가 곤궁에 빠졌을 때는 자기 일처럼 돌보았다. 그리고 중신들을 방문하여 문안을 드렸다. 이 때문에 조사는 가혹하고 법 적용이 공평하지는 않았어도 장탕의 평판은 좋은 편이었다.

더구나 장탕의 손발이 되어 법을 집행한 하급 관리 가운데는 학문을 숭상하는 자가 많았다. 승상 공손홍도 장탕의 수완을 으레 칭찬했다.

이때 화이난 왕 · 형산왕 · 장두왕에 의한 모반이 드러났다. 장탕은 사건의 관계자를 철저히 꾸짖었다. 무제는 장탕이 매우 가혹한 줄 알면서도 엄조와 오피만은 사면시키려 했다. 그러나 장탕은 반대했다.

"오피는 원래 이 모반을 계획한 자입니다. 또한 엄조는 무제의 신임이 두텁고 측근에서 무제를 보좌해야 함에도 불구하고 제후와 은밀히 내통했습니다. 만일 이 두 사람을 용서하신다면 후세에 본보기가 없어지고 맙니다."

전한 초기 귀족들이 사용한 목관

무제는 장탕의 의견을 들어 그 처결을 재가했다.

이처럼 재판에 관한 일이라면 장탕은 중신의 간섭을 물리치고 처리했다. 그러므로 그 공은 대부분 모두 장탕의 것이 되었다. 무제의 신임은 더욱더 두터워져 그는 드디어 어사대부로 승진했다.

장탕이 대궐에 들어와 정무를 건의할 때 화제가 재정 문제로 들어가면 무제는 식사하는 것도 잊고 귀를 기울였다. 승상은 이름뿐이고 중요한 일은 거의 다 장탕의 생각대로 결정되었다.

그때 백성들이 생활고로 폭동을 일으켜 사회 불안이 높아지고 있었다. 조정이 부흥 계획을 세워도 그 성과가 오르기 전에 악덕 관리가 백성들을 착취하여 모처럼의 조정의 계획도 엉망이 되어 버렸다. 그때마다 엄벌로 다스렸지만 효과가 없었다. 그 결과 위로는 조정의 고관으로부터 아래로는 서민에 이르기까지 장탕을 악덕의 근원이라고 비난했다. 그러나 장탕이 앓아누우면 무제가 손수 병문안을 갈 만큼 무제의 신임은 절대적이었다.

그 무렵, 흉노가 화의를 요청해 왔다. 그것을 상의하기 위해 어전 회의가 열렸다. 이때 박사인 적산이 입을 열었다.

"폐하, 수락함이 마땅할까 아뢰옵니다."

무제가 그 이유를 묻자 적산은 이렇게 대답했다.

"예로부터 무기는 함부로 행사해선 안 됩니다. 일찍이 고조께서 흉노 토벌을 위해 군대를 일으키셨지만 평성에서 고전에 빠져 결국은 정전 협정을 맺고 물러났습니다. 혜제 · 여 태후의 시대에는 싸움이 없었으므로 백성들은 평화로운 생활을 누렸습니다. 그런데 문제의 시대에는 또다시 흉노와 전쟁을 벌여 그 때문에 북쪽 변두리는 전쟁으로 황폐해 졌습니다. 또한 경제의 시대에는 오 · 초 7국의 난이 일어났습니다. 경제는 황태후의 지시를 받기 위해 수개월 동안이나 황태후가 살고 계신 곳을 매일 왕래했습니다. 가까스로 오 · 초 7국의 난을 진압하자 싸움에 지친 경제는 그 뒤 두 번 다시 전쟁을 벌이지 않았기에 백성들은 마음 놓고 편안한 생활을 할 수가 있었습니다. 그런데 지금은 어떻습니까? 폐하께서는 흉노를 무찌르기 위해 군사를 일으켰지만, 그 결과 나라의 재정은 바닥이 드러나고 백성들은 몹시 가난하옵니다. 이런 점으로 미루어 볼 때 화평을 수락하는 것이 좋을 듯하옵니다."

무제가 장탕에게 묻자 그는 이렇게 대답했다.

"적산은 학문을 겉핥기 식으로 배워 세상의 일에 대해서는 아무것도 모릅니다."

그러자 적산이 반박했다.

"저는 어리석은 자입니다. 그러나 그렇게 말하는 장탕은 어떻습니까? 그의 충성심이야말로 겉치레가 아닙니까? 전에 화이난 왕 · 장두 왕의 반란 사건을 조사했을 때 장탕은 어떻게 처리했습니까? 법을 무리하게 적용해서 제후들을 꾸짖은 결과 부모 자식 사이에도 의심하게 되었고, 중신들은 불안에 휩싸여 소신껏 나랏일을 못 하게 되었습니다. 이것이 무엇보다도 중요한 증거입니다."

이 말을 듣고 무제는 기분이 나빠서 적산에게 물었다.

"그대를 태수로 임명하면 흉노의 침략을 막을 수 있겠는가?"

"그것은 못 하옵니다."

"현령이라면 어떤가?"

"그것도 무리이옵니다."

"그럼, 요새의 수비대장이라면 어떤가?"

이때 적산은 이렇게 생각하였다. 더 이상 황제의 뜻을 어긴다면 감옥에 갈지도 모른다.

"할 수 있습니다……."

무제는 그 말을 듣고 적산을 곧장 어느 요새의 수비대장으로 보냈다.

한 달쯤이 지났다. 흉노는 그 요새에 쳐들어와서 적산을 죽였다. 이 일이 벌어진 뒤 여러 신하들은 장탕의 권세에 떨었다.

허둥 출신 이문은 옛날 장탕과 다툰 일이 있었다. 그는 어사중승(어사대부의 차관)이 되자 그 원한을 복수하기 위해 어사대의 문서 가운데서 장탕을 탄핵하는 데 쓸 수 있는 자료를 찾아내어 그를 없애려고 노리고 있었다.

장탕에게는 노알거라는 부하가 있었다. 그는 장탕이 이문에게 감정을 품고 있음을 알고 사람을 시켜 그를 고발하게 했다. 장탕은 그의 죄를 심문하고 사형 판결을 내렸다.

이 사건 뒤에는 노알거의 공작이 관련되어 있다는 걸 잘 알고 있었다.

무제가 장탕에게 물었다.

"이 사건이 어떻게 드러나게 되었는가?"

그러자 장탕은 이렇게 시치미를 뗐다.

"이문의 패거리가 원한을 풀려고 한 짓이겠지요."

그 뒤 얼마가 지나서였다. 노알거가 여행 중에 앓아눕게 되어 어느 시골 여관에 묵고 있을 때였다. 장탕은 일부러 그곳까지 내려가 문병하고 다리까지 주물러 주면서 감사를 표시했다.

조나라는 제철업이 번성했다.

조왕은 중앙에서 온 감독관의 행동에 대해서 몇 차례나 고소했으나 그때마다 장탕에 의해 거부되었다. 그 때문에 조왕은 장탕의 부정을 찾아내고 있었다. 또한 조왕은 노알거에게 신문을 받은 일이 있어서 그에게도 원한을 품고 있었다. 조왕은 장탕이 일부러 노알거를 문병하러 간 적이 있다는 걸 알자 때를 놓치지 않고 무제에게 일러바쳤다.

"장탕은 중신의 몸으로 노알거를 문병했을 뿐 아니라 다리까지 주물러 주었다고 합니다. 아마도 그들이 공모하여 나쁜 짓을 저지르고 있음이 틀림없습니다."

이 사건은 정위에게 회부되었다. 노알거는 신문 도중에 병사했는데, 그 동생이 공범자로 체포되어 도관(임시 옥사)에 갇히었다. 때마침 장탕도 어떤 사건의 범인 신문 때문에 도관으로 왔다가 그곳에 그의 동생을 만났다. 장탕은 어떻게든 그를 구해 주려고 생각했지만 그 자리에서는 모르는 척했다.

노알거의 동생은 장탕이 자기를 버린 것이라 착각하고 화가 나서 사람을 시켜 장탕을 고발했다.

"장탕은 형과 공모하여 이문을 끌어 넣었습니다."

이 사건은 감선이라는 자가 담당하게 되었다.

감선은 전에 장탕과 충돌한 적이 있었다. 그리하여 그는 사건의 배후를 철저하게 조사하기로 했다. 그런데 그 사건이 진행하는 동안 이번에는 문제의 어릉에서 예전(죽은 사람과 같이 묻는 돈)의 도난 사건이 일어났다. 이 사건에 대해서 승상 청책은 장탕과 같이 대궐에 들어가서 두 사람의 감독 불충분을 사과하려 하였다. 장탕도 그렇게 하기로 약속했으나 막상 어전에 들어오자 어릉의 경호는 승상의 책임이므로 자기는 관계 없다고 생각을 고쳐먹고 사죄하지 않았다. 그 때문에 승상이 혼자서 사죄했다. 무제는 어사에게 이 사건의 조사를 명령했다.

어사대부 장탕은 이 일로 승상을 '건지의 법' 으로 옭아 넣으려 했다. 그 사실을 알고 승상은 안절부절못했다. 장탕의 야비한 방법에 성을 낸 것은 승상부의 세 장사(부관)였다. 그들은 장탕을 없애려고 기회를 노렸다.

장사 가운데 하나인 주매신은 회계 사람으로 『춘추』에 정통해 있었다. 엄조가 그 점을 높이 사서 무제에게 추천했던 것이다. 주매신은 『초사』에도 조예가 매우 깊었으므로 엄조와 함께 무제의 관심을 끌어 태중대부가 되어 무제를 측근에서 섬기게 되었다.

그 무렵의 장탕은 말단 관리로 주매신 등에게 엎드려서 명령을 받고 있었다. 그러나 장탕이 정위로 승진하고 화이난 왕의 사건을 담당하여 엄조를 물러나게 했을 때 엄조의 은혜를 입었던 주매신은 마음속으로 장탕을 원망했다.

장탕이 어사대부로 승진했을 때 주매신도 회계군 태수로부터 주작도위로 임명되었다. 그런데 몇 년 뒤 주매신은 장사로 좌천되었다.

그 무렵 어떤 일로 장탕을 만났다. 장탕은 의자에 몸을 뒤로 젖히고 앉은 채 주매신을 맞이했다. 주매신은 초나라 사람으로 이런 대접을 잊을 수가 없었다. 기회가 오면 장탕을 없애려고 벼르게 되었다.

장사인 왕조는 제나라 사람인데 법에 정통하고 우내사까지 지낸 사람이다.

또 하나의 장사 변통은 장단술(춘추전국 시대의 병법)을 배웠고 남에게 지기 싫어하는 버릇이 있었다. 그는 제남의 재상을 두 번씩이나 지냈다.

이 세 사람은 모두가 전에는 장탕보다 높은 지위에 있었는데 지금은 장사로 좌천되어 장탕 밑에 있었다. 장탕은 부승상으로서의 일을 집행할 때 이 세 사람의 장사가 일찍이 자기보다 높은 지위에 있었다는 것을 잘 알면서도 언제나 모욕을 주었다.

그 세 사람은 승상에게 이렇게 건의했다.

"장탕은 승상어른과 같이 무제께 사죄할 것을 약속했으면서도 어전에서 승상을 배신했습니다. 그는 요즘에는 견지의 법을 이용해서 승상께 죄를 뒤집어씌우려고 벼르고 있습니다. 이는 반드시 어른 대신 승상 지위에 오르려는 뜻으로 보입니다. 지금 그를 없애지 않으면 다시 돌이킬 수가 없습니다. 실은 저희가 장탕을 없앨 자료를 가지고 있습니다."

승상은 즉시 포리에게 명령하여 전신(상인 전갑의 일족) 등을 잡아서 신문했다.

전신 등은 이렇게 증언했다.

"장탕께서 재정 문제에 대해 건의할 때는 미리 그 정보를 저희들에게 알려 주셨습니다. 그리하여 저희들은 물건을 미리 사 놓았다가 값이 뛸 때 팔아서 이윤을 얻어 그것을 장탕님과 반씩 나누어 가졌습니다."

신문이 계속되는 동안 전신 등의 증언이 모두 무제의 귀에 들어갔다. 무제도 점점 견딜 수가 없어서 장탕에게 물었다.

"내 재정 정책이 실시하기도 전에 상인들 귀에 들어가 물건을 모두 산고하니 계획을 밖에 퍼뜨리는 자가 있는 것 같은데 어떻게 생각하나?"

장탕은 놀라는 표정을 지어 보였다.

"설마 그런 일이……."

이때 감선 등이 한술 더 떠서 노알거 등의 일을 말했다.

무제는 장탕에게 속은 줄로 알고 8명씩이나 검찰관을 보내어 그의 죄상을 추궁했다. 그런데 장탕은 그때마다 증거를 제시하면서 자신의 죄를 인정하지 않았다. 무제는 다시 조우(혹독한 관리로 일찍이 장탕과 형법 개정에 이바지하였고, 의형제를 맺었다)에게 신문을 명령했다.

조우는 이렇게 말하며 장탕을 꾸짖었다.

"귀공이 일가족 몰살의 판결을 내린 자가 얼마나 많은지 아시오? 증거도 이미 충분할 만큼 갖춰져 있소. 그러나 폐하는 귀공을 차마 처형하지 못하시고 스스로 자결을 원하고 계시오. 이제는 변명하지 않는 게 좋겠소."

장탕은 최후의 상소문을 올렸다.

"장탕은 아무런 공도 없이 하급 관리의 몸으로 폐하의 은총을 입어 삼공에 이르렀습니다만 그 책임을 다하지도 못 했습니다. 그러나 저의 죄는 저 세 사람의 장사들이 모두 꾸민 것이옵니다."

마침내 장탕은 자살했다. 죽은 뒤에 그의 유산을 조사해 보니 고작 5백 금에 지나지 않으며, 그 내역도 모두 봉록이나 상여금에 불과했다.

그의 형제와 자식들은 장례를 성대히 치르자고 했으나 그의 어머니는 반대했다.

"그 아이는 중신의 몸으로 불명예스러운 죄로 죽었다. 성대한 장례라니 당치도 않다."

그의 시체는 서민과 같이 허름한 관에 넣어 손수레로 운반되었다.

무제는 이 말을 듣고 감동하였다.

"과연 그런 어머니가 있었기에 장탕이 있었던 것이다."

무제는 이 사건을 다시 조사한 끝에 세 사람의 장사를 죽였다. 승상 청책도 이 일에 책임을 지고 자살했고, 전신 등은 석방되었다. 무제는 장탕을 잃은 것을 몹시 후회했고, 그의 아들 안세를 승진시켰다.

# 명장名將 열전

## :: 위청衛青

원삭 3년(기원전 126) 흉노가 대군에 쳐들어와서 태수 공우를 죽이고, 다시 안문군에 침입하여 그곳의 백성 천여 명을 포로로 잡아갔다. 이듬해 4년에도 흉노는 대규모로 대군 · 정양군 · 상군에 쳐들어와서 수천 명을 죽이고 데려갔다.

그 뒤 5년의 봄, 무제는 다시 흉노족을 대규모로 토벌하기 위해서 거기 장군 위청에게 기병 3만을 이끌고 고궐에서 출전하라는 명령을 내렸다. 동시에 유격 장군으로는 위위 소건을, 강노 장군에는 좌내사 이저를, 기 장군에는 태복 공손하를, 경거 장군에는 대나라 재상 이채를 각각 임명하여 거기 장군의 총지휘 아래에 삭방군에서 출전할 것을 명령했다. 이와는 별도로 대행령 이식과 안두후 장차공을 장군으로 한 대병력을 우북평에서 출전시켰다.

위청 등의 목표는 흉노의 우현왕이었다. 그는 한나라 군사가 여기까지는 공격하지 못하리라 깔보고 본영에서 술에 만취되어 있었다. 그러나 한나라 군사는 갑자기 밤에 공격하여 포위했다. 우현왕은 당황하여 애첩 한 명과 수백의 정예군만을 데리고 밤을 틈타 포위망을 뚫고 북쪽으로 도망쳤다. 한나라의 경기교위 곽성 등이 수백 리나 뒤쫓았으나 놓치고 말았다.

그러나 이 싸움에서 한나라군은 우현왕의 부왕을 비롯하여, 흉노족 남녀 1만 5천여 명을 포로로 잡았으며, 가축 수십만 두를 포획한 큰 전과를 올렸다.

위청 등이 국경의 요새까지 없애자 무제는 즉시 사자에게 대장군의 인수를 들려 전선에 보냈고, 위청을 대장군으로 승진시켰다. 이렇게 하여 모든 장군의 군대는 위청의 지휘 아래 들어오게 되어 그는 늠름하게 장안으로 개선했다. 이때 무제는 그에게 말을 건넸다.

흉노를 무찔렀던 한나라의 군사 복원도

"대장군, 그대는 병사들의 선두에 서서 크게 승리하고, 흉노의 왕 10여 명을 포로로 잡았다. 이에 그대에게 6천 호를 내림과 아울러 그대의 아들 위항을 의춘후로, 위불의를 음안후로, 위등을 발간후로 책봉한다."

그러나 위청은 이 상을 굳이 사양했다.

"황송스럽게도 폐하의 은덕에 힘입어 군은 대승을 거두었습니다. 하오나 이는 오로지 장병들이 힘써 싸운 결과이옵니다.

지금 폐하께오서는 저에게 은혜를 베푸시옵고 아직 나이도 어리고 아무런 공도 없는 자식들에게까지 황송하게도 봉지를 내리시고 제후로 책봉하시겠다 하시었습니다. 이는 저를 장군으로 임명하시어 장병들의 사기를 북돋우시려는 뜻에 어긋나는 일이 아니시옵니까. 어찌 이러한 은혜를 받자올 수 있겠습니까."

"아니, 나도 여러 장군들의 전공을 잊은 것은 아니오. 그것에 대해서는 당장 조처할 작정이오."

이윽고 다음과 같은 조서가 어사에게 내려졌다.

"호군도위 공손오는 세 차례 대장군을 따라 흉노를 쳤고, 본군을 잘 지원하여 부대장과 함께 적왕을 생포했다. 이로써 1천5백 호의 봉지를 주고 합기후에 임명한다.

도위 한열은 대장군을 따라 유혼에서 출전하여 흉노 우현왕의 본영을 습격하여 백병전으로 적왕을 생포했다. 이로써 1천3백 호의 봉지를 주고 용액후에 임명한다.

기 장군 공손하는 대장군을 따라 적왕을 잡았다. 이로써 1천3백 호의 봉지를 주고 남교후에 임명한다.

경거 장군 이채는 두 번 대장군을 따라 적왕을 잡았다. 이로써 1천6백 호의 봉지를 주고 낙안후에 임명한다.

교위 이삭, 교위 조불우, 교위 공손융노는 모두 세 차례 대장군을 따라 적왕을 서로잡았다. 이로써 각각 1천3백 호의 봉지를 주고 이삭을 섭지후에, 조불우를 수성후에, 공손융노를 종평후에 임명한다.

장군 이저 · 이식 및 교위 두여의에게는 각각 그 전공에 의해 관내후의 작위를 내리고 각각 식읍 3백 호를 준다."

이 해 가을, 흉노가 대군에 쳐들어와서 도위 주영을 죽였다.

원삭 6년 봄, 대장군 위청은 정양군에서 흉노를 무찌르고 출전했다. 중장군에는 합기후 공손오, 좌장군에는 태복 공손하, 전장군에는 흡후 조신, 우장군에는 위위 소건, 후장군에는 낭중령 이광, 강노 장군에는 우내사 이저가 각각 임명되어 대장군을 따랐다. 그때의 싸움에서는 적의 머리 수천을 베었다.

한 달 뒤, 전군은 정양군에서 출전하여 적의 머리와 포로를 합해 1만여 명의 전과를 올렸다.

이 무렵 하나의 사건이 발생했다. 우장군 소건과 전장군 조신의 3천여 기가 단독으로 선우의 주력군을 만나 하루 동안의 전투 끝에 전멸의 위기에 놓여졌다. 조신은 원래 흉노 출신으로 한나라에 귀순해서 흡후가 된 부장이다. 그는 흉노로부터 끈질긴 항복을 권유받은 끝에 나머지 군사 8백 명을 데리고 선우에게 항복했다. 우장군 소건은 전 군사들을 잃고 제 몸 하나만 도망쳐 대장군에게 돌아왔다.

그러자 소건의 책임이 문제되었다. 위청은 이때 군정(군법관) 굉, 장사(부관) 안, 의랑(조의관) 주패 등을 모아 놓고 그 처리 방법을 의논했다.

주패가 입을 열었다.

"대장군께서는 출전한 이래 부장을 벤 적이 없습니다. 지금 소건은 군을 버린 것입니다. 이 기회에 그를 베어서 장군의 위엄을 보이셔야 합니다."

그러나 굉과 안은 반대했다.

"그것은 안 됩니다. 적은 군사는 아무리 견고해도 대군에게는 대적하지 않는 것이 병법의 상식입니다. 소건은 겨우 수천의 병력으로 선우의 수만 대군과 싸우기를 하루 남짓, 군사들을 모두 잃으면서도 항복치 않고 스스로 돌아온 것입니다. 만일 그의 목을 벤다면 금후 이 같은 경우에 돌아오지 말라는 것을 뜻합니다. 절대로 그를 베어서는 안 됩니다."

한 무제

마침내 위청이 결단을 내렸다.

"나는 폐하로부터 장군으로 임명 받은 자이다. 내 위엄 따위를 문제 삼지 말라. 위엄을 보이라는 주패의 의견은 내 생각과 너무도 다르다. 부장을 베는 것도 내 직권에는 포함되어 있다. 그러나 폐하의 은총을 받들고 있을수록 요새 외에서 멋대로 죽이는 것은 싫다. 폐하께 이 사실을 상세히 보고 드린 뒤에 재가를 받도록 해야겠다. 그렇게 하는 것이 신하로서 해야 할 도리로 아는데 어떻게 생각하는가?"

그들은 모두 찬성했다.

그리하여 소건을 천자에게 보내고, 싸움을 중단하고 국경 안으로 물러갔다.

이 해에는 두 장군이 군사를 잃고 전장군 조신이 흉노에게 항복한 일이 일어나 군공이 보잘것없었으므로 위청에 대한 조처는 없었다.

서울로 송환된 소건은 관직을 빼앗기고 평민이 되었다.

위청은 흉노 토벌에서 돌아와 천 금을 받았다.

그 무렵, 무제의 마음은 황후(위청의 누이)를 떠나 왕 부인을 총애하고 있었다. 때마침 영승이 위청에게 이렇게 말했다.

하서를 되찾은 곽거병

"귀공은 빼어난 공도 없이 1만 호의 녹을 먹고 아들들은 셋이 모두 후에 봉해졌습니다. 그 이유는 귀공이 황후의 집안이기 때문입니다. 그런데 폐하는 지금의 왕 부인을 총애하시지만 부인의 일족은 아직 불우한 채로 있습니다. 하사금 천 금으로 왕 부인의 부모를 위해 장수를 축하하는 잔치를 베푸심이 어떠하겠습니까?"

위청은 그 말을 따라 5백 금을 들여서 잔치를 크게 베풀었다.

그 말을 들은 무제는 위청에게 그 이유를 물었다. 위청은 영승의 건의를 그대로 말했다. 무제는 영승을 동해군의 도위에 임명했다.

## :: 곽거병

곽거병의 부대는 언제나 정예병들로 구성되어 있어 고참 부장의 부대라 하더라도, 병졸 · 군마 · 병기 등이 곽거병이 거느린 것과는 비교가 안 되었다. 곽거병은 그 강력한 기병과 함께 언제나 본대보다 앞장서서 용감하게 적 깊숙이 쳐들어갔다.

게다가 그의 부대는 한 번도 곤경에 빠진 적이 없었다. 그와 반대로 고참 부장들은 언제나 불운에 휩싸여 어쩔 줄을 몰랐다. 그 때문에 곽거병에 대한 무제의 신임이 나날이 두터워져서 마침내 대장군 위청도 능가할 기세가 되었다.

흉노의 혼야왕은 서부 지역에서 번번이 한나라군에 패하여 수만 명의 병졸들을 잃었다. 모두 곽거병의 군사에게 무너진 것이다. 흉노의 선우는 몹시 화가 나서 그 해(기원전 121) 가을, 혼야왕에게 출두를 명했다. 이에 대해 혼야왕은 휴도왕 등과 공모하여 한나라에 항복할 결심을 하고 사자를 보내어 우선 변경의 수비를 맡고 있던 한나라군에게 그 뜻을 전했다.

때마침 한나라 대행령 이식 장군이 황하 유역에 성을 쌓고 있었다. 장군은 혼야왕의 사자를 맞이하자 즉시 역전거를 띄워 무제에게 보고했다. 그러나 무제로서는 도무지 믿을 수가 없었다. 항복을 가장하고 들어와 변경을 습격할 우려는 충분했다. 그리하여 무제는 곽거병을 불러 군사들을 이끌고 그들을 맞이하러 갈 것을 명령했다.

곽거병의 군사는 황하를 건너 혼야왕의 부대로 다가갔다. 그러자 혼야왕의 부장들이 동요하면서 도망갈 기색을 보였다. 그것을 보자 곽거병은 혼야왕 진영에 뛰어들어 왕과 만나고, 도망가려는 8천여 명을 베어 버렸다. 그리고 혼야왕을 역전거에 태워서 무제에게 먼저 보내고, 자기는 항복한 군사들을 거느리고 황하를 건너 귀로에 올랐다. 이때에 항복한 흉노는 수만 명을 헤아렸다.

장안에 도착한 그에게 무제는 거액의 은상을 내리고 혼야왕에게는 1만 호의 봉지를 주어 탑음후에 임명하고, 부왕 호독니를 하마후로, 응비를 휘거후로, 금리를 하기후로, 대당호 동리를 상락후로 각각 임명했다.

이어 무제는 곽거병의 공을 칭찬하면서 다음과 같은 조서를 내렸다.

"표기 장군 곽거병은 군사들을 이끌고 흉노를 공격하여 서역 왕 혼야와 그 부하를 모두 우리 나라에 귀순시켰다. 군량미는 적의 양식을 빼앗아 충당하고 병졸은 강궁의 병사 1만여 명을 편입했다. 반항한 자는 죽여서 머리와 포로를 합쳐 8천여를 얻었고, 이국의 왕 32명을 항복시켰으며, 더구나 우리 장병들은 전혀 손상이 없었다. 10만 명의 항복한 사람들은 모두 스스로 한나라에 귀속해 온 것이다. 우리 장병들은 거듭되는 토벌전을 잘 견디어 주었다. 이리하여 황하 연안으로부터 요새 밖에 이르는 곳에서 백성의 고생은 사라지고 영원한 평화가 찾아오려 하고 있다. 이로써 표기 장군 곽거병에게 1천7백 호를 가증함과 동시에 농서·북지·상군의 주둔군을 반감하고, 백성들의 노역 부담을 경감하노라."

그로부터 얼마 뒤 한나라는 귀순해 온 흉노를 변경 5군의 옛 요새 바깥에 나누어 옮겨 살게 했다. 그들은 모두 오르도스의 땅에 있으면서 옛날 풍습을 유지한 채 한나라에 귀속했다.

원수 4년(기원전 119) 봄, 무제는 대장군 위청, 표기 장군 곽거병을 사령관으로 임명하여 대규모의 흉노 토벌 작전을 벌였다. 그들이 이끄는 기병은 각각 5만, 여기에 보병 · 치중병 수십만 명이 후속 부대로 뒤따랐다. 이때에도 정예 부대는 모두 곽거병의 군에 배속되었다.

원래 곽거병은 정양을 근거지로 선우와 싸우기로 되어 있었다. 그런데 포로의 말에 의하면 선우는 동쪽으로 갔다는 것이었다. 무제는 급히 작전을 변경하여 곽거병에게는 동쪽에 있는 대군에서 출전하라고 명령했다. 정양에는 위청의 군대를 보내고 전장군에 낭중령 이광, 좌장군에 태복 공손하, 우장군에 주작 도위 조이기, 후장군에는 평양후 조양을 각각 임명했다.

위청은 곽거병과 더불어 흉노에 총공격을 가하려고 사막 깊숙이 쳐들어갔다. 그 병력은 대강 5만 기였다.

흉노에 항복했던 조신이 선우에게 건의했다.

"사막을 건너온다면 한나라 군사는 지쳐 있어 적을 생포할 수 있습니다."

선우는 치중대를 멀리 북쪽으로 움직이고, 정예군을 골라서 사막의 북쪽 기슭에 진을 쳤다. 그런데 이때 선우는 우연히 한나라군과 맞닥뜨렸다.

위청 휘하의 군대는 국경에서 천여 리 나아간 곳에서 선우의 군사를 발견하여 즉시 진형을 정비했다. 위청은 무강거(판자로 에워싸고 포장을 씌운 수레)를 고리 모양으로 늘어놓아 본영으로 하고 5천 기로 하여금 공격시켰다. 흉노군도 약 1만 기를 내보내 이를 맞았다. 마침 석양 무렵인데 질풍이 모래를 휘말아 올리며 사정없이 얼굴을 때렸다. 양군이 모두 거의 상대방의 움직임을 볼 수가 없었다. 그러나 한나라군은 좌우의 병력을 투입해서 차츰 포위의 태세를 갖추었다. 선우는 한나라군이 우세할 뿐 아니라 사기도 왕성하여 자기네가 불리하다고 판단했다. 그리하여 황혼 속을 노새 여섯 마리가 끄는 수레를 타고 굴강의 부하 수백 기를 데리고 단숨에 한나라군의 포위망을 뚫고 서쪽으로 도망쳤다. 양군의 뒤섞인 격전은 날이 저물어도 계속되어 양군이 거의 같은 숫자의 사상자를 냈다.

한나라군의 좌교(고급 장교)가 사로잡은 포로로부터 선우가 이미 탈출했다는 사실이 밝혀졌다. 곧장 기병이 어둠을 뚫고 뒤쫓았다. 대장군 위청도 직속 부대를 이끌고 그 뒤를 따랐다. 흉노는 대열이 흩어지며 도망했다. 새벽녘까지 2백 리쯤 나아갔으나 선우를 찾을 수는 없었다. 한나라군의 전과는 적의 머리와 포로를 합쳐 1만여 명이었다.

위청은 여세를 몰아 전안산의 조신성에 이르러 흉노가 쌓아 둔 군량미를 전군에게 지급했다. 이곳에서 하루 머무르고 나서 철수했는데, 이때 성을 완전히 불태우고 나머지 군량미는 모두 가져왔다.

대장군 위청이 선우와 싸우고 있을 때, 전장군 이광과 우장군 조이기가 이끄는 군사는 본대와 떨어져 동쪽으로 가고 있었기 때문에 길을 잃고 전투에 참전하지 못했다. 두 장군이 본대에 합류한 것은 본대가 사막의 남쪽까지 철수했을 때였다.

위청은 보고서 작성을 위해 장사(부관)를 보내어 해명을 요구했다. 이광은 이를 거부하고 자결했다. 조이기는 속죄금을 물고 평민이 되었다.

위청 휘하의 군대가 돌아오기까지 올린 전과는 포로와 적의 머리를 합해서 대강 1만 9천에 이른다.

흉노 측에서는 선우가 열흘씩이나 행방불명이었기 때문에 우욕여 왕이 선우를 자칭했다. 그러나 선우가 나타나 군을 장악하자 우욕여 왕은 예전의 지위로 돌아갔다.

표기 장군 곽거병의 군은 기병 5만, 치중대 기타도 위청군과 같은 규모였다. 다른 점은 휘하에 부사령관급 참모가 없다는 것뿐이었다. 그리하여 이감(이광의 아들) 등 소장 사관을 대교(병단장)로 발탁하여 참모로 삼고, 대군과 우북평군으로 출전하기 천여 리, 흉노의 좌왕의 군사와 싸웠다. 그 전과는 대장군 위청을 훨씬 웃돌고 있었다.

개선한 뒤 무제가 내린 조서는 다음과 같다.

"표기 장군 곽거병은 군을 지휘함에 있어 얼마 안 되는 장비를 가지고 큰 사막을 넘었다. 획장거(강 이름)를 건너 흉노의 왕 비차기를 죽이고 좌대장의 군과 싸워서 깃발과 북을 빼앗고 이후산을 넘어 궁려하를 건너 둔두왕과 한왕 등 3인과 장군과 대신을 비롯하여 간부 83명을 사로잡았다. 아울러 낭거서산에서는 하늘에 제사 지내고, 고연산에서는 땅에 제사 지내고, 한해(고비 사막 또는 바이칼 호라고도 함)를 눈 아래 굽어보았던 것이다. 포로의 총수는 7만 4백 43명, 적군의 3할을 무찔렀다. 더구나 군량미는 적에게 구하여 오지 깊숙이 쳐들어가면서도 장병들의 급식이 원만하였다. 이로써 표기 장군에게 5천8백 호를 가증한다.

우북평군 태수 노박덕은 표기 장군에 소속하여 여성서의 집결 시기를 그르치지 않고 도여산 싸움에 참전하여 포로와 머리 2천7백을 얻었다. 이에 1천6백 호의 봉지를 주고 부리후에 임명한다.

북지 도위(북쪽 경비 사령관) 형산은 표기 장군을 따라 흉노의 왕을 사로잡았다. 이에 1천 2백 호의 봉지를 주고 의양후에 봉한다.

먼저 흉노에서 귀순한 인순왕 복육지와 누전왕 이즉간은 모두 표기 장군을 따라 공을 세웠다. 이에 복육지에게 1천3백 호의 봉지를 주고 장후에 봉하며, 이즉간에게 1천8백 호의 봉지를 주어 중리후에 봉한다.

종표후 조파노와 창무후 안계는 같이 표기 장군을 따라 공훈을 세웠다. 이에 각각 3백 호를 가증한다.

교위 이감은 적군의 깃발과 북을 빼앗았다. 이에 관내후의 작위를 주고 2백 호를 식읍으로 한다. 역시 교위 서자위에게는 대서장(작위의 제10위)의 작위를 준다."

표기 장군 곽거병의 부하나 병사에 이르기까지 은상을 받거나 승진한 자가 많았다. 이에 반하여 대장군 위청에게는 아무런 상이 주어지지 않았고 부하에게도 봉후의 영광을 얻은 자가 없었다.

양군이 흉노 본거지에 출전하였을 때의 조사로는, 군마의 수가 14만 두에 이르렀으나 무사히 돌아온 것은 3만 두를 넘지 못했다.

이러한 일로 종래의 태위 대신 대사마의 관위가 설치되었다. 이때 대장군 위청과 그 아래에 있던 표기 장군 곽거병은 함께 대사마에 임명되었고, 아울러 황제의 명령에 따라 두 사람은 봉록까지 똑같이 책정되었다. 이때부터 위청의 권위는 나날이 쇠퇴하고, 곽거병의 이름은 높아만 갔다. 심지어 위청의 친구나 식객들까지 곽거병의 주위로 모여들었다. 그의 추천만 있으면 쉽게 관직과 작위를 얻을 수 있었다. 다만 임안(위청의 식객 중의 한 사람)만은 그것을 올곧게 생각지 않고 위청의 밑에 있었다.

곽거병은 과묵하고 기골이 장대하였다. 무제가 그에게 『손 · 오의 병법』을 배우라고 권했을 때 그는 말했다.

"전쟁은 이론이 아닙니다. 순간순간에 어떻게 결단하는가가 문제입니다."

또한 그에게 큰 집을 주었을 때, 무제가 한번 가서 보고 오라고 하자 그는 이렇게 대답했다.

"흉노가 망하기까지는 집 같은 것을 생각하고 싶지 않습니다."

이런 일이 있은 뒤부터 무제는 더욱더 그를 신임하게 되었다.

곽거병은 젊었을 때부터 무제의 측근에서 고위직에 있었기 때문에 부하를 위로할 줄을 몰랐다. 그가 출전할 때에는 무제가 친히 수레 10대 분의 맛있는 음식물을 내렸다. 그에게 준 식량은 개선할 때까지 남아돌아서 버리지 않으면 안 될 정도였으나 그 사이 병사들은 굶주림에 허덕이고 있었다. 또한 요새 바깥에서 병사들이 굶주림 때문에 걷기조차 힘들 때에도 그는 구기장을 만들게 하여 공 차기를 즐겼다. 곽거병이 사람을 대하는 것은 모두 이런 모습이었다. 이에 반해서 위청의 인품은 인정이 많고 겸손하여 자연과 인심을 사로잡는 정다움이 있었다. 그럼에도 불구하고 그의 이름은 곽거병을 따르지 못했다.

### :: 이광李廣

장군 이광은 농서군 성기 출신으로 그의 선조에는 연나라 태자 단을 죽인 진나라 장군 이신이 있다. 이씨 집안은 일찍이 괴리에 살고 있었으나 나중에 성기로 옮겼다. 대대로 궁술을 전해 온 집안이었다.

문제 14년, 흉노의 대군이 소관에 쳐들어왔다. 이광은 종군하여 적을 죽이고 포로로 잡은 자의 수는 헤아릴 수 없어, 그 공으로 중랑에 발탁되었다. 사촌 동생 이채도 같이 낭으로 발탁되어 함께 무기 상시(시종무관)로서 8백 석의 녹을 얻었다.

일찍이 문제가 사냥을 갔을 때, 이를 따라간 이광은 맨손으로 맹수를 사로잡은 적이 있었다. 그때 문제는 탄식했다.

"아깝도다, 그대가 태어난 게 너무 늦었구나. 고조의 시대였다면 만호후 정도로 끝나지는 않았을 텐데."

경제가 즉위하자 이광은 농서군 도위가 되었고, 이어서 기랑장으로 발탁되었다. 오나라와 초나라가 반란을 일으켰을 때 그는 요기 도위로서 태위 주아부를 따라 출전하여 적의 군기를 빼앗고 창읍 싸움에서 큰 공을 세웠다.

그러나 조정에서 임명된 장군이면서 양왕에게서도 장군의 인수를 받았기 때문에 개선한 뒤에 상을 받기는커녕 상곡 태수로 좌천되었다.

이광은 상곡에서 날마다 흉노와의 싸움으로 보냈다. 그것을 안 전속국(벼슬 이름으로 항복한 이민족을 관리하였다) 공손곤야가 황제에게 울면서 호소했다.

"이광만한 인재는 천하에 없습니다. 그는 쉴 사이도 없이 흉노와 싸움을 계속하고 있습니다. 그대로 놓아 둔다면 아까운 사람을 죽이고 말 것입니다."

황제는 이 호소를 받아들여 이광을 상군 태수로 임명했다.

흉노가 상군으로 쳐들어왔을 때의 일이다. 제는 한나라군의 군율을 다스리기 위해 중귀인(궁궐에서 황제의 총애를 받고 있는 사람을 일컬음)을 이광의 진영에 보냈다. 그 중귀인이 수십 기를 거느리고 본대를 떠났을 때 3인의 흉노를 만났다. 사람이 적다고 생각하고 즉시 공격하자 심한 반격을 받게 되어 병졸들을 거의 잃었다. 중귀인 자신도 상처를 입고 이광에게로 도망쳐 왔다.

이광은,

"그들은 매를 잡아 생계를 유지하는 놈들임에 틀림없다."

라고 말하자마자 기병 백 기를 이끌고 뒤를 쫓았다. 중귀인과의 싸움에서 흉노는 말을 잃고 걸어서 도망했기에 수십 리쯤 달려가자 그들을 만났다.

이광은 병졸을 양쪽으로 나눠서 포위하고 스스로 활을 쏘아 두 명을 죽이고 한 명을 사로잡았다. 신문해 보니 과연 이광의 말대로였다. 즉시 그를 묶어 가지고 돌아오려고 말에 오르며 적진 쪽으로 눈을 돌리자 흉노의 군사 수천 기가 다가오고 있었다.

그러나 흉노는 한나라군의 수가 너무도 적으므로 그들을 유인하기 위한 부대로 알았는지 당황하여 산으로 올라가 진을 치고 한나라군을 기다렸다.

한편, 이광의 군사들이 공포에 떨며 도망치려 하자 이광이 외쳤다.

"허둥대지 말아라! 본대는 수십 리 밖에 있다. 지금 적에게 뒤를 보이면 당장 추격당한다. 그렇게 되면 전멸한다. 여기서 잠자코 있으면 적은 유인하는 부대로 알고 공격하지 않는다."

이광은 진형을 바로잡고는

"모두 앞으로!"
하고 명령하고 적진의 20리 앞까지 나아갔다.
거기서 다시,
"모두 말에서 내려 안장을 풀어라."
했다. 부하들은 이광의 뜻을 알지 못했다.
"여기는 적의 한복판이며 적은 바로 코앞에 있습니다. 만일 갑자기 습격을 당하면 어쩌시겠습니까?"
"적은 우리가 도망치지 않을까 생각한다. 여기서 안장을 풀고 앉아서 유인하는 부대처럼 보이는 것이다."
과연 흉노군은 공격해 오지 않았다.
그대로 흉노의 진영을 엿보고 있는 동안에 백마를 탄 적장이 흉노군을 순찰하고 있는 모습이 눈에 띄었다. 이광은 즉시 말에 올라 10여 기를 이끌고 공격했다. 그리고 적장을 활을 쏘아 죽이고는 곧장 진으로 돌아와 안장을 풀고 병졸들과 말을 휴식시켰다.
저녁 무렵이 다가왔다. 흉노군은 여전히 한나라군의 움직임을 의식하고 꼼짝도 하지 않았다. 밤이 되자 흉노군은 한나라군의 복병이 밤에 쳐들어올 것이 두려워서 그대로 사라졌다.
이렇게 하여 이광은 다음날 아침 무사히 돌아올 수가 있었다. 이광이 적진 한가운데에 있을 때 본대는 원래의 위치를 고수했다. 이광의 행방을 몰라 뒤쫓아갈 수가 없었던 것이다.

얼마 뒤 경제가 세상을 떠나고 무제가 즉위했다. 무제의 측근들은 모두 이광이 명장이라고 칭찬했다. 이리하여 이광은 상군 태수로부터 미앙궁(황제가 있는 곳) 위위로 임명되었다.

이때 장락궁(황태후가 있는 곳) 위위에 임명된 것이 정불식이었다. 그때까지 이광처럼 변두리의 태수로 있으면서 흉노 토벌 작전에 종사해 온 사람이다.

그런데 이 두 사람이 군사를 지휘한 것을 비교해 보면 지극히 대조적이었다. 이광의 군대는 행군 중에도 대오와 진형이 제멋대로이고 호수나 초원이 있으면 군사들과 말을 쉬게 하고 자유롭게 행동하게 한다.

밤에도 별로 경계를 하지 않았다. 군의 본영에서도 기록과 장부들을 모두 간단하게 했다. 다만, 척후만은 멀리까지 내보냈으므로 적의 습격에 의한 손해를 입지는 않았다.

한편, 정불식은 군의 편성으로부터 대오와 진형에 이르기까지 똑같았고, 밤에도 경계를 강화하고 장부 등도 부하에게 상세히 기록토록 했으므로 병사는 숨 돌릴 사이가 없었다.

그러나 그의 군대도 일찍이 습격을 받아 손해를 입은 적은 없었다.

두 사람의 지휘의 차이점에 대해 정불식은 이렇게 말하였다.

"이광의 군율은 너무 느슨하여 기습을 받으면 조금도 버티지 못한다. 그러나 병졸은 자유롭게 행동하며 이광을 위해서는 기꺼이 목숨을 바치겠다는 자들뿐이다. 한편, 우리 군의 군율은 엄하여서 공격을 받아도 꿈쩍 않는다."

당시의 변경 사람들은 이광과 정불식을 어디에 내놓아도 누구에게도 뒤지지 않는 명장으로 칭송했다. 그러나 흉노는 이광의 군대를 몹시 두려워했다. 병졸 또한 정불식보다 이광의 밑에서 싸우기를 원했다.

정불식은 경제 때 종종 황제에게 직간하여 인정받아 태중대부로 승진했다. 그는 청렴하고 법에 충실한 무장이었다.

그 뒤, 한나라는 마읍성으로 흉노를 끌어들여 부근 골짜기에 군사들을 잠복시켰다가 이를 친다는 작전을 세웠다.

이광은 요기 장군으로, 호국 장군 한안국의 지휘 아래에 속했다. 그러나 이때는 흉노에게 발각되어 작전이 실패로 끝났다.

그로부터 4년, 이광은 위위에서 장군으로 승진하여 안문에서 흉노 공격을 위해 출전했다. 그러나 적의 대군을 만나 패배하였고, 이광 자신도 포로가 되었다.

선우는 전부터 이광의 명성을 알고 있었으므로,

"이광을 잡으면 반드시 산 채로 데려오라."

라고 부하에게 명령했다.

호랭이 모양의 장식띠

때마침 이광은 잡혔을 때 병을 앓고 있었다. 그리하여 흉노의 기병은 말 두 마리에 들것을 싣고 그 위에다 이광을 누인 채 선우의 본진으로 향했다.

이광은 죽은 척하고 흔들려 갔다. 10

리쯤 가다 보니 곁에 흉노 소년이 준마를 타고 있다.

이광은 그 말에 뛰어올라 흉노 소년을 밀어뜨리고 빼앗은 활로 힘껏 말을 때렸다. 단숨에 수십 리 길을 달려오다가 도중에서 아군의 패잔병을 모아서 가까스로 본영으로 도망쳐 왔다. 흉노는 수백 기로 이광을 쫓았으나 그는 빼앗은 활로 쫓아오는 적에게 화살을 퍼부어 간신히 추격을 뿌리칠 수가 있었다.

이렇게 하여 이광은 서울로 돌아왔다. 한나라의 조정은 이광을 조사토록 하였다. 이광은 많은 장병을 잃었고 스스로 포로가 되었다 하여 사형 판결을 받았으나 속죄금을 물고 평민이 되었다.

그 뒤 수년 동안 이광은 고향에 틀어박혀 있었다.

영음후 관영의 손자 관강과 함께 남전의 남쪽 산 속에 살면서 사냥으로 날을 보내고 있었다.

어느 날 밤, 이광은 하인을 데리고 외출하여 마을 사람들과 술을 마셨다. 돌아오는 길에 패릉정 앞에 이르자 술에 취한 패릉정의 관리가 큰 소리로 수하하면서 길을 비키지 않았다.

"이 어른은 전에 장군이시던 이광어른이시다."

그러자 관리도 지지 않고 응수했다.

"무슨 소릴 하는 거야. 현직 장군도 야간 통행은 금지되어 있다. 하물며 옛날 장군 따위를 보낼 수는 없다."

이리하여 이광은 하룻밤을 패릉에 가두어지는 신세가 된 것이다.

그 뒤 얼마 안 있다가 또다시 흉노가 요서에 쳐들어와서 태수를 죽이자 한안국은 도망쳤다.

한 장군은 그 책임을 지고 우북평으로 좌천되었다.

그리하여 경제는 이광을 불러 우북평 태수로 임명했다. 그때 이광은 패릉의 관리를 임지로 데려가서 그의 목을 잘라 원한을 복수했다.

이광이 우북평 태수로 왔다는 정보는 즉시 흉노의 귀에 전해졌다.

흉노는,

"한의 비장군이 왔다."

하고 두려워하여, 그 뒤 수년 동안 우북평으로는 쳐들어오지 않았다.

어느 날 이광이 사냥하러 갔을 때의 일이다. 풀숲 속에 있는 바위를 호랑이로 잘못 알고 쏘니 화살이 바위에 박혔다. 다가가서 보니 호랑이가 아니라 바위였다. 그는 또다시 활을 쏘았으나 아무리 쏘아도 두 번 다시 박히지 않았다.

이광은 어디로 가나 호랑이가 있다고 들으면 반드시 호랑이 사냥을 했다. 우북평의 호랑이 사냥에서는 호랑이에 물려 상처를 입었다. 그러나 그는 호랑이를 잡았다.

이광은 깨끗한 인품으로, 황제로부터 받은 은상은 고스란히 부하에게 나누어 주었고, 음식도 언제나 병사들과 같은 것을 먹었다.

그가 세상에 살아 있을 때 40년에 걸쳐 2천 석의 녹을 얻었으나 집안에는 재산다운 것이 별로 없었고 그에 대해 떠도는 소문도 없었다.

그는 키가 크고 팔이 길었다. 활 쏘기에 명수였다는 것은 천부적으로 타고난 재능이었을 것이다. 이씨 집안 자손 가운데서도 그와 같은 명궁은 두 번 다시 나타나지 않았다.

이광은 말이 어눌하고 말수가 적었다. 친구와의 교제도 종이에다 진형을 그려서 작전을 연구하거나 활 쏘기 내기로 진 사람이 술을 사는 놀이 정도였다. 활 쏘기만을 유일한 벗으로 삼고 일생을 마친 것이다.

또한 행군 중에 목마름으로 허덕일 때 샘을 발견하더라도 부하가 모두 마시기 전에는 결코 마시지 않았으며, 식량도 부하에게 골고루 나누어 주기 전에는 결코 손을 대지 않았다.

이처럼 부하에 대한 배려가 깊었으므로 부하들도 마음으로부터 이광을 따랐고 명령에 기꺼이 복종했던 것이다.

활을 쏠 때에는 적이 다가와도 수십 보 이내의 확실한 거리까지 다가오지 않으면 절대 활을 쏘지 않았다. 그러므로 일단 활시위가 울리면 반드시 적을 쓰러뜨렸다.

그러나 이 전법은 아군으로 하여금 번번이 고전하게 하였다. 이광 자신이 호랑이 사냥 때 팔에 상처를 입은 것도 호랑이에 대해서 이 전법을 썼기 때문이라고 한다.

처음에 이광과 함께 문제를 섬긴 사촌 동생 이채는 경제 때가 되자 공로가 인정되어 2천 석의 녹을 받기에 이르렀다. 또다시 무제 때에는 대국의 재상으로 승진했다.

원삭 5년(기원전 124)에는 경거장군으로서 대장군을 따라 흉노의 우현왕을 무너뜨리는 공을 세움으로써 낙안후로 봉후되었다. 또다시 원수 2년(기원전 121)에는 공손홍의 뒤를 이어 승상에 임명되었다.

이채는 본디 대단한 인물이 아니어서 이광을 따르지 못했다. 그런데도 이광은 작위도 봉읍도 받지 못하고 벼슬도 남의 일에 지나지 않았음에 비해 이채는 제후가 되었고 벼슬도 삼공에까지 올랐다.

그뿐 아니었다. 이광의 부하 가운데에도 제후가 된 자도 있었다. 도량이 넓은 이광이지만 마음속은 평탄치 않았다. 어느 날 망기(예언자)인 왕삭과 마주앉았을 때 이런 감회를 비쳤다.

"우리 한나라가 흉노 토벌을 시작한 이래, 내가 참전하지 않은 싸움이란 단 한 번도 없다. 다른 부대 장군들은 능력은 평범하면서도 흉노 토벌의 공을 인정받아서 제후로 임명된 자가 수십 명이나 된다. 나는 결코 남에게 뒤진 적이 없다. 그럼에도 불구하고 공을 인정받지도 못하고 제후가 되지 못하는 것은 무슨 까닭일까? 내 인상이 제후로는 맞지 않기 때문인가? 아니면 운명인가?"

"지금까지 후회 되시는 일을 하신 적은 없습니까?"

"옛날, 농서 태수였을 때 강족이 반란을 일으킨 적이 있었지. 나는 그들에게 목숨을 보증한다고 하면서 항복을 권고했어. 그에 따라 8백 명 이상이 항복해 왔는데 나는 그 약속을 어기고 그 날로 모두 죽여 버렸다. 이 일은 지금도 후회하고 있지."

"항복한 자를 죽였다는 일이 신의 노여움을 안 받을 리 없습니다. 장군이 제후가 못 되시는 것은 그 화가 미친 탓입니다."

2년이 흘렀다.

대장군 위청, 표기 장군 곽거병은 대군을 이끌고 흉노를 쳤다. 이광도 이때 종군을 청원했으나 처음에는 황제가 그의 늙음을 이유로 허락하지 않았다. 그러나 얼마 뒤 그 청원을 허락하여 이광을 전장군으로 임명했다. 때는 원수 4년(기원전 119)의 일이다.

이광은 대장군 위청을 따라 출전했다. 위청은 출전한 뒤 즉시 흉노를 사로잡아 선우의 거처를 알았다. 스스로 정예를 이끌고 그곳으로 가기로 하고 이광에게는 우장군의 군과 만나 동쪽 길로 진격하라고 명했다. 그런데 동쪽 길은 얼마간 오른쪽으로 돌아가는 데다가 물과 풀이 적어서 대군이 나아가기에는 적합치 않았다.

이광은 대장군에게 청원했다.

"저는 전장군으로 임명되었음에도 불구하고 지금 대장군께서는 오른쪽으로 돌아 나가라고 명령하십니다. 저는 어렸을 적부터 흉노와 싸웠는데 지금 선우와 맞닥뜨리려 하고 있습니다. 부디 여기서 선우와 승패를 판가름하고 싶습니다. 아무쪼록 허락해 주시길 바랍니다."

그러나 대장군 위청은 이때 황제로부터 은밀한 명령을 받고 있었다.

"이광은 나이도 많고 운도 좋지가 않다. 지금 선우와 맞세워 봐야 이길 가망이 없으니 선우와는 싸움을 시키지 말라."

게다가 이때 제후의 지위를 잃은 공손오가 중장군으로 대장군 밑에 있었다. 대장군은 전에 공손오의 도움으로 목숨을 건진 적이 있었다. 그래서 공손오와 더불어 선우와 싸워 공손오에게 공을 세울 기회를 주고 싶었던 것이다. 그런 이유도 있어서 이광의 배치를 바꾼 것이다.

이광은 그 정도의 사정은 알고 있었으나 단념하지 않고 대장군을 물고 늘어졌다. 그러나 대장군은 꿈쩍도 않고 장사를 시켜 명령서를 이광에게 전달했다.

"명령대로 빨리 배치를 받으라."

이광은 대장군에게 인사도 하지 않고 분한 마음을 누를 길 없이 진영으로 돌아가 우장군 이기의 군과 함께 동쪽 길로 향했다.

그런데 길을 잃어 본영과 멀리 떨어지게 되었다. 그 사이에 본영은 선우의 군대와 백병전을 벌였으나 선우를 잡지 못한 채 되돌아왔다. 본대는 남쪽으로 내려가 사막을 건너 거기서 이광과 이기의 군과 만났다.

이광이 대장군과 만나고 진영으로 돌아오니 대장군의 명령을 받은 장사가 말린 밥과 탁주를 가지고 이광의 진영을 찾아와 길을 잃은 상황을 설명하기를 요구했다. 대장군은 군사 행동을 상세히 천자에게 보고하려는 것이었다.

그러나 이광은 대답하지 않았다. 대장군은 거듭 장사를 보내어,

"본영으로 와서 심문에 응하라."

라고 이광을 몰아세웠다.

이때 이광은 말했다.

"길을 잃은 것은 모두 내 책임이다. 지금부터 보고서를 작성하여 군영으로 갈 것이다."

그러고는 부하를 모아 놓고 큰 소리로 외쳤다.

"나는 어릴 적부터 오늘까지 흉노와 70여 회나 싸웠다. 이번에는 대장군 지휘 아래 선우와 결전할 절호의 기회를 잡았으나 대장군의 명령으로 오른쪽으로 돌아가자 공교롭게도 길을 잃어버리는 불행을 겪었다. 이것도 천명이다. 돌이켜 보건대, 이제는 육십 고개를 넘었으니 새삼스레 하급 관리의 심문 따위에 응하고 싶은 생각은 없다."

이리하여 칼로 목을 찔러 죽었다. 부하 장교를 비롯한 군중의 모든 병사들은 슬피 울었다. 이 말을 들은 서민들도 늙은이도 젊은이도 모두 눈물을 흘리며 그의 죽음을 슬퍼했다.

# 노중련魯仲連 열전

노중련은 제나라 출신으로 그는 기발한 꾀를 구사하는 데 자신만만했지만 왕실에 봉사할 뜻은 전혀 없이 어지러운 세상을 넌지시 바라보고 있었다.

그가 조나라를 돌아다닐 때 조나라는 효성왕의 시대로, 때마침 장평 싸움에서 40여만 명의 조나라 군사들이 진나라 장수 백기에게 모두 죽은 뒤였다. 진나라군은 다시 동쪽으로 나아가서 조나라 도읍인 한단을 포위했기 때문에 조나라 왕의 공포는 대단했다. 제후들로부터의 구원군이 오는 것은 말뿐이었고, 누구 하나 스스로 나서서 진나라군과 싸우려는 자가 없었다.

위나라 안희왕도 장수인 진비가 이끄는 구원군을 보내었으나 진나라군과의 싸움이 두려워서 국경 근처인 탕음에 군사들을 주둔시켰다.

한편 위나라 왕은 군사 고문인 신원연을 한단에 몰래 들어가게 한 다음, 재상 평원군을 통해 조나라 왕에게 전갈했다.

"진나라가 갑자기 귀국의 도읍을 포위한 것은 귀국을 멸망시키자는 뜻이 아닙니다. 그 전에 진나라 왕은 제나라의 민왕과 싸워 이기고 황제로 일컬은 적이 있었으나 머지않아 그 칭호를 폐지하지 않을 수 없었소이다. 그 뒤 제나라 국력은 차츰 약해졌으며, 이제 와서는 진나라가 천하의 으뜸임을 자랑하고 있습니다. 귀국의 도읍 한단을 포위한 것은 한단을 탐내서가 아니라 다시 황제가 되기 위해서입니다. 그러므로 귀국이 당장 사신을 보내서 진나라 소왕을 황제로 받든다면 소왕은 만족해서 돌아갈 것입니다."

그러나 평원군은 도무지 결단을 내리지 못하고 망설이고 있었다. 바로 그 무렵에 노중련이 조나라에 왔다.

위나라가 조나라에게 진나라 왕을 황제로 받들라고 권고하였다는 말을 듣자, 노중련은 대뜸 평원군을 만나러 갔다.

"위나라에서 권유한 대로 하실 작정입니까?"

"나로서는 어찌해야 좋을지 모르겠소. 최근에 우리는 40만 명의 군사를 잃었고, 지금은 이 도읍마저 포위당한 채 저들을 물리치지 못하고 있소. 위나라 왕은 군사 고문 신원연을 보내, 진나라의 소왕을 황제로 받들라고 하오. 그 사신은 아직도 이곳에 머물면서 그 대답을 기다리고 있으나 나로서는 이런 큰일을 논할 자격이 없소."

춘추전국 시대 술잔

노중련은 목소리를 높였다.

"지금까지 나는 그대를 천하의 어진 사람이라고 여겨 왔소이다만, 그건 내 잘못된 판단이었소. 무엇을 망설이고 있소? 위나라의 권유는 단호히 거절해야 합니다. 당장 위나라 사신이 있는 곳을 내게 가르쳐 주시오. 내쫓아 버리겠소."

"아니, 내가 소개해 줄 터이니 만나시도록 하시오."

평원군은 이렇게 말하고 서둘러 신원연을 찾아갔다.

"노중련이 지금 이곳에 와 계시오. 제가 소개해 드릴 테니 한번 만나 주시지 않겠소?"

이 말에 신원연은 고개를 내저었다.

"노중련 선생이시라면 제나라의 고결한 인격자라고 듣고 있습니다. 그렇지만 지금 나는 공무로 이곳에 와 있는 몸이니 내 책임을 다할 때까지는 그분을 만날 수 없습니다."

"사실은 이미 다 만나 뵙기로 그분과 얘기가 되었으니 한번 만나 주시지 않겠습니까?"

그러자 신원연은 어쩔 수 없이 만날 것을 승낙했다.

노중련은 신원연을 만났으나 잠자코 앉은 채로 한 마디도 말하지 않았다. 그러자 신원연이 먼저 입을 열었다.

"제가 보기에는 진나라 대군에게 포위되어 있으면서도 아직도 이 도읍에 남아 있는 사람들은 누구나 평원군을 의지하는 사람들뿐입니다. 그런데 선생을 뵈오니 그런 무리들과는 전혀 다르다고 생각됩니다. 그런데도 왜 이런 곳에 언제까지 머물러 계시려고 하십니까?"

그러자 노중련은 비로소 신원연에게 입을 열었다.

"세상 사람들은 저 포초(춘추전국 시대 말기의 은자로 청렴결백하여 산 속에서 굶어 죽었다)를 가리켜 '지나치게 결백한 탓으로 죽음을 재촉했다' 고 말하지마는, 그것은 결코 그런 것이 아니오. 어리석은 사람들은 아무것도 알지 못하면서 그저 그 사람을 이기주의자로밖엔 보지 않으려 하오.

저 진나라로 말하자면 도의 같은 것은 없고, 사람을 함부로 죽이고 군사들을 억눌러서 싸우게 하고, 백성들을 노예나 다름없이 혹사시키고 있소. 이러한 진나라 왕이 미쳐 날뛰어 제호를 자칭하며 천하에 포악한 정치를 꾀하려 한다면 나는 동해 바다에 몸을 던져 죽어 버리겠소. 구차하게 진나라 백성으로 살고 싶지 않소. 내가 그대를 만난 것도 그렇게 되지 않도록 조나라를 도와 달라고 말하기 위해서요."

신원연은 다시 물었다.

"조나라를 도와 달라고 말씀하셨는데, 도대체 어떤 방법이라도 갖고 계십니까?"

노중련은 대답했다.

"위나라와 연나라를 움직여서 조나라를 돕게 할 작정이오. 제나라와 초나라는 스스로 조나라를 도와주게 마련이니까."

"저도 위나라 백성입니다. 도대체 어떻게 움직인다는 것입니까?"

"위나라는 진나라 왕이 제호를 일컫게 될 때에 생기는 피해를 모르고 있소. 그것을 알게 되는 날이면 반드시 조나라에 힘을 빌려 줄 것이오."

"피해라고 말씀하셨는데, 그것은 무엇을 말씀하시는 겁니까?"

"지난날 제나라 위왕은 어질고 옳은 도리를 지켜 천하의 제후들에게 호령하여 주 왕실에 참근(제후가 천자를 받드는 일)시키려고 했소. 그런데 주 왕실은 국력이 너무나도 쇠약해졌기 때문에 제후들은 누구 하나 따르지 않고, 결국 참근한 것은 제나라 위왕뿐이었소. 그로부터 1년 뒤 주나라 열왕이 세상을 떠났을 때는 제왕만이 조문이 늦었소. 그러자 주나라의 새로운 왕은 몹시 화가 나서 제왕에게 이렇게 말했소. '천자께서 붕어(천자나 황제의 죽음)하시어 새로운 천자인 내가 상례를 받들고 있는 이때에 동쪽에서 왕실을 지키는 신하인 그대가 늦게 오다니 당장 목을 치리라!' 이 말을 듣자 제나라 위왕은 성이 나서, '함부로 지껄이지 마라. 이 하녀의 자식 놈아!' 하고 외쳤소. 이 때문에 위왕은 천하의 웃음거리가 되고 말았소. 열왕이 살아 있을 때에는 충성스럽게 참근했음에도 불구하고 신왕에게는 그런 잘못을 저지른 것은 그의 오만불손한 태도 때문이었소. 그러나 본디 천자라는 것은 그런 존재라오. 그러므로 일단 진나라 왕에게 제호를 일컫게 하는 날이면 어떤 취급을 받더라도 후회해야 소용없는 일이오."

"선생의 말씀은 옳지 않소. 이를테면 10명의 하인을 한 사람의 주인이 거느린다는 것은 체력의 문제도 지혜의 문제도 아닌, 주인이 무섭기 때문이오. 그 무서움을 어찌하라는 말씀이시오?"

"그렇다면 위나라는 진나라의 종이라는 말씀이오?"

하고 노중련이 물었다. 신원연은 고개를 끄덕였다.

"그렇습니다."

"그렇다면 내가 진나라 왕을 움직여서 위왕을 솥에 삶아 자반(소금에 절인 생선)으로 만들어 보리까?"

이런 노중련의 말에 신원연은 불쾌한 빛을 띠고 말했다.

"말이 너무 지나치니 아무것도 될 게 없소."

"아니, 노여워할 게 아니라 제 말을 들어 주시오. 옛날 주왕 밑에서는 구후·악후·문왕 등이 삼공으로서 주왕을 섬겼소. 구후가 예쁜 딸을 주왕에게 바치자 주왕은 '이 따위 추녀를 바치다니……' 하고 구후를 죽여 소금에 절였소. 악후가 그것을 보자 화가 나서 주왕에게 간했기 때문에 왕은 악후마저 죽여서 말려 버렸소. 그 말을 문왕이 듣자 깊은 탄식만 했을 뿐인데도, 유리의 감옥에 가둔 지 백 일 만에 죽이려고 하였소. 지금의 위나라 왕은 진나라 왕과 같은 입장에 있으면서 무엇이 안타까워서 스스로 소금에 절인 자반이나 말린 고기가 되려고 한다는 말이오?"

노중련은 말을 이었다.

"진나라는 만승지국(1만 채의 병거를 낼 만한 힘을 가진 천자의 나라)이고 위나라 역시 큰 나라가 아니겠소? 서로가 큰 나라를 거느리는 왕인데, 단지 진나라가 한 번 싸움에 승리했다 하여 위나라가 무릎을 꿇고 진나라를 왕으로 받들어서야, 지난날의 진나라의 대통을 이은 귀국의 중신들이란 소국인 추나라 · 노나라의 하급 관리에도 미치지 못한다 하겠소. 게다가 진나라 왕이 제후들의 저항도 받지 않고 왕위에 오르는 날에는 제후들의 중신들을 제멋대로 갈아치울 게 아니겠소? 더구나 공주들을 비롯해서 여자 첩자들을 제후들의 아내로 삼게 하고, 위나라 궁중에도 그런 여자를 보낼 것이오. 그렇게 되는 날이면 위왕은 편안하게 지내지 못할 것이오. 또한 당신도 지금의 지위가 안전하다고 어찌 보장받겠소?"

노중련의 얘기를 듣고 나자 신원연은 일어서더니 머리를 숙이면서 말했다.

"과연 선생께서는 천하의 어진 분이십니다. 저는 서둘러 이곳을 떠나서 진나라 왕을 황제라고 받드는 말을 두 번 다시 입 밖에 내지 않겠습니다."

이 소문은 곧 진나라군에게 전해졌다. 조나라의 공격을 경계했던 진나라 장수는 한단을 포위했던 군사들을 50리나 뒤로 후퇴시켰다. 때마침 위나라 공자 무기(신릉군을 일컬음)가 왕명을 속이고 진비의 군사 지휘권을 빼앗아 진나라군을 공격했다. 이 때문에 마침내 진나라군은 포위망을 풀고 물러갔다.

조나라는 위기를 벗어났다. 평원군은 노중련에게 영지를 주려고 했으나 노중련은 받아들이지 않았다. 사자를 몇 번씩 보냈으나 노중련은 끝내 거절하였다.

평원군은 노중련을 위해서 성대한 주연을 베풀어 그의 공로를 치하하기로 했다. 연회가 한창 무르익었을 때에 평원군은 노중련 앞에 나아가 그의 장수를 축복하고 천금을 내밀었다.

그러나 노중련은 웃으면서 거절했다.

"천하의 어진 사람은 남을 위해 근심을 덜어 주며, 괴로움에서 구해 주고 난리를 평정하되, 결코 보수는 받지 않습니다. 나는 그것을 받을 수 없소이다."

그는 평원군과 헤어진 뒤 두 번 다시 만나지 않았다.

하나라 고급 관원들이 수장했던 칠기

그로부터 20년쯤 지나서 연나라 장군이 제나라 요성을 공격해서 함락시킨 일이 일어났다. 그런데 요성 사람 중에 그 장군에 관한 것을 연왕에게 모함한 자가 있어서, 그 때문에 그는 벌을 받을 것을 겁내서 연나라에서 귀국하지 않고 요성에 머물고 있었다.

한편 제나라는 장군 전단을 보내 요성을 탈환하려고 했으나 1년 동안 많은 희생자만 냈을 뿐 좀처럼 요성을 함락시킬 수 없었다.

그 무렵 전단에게 나타난 노중련은 연나라 장군에게 다음과 같은 글을 써서 성 안으로 활을 쏘아 보냈다.

"지혜로운 사람은 시대의 흐름을 거역해서 불리한 처지에 빠지지 않으며, 용감한 사람은 죽음을 겁내서 명예를 잃지 않으며, 충신은 몸을 아껴 주군을 잊는 일이 없다고 합니다. 지금 장군은 일시적인 분노로 신하의 덕을 입지 못한 연나라 왕을 버렸습니다. 장군은 요성을 잃고 무용을 제나라에 떨치는 데도 실패하고 공명을 얻어 이름을 후세에 남기지도 못 하리라. 이것이야말로 충이 아니며 용이 아니요. 이러한 일을 저지른 자는 세상의 군주들이 절대로 신하로 삼지 않을 것이며, 세객들의 입에 오를 자격마저 없소. 장군은 지금 갈림길에 놓여 있습니다. 결단의 시기는 두 번 다시 돌아오지 않으니 부디 잘 생각하여 속인과 같은 길을 밟지 말기 바라오."

연나라 장군은 노중련이 보낸 편지를 읽고 눈물을 흘렸다. 그는 사흘 동안 골똘히 생각했다. 연나라에 돌아가리라고 생각도 했다. 그러나 연왕과의 사이가 너무도 멀었고 죽음을 당할지도 모른다.

그리고 제나라에 항복한다면 굴욕을 당할지도 모른다고 염려되었다. 그는 제나라에 쳐들어온 이래 많은 사람들을 죽였다.

그는 절망에 사로잡혀 신음했다.

"남에게 죽느니보다는 차라리 스스로 목숨을 끊는 것이 좋겠다."

이렇게 생각하고 그는 자살하였다. 그러자 성 안은 큰 혼란에 빠졌다. 전단은 이 혼란을 틈타서 곧장 요성을 되찾았다.

도읍에 개선한 전단은 재빨리 제왕에게 노중련의 공적을 말하고 그에게 작위를 내릴 것을 청했다. 그러나 노중련은 어느 바닷가의 마을에 몸을 숨기면서 이렇게 말했다.

"부귀를 누리기 위해 남에게 어색하게 굴기보다는 오히려 평생 동안 가난하게 살면서 내 뜻대로 사는 것을 택하리라."

# 장이張耳 · 진여陳餘 열전

장이와 진여는 세상에서 빼어난 인물로 전해지고 있다. 그들 밑에 모인 빈객은 물론 그들을 따르는 사람에 이르기까지 모두 뛰어난 인재였으며, 나중에 그들 모두가 여러 나라와 중신 또는 재상이 되었다.

처음 장이와 진여는 지위도 재산도 없었을 때 친구를 위해서라면 죽음도 마다하지 않을 정도의 친구였다. 두 사람의 우정은 상상할 수도 없는 것이었다. 그런데 이 두 사람이 한나라를 무대로 권력 싸움을 벌이게 되자 서로 상대방을 쓰러뜨리기에 열중하게 되었다.

처음에는 서로가 협력자로 의지하며 협력해서 일했지만, 나중에는 서로 용서하지 못하는 원수가 된 것이다.

그 이유는 두 사람의 관계가 자신들의 이해 관계로 연결되어 있었기 때문었다. 그들에게 세상의 평판이 좋고 찾아오는 손님이 많았다고는 하지만 두 사람의 우정의 근본이 되고 있었던 것은 태백(오나라의 시조. 왕위를 동생 계력에게 넘겨 주고 자신은 형만의 땅으로 옮겨 갔다)이나 계찰과는 그 처지가 전혀 다른 것이었다.

장이는 대량 출신이다. 젊었을 때 위나라 공자 무기의 식객으로 있었는데 무기가 죽은 뒤 외황으로 망명하여 거기서 살게 되었다.

한나라 고조

이때 외황의 어느 부잣집에 딸이 있었다. 몹시 아름다운 미인이었으나 남편은 변변치 못한 자였다. 그래서 그녀는 남편의 곁을 몰래 빠져 나와 그 전에 아버지의 식객이었던 사람에게 몸을 맡겼다. 그는 전부터 장이와는 사이가 아주 좋은 친구였다. 그래서 그는 그녀에게 권했다.

"꼭 현명한 남편을 구하려고 한다면 장이 같은 사람을 좇는 것이 좋을 것이다."

그 여인은 이 말을 받아들였다. 그래서 이 식객은 그녀가 이혼하도록 주선하고 장이에게 시집을 보냈다. 이때 장이는 망명 중이었으나 그 여인을 아내로 맞이하자 처가에서 여러 가지로 돌보아 주었기 때문에 먼 곳에서도 빈객이 찾아오게 되었다.

이 소문은 마침내 위나라 왕의 귀에 들어갔고, 얼마 안 있어서 장이는 외황의 현령에 임명되었다.

이렇게 되자 그의 이름은 점점 높아졌다.

진여는 대량 출신이다. 학문을 좋아했고 자주 조나라의 고형에 유학했다. 그는 고형에서 재산가인 공승씨의 딸을 아내로 맞았다. 그로부터 인정받았기 때문이다. 진여는 젊었을 때부터 장이를 존경했고 둘이는 죽어도 변하지 않을 우정을 맺었다.

진나라가 위나라를 멸망시켰을 때 장이는 외항에 집을 짓고 있었다. 한 고조가 아직 서민에 지나지 않았을 때 자주 장이에게 놀러 왔으며, 몇 달 동안 손님이 된 일도 있었다.

그런데 위나라를 멸망시킨 지 몇 년 뒤에 진나라는 장이와 진여를 체포하러 나섰다. 위나라 안에서 그들의 명성이 너무 높았기 때문이다. 진나라는 장이에게 천 금을, 진여에게는 5백 금을 걸고 그들의 행방을 찾았다. 할 수 없이 두 사람은 이름을 바꾸고 진나라로 도망가서 마을의 문지기를 하며 나날을 보냈다.

어느 날 두 사람이 마주앉아 잡담을 하고 있는데 마을의 관리가 나타나 억지로 구실을 붙여 진여를 때렸다.

진여가 반항하려고 하자 장이는 그의 발을 밟아 반항하지 못하도록 하여 그대로 매를 맞게 했다. 관리가 떠난 뒤 장이는 진여를 뽕나무 밑으로 데리고 가서 이렇게 꾸짖었다.

"그대는 우리가 맹세한 것을 잊었는가? 이 정도의 모욕을 참지 못하고 하급 관리를 상대해서 귀중한 목숨을 잃을 셈인가?"

진여는 대답할 말이 없었다. 드디어 이 마을에도 두 사람을 체포한 사람에게 상금을 준다는 진나라의 포고가 내려왔다. 그런데 우습게도 문지기인 본인들이 이 포고의 내용을 마을에 알리고 다녔다.

그러는 사이에 진승이 기현에서 봉기했다. 진나라로 쳐들어왔을 무렵에는 이 반란군은 수만 명에 달하였다. 장이와 진여는 진승에게 만날

진승과 오광의 반란 모습

것을 요구했다. 진승을 비롯해서 그의 측근들은 전부터 두 사람의 명성을 듣고 있었기 때문에 반갑게 맞아들였다.

진승은 전부터 친분이 있는 진나라 출신의 무신을 장군으로 삼고 소소를 호위군의 장으로 삼고 또 장이와 진여를 각각 좌우의 교위(장군 보좌관)로 삼아 병사 3천 명을 주어 북쪽의 조나라를 공격하게 했다.

조나라는 처음부터 싸울 뜻이 없어, 싸우지 않고 항복한 성만 30곳이 넘었다. 그런데 장이와 진여가 거느린 군사들이 한단에 도착했을 때 우군인 주장의 군사가 패배했다는 소식을 들었다. 주장의 군사는 한구관으로 쳐들어갔으나 희에 이르러 진나라 군사의 반격을 받게 된 것이다.

이런 이야기도 전해져 내려온다. 여러 장군들이 진승을 위해 여러 곳을 평정했는데도 대개의 경우 모함에 의해 죄를 받고 결국 죽임을 당했다는 것이다. 두 사람은 진승이 자기들의 건의를 받아들이지 않았을 뿐만 아니라 지위도 장군 밑의 교위밖에는 시켜 주지 않은 것에 불만을 품

진승

고 있었다. 그래서 두 사람은 무신을 선동했다.

"진승은 기에서 군사를 일으켜 진나라를 친 뒤 스스로 초나라의 왕위에 올랐습니다. 입으로는 진나라에 멸망된 여섯 나라를 부흥한다고 하지만 그의 뜻은 뻔한 것입니다. 지금 장군은 불과 3천 명을 거느리고 조나라의 수십 개의 성을 함락시키고 이 허베이의 땅에 머무르고 계십니다. 그러나 이제부터 이 땅을 평정해 나가려면 조나라의 왕이 되셔야 합니다. 그런데 진왕은 의심이 많아 헐뜯는 말을 믿는 사람이므로 귀국해서 승리를 보고한다고 해도 공을 치하 받을 수가 없을 것입니다. 그리고 진왕은 자신의 형제를 조나라의 왕으로 세우려고 하며, 만일 그것이 뜻대로 안 되면 조나라 왕의 자손에게 왕위를 계승케 할 것이 틀림없습니다. 거사하려면 지금이 기회입니다."

이 말을 들은 무신은 곧 마음을 결정했다. 자신 스스로 조나라 왕에 오르고 진여를 대장군, 장이를 우승상, 소소를 좌승상에 임명한 뒤 사자를 보내 이 뜻을 진나라의 왕에게 전했다. 진나라의 왕은 몹시 화가 나서 무신의 가족을 모두 죽이고 단번에 조나라를 제압하려고 했다.

그러나 재상 방군이 왕에게 이렇게 건의했다.

"진나라를 멸망시키기 전에 무신 등의 가족을 모두 죽이는 것은 진나라 외에 또 하나의 적을 만드는 것이 됩니다. 그들의 독립을 승인해 주고, 그런 다음 즉시 서쪽의 진나라를 치라고 명령하는 것이 상책인 것으로 압니다."

듣고 보니 과연 그럴 듯했다.

진나라 왕은 방군의 건의를 받아들여 무신의 가족을 궁중에 볼모로 억류하는 동시에 장이의 아들 오를 성도군에 책봉했다. 그러고 나서 축하의 사자를 무신에게 보내 휘하의 군사를 동원해서 서쪽의 한구관을 공격하라고 요구했다.

그러나 장이와 진여는 무신에게 이렇게 건의했다.

"당신을 조나라 왕으로 인정한 것은 본의가 아닙니다. 일시적인 방편으로 승인한 것에 지나지 않으며, 진나라를 멸망시킨 뒤에는 반드시 조나라에 군사적인 압력을 가해 옵니다. 여기서 한 가지 말씀드리고 싶은 것은 군사를 서쪽으로 보내지 말고 북쪽의 연 · 대를 평정하고 다시 남쪽으로 하내 지방을 손에 넣어 세력 범위를 넓힐 필요가 있습니다. 이렇게 해서 남쪽으로는 황하를 방위선으로 하고 북쪽은 연 · 대를 확보하면 진나라를 쓰러뜨린 뒤에도 진나라 왕으로서는 조나라를 제압할 수가 없을 것입니다."

조나라 왕은 이 건의를 받아들여 군사를 서쪽으로 보내지 않고 한광 · 이양 · 장염 등 세 사람에게 명령하여 각기 연 · 상산 · 상당을 공략케 했다.

한단에서는 이양이 갑자기 불행한 일을 당하게 되자 무신과 소소가 죽임을 당했으나 장이와 진여는 위기를 벗어날 수가 있었다. 그것은 조나라 안에 두 사람의 정보원이 있었기 때문이다. 탈출에 성공한 두 사람의 병사를 헤아려 보니 몇만 명에 달했다.

이때 식객의 한 사람이 장이에게 말했다.

“두 분은 다 다른 나라 출신이기 때문에 조나라를 손에 넣기는 어려운 일입니다. 조나라 왕의 자손을 옹립하는 것이 상책일 것입니다.”

그래서 조나라 왕의 자손이 조헐을 찾아내 조나라의 왕으로 세우고 우선 신도에 도읍을 정했다. 이양이 공격해 왔지만 진여의 반격으로 격퇴되어 진나라 장군 장한의 진영으로 갔다.

장한이 이끄는 진나라 군대는 한단으로 쳐들어와 백성들을 하내 지방으로 쫓아 버리고 성을 철저하게 파괴했다. 위험을 느낀 장이는 조왕 헐과 함께 거록성으로 물러났다.

장이가 이끄는 진나라 군사는 틈을 주지 않고 거록을 포위했다.

한편, 진여는 북쪽의 상산으로 물러가 그곳에서 수만 명의 병사를 모아 군을 재편성한 뒤 남쪽으로 내려와 거록의 북쪽에 포진했다.

장한은 거록의 남쪽 극원에 진을 치고 황하로 이어지는 군사 도로를 만들어 왕이의 군사에게 군량미를 수송했다.

그 결과 왕이의 군사는 식량에 대한 불안이 없어져 거록을 공략하는 데 박차를 가했다.

한편, 거록의 조나라군은 식량과 병력이 모두 부족했다. 장이는 몇 번이고 사자를 진여의 진영으로 보내 진여의 군사가 앞으로 나아가라고 요구했다.

그러나 진여는 자기의 병력으로 진나라 군사와 대항하기가 어렵다고 판단하여 몇 달 동안이나 나아가지 않았다. 장이는 화가 나서 장염과 진택 두 부하를 보내 진여의 배신을 비난했다.

"나와 너와는 문경지교刎頸之交(목이 잘려도 두려워하지 않는 친한 사이를 일컫는다)의 친구였다. 이쪽은 전멸의 위기에 놓여 있는데, 너는 수만 명의 병사들을 거느리고 있으면서 구원하려 하지 않는다.

우리는 서로 죽음으로 맹세한 사이가 아닌가. 적어도 신의를 지키려 한다면 어째서 죽음을 각오하고 진나라 군사와 싸우지 않는가? 그런 각오로 맞선다면 양쪽 모두 살 수 있다."

그러자 진여의 대답은 이러했다.

"나는 이렇게 생각한다. 지금 공격에 나선다고 해도 자멸할 뿐 조나라를 구할 수는 없다. 그리고 내가 죽음을 같이하지 않는 것은 이유가 있다. 조나라 왕과 그대를 위해 진나라에 보복하고 싶기 때문이다. 지금 공격에 나서는 것은 굶주린 호랑이에게 고기를 던져 주는 것과 같은 것, 무슨 이익이 있겠는가?"

그래도 장염과 진택은 이렇게 간청했다.

"사태는 몹시 급합니다. 뒤의 일은 생각하지 마시고 어서 신의를 지켜 주십시오."

"내가 죽는다고 해도 아무 소용이 없다. 그러나 그처럼 원한다면 5천 명을 내주겠다."

이렇게 해서 장염과 진택에게 병사를 주어 출전시켰으나 전멸하고 말았다.

**그 무렵** 연 · 제 · 초의 각지에서 조나라의 위급함을 듣고 구원군이 왔다. 장오도 북쪽의 대에서 1만여 명의 병사들을 모아 구원하러 왔다.

그러나 이들 구원군도 진여의 군 근처에 방벽을 쌓고 진나라를 공격하지 않았다. 다만 항우의 군사만이 자주 장한이 만든 군사 도로를 습격해서 보급로를 끊었다. 그 때문에 장이의 군은 식량 부족으로 곤란을 받게 되었다.

다시 항우는 전군을 거느리고 황하를 건너 마침내 장한의 군대를 무찔렀다. 장한의 군사들은 후방으로 흩어지기 시작했다. 그 틈을 타서 제후의 군사가 거록을 포위한 진나라 군사에게 공격을 가해 장이를 잡았다.

이때 진나라 장군 섭간이 자살했다. 항우가 거느린 군사의 도움으로 거록은 함락을 모면한 것이다, 조나라 왕 헐과 장이는 겨우 거록으로부터 탈출할 수 있었기 때문에 제후에게 깊이 사의를 표했다.

그 뒤 장이는 진여가 전에 구원을 거절한 데에 대해 격렬히 비난하고, 다시 구원을 요청하러 갔던 사자 장염과 진택이 돌아오지 않자 도대체 어떻게 된 일이냐고 그 책임을 엄하게 추궁했다.

진여는 벌컥 화를 내면서 대답했다.

"그 두 사람은 나에게 전사하라고 협박을 했다. 그래서 할 수 없이 병사 5천을 주고 시험 삼아 진나라 군사와 대전케 했지만 전멸한 것이다."

그러나 장이는 믿지 않았다. 진여가 두 사람을 죽였다고 생각한 장이는 끝가지 진여를 추궁하려고 하였다. 진여는 마침내 화를 냈다.

항우

"그처럼 내가 미운가? 그렇다면 장군의 지위 같은 것도 싫다. 내가 돌려주겠다."

이렇게 말하고 장군의 인수를 끌러 장이에게 내밀었다. 장이도 놀라 인수를 받으려 하지 않았다. 그때 진여가 화장실에 가자, 식객 중의 한 사람이 장이에게 이렇게 말했다.

"하늘이 준 것을 받지 않으면 오히려 벌을 받는다고 합니다. 진 장군은 인수를 양보하려고 합니다. 받지 않으면 하늘의 뜻을 거역하는 것이 될 것입니다. 사양하지 말고 어서 빨리 받으십시오."

이 말을 들은 장이는 마음을 고쳐먹고 진여의 군사들을 빼앗기로 결정하고 인수를 몸에 찼다. 화장실에서 돌아온 진여는 장이가 인수를 받자 곧 그곳을 떠나고 말았다.

이렇게 해서 장이는 진여의 군사를 손에 넣었다.

한편, 진여는 측근의 부하 몇 백 명을 거느리고 황하 근처로 옮겨 가 거기서 어부로 지냈다. 이런 일로 진여와 장이의 사이는 결정적으로 나빠진 것이다.

그런데 조왕 헐은 다시 신도에 도읍을 정했다. 장이는 그 뒤 항우를 따라 관중으로 들어갔다. 한나라 원년(기원전 206) 2월에 항우는 공을 세운 사람들에게 제후 및 왕으로 임명했다. 장이는 여러 곳을 돌아다닌 일이 었었기 때문에 그를 추천하는 사람이 많았다. 항우 자신도 전부터 장이의 명성을 들어 알고 있었다. 조나라의 땅을 분할하여 장이를 상산왕에 임명하고 신도를 가지게 했다. 그때 신도는 양국으로 고쳐 불렀다.

이런 인사를 두고 진여의 식객들은 항우에게,

"진여는 장이와 함께 조나라를 받든 사람입니다. 진여에 대해서도 배려해 주시기를……."

하고 간청했다. 항우는 진여가 관중으로 오지 않고 남피에 있다는 것을 듣고 남피 부근의 3현을 봉읍으로 주었다. 또 조나라 왕 헐을 대로 옮겨 왕으로 삼았다. 장이가 자기의 영지로 떠났다는 이야기를 듣고 진여는 한층 더 화가 나서 말했다.

"장이와 나는 공로가 같다. 그런데 장이는 한 나라의 왕에 임명되고 나는 불과 몇 개 현의 영주에 지나지 않는다. 항우의 처사는 매우 불공평하다."

그 뒤 제왕 전영이 초나라에 갔을 때 진여는 곧 하열을 사자로 보내 이렇게 말하게 했다.

"천하를 다스리면서도 항우의 처사는 불공평합니다. 좋은 영지는 모두 부하 장군에게 주고 본디의 국왕은 벽촌의 땅으로 쫓아냈습니다. 조나라의 왕 또한 북쪽의 변방인 대로 쫓겨났습니다. 저에게 군사를 빌려 주십시오. 그러면 우리 남피를 귀국의 울타리로 삼겠습니다."

전영도 전부터 초나라에 대항하려면 조나라 안에 동지가 있어야 한다고 생각하고 있었기 때문에 즉시 군사를 진여에게 보냈다. 여기에 힘을 얻은 진여는 3현의 군사들을 총동원하여 상산왕이 된 장이를 공격했다. 장이는 마침내 패주하여 도망치고 말았다. 그는 제후에게 몸을 의탁했으나 적당한 곳을 찾을 수 없었다.

"한왕과는 전부터 친분이 있지만, 힘이 있는 자는 항우다. 그런데 항우는 나를 왕으로 세워 주었다. 이번엔 초나라로 가서 몸을 의탁하자."

장이가 이렇게 말하자, 이때 감공이라는 점성술사가 반대했다.

"한왕이 관중으로 들어왔을 때 다섯 별(목 · 화 · 토 · 금 · 수를 말함)이 모두 동정에 모였습니다. 동정(별자리의 이름)은 진나라의 성좌입니다. 관중에 제일 먼저 들어온 자가 패자가 되는 셈이므로, 초나라는 지금 강대하지만 나중에는 한나라에게 패배할 것이 분명합니다."

장이는 생각을 바꾸어 한나라에 몸을 의탁했다. 그때 한왕은 영지인 한중으로부터 되돌아와서 3진(항우가 세 곳으로 나눈 관중의 땅)을 평정하고 폐구에서 장한을 포위하고 있었다. 장이가 한왕을 만나자 한왕은 후하게 대접했다.

한편, 진여는 장이를 패주시킨 뒤 다시 조나라의 전 영토를 손에 넣고 조나라 왕을 대에서 맞아 다시 왕위에 오르게 했다. 조나라 왕은 감사의 뜻으로 진여를 대의 왕으로 세웠다.

그 당시 조나라는 국력이 약해서 아직 안정을 찾지 못했다. 그래서 진여는 임지로 가지 않고 조왕의 밑에서 나랏일을 돕기로 하고, 부하인 하열을 대의 재상으로 삼아 나라를 지키게 했다.

한왕 2년에 한나라는 드디어 초나라를 공격했다. 그때 한왕은 조나라에 사자를 보내 협력을 요청했다.

춘추전국 시대 무기

"장이를 죽여 준다면 말씀에 따르겠습니다."

이것이 진여의 대답이었다.

그래서 한왕은 장이와 비슷하게 생긴 사람을 찾아내어 그 사람의 목을 자른 다음 진여에게 보냈다.

진여는 구원군을 보내 한나라를 도왔다. 그러나 그 뒤 한나라가 팽성의 서쪽에서 패하고 또 장이가 죽지 않았다는 것을 안 진여는 즉시 한나라에 반기를 들었다.

한왕 3년에 한신이 위 땅을 평정하자 한왕은 장이와 한신에게 명령하여 조나라의 정경을 공격하게 했다. 그 결과 진여는 저수의 강변에서 죽었고 조왕 헐도 양나라로 쫓기다 죽었다.

이렇게 해서 한나라는 장이를 조왕으로 세웠다.

# 숙손통叔孫通 열전

숙손통은 설나라 사람으로 진나라 2세 황제 때에 학문을 인정받아 박사(진나라 시황제 때의 관직) 후보로 조정에 불려 갔다.

그로부터 수년 뒤에 진승이 산동에서 군사를 일으켰다는 소식이 도읍에 전해졌다. 2세 황제는 이 보고를 받자 박사들과 학자들을 모아 자문을 구했다.

"초나라 변경 수비병들이 기현을 함락시켰고, 이어서 진나라에까지 쳐들어왔다 하오. 앞으로 어떡하면 좋겠소?"

박사와 학자들 30여 명이 각기 나아가 대답했다.

"천자께 활을 겨누다니, 백성이나 신하된 도리로서 있을 수 없는 일이옵니다. 마음속으로 그런 생각을 품었더라도 반역죄가 됩니다. 반드시 사형에 처해야 합니다. 이 일은 용서할 수 없는 일입니다. 당장 군사를 보내서 진압시켜야 합니다."

반역이라는 말을 듣자 2세 황제는 불쾌한 표정을 지었다. 그것을 본 숙손통이 말했다.

"여러분이 말씀하신 의견은 잘못입니다. 지금은 천하가 한 집안이나 다름없습니다. 군현들의 성벽은 헐어 버렸고 무기는 녹여 버렸으며, 이제는 전쟁이 없다는 것을 천하에 밝힌 바 있습니다. 더구나 총명하신 황제 앞에서 모든 법령은 저 밑에까지 잘 지키고 있으며, 백성들은 각기 자기 일에 충실하여, 변경의 백성들도 모두 돌아왔습니다. 그와 같은 때에 어찌 반역이 일어날 수 있겠습니까? 진승은 단순한 도적 떼에 불과하오니 황제께서 손수 진압에 나설 일이 못 되옵니다. 얼마 안 있으면 관리들이 모두 잡아서 처벌할 것이니 염려 마십시오."

2세 황제는 그 말에 만족스런 표정을 지었다. 이어서 학자들에게 일일이 의견을 물었다. 그들의 의견은 두 갈래로, 즉 반역설과 도둑설로 갈렸다. 2세 황제는 반역설을 내세운 학자들이 불온한 말을 퍼뜨렸다 하여 감찰관에게 신문한 다음, 옥리에게 넘겨 버렸다.

한편, 도둑설을 주장한 학자들에게는 누구 하나 책임을 묻지 않았고, 숙손통에게는 비단 20필, 의복 1습을 내리고 박사로 승진시켰다.

숙손통이 궁전에서 물러나오자 동료 학자들이 비꼬았다.

"그렇게 아부하다니, 학자로서는 지나친 행동이오."

"그대들은 잘 모르겠지만 그렇게 말하지 않으면 내 몸이 위험했기 때문일세."

숙손통은 이렇게 변명하고 나서 서둘러 고향인 설 땅으로 도망쳐 버렸다.

설나라는 이미 초나라의 지배 아래 있었다. 항량이 성에 들어오자 숙손통은 그를 받들었다. 머지않아 항량이 정도에서 싸우다가 죽자 이번에는 회왕을 받들었다. 진나라가 망하고 회왕이 의제가 되어 장사로 옮겼으나, 숙손통은 그대로 설나라에 머물면서 항왕을 받들었다.

한나라 2년(기원전 205), 고조가 5명의 제후들을 이끌고 항왕이 있는 팽성에 쳐들어가자 숙손통은 고조에게 달라붙었다. 그리고 고조가 패해서 서쪽으로 물러가자 이번에는 고조와 행동을 같이했다.

그런데 숙손통은 학자들이 입는 옷을 입고 있었으나, 고조가 그것을 싫어한다는 것을 알자 곧 벗어 버리고 초나라 사람들이 입는 옷으로 갈아입었다. 그래서 초나라 출신인 고조에게 크게 환심을 샀다.

숙손통이 고조를 따랐을 때에는 제자 백여 명을 거느리고 있었다. 그러나 그는 제자 중에서 누구 하나도 고조에게 추천하지 않고, 오히려 도둑이었거나 무뢰한이었던 자들을 계속 추천했다. 이 때문에 제자들은 불평을 늘어놓았다.

"우리는 선생님에게 배운 지 여러 해가 된다. 다행히 고조에게 기용될 때가 되었는데도 선생님은 어째서 우리를 무시하고 무뢰한들만을 추천하시는가? 도대체 그 이유가 무엇인가?"

이 말을 듣게 된 숙손통은 그들에게 변명했다.

"왕께서는 천하를 손에 넣으려고 싸우고 계신다. 학자들이란 전투에는 맞지 않는다는 것을 알고 있지 않은가. 그래서 지금 나는 죽음도 두려워하지 않는 그들을 추천한 거야. 부디 모두들 때를 기다려라."

숙손통은 용감한 자들을 추천한 공으로 박사에 임명되었고 직사군의 칭호를 받았다.

한나라 5년(기원전 202), 고조가 천하를 통일하자 제후들은 정도에서 고조를 황제로 추대했다. 숙손통은 즉위의 의식 절차와 칭호를 정하는 일을 맡았다.

당시 한나라에서는 진나라 때의 번거로운 의식을 없애고 간소화시켰다. 그 결과 신하들의 기강이 문란해져서 술을 마시고는 나라를 세우는 데 공을 내세워 큰 소리로 떠들어 댔고, 끝내 칼로 궁중의 기둥을 후려치는 결과를 빚었다. 그러자 황제도 얼굴을 찌푸렸다.

날이 갈수록 그런 일들이 빈번해지자 황제는 매우 걱정했다. 적당한 때를 살펴서 숙손통은 황제에게 건의했다.

"모름지기 학자는 나라를 세우는 데 구실을 하지 못하지마는 국가를 유지시키는 단계에 이르면 상당한 일을 할 수 있습니다. 지금이야말로 노나라 학자들을 불러서 저희 제자들과 함께 조정의 의례를 만들었으면 좋겠습니다."

"귀찮은 일은 아예 마시오."

"옛날의 오황조차도 각기 다른 음악을 제정하여 하 · 은 · 주 3대의 왕은 똑같은 예를 따르지 않았습니다. 모름지기 의례라는 것은 시대에 따라서 그때마다의 풍속에 의해 간단해질 수도 있고 복잡해질 수도 있습니다. 하 · 은 · 주의 의례는 각기 옛날의 의례에 따르면서도 가려서 썼다고 공자가 말했으나, 그것은 후대가 전대의 예의를 그대로 그냥 받아들이지 않았다는 뜻입니다. 저는 옛날의 예와 진나라의 예를 덧붙여 새로운 의례를 제정할 생각입니다."

"좋소. 가능한 한 알기 쉽게 해 주오."

숙손통은 노나라로 가서 30명의 학자를 초청했다. 그 중 두 사람은 거절하며 이렇게 말했다.

"공이 받들었던 주군은 10명에 가깝소. 그때마다 주군에게 아첨해서 믿음을 얻고 중용되었소. 오늘날 천하가 겨우 평정되기는 했으나 죽은 자들은 방치되었고, 부상자들의 상처는 아직 아물지도 않았소. 그럼에도 불구하고 군주의 환심을 사기 위해서 예악을 제정하려 하고 있구려. 본래 예악은 백 년도 더 덕을 쌓은 다음에 정해야 하는 법, 공에게 협력하다니 당치도 않은 소리요. 공은 옛 도리를 거역하고 있소. 어서 빨리 물러가시오. 우리는 손을 더럽히고 싶지 않소."

숙손통은 비웃었다.

"당신들은 정말 시골 선비들이군. 세상 돌아가는 것도 모르다니."

결국 숙손통은 노나라에서 30명의 학자들을 거느리고 도읍으로 돌아왔다. 이 밖에 궁중의 학자들과 제자 백여 명을 합쳐, 교외에 마련한 모의 회장에서 1개월에 걸쳐 의례에 대한 훈련에 힘썼다. 거의 완성될 무렵에 숙손통은 황제에게 건의했다.

"황제께서 한 번 살펴 주시기 바랍니다."

황제는 의례를 참관하고 고개를 끄덕였다.

"음, 이만 하면 됐소."

당장 신하들에게 의례를 익히게 하여 정월에 궁중에서 하례를 성대하게 베풀기로 했다.

의식은 정연하게 잘 진행되었다.

도자기로 만든 집

고조는 감개무량해서 말했다.

"나는 오늘 비로소 황제가 위대하다는 것을 깨달았다."

숙손통은 그 공로로 의전 장관에 임명되고 황금 5백 근을 하사받았다. 이때 그는 황제에게 말했다.

"저의 제자들은 지금까지 줄곧 저와 함께 지내 왔습니다. 이번 의례를 제정한 것도 그들이 도와준 덕분입니다. 부디 그들에게 관직을 베풀어 주십시오."

황제는 그들을 모두 시종으로 삼았다.

숙손통은 궁에서 물러나오자 황금 5백 근을 모두 제자들에게 나누어 주었다. 제자들은 모두 감동했다.

"선생님은 성인이시다."

한나라 9년, 숙손통은 태자의 교육 담당관으로 전임했다. 그런데 그 뒤 3년 만에 황제는 태자를 바꾸어 척 부인의 아들 여의를 태자로 세우려고 했다.

숙손통은 곧장 황제를 찾아가서 그 일을 신랄하게 비판했다.

"옛날 진나라 헌공은 태자를 폐하고 총애하던 이희의 아들 해제를 태자로 세웠습니다. 그 결과는 어찌되었습니까? 진나라는 10여 년 동안 혼란에 빠졌고 천하의 웃음거리가 되었습니다. 또한 진나라는 시황제가 살아 있을 때에 태자를 정하지 않았기 때문에 조고가 칙명이라 속여서 막내아들인 호해를 태자로 세우는 음모를 꾀해서 그 결과 나라를 멸망시켰지 않았습니까? 이것은 폐하께서도 잘 아실 줄 압니다.

태자의 인품은 천하에 모르는 사람이 없을 정도입니다. 더구나 황후께서는 폐하와 온갖 어려움을 함께 해 오신 조강지처입니다. 그런 분을 배신해도 옳다는 말씀입니까? 만약 폐하께서 적자를 폐하시고 후궁의 아드님을 태자로 세우신다면 그 전에 저를 처형해 주시기 바랍니다."

"좋소. 그저 농담을 했을 뿐이오."

"이 일은 천하의 대사에 관계되는 일입니다. 누구를 태자로 세우느냐 하는 일은 천하의 근본으로 그 근본이 흔들린다면 천하는 흔들리게 마련입니다."

"그대의 말이 옳소."

그 뒤 황제가 술자리를 베풀었을 때, 태자는 장량에 의해서 태자의 빈객이 된 동원공 · 각리 · 기이계 · 하황공과 함께 고조를 만났다. 고조는 그 뒤로는 태자를 바꾸려 하는 생각을 완전히 버렸다.

고조가 세상을 떠나자, 태자가 즉위하여 혜제가 되었다. 그런 어느 날 혜제는 숙손통을 불렀다.

"신하들 중에 의전 장관이 될 만한 인물은 역시 그대가 아니고는 안 되겠소."

이래서 숙손통은 또다시 의전 장관에 돌아왔다. 그 뒤 얼마 안 있자 그의 손으로 종묘의 의례가 정해졌다. 그래서 한나라의 의식 절차가 점차 정비되기에 이르렀다.

그런데 혜제는 도읍의 동쪽 구석에 있는 장락궁의 황태후를 찾아가는 일이 잦았다. 그때마다 교통이 막혀서 백성들에게 큰 불편을 주었다. 그래서 복도(2층 건물의 회랑)를 건설하기로 했다. 공사가 어느 정도 진척됐을 때, 숙손통은 혜제를 찾아가서 제의했다.

"폐하, 무슨 이유로 저런 복도를 만들게 하셨습니까? 폐하께서는 고조의 의관을 매달 한 번 침묘에서 고묘(고조의 묘)에 나르시지 않으면 안 됩니다. 그런데도 이 길 위로 복도가 세워지고 있습니다. 모름지기 고묘는 시조를 모신 곳인데, 그곳으로 가는 길 위로 뒷날의 황제들이 지나지 않으면 안 되는 것입니다. 그래도 상관없습니까?"

혜제는 잔뜩 겁을 먹었다.

"알았소. 당장 헐어서 없애도록 해야겠소."

"그래서는 안 됩니다. 복도의 건설은 이미 천하가 다 아는 사실, 이제 새삼스럽게 취소하고 헐어 버린다면 폐하께 잘못이 있다는 것을 천하에 알리는 결과가 됩니다. 웨이수이의 북쪽에 또 하나의 고묘를 만드시는 게 어떻겠습니까? 고조의 의관을 그 속에 봉헌하시면 좋을 것입니다. 종묘를 각지에다 세운다는 것은 훌륭한 효도이므로 아주 좋다고 봅니다."

혜제는 새로운 종묘를 세우게 했다.

# 사마상여司馬相如 열전

사마상여는 촉군의 성도에서 태어났다. 자는 장경으로 그는 어려서부터 문무에 뛰어났다. 어릴 적의 이름은 견자라고 했는데, 공부를 마치자 제나라의 유명한 정치가 인상여를 존경해서 그의 이름을 따서 고쳤다.

상여는 매관(돈을 내면 왕실 등에서 근무하는 관리가 되었다)에 의해 경제의 무기상시에 임명되어 황제의 옆에서 일하게 되었다. 그러나 그는 자기 일에 열중하고픈 생각이 없었다. 왜냐하면, 경제는 문학에 관심이 없었기 때문이다.

이때, 경제의 아우인 효왕이 양나라에서 왔다. 효왕은 제나라의 추양, 회음의 매승, 오나라의 장기 등 말에 뛰어난 선비들을 거느리고 있었다. 상여는 그들에게 완전히 빠졌다. 그래서 병을 구실 삼아 무기상시를 그만두고 효왕을 찾아서 양나라로 갔다.

효왕의 배려로, 상여는 선비들과 같은 집에서 머무르게 되었다. 그는 그곳에서 수년 동안 그들과 같이 열심히 공부했다. 그 결과 상여는 유명한 시 〈자허지부〉를 짓게 되었다.

효왕이 세상을 떠나자 상여는 양나라를 떠나 고향에 돌아왔으나 집에는 재산도 없었고 이렇다 할 직업도 없었다.

그 무렵, 전부터 잘 아는 임공현의 현령 왕길이 그에게 편지를 보내왔다.

"선생께서는 일자리를 찾으려고 오래도록 돌아다니셨으나 뜻을 이루지 못하고 귀국하셨다고 들었습니다. 한번 임공현으로 와 주시지 않겠습니까?"

상여는 임공현으로 가서 현령이 마련해 준 성 안의 관사에 묵게 되었다. 여기서 현령과 상여는 한 가지 계획을 세웠다. 현령은 마치 귀중한 손님이 자기를 찾아온 것처럼 일부러 공손한 태도를 보였고 매일같이 인사를 드리기 위해 상여를 방문했다. 상여는 처음 한동안은 현령을 만나 주었으나 나중에는 시종을 보내 신병 때문에 만날 수 없노라고 현령의 방문을 거절했다. 그래서 현령은 상여에 대해서 더욱더 조심스럽게 행동했다. 이러한 일은 상여에게 세상 사람들의 이목이 끌리게 하기 위해서였다.

임공의 거리에는 부자들이 많았다. 그 중에서도 탁왕손은 노예 8백 명을 거느렸고, 정정은 수백 명의 노예를 거느린 큰 부자였다. 이 두 사람이 만나 의논했다.

"현령에게는 대단한 손님이 찾아온 것 같아요. 어떻습니까? 한번 연회를 베풀어 현령과 함께 그를 초대하면……."

그들에게 초청을 받아 현령이 탁왕손의 집에 이르자 이미 백 명 이상의 손님들이 모여 있었다. 상여는 한낮이 되었는데도 나타나지 않았다.

그래서 사람을 보냈으나 몸이 불편해서 참석할 수 없다고 했다. 현령이 손수 상여를 맞이하러 가자, 그제서야 상여는 연회석에 도착했다.

사람들의 눈은 모두 상여에게 쏠렸다.

연회가 한창 무르익기를 기다렸다가 현령은 상여 앞에 나아가 칠현금을 내놓으면서 말했다.

"상여공께서는 칠현금을 취미로 삼으신다지요? 이것으로 한번 즐겨 보시는 게 어떻습니까?"

상여는 처음에는 거절했으나 현령이 거듭 부탁하는 바람에 마지못해 한두 곡 뜯었다.

그런데 탁왕손에게는 갓 과부가 된 문군이라는 딸이 있었다. 그녀는 음악을 매우 즐겼다. 현령과 상여가 지금까지 연극을 꾸며서 상여를 귀한 손님으로 만들어 탁왕손의 집에 초대하게 한 것도 실상은 문군을 상여의 아내로 맞이하기 위해서였다. 그래서 지금 칠현금을 뜯어 그 가락으로 문군의 마음을 끌려는 것이었다.

문군은 남몰래 문틈으로 상여의 모습을 살피고 있었다. '저분이 이 거리에 오셨을 때, 수레들이 줄을 지어 들어오던 그 모습이야말로 정말 우아스러웠다. 그분이 지금 우리 집에 오셔서 연회석에서 칠현금을 뜯고 계시다니…….' 그녀는 완전히 상여에게 마음이 사로잡혀 어떻든 만나 보고 싶었다.

연회가 끝난 뒤에 상여는 사람을 시켜 문군의 하인에게 선물을 전하고 곧 문군과 만나 정을 통할 수가 있었다.

그날 밤, 문군은 몰래 집을 빠져 나와 상여에게 달려왔다. 상여는 그녀를 마차에 태워 고향으로 달아나 버렸다.

그러나 그의 집은 사방에 벽이 둘러쳐 있을 뿐 아무것도 없는 몹시 가난한 집이었다.

한편, 문군의 아버지 탁왕손은 몹시 화가 나서,

"참으로 한심하구나. 애비의 손으로 죽일 수는 없고, 그것에겐 한 푼도 주지 않겠다!"

하고 고함을 질렀다.

사람들은 그녀를 다시 데려오자고 했으나, 탁왕손은 귀담아 듣지도 않았다. 문군은 얼마 지나자 가난한 생활에 견딜 수 없어서 이윽고 남편에게 말했다.

"여보, 어쨌든 임공으로 돌아가기만 하면, 제 형제들한테서 돈을 빌릴 수도 있고, 그 돈으로 무엇이든지 할 수 있어요. 이렇게까지 고생하실 것은 없어요."

상여는 아내와 함께 임공으로 되돌아갔다. 그리고 아내의 물건들을 처분한 돈으로 술장사를 시작했다. 아내에게는 손님 접대를 시키고 자신은 일꾼들과 같이 일하면서 일부러 남의 눈에 띄게 거리에서 손수 그릇도 닦았다.

문군의 아버지는 그 소문을 듣고 깜짝 놀랐다. 도무지 낯이 뜨거워 밖에 나가지도 못 했다.

그 동안에 문군의 형제들과 작은아버지가 탁왕손을 설득하였다.

"형님께서는 자식이라고는 아들 하나에 딸 둘, 그렇지만 재산은 엄청나게 많지 않습니까? 이제 와서 새삼스럽게 그 사람에게 빠져 버린 것을 탓해도 아무 소용없는 일입니다. 상여는 오랫동안 외국에 돌아다니느라 가난하기는 하지만 훌륭한 인물입니다. 더구나 현령 어른의 손님이 아닙니까? 언제까지나 저렇게 술장사를 하게 내버려 둘 수는 없습니다."

탁왕손은 어쩔 수 없이 백 명의 노예와 백만의 큰돈과 살림살이들을 문군에게 주었다.

상여와 문군은 또다시 성도에 돌아가서 땅과 집을 샀다.

상여는 하루 아침에 큰 부자가 되었다.

그로부터 얼마 지난 뒤, 촉나라의 양득의가 무제에게 충견 노릇을 하고 있었다.

한번은 무제가 〈자허지부〉라는 시를 읽으며 매우 감탄했다.

"이 시인이 지금 이 세상에 있다고 하면……."

그 말을 들은 양득의는 무제에게 아뢰었다.

"제 고향에 사마상여라는 자가 있는데 그가 이 시를 지었다고 합니다."

무제는 깜짝 놀라며 곧장 상여를 불러들여 만나고, 그에게 물었다.

"예, 말씀하신 대로 그 시는 제가 지은 것이오나, 이 시는 단지 제후를 칭송한 데 지나지 않으니 읽으실 만한 것이 못 되옵니다. 원컨대 새로운 것으로, 천자께서 원하시는 시를 짓게 해 주시면 완성되는 대로 폐하께 올리겠습니다."

무제는 흔쾌히 승낙하고 상서에게 명령해서 상여에게 붓과 목간(글을 적는 나무 조각)을 주게 했다.

# 동방삭東方朔

무제 때 제나라 출신으로 동방삭이라는 사람이 있었다. 그는 옛 서적들을 읽으며 경학에 힘쓰고 『제자백가』에 통달하였다.

그는 장안에 올라오자 그 길로 관청을 찾아가 상소문(임금에게 바치는 글)을 올렸다. 죽간(대나무쪽) 3천 매에 이르는 방대한 글이었다. 관리 2명이 겨우 들고 들어가야 할 정도였다.

무제는 상소문을 처음부터 읽어 나갔다. 피곤하면 읽다 만 곳에 도장을 찍고 쉬었다. 2개월이나 걸려서야 모두 읽었다.

무제는 곧장 삭을 불러서 낭중에 임명하고 항상 곁에 따르게 했다.

무제는 심심하면 동방삭을 얘기 상대로 삼았다. 그때마다 무제는 기분이 좋았다. 삭은 때때로 무제와 식사를 같이하기도 했는데, 식사가 끝나면 먹다 남은 고기를 모두 가지고 돌아갔다. 물론 옷은 몹시 더러워졌다. 또한 종종 무제가 비단옷을 주었으나 언제나 그것을 아무렇게나 어깨에 둘러메고 궁궐에서 나갔다.

무제로부터 받은 돈이나 비단이 모이면 뒷골목의 젊은 미녀들을 찾아 나섰다. 그러나 1년이 지나면 그 여자를 버리고 다른 여자를 맞이했다. 그래서 황제에게 받은 돈이나 물건들은 모두 여자 때문에 없애 버리고 말았다.

동료 시종들은 이러한 삭을 가리켜 미치광이라고 저마다 손가락질 했다.

무제가 그 소리를 듣고 이렇게 말했다.

"삭에게 일을 시키면 무엇이고 훌륭히 마친다. 그대들은 그 사람의 발에도 미치지 못한다."

복숭아를 훔치는 동방삭

동방삭은 자기 아들을 황제에게 추천해서 낭관으로 일하게 하였다. 아들은 다시 시알자로 승진되어 무제의 사신으로 외국에 돌아다니게 되었다.

동방삭이 궁전 안을 거닐고 있을 때, 한 시종이 말을 걸었다.

"삭 선생, 글쎄 당신더러 미치광이라는 소문이 퍼지고 있어요."

"그럴 거요. 나는 조정 안에 몸을 숨기고 있는 놈이니까, 옛 사람들은 그저 산 속에 숨어 살았소만……."

주연이 베풀어지는 자리에서도 마찬가지였다. 술기운이 돌면 손발을 땅에 대고 기어 가면서 노래했다.

세상을 피할 데란
깊은 산, 풀이 우거진 도랑 속뿐이랴
세속에 몸 담그고
금마문 안에 몸 숨기노니
매우 고귀하신 분 사시는
궁중 안이야말로 좋구나.

금마문이란 관청의 대문을 말한다. 문 한쪽에 동마가 서 있기 때문에 그렇게 불렀다.

한번은 학자들이 종묘 앞 뜨락에 모여서 이야기꽃을 피우고 있었다. 그 자리에서 그들은 모두 동방삭을 비난했다.

"선생, 저 소진과 장의는 한번에 큰 나라의 왕을 만나서 대번에 공경·재상의 자리에 올라, 그 명예가 후세에까지 이르게 되었습니다. 그런데 선생은 선왕의 도를 닦고, 성인을 존경하고, 『시경』이나 『서경』 등 제자 백가의 말씀을 모두 암송하십니다. 그뿐 아니라 문장에도 능통하여 천하에 따를 수 있는 자가 없다고 자부하십니다. 저희가 보기에도 틀림없이 학문이나 식견이 풍성하시다고 봅니다. 그런데도 불구하고 폐하를 받드시기 어느덧 수십 년, 그 동안 충실하게 애쓰면서도 고작해서 시랑에 머무신다니, 공허한 세월만을 살아왔다고밖에 볼 수 없습니다. 생각컨대 무슨 실수라도 저지르셨는지요? 무슨 까닭입니까? 저희에게 들려 주시지 않으시렵니까?"

동방삭은 입을 열었다.

"본래 귀공들은 그 뜻을 알 리가 없소. 옛날은 옛날, 지금은 지금, 그들과 우리를 동일하게 논할 까닭이 없소.

모름지기 장의와 소진의 시대는 주 왕실이 쇠퇴하고 제후들은 저마다 힘으로 패권을 다투어 무력으로써 여러 나라들을 멸망시켰소. 각국은 합쳐지고 마침내 12국(노 · 위 · 제 · 초 · 송 · 정 · 위 · 연 · 조 · 중산 · 진 · 한)이 되었으나, 아직 자웅을 가리기에는 이르지 못했소. 그러한 시대에는 나라가 이어지고 망하는 데에는 인재의 얻고 잃음에 의해서 결정되는 것이오. 그뿐 아니라 말에 능한 선비가 존중되고 고위직에 임명되었소. 그 결과 영예는 후세에까지 미치고 자손이 번영했소.

그러나 오늘날은 달라요. 지금이야말로 폐하께서 다스리시니 천하는 그 덕을 입고 제후들은 복종하고 있소. 나라의 위엄은 사해 안팎으로까지 떨치고 있소. 천하는 더없는 안정을 이룩했고 평화를 구가하며 모두가 화목하게 지내고 있소. 설령 무슨 일이 생기더라도 쉽사리 해결이 되고 있소. 이러한 시대에는 어진 자와 어리석은 자의 식별이 따로 필요치 않소. 지금이야말로 천하는 무한하게 광대하고 백성들은 그 수가 얼마나 되는지조차 알 수 없는 오늘날, 말에 온 정력을 쏟아서 폐하의 환심을 사고자 모여드는 자들은 그칠 새가 없소. 하지만 그들이 제 아무리 빼어난 의로움을 몸에 지녔다손 치더라도 출세하지 못하고 의식조차도 극히 어려운 형편이오.

저 장의와 소진일지라도 나와 똑같은 이 시대에 태어났다면 창고 담당 관리도 되지 못했을 것이오. 하물며 시종 따위는 쳐다보지도 못할 것이오.

옛 사람의 이런 말이 있소. 천하에 재앙이 없다고 하면, 설령 성인일지라도 재능을 떨칠 여지가 없도다. 상하가 화목하면 설령 성인일지라도 공을 세울 여지가 없노라 — 즉, 때가 변하면 일이 달라진다는 것이오. 물론 그렇다고 해서 수양을 게을리 하라는 게 아니오.

『시경』에는 이런 노래가 있소.

궁중에서 종을 치면
그 소리 밖에 들리고
물가에서 학이 울면
그 소리 하늘에 들리노라.

몸을 수양하고 있으면 언젠가는 출세하는 법. 태공망을 보시오. 인과 의에 힘쓰던 그는 나이 일흔둘에 문왕에게 인정받아 자기 이론을 펼 기회를 얻었소. 훗날에 제나라의 제후로 책봉되어 그 자손이 7백 년에 걸쳐 번영을 누렸소. 그래서 선비는 밤낮으로 쉬지 않고 학문과 몸을 닦기에 힘쓰는 것이오.

오늘날의 선비들 중에는 조금도 신념을 굽히지 않고, 허유와 접여에 비할 만한 인물이 많소. 범여와도 같은 재주, 오자서와 같은 충성심을 가진 인물들도 있소. 하지만 평화롭고 도덕과 질서가 지켜지는 오늘의 세상에서는 이런 선비들이 파묻혀 있다는 게 자연스러운 것이오. 여러 선생들은 어째서 나 한 사람을 문제시하는 거요?"

학자들은 모두 잠자코 있었다.

한번은 건장궁 후문에 이상한 동물이 나타났다.

그 모습은 큰 노루와 비슷했다. 이 말을 들은 무제는 재빨리 구경하러 나갔다. 신하들이 그의 뒤를 따라나섰다. 고금의 서적에 능통한 관리들에게 이름을 물었으나 아무도 알지 못했다. 무제는 동방삭을 불러서 감정시켰다.

"저는 알고 있습니다마는 가르쳐 드리기 전에 제게 최고의 술과 음식을 베풀어 주셔야 합니다."

"그렇게 하라."

황제는 당장 준비시켰다.

동방삭은 그것을 먹고 난 다음에 또 하나의 요구를 했다.

"모처에 공전과 물고기를 기르는 연못과 갈대가 난 늪이 몇 경 있습니다. 그것을 소신에게 주시지 않겠습니까? 이 동물의 이름은 그 다음에 가르쳐 드리겠습니다."

"알았다."

무제가 그것마저 승낙하자 삭은 이윽고 설명했다.

"이것은 추아라고 합니다. 이것이 나타나는 날이면 머지않아 어느 곳이든 먼 곳에 있는 나라가 귀순해 오게 되어 있습니다. 이 동물은 앞에서부터 뒤까지 앞니가 한 줄로 줄지어 있어서 먹이를 씹는 이가 없습니다. 그 때문에 추아라고 부릅니다."

그로부터 1년 뒤에 과연 동방삭의 말대로 흉노의 혼야왕이 10만 명의 부하를 이끌고 한나라에 귀순해 왔다. 그래서 동방삭은 무제로부터 큰돈과 보물을 하사받았다.

이윽고 동방삭도 나이가 많아졌다. 죽을 때를 맞이한 그는 무제에게 간언을 했다.

"『시경』에 이런 노래가 있습니다.

윙윙거리는 청파리
무리져 잡목 울타리 위로 날도다
자비심 깊은 군자여 믿지 말지어다.
그들의 헐뜯음을 헐뜯음은 그칠 줄 모르고
나라끼리 싸움을 꾀하나니

부디 폐하께옵서는 간신들을 멀리하시고 헐뜯음으로 귀를 더럽히지 마시기 바랍니다."

"동방삭이 진실한 말을 하는구나."

무제는 이해하기 어렵다는 듯한 표정을 지었다.

그 뒤 얼마 안 있어 동방삭은 병으로 세상을 떠났다.

옛 사람들은 이렇게 말했다.

"새가 죽을 때는 그 우는 소리가 매우 애달프다. 사람이 죽을 때는 그 말이 진실하다."

이 말은 실로 동방삭과 같은 경우를 두고 말한 것이다.

# 명의名醫 열전

## :: 편작扁鵲

편작은 발해군의 정현에서 태어났다. 성은 진, 이름은 월인이라 했다. 그는 젊어서는 어떤 집에서 손님을 맞이하는 일을 했다.

그 무렵에 장상군은 편작이 일하는 집의 빈객으로 머물러 있었는데, 그는 보통 사람과는 어딘지 모르게 다른 모습이었다. 편작은 변함없이 그를 정중하게 대접했다. 장상군은 편작이 보통 사람이 아니라는 것을 알고 있었다.

장상군은 그 뒤에도 자주 집을 찾아왔고, 10여 년의 세월이 흘러갔다. 어느 날의 일이다.

그는 편작을 불러 목소리를 낮추어 이렇게 말했다.

"나는 병을 치료하는 비방을 알고 있으나 이제 나이가 많아서 당신에게 전수시키려 하니 결코 남에게 알리면 안 된다."

"네, 절대로 입 밖에 내지 않겠습니다."

편작

장상군은 품속에서 약을 꺼내 편작에게 주면서,

"우선 풀과 나무에 묻어 있는 이슬을 받아 이 약과 함께 30일간 복용하면 무슨 병이든지 효험이 있을 것이다."

하고 그 다음에는 비방이 쓰여 있는 의서들을 끄집어 내어서 모두 편작에게 주었다. 그러자 그의 모습은 곧장 사라지고 말았다. 장상군은 인간이 아니었던 것 같다.

편작은 그가 일러 준 대로 30일 동안 약을 복용했다. 과연 담장 저 너머에 있는 사람의 모습이 투시되었다. 그래서 환자의 몸을 진단하면 내장 속의 종기까지도 뚜렷하게 보이는 것이 아닌가. 그러나 그는 남에게 말하기를, 그저 맥을 짚으면 병을 알 수 있노라고 말했다.

그의 소문은 세상에 널리 퍼져서 머나먼 제나라와 조나라에서까지 진찰해 달라고 초청되었다.

편작이라는 이름은 그가 조나라에 불려갔을 때 전설상의 명의와 연관시켜 사람들이 붙여 준 별명이다.

그 무렵 진나라에서는 소공이 왕위에 있었으나 왕의 세력은 약했고, 대신들이 실권을 잡고 있었다. 머지않아 조간자가 대신이 되자 그가 나랏일을 한손에 쥐고 흔들었다.

그 조간자가 병으로 쓰러졌다. 닷새가 지나도록 혼수 상태에서 깨어나지 못했다. 대신들은 걱정되어 견딜 수 없었다. 그들은 편작을 모셔 올 사자를 보냈다.

편작이 진찰을 마치고 나왔을 때 간자의 가신인 동안우가 그의 병세를 물어보자 편작은 이렇게 말했다.

"맥이 정상이니 근심할 것은 없소. 예전에 진나라 목공이 이와 똑같은 병환에 걸린 일이 있으나 이레 만에 혼수 상태에서 깨어났어요. 목공은 의식을 회복하자 공손지와 자여 두 대신에게 이런 말을 했다고 합디다.

'나는 천제가 있는 곳에 가 있었는데 매우 즐거웠소. 천제한테서 여러 가지 가르침을 받고 아주 오랫동안 머물렀소. 천제의 말씀을 듣자니, 이웃의 진나라는 머지않아 큰 혼란에 빠져 5대에 걸쳐서 불안정하겠으나 그 뒤에는 천하의 패자가 될 인물이 나타난다. 그러나 그 인물은 일찍 죽고 그의 아들이 뒤를 이으면 풍기가 문란해질 것이다.'

공손지가 이 말을 기록해서 보관해 두었는데, 그것이 언제인가 세상에 나타났소. 『진책(진나라의 기록)』이라는 게 그거요.

그런데 귀국의 진나라에서는 목공의 말처럼 헌공의 대가 되어 나라가 어지러웠으나 문공이 패자가 되었소. 그의 아들 양공은 진나라군을 효산에서 쳐부수고 개선하면서 그 뒤 숱한 나쁜 짓을 저질렀소. 이러한 것은 귀공도 잘 알 줄 아오.

간자공께서는 목공과 마찬가지인 병환이므로 사흘 안으로 의식을 되찾게 될 것이오. 의식을 되찾으면 무언가 꼭 말씀하리라 여기오."

과연 간자는 그 뒤 이틀 반 만에 혼수 상태에서 깨어나서 대신들에게 이렇게 말했다.

"나는 천제가 계신 곳에서 매우 즐겁게 지냈소. 백 명의 신들과 균천(구천의 한복판의 하늘)에서 놀 때에는 악사들이 죽 늘어앉아서 온갖 흥겨

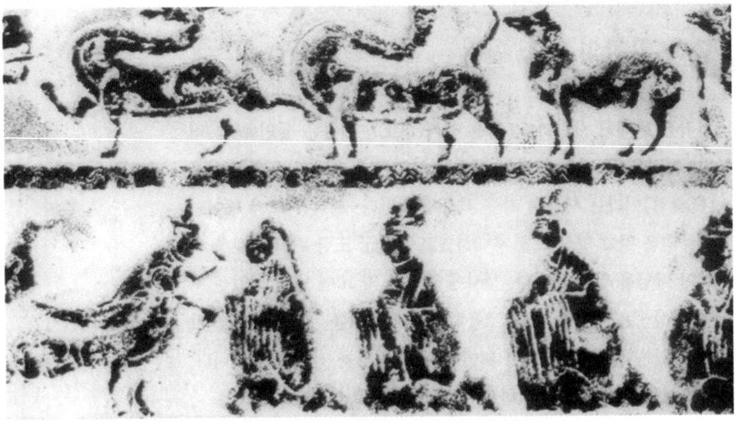

편작의 모습이 새의 모양으로 새겨져 있다

운 음악을 연주했고, 춤을 감상하며 즐겼소. 그 묘한 것이란 저 3대(하 · 은 · 주)의 음악과도 다르며, 실로 이루 다 말할 수 없는 큰 감동을 받았소. 그런데 그곳에서 곰 한 마리가 나타나서 나를 잡으려고 하지 않겠소. 천제의 어명을 받고 내가 활을 쏘니 곰이 쓰러져 버렸소. 그러자 이번에는 큰 곰이 나타났소. 대뜸 활을 쏘니 그것도 다시 명중해서 쓰러지고 말았소. 천제께서는 매우 기뻐하시며 칭찬의 표시로 네모진 상자 2개를 주시었소. 서로가 쌍을 이루는 상자였소. 문득 천제가 있는 쪽을 바라보니 옆에 내 아들이 있지 않겠소? '이 애가 어른이 되거든 이 개를 주어라.' 천제는 이렇게 말씀하시더니 책의 개를 내게 주시었소. 천제께서는 다시 이렇게 말씀하셨소. '진나라는 머지않아 쇠약해져서 7대 뒤에는 멸망하지만 너희 조씨 일족은 점점 더 번성해서 위군을 범괴의 땅 서쪽에서 무찌르리라. 그러나 언제까지 그곳을 확보하기는 어렵도다.'"

동안우는 조간자의 말을 기록해서 보관해 두었다. 그리고 편작에게서 들은 말을 전하자, 간자는 편작에게 논밭 4만 무를 상으로 주었다. 편작은 제나라를 방문하자 환후(환공을 말하는 듯)로부터 빈객으로 정중한 대접을 받았다.

어느 날, 편작은 왕궁에 들어가 그를 만나고 이렇게 말했다.

"공께서는 지금 병환에 걸려 있습니다. 다행히 지금 피부에 머물러 있는데, 이대로 내버려 두시면 점점 악화됩니다."

"나는 나쁜 곳이 없소."

편작이 어전에서 물러가자 환후는 주위에 있는 신하들에게 말했다.

"의사들은 건강한 사람까지 환자 취급을 한다니까."

닷새 후에 편작은 다시 환후를 만났다.

"공께서는 병환이 이미 혈맥에까지 진행되고 있습니다. 이대로 그냥 두시면 점점 악화될 뿐입니다."

"내 몸은 이상이 없소."

편작은 곧장 물러갔다. 그러자 환후는 불쾌한 모습이었다.

그로부터 다시 닷새 뒤에 편작은 세 번째로 환후를 만났다.

"병환이 위장에까지 이르렀습니다. 이대로 그냥두시는 날에는 목숨이 위태롭습니다."

환후는 아무 말도 하지 않았다. 편작이 물러가자 몹시 불쾌한 모습이었다.

다시 닷새가 지났다. 편작은 네 번째로 환후를 만나러 갔으나, 먼 데서 인사만 했을 뿐 곧장 물러갔다. 환후는 이상하게 생각해서 신하에게 그의 뒤를 밟게 하여 그 이유를 묻게 했다.

그러자 편작은 말했다.

“병이 피부에 있을 때는 탕약과 고약으로도 고칠 수가 있소. 혈맥까지 진행되더라도 침으로 고칠 수 있소. 위장에까지 들어가더라도 약으로 어떻게든 고칠 수 있소. 그러나 골수에까지 미치면 이미 사명(생명을 다루는 신)이라고 할지라도 어찌 손을 쓸 방법이 없소. 환후의 병은 이미 골수에 미쳐 있소. 그래서 치료를 권하지 않았소.”

과연 닷새 만에 환후는 병으로 쓰러졌다. 대신들이 급히 편작을 부르러 달려갔으나, 이미 그는 나라 밖으로 떠난 뒤였다. 환후는 죽었다.

편작의 이름은 천하에 떨쳤다.

편작은 조나라의 한단에 잠시 머물렀다. 그때 이곳에서는 부인들을 소중히 대우한다는 얘기를 듣고 부인병 치료에 나섰다. 이어서 주나라 뤄양을 방문했는데 이때도 마찬가지였다. 주나라에서는 노인들을 공경하였으므로 서둘러 노인들의 치료에 전념했다.

편작은 다시 진나라 셴양까지 갔다. 이곳은 어린이들을 소중히 하였으므로 이곳에서 어린아이들을 돌보았다. 이와 같이 편작은 그 고장의 사정에 따라서 치료하는 진료 과목을 변경했다.

편작은 진나라에 있을 때 자기보다 의술이 뛰어난 것을 원망하는 전의 이혜가 보낸 자객의 칼을 맞고 죽었다.

그 뒤부터 오늘날에 이르기까지, 진맥을 하는 자는 모두 다 편작의 의술을 따르는 것이다.

# 유협遊俠 열전

## :: 주가朱家

노나라의 주가는 한나라의 고조와 같은 시대에 태어났다. 노나라 사람들은 모두 유교를 받들었지만 주가는 협객으로 유명했다. 그가 숨겨 주어 생명을 구한 사람의 수는 이름 있는 사람만도 몇 백 명에 달했다. 그 밖에도 그는 이루 헤아릴 수 없을 만큼 많은 사람을 구했다.

그러면서도 그는 평생 자신의 힘을 과시한다든가 또는 상대방이 은혜를 갚았으면 하고 기대하는 일이 없었다. 그것뿐이 아니라, 도움을 준 뒤에는 상대방에게 부담을 주지 않기 위해서 만나지 않으려고 노력할 정도였다. 그는 경제적인 도움을 줄 때도 우선 가난하며 신분이 낮은 사람부터 도와주었다.

그렇기 때문에 주가의 집에는 재산 같은 것이라곤 하나도 없었고, 몸에 걸치는 것이라야 소박한 옷뿐이며, 음식도 별로 맛있는 것이 아니었으며, 타는 것도 송아지가 끄는 수레였다.

자신의 일엔 이처럼 신경을 안 쓰면서도 다른 사람의 일이라면 발을 벗고 나서는 것이었다. 그가 계포 장군을 구했을 때만 해도 계포가 나중에 높은 신분이 된 뒤에는 결코 만나려 하지 않았다.

그러므로 한구관 이동 지방에서는 주가와 교제를 원하는 사람들이 많았다.

계포는 초나라 출신이다. 그는 사내답다는 것으로 온 나라에 알려져 있었다. 항우에 의해 그는 장군에 임명되었고, 자주 유방을 괴롭혔다. 그 때문에 고조(유방)는 항우를 쓰러뜨린 뒤 계포의 목에 상금을 크게 걸고 그의 행방을 뒤쫓았다. 그리고 나라 안에 계포를 숨겨 준 자는 삼족을 멸하겠다는 엄한 포고령을 내렸다.

계포는 복양의 주씨의 집에 몸을 숨겼다. 어느 날 주씨는 계포에게 이렇게 말했다.

"한나라는 큰 상금을 걸고 장군을 찾고 있습니다. 이곳에도 반드시 그들의 추격의 손길이 곧 닥칠 것입니다. 나에게 한 가지 방책이 있는데 들어주시겠습니까? 만일 싫다고 하신다면 오로지 스스로 목숨을 끊는 길뿐입니다."

계포는 그의 말에 동의했다. 주씨는 그의 머리를 깎고 남루한 옷을 입혀 노예로 변장시키고는 그를 황마차(덮개가 있는 수레)에 태웠다. 이렇게 해서 계포는 다른 노예 수십 명과 함께 노나라의 협객 주가에게 끌려가 노예로 팔렸다.

주가도 그 노예가 계포라는 것을 알고 그를 받아들였으며, 그에게 농사일을 시키기로 했다. 그때 주가는 아들을 불러 이렇게 말했다.

"모든 밭일은 이 노예가 시키는 대로 해라. 식사도 같이하고 결코 소홀히 대해서는 안 된다."

그 뒤 주가는 수레를 타고 뤄양으로 가서 여음후 하후영을 방문했다. 하후영은 며칠 동안 매일같이 주연을 베풀어 주가를 정중하게 대접했다. 어느 날 주가는 틈을 보아 하후영에게 말을 꺼냈다.

"계포라는 자는 어떤 큰 죄를 지었기에 쫓기고 있습니까?"

"계포는 항우를 위해 폐하를 몹시 괴롭혔다. 폐하의 입장에서 본다면 마땅히 증오할 자다. 그래서 누가 뭐래도 체포할 생각이다."

"당신은 계포를 어떤 인물이라고 생각하십니까?"

"매우 훌륭한 인물이라고 생각한다."

"왕을 위해 일하는 것이 신하의 임무입니다. 계포가 항우를 위해 일한 것은 어디까지나 맡은 일에 충실했기 때문입니다. 천하가 안정된 오늘날 자기 개인의 원한 때문에 한 사람의 목숨을 쫓는다는 것은 천하에 자신의 마음이 좁다는 것을 나타내는 것입니다. 무엇보다도 계포는 쉽게 체포되리라고는 생각지 않습니다. 추격의 손길이 심해지면 북쪽의 흉노에게 가든가 아니면 남쪽의 월나라로 달아날 것입니다. 훌륭한 사람을 미워하여 적을 도와준다는 것은 예전의 초나라의 잘못을 되풀이하는 것이 됩니다. 오자서가 초나라의 평왕의 무덤을 파헤치고 시체에 매질을 한 것도 사실은 초나라가 오자서를 나라 밖으로 내쫓았기 때문이 아니겠습니까? 그대는 어째서 폐하에게 당당하게 이러한 잘못을 말하지 않습니까?"

하후영은 그의 말을 듣고 주가가 대협객인 것을 알았다. 그는 바로 계포가 주가의 집에 숨어 있다는 것을 눈치 채고는 이렇게 말했다.

"알았소, 구명해 봅시다."

진나라의 청동 솥

하후영은 기회를 보아 주가의 말을 고조에게 전했다. 고조는 즉시 계포에게 사면령을 내렸다. 이런 일이 알려지자 조정에서는 훌륭한 인물이 온갖 굴욕을 잘 견디어 냈다고 해서 계포의 칭찬이 대단했다.

주가도 또한 이 일 때문에 천하에 이름을 떨쳤다.

그 뒤 계포는 불려가서 고조를 만나 용서를 빌었고, 고조는 그를 낭중으로 임명했다.

:: 극맹劇孟

극맹은 주나라 도읍이었던 뤄양에서 태어났다. 뤄양은 예부터 상업이 번창했던 곳인데, 극맹은 협객으로 제후들 사이에서 크게 이름을 떨쳤다.

그런데 오 · 초의 난이 일어났을 때 한나라에는 주아부가 태위(군의 최고 사령관)에 있었다. 그는 즉시 여섯 마리의 말이 끄는 역마차를 몰고 허난군으로 달려갔는데, 도중에 극맹을 만나 같이 가게 되었다.

주아부는 몹시 기뻐하며,

"오 · 초는 반란을 일으키면서 극맹을 얻으려 하지 않았다. 그 자들은 아무것도 할 수 없는 놈들이다."

라고 말했다. 이처럼 주아부는 나라가 반란을 당해서 극맹 한 사람을 얻었다는 것을 곧 하나의 적국을 점령한 것과 같이 높이 평가하였다.

극맹은 결코 주가에 뒤지지 않았다. 다만 그는 도박을 좋아했고 젊은

이들과 자주 어울렸다. 극맹의 어머니가 죽자 문상객이 각지에서 모여들어 문 앞에는 마차가 천 대나 줄을 이었다. 그러나 극맹이 죽었을 때는 그의 집에 한푼의 재산도 남아 있지 않았다.

### :: 곽해郭解

곽해는 지 땅의 출신이며 자는 옹백이다. 유명한 관상가인 허부의 자손으로 그의 아버지도 협기가 있는 사람으로 문제의 시대에 법을 범하여 죽임을 당하였다.

곽해는 몸집은 작았지만 동작이 빠르고 날쌘 사나이였으며 술은 마시지 않았다. 젊었을 때는 사람을 사람으로 여기지 않은 난폭자여서 자신의 일이 뜻대로 되지 않을 때는 사람을 죽이는 일이 많았다.

동료들 가운데서는 의리가 굳고, 친구가 억울한 일을 당하면 복수를 하며, 찾아오는 자에게는 비록 범죄자라 해도 즐겨 숨겨 주었다. 그는 강도질을 하고 화폐를 위조하고 무덤을 도굴하는 등 이루 헤아릴 수 없이 나쁜 짓을 저질렀다.

그러나 그에게는 하늘의 도움이 있었는지 궁지에 몰렸을 때는 반드시 도움을 받았고, 붙잡히면 곧 석방이 되었다.

곽해는 나이가 들면서 사람이 변했다. 외고집을 부리는 일이 없어졌으며 방자한 행위도 하지 않게 되었다. 원한에는 덕으로 대하고, 사람에게는 은혜를 베풀면서 보답 같은 것은 기대하지 않았다.

타고난 협객으로서의 행동을 사랑하는 그의 성격은 더욱더 강해졌다. 사람의 생명을 구하고도 결코 자만하는 일이 없었다. 그러나 그의 잔인한 성품은 마음속에 남아 있어서 사소한 원한에도 갑자기 그 전과 같은 잔인성이 나타나는 일이 있었다고 한다.

그러면 그를 따르는 젊은이들이 그를 대신해서 원수를 갚고 그에게는 알리지 않았다.

그런데 곽해의 누이의 아들이 그의 세력을 믿고 횡포를 부리는 일이 많았다. 어느 날, 싫어하는 상대를 술집으로 끌고 가서 마구 마시게 했다. 이젠 더 못 마시겠다고 하는데도 자꾸만 강요했다. 상대는 화가 나서 칼을 빼어 그를 찔러 죽이고 달아났다.

곽해의 누이는 몹시 화가 났다.

"아무 말도 하지 않고 내버려 두어도 괜찮으냐? 죽은 것은 네 조카가 아니냐."

이렇게 곽해를 나무라면서 누이는 시체를 길바닥에 버려 둔 채 장례를 지내려 하지 않았다. 이렇게 되면 곽해의 체면은 완전히 땅에 떨어지게 된다. 곽해는 부하를 여기저기 보내 그를 찾도록 했다. 더 이상 도망할 곳이 없다고 판단한 그는 스스로 곽해에게 나타나 사건의 자초지종을 자세히 말했다.

곽해는 이야기를 다 듣고 나서 이렇게 말했다.

"그러고 보니 네가 그놈을 죽인 것은 잘못이 아니다. 잘못은 내 조카에게 있다."

곽해는 그 자리에서 조카의 잘못을 시인하고 상대방을 풀어주었다. 그리고 조카의 시체를 집으로 가져다가 묻어 버렸다.

이 이야기는 마침내 세상에 알려졌다. 그러자 곽해의 협기를 칭찬하며 그를 따르는 자가 점점 많아졌다.

곽해가 외출할 때 사람들은 길을 비켰다. 그런데 어느 날 책상다리를 한 채 곽해가 지나는 것을 보고 있던 사람이 있었다. 곽해는 사람을 시켜 그 사람의 이름을 알아오도록 명령했다.

부하 중의 한 사람은 곽해가 그의 무례한 태도에 화를 낸 것으로 생각하고 자기가 대신 죽이려고 했다.

초나라의 청동으로 만든 신령스런 짐승

그것을 안 곽해는 그를 말렸다.

"내가 사는 곳에서 존경을 못 받는 것은 내 수양이 모자라기 때문이다. 저 사람이 나쁜 것이 아니니다."

그는 마을의 관리를 찾아가서 조용히 부탁했다.

"저 사람은 내게는 귀한 사람이다. 병력 교체 때에는 명부에서 빼 주게."

그 결과 병력 교체의 시기가 와도 그는 병역 의무를 면했다. 더구나 관리는 병역 면제금을 요구하지도 않았다. 그는 이상하게 생각했다. 관리에게 그 이유를 물어보고 나서야 곽해의 부탁 때문이라는 것을 알았다.

그는 즉시 곽해 앞에서 상반신을 드러내고 전날의 잘못을 빌었다. 이 이야기가 전해지자 젊은이들은 더욱더 곽해를 존경하게 되었다.

뤄양 사람으로 서로 원수처럼 지내는 사람들이 있었다. 마을의 유력자가 차례로 열 사람이나 중재에 나섰지만 상대방은 좀처럼 받아들이지 않았다. 그래서 곽해에게 중재를 요청해 왔다. 곽해는 밤이 되자 몰래 상대방의 집을 찾아가 설득에 나섰다. 상대방은 겨우 그의 설득에 응하게 되었다.

곽해는 그때 이렇게 말했다.

"이번 문제는 뤄양의 유력자들이 중재에 나서도 매듭이 지어지지 않았다고 들었소. 다행히도 그대는 내 중재에 응해 주었소. 그러나 내가 이 마을의 유력자들을 제쳐 놓고 중재를 했다는 것은 의리에 어긋나는 일이오."

그는 사람의 눈에 띄지 않게 그날 밤으로 돌아가기로 하고 다시 이렇게 말했다.

"중재에 응하지 않은 것으로 하고 내가 돌아간 뒤 마을의 유력자 가운데 누군가를 중간에 세워 그 사람의 설득에 응한 것으로 해 주오."

곽해는 언제나 겸손한 태도로 외출할 때는 말을 타는 일이 없었으며, 마차를 탄 채 관가에 들어가는 일도 없었다. 남의 부탁으로 이웃 관가에 진정하러 갈 때는 이쪽이 정당할 경우라면 반드시 그것을 관철시켰다.

그리고 무리라고 생각되는 경우라도 의뢰자가 납득하도록 가능한 한 온갖 수단을 다했다. 그러고 난 뒤에야 비로소 자신도 음식을 먹었다. 그렇기 때문에 각지의 유력자들도 곽해에게 존경을 나타내고 그를 도우려고 한 것이다. 매일 밤만 되면 마을의 젊은이들이나 가까운 마을의 유력자들이 마차를 타고 곽해의 집을 방문했다. 그들은 곽해가 숨겨 두고 있는 사람을 데려다가 자기 집에서 돌보겠다고 청하는 자들이었다.

무제가 지방의 호족을 무릉으로 강제로 이주시키는 정책을 시행할 때의 일이다. 곽해에게는 재산이 없었기 때문에 3백만 전 이상의 재산가라는 규정에 해당되지 않았다. 그러나 관리로서는 곽해가 귀찮은 존재였기 때문에 어떻게 해서든지 그를 이주시키려고 계략을 짰다.

이때 위청 장군이 곽해의 편을 들어 무제에게 건의했다.

"폐하, 곽해는 가난해서 이주 규정에는 해당되지 않는다고 생각하옵니다."

그러자 무제는 이렇게 대답했다.

"서민인 주제에 장군을 시켜 변명시킬 만한 힘을 가지고 있다니……. 그는 가난할 리가 없다."

이렇게 해서 곽해는 옮겨 가게 되었다. 그때 전송하러 나온 사람들이 낸 전별금이 천여만 전이나 되었다. 그런데 곽해의 이주를 꾸민 것은 같은 고향 사람인 양계주의 아들로서, 이때 그는 현의 관리로 있었다.

화가 난 곽해의 형의 아들이 양계주의 아들을 죽였고, 이것이 원인이 되어 곽해의 집안과 양가의 집안은 서로 원수가 되었다. 그런데 곽해가 한구관으로 가자 이 소식을 들은 관중의 유력자들이 앞을 다투어 곽해와 사귀기를 요청해 왔다.

이러는 동안에 고향에서는 양계주까지 살해되었다. 양계주의 가족은 천자에 상소하기 위해서 사자를 보냈다. 그러나 사자가 궁궐 문까지 왔을 때 누군가의 손에 의해 죽임을 당하고 말았다. 이 사건이 무제의 귀에 들어가자 곽해를 체포하라는 명령이 내려졌다.

곽해는 가족을 하양에 숨긴 다음 자신은 임진으로 도망쳤다. 임진의 적소공은 곽해와 만난 적이 없었지만 가명을 써서 관소를 빠져 나가려는 곽해를 못 본 척 내버려 두었다.

곽해는 거기서 태원으로 향했다.

한편, 곽해를 쫓던 포졸은 소문을 통해 겨우 적소공이 있는 곳까지 왔다. 그러나 적소공이 자살하면서까지 입을 열지 않자 여기서 수사의 실마리는 완전히 끊어지고 말았다.

곽해가 체포된 것은 그로부터 몇 년 뒤의 일이다. 관리는 그의 범죄를 추궁했으나 살인 사건은 대사령이 내려지기 이전의 사건이었기 때문에 유죄일 수가 없었다.

지의 출신인 유가의 한 학자가 심문관과 같이 앉아 있었다. 곽해를 존경하는 사람이 곽해를 옹호하자 그 학자는 이렇게 말했다.

"곽해는 천하의 법을 어긴 죄인이다. 그가 무엇이 훌륭하단 말이냐?"

마제형칠합

이 말을 들은 곽해를 존경하는 사람은 그 학자를 죽이고 혀를 뽑아 버렸다. 관리는 곽해가 시킨 것이 틀림없다고 생각하고 곽해를 추궁했다.

그러나 곽해는 그를 전혀 몰랐고, 또 그의

행방도 알 수 없어 이 사건도 미궁에 빠지고 말았다. 결국, 관리는 곽해가 무죄라고 조정에 보고했다.

이때 어사대부 공손홍이 의견을 말했다.

"곽해는 아무것도 없는 사람이다. 그런데도 권력을 휘두르고 사소한 원한으로 사람을 죽이도록 부하에게 시켰다. 본인은 전혀 모른다고 하나 이런 행위는 직접 손을 써서 살인한 것 이상으로 죄가 무겁다. 대역무도의 죄에 해당한다고 말하지 않을 수 없다."

이렇게 해서 곽해의 일족은 모두 처형되었다.

곽해가 죽은 뒤 협객이 되는 사람은 많았지만 모두 제멋대로 날뛰는 무리일 뿐 이렇다 할 인물을 찾아볼 수가 없었다. 억지로 이름을 든다면, 관중에서는 장안의 번중자, 괴리의 조왕손, 장릉의 고공자, 그 밖에 다른 곳에서는 서하의 곽공중, 태원의 노공유, 임회의 아장경, 동양의 전군유 등을 들 수 있다.

그들은 협객의 이름을 팔고는 있었지만 그들의 행동은 망설이며 굽실거리는 신사 같은 데가 있었다.

북도의 요씨, 서도의 두씨 일가, 남도의 구경, 동도의 조타와 우공자, 남양의 조조, 이런 무리를 말하면 도둑인 도척이 마을에 살고 있는 거나 같으므로 전혀 문제 삼을 수 없는 것이다. 유협의 모범인 주가에 견주면 이런 무리들은 정말 수치스러운 존재다.

태사공은 이렇게 말했다.

"나는 곽해를 본 일이 있다. 그 풍모는 보통 사람만 못 했고 말하는 것도 이렇다 할 특별한 데가 없었다. 그러나 실제로는 그 평판이 대단했다. 훌륭한 사람이나 또는 안면이 있는 사람이나 없는 사람이나 모두 그의 이름을 동경하고, 협객을 논할 때는 누구나 반드시 곽해를 끌어들인다. 속담에 이런 말이 있다. 이름이 그 사람의 간판이 되면 영원히 망하지 않는다. 그러나 아까운 인물을 잃은 것이다."

### :: 예양豫讓

진나라에 예양이라는 사람이 있었다. 처음에 진나라의 중신인 범씨와 중행씨를 섬겼으나 이름이 알려지지 않아 주인을 바꿔 지백에게로 갔다. 지백은 예양을 잘 대접했다. 지백이 조양자를 쳤다. 그러나 조양자는 한씨 · 위씨와 같이 지백을 쳐서 그의 가족을 모두 죽이고 영토를 나누어 가졌다.

조양자는 또 지백을 몹시 미워한 나머지 지백의 두개골에 옻칠을 하여 그릇으로 사용했다. 예양은 산 속으로 도망가서 탄식했다.

"아아, 무사는 자기를 알아 주는 사람을 위해서 죽고 여자는 자신을 기쁘게 해 주는 사람을 위해 화장한다고 한다. 나를 인정해 준 것은 지백뿐이었다. 그 은혜를 갚지 않고서야 무슨 면목으로 저 세상에 가서 지백을 만날 수 있겠는가."

예양은 이름도 바꾸고 죄인들 틈에 끼어 궁중에서 일하게 되었다. 품속에 칼을 품고 변소의 벽을 바르는 일을 하면서 몰래 조양자를 죽일 기회만 노리고 있었다.

조양자가 변소에 올 때마다 예양은 가슴이 두근거려 몹시 당황해했다. 그래서 조양자가 그 일꾼을 붙잡고 보니 예양이었다. 게다가 그의 품속에서 비수가 나왔다. 그는 지백의 원수를 갚자는 것이라고 했다.

좌우에 있던 사람들이 죽이려고 했다.

그러나 조양자는,

"그는 의인이다. 지백이 죽고 자손도 남아 있지 않은 데도 끝까지 의리를 지키려고 하는 천하의 어진 사람이다. 나만 조심하면 되지 않느냐?"

이렇게 말하고 예양을 풀어주었다. 그 뒤 예양은 온 몸에 옻칠을 하고 문둥병자로 가장했으며, 숯을 먹고 목소리를 바꾸어 아주 딴 사람으로 변했다.

이렇게 변장한 그는 거리에서 걸식하며 돌아다녔는데, 아내까지도 그를 알아보지 못했다. 친구 집에 구걸하러 갔을 때,

"아니, 예양이 아닌가?"

하고 묻자, 예양은

"그렇다" 고 대답했다.

친구는 그의 손을 붙잡고 울면서 이렇게 말했다.

"자네처럼 재주가 있는 사람이 예를 갖추고 조양자를 섬기면 반드시 자네를 가까이 할 것이네. 그런 다음 그를 죽이면 보다 쉽게 목적을 달성할 수가 있지 않겠는가? 몸을 변장하여 원수를 갚는 것도 좋지만, 그것은 오히려 고생만 할 뿐이 아니겠나?"

"아니다, 신하로 있으면서 그의 목을 노리는 것은 처음부터 두 마음을 품는 일이 된다. 물론 내가 하는 방법으로는 본래의 뜻을 이루기가 어려운 줄 잘 안다. 그러나 그것을 알면서도 하지 않을 수 없는 것은 후세에 두 마음을 품고 주인을 섬기려는 사람들을 반성시키고 싶기 때문이다."

예양은 그렇게 말하고 가 버렸다.

얼마 뒤에 어느 날 조양자가 외출할 때 예양은 그가 지나는 길의 다리 밑에 숨어 있었다. 그가 다리에 이르렀을 때 조양자의 말이 놀라 껑충 뛰었다.

"혹시 예양이 아닐까?"

붙잡고 보니 과연 예양이 틀림없었다. 양자도 이번만은 용서하지 않았다.

"너는 이전에 범씨와 중행씨를 섬기지 않았느냐? 그들은 지백에게 멸망되었는데, 너는 그 원수를 갚지 않았을 뿐만 아니라 신하의 예를 갖추어 지백을 섬겼다. 그 지백도 이미 죽었다. 도대체 무엇 때문에 지백만을 위해서 목숨을 걸고 원수를 갚으려고 하느냐?"

이 말을 듣고 예양은 이렇게 대답했다.

"내가 이전에 범씨와 중행씨를 섬긴 일이 있으나 평범한 대우를 받은 데에 불과했소. 그래서 나도 보통으로 그들을 대해 왔소. 그러나 지백은 다르오. 나를 국사로 인정해 주었기 때문에 나도 국사로서 보답하려는 것이오."

길이 3센티미터의 한나라 때의 용이 새겨진 인장

조양자는 눈물을 글썽이며 이렇게 탄식했다.

"예양이여, 그것만으로도 지백에 대한 명분을 세웠다. 나도 너를 용서할 만큼 했다. 그러나 이번은 그대로 보아넘길 수가 없다. 이

제 각오하라."

병사들이 예양을 둘러쌌다.

이때 예양이 부탁했다.

"명군은 사람의 의거를 방해하지 않고 충신은 이름을 위해 죽음도 사양치 않는다고 하오. 그대는 전에 나를 용서해 주었소. 때문에 세상 사람들은 모두 그대를 칭찬하고 있소. 이제는 나도 웃으면서 죽겠소. 다만, 그 전에 그대의 옷을 얻어 그것이라도 베어 마음으로나마 복수의 마음을 청산할 수 있다면 죽어도 여한이 없겠소. 들어주리라고는 생각하지 않지만 내 생각을 말한 것뿐이오."

조양자는 그 의기에 감탄하고 부하에게 명령하여 옷을 예양에게 주었다. 예양은 칼을 뽑아 세 번을 뛰어오르며 베었다.

"나는 이것으로 죽은 지백에 보답하게 되었다."

이렇게 말하고 스스로 죽었다.

이 날 조나라의 뜻있는 사람들은 이 말을 듣고 모두 눈물을 흘렸다.

### :: 섭정攝政

지의 심정리에 섭정이 살고 있었다. 그는 대수롭지 않은 일로 사람을 죽였기 때문에 그 보복을 피해 어머니 · 누이와 함께 제나라로 도망가서 짐승을 도축하는 일로 생활을 하고 있었다.

그런데 그 뒤의 일이다. 한나라의 애후(기원전 376~371년 재위)를 섬기던 푸양 출신인 엄중자는 재상인 협루와 사이가 나빠져 협루에게 살해될 것이 두려워 국외로 도망쳤다. 그리고 협루에게 복수하기 위해 적당한 인물을 찾아 여러 나라를 돌아다녔다. 제나라에 닿았을 때 이런 이야기를 들었다.

"섭정은 원수를 피해 짐승을 잡는 일을 하고 있지만 그는 매우 용감한 사나이다."

엄중자는 곧바로 섭정을 찾아가서 사귀기를 청하고 그 뒤부터 자주 찾아가서 우정을 두텁게 했다.

어느 날 엄중자는 술과 고기를 가지고 가서 손수 잔을 섭정의 어머니에게 바쳤다. 술이 취하자 조용히 섭정의 어머니에게 장수를 빌며 황금 백 일을 바쳤다. 섭정은 큰돈에 놀라 한사코 사양했다. 그러나 엄중자는 억지로 바치려고 했다.

섭정은 끝까지 사양하며 이렇게 말했다.

"나에게는 노모가 계십니다. 남의 나라에 와서 비록 개를 잡는 구차한 생활로 생계를 이어가고 있지만, 어머니의 밥상에는 어머니가 좋아하시는 것을 한 번도 빠뜨린 일이 없습니다. 어머니에 대한 효도는 내 힘만으로도 충분합니다. 이런 많은 돈을 받지 않아도 좋습니다."

엄중자는 옆의 사람들을 물러가게 한 다음 이렇게 말했다.

"사실은 나에게 원수가 있어서 여러 나라를 두루 찾아다니고 있소. 제나라에 와서 그대가 의사라는 말을 들었소. 내가 백 금을 드리는 것은 어머니를 봉양할 비용으로 드리는 것뿐이며 그 밖에 다른 뜻은 없소. 그리고 오직 그대와 앞으로 교제를 원할 뿐이오."

그래도 섭정은 사양했다.

"이처럼 구차한 일을 하면서 숨어 사는 것은 다만 어머니에게 효도하기 위한 것입니다. 어머니가 살아 계시는 한 이 몸을 남에게 바칠 수 없습니다."

아무리 권해도 섭정은 받지 않았다. 엄중자는 할 수 없이 정중하게 인사를 하고 떠났다.

세월이 흘러 섭정의 어머니가 죽었다. 장례가 끝나고 복상의 기간이 끝나자 섭정은 이렇게 생각했다.

'나는 이름도 없이 개를 잡는 일을 하는 천한 몸이다. 그런데 엄중자는 한나라의 대신이다. 그 대신이 먼 길을 불구하고 몸소 찾아와서 나에게 교제를 청했다. 그런데 나는 상대방의 기대에 응하지 못했다. 그리고 그 사람은 아무 일도 하지 않은 나에게 백 금을 주며 어머니의 건강을 빌었다. 나는 받지는 않았으나 그만큼 나를 인정해 준 것만은 틀림없다. 그처럼 어진 사람이 원수는 원망하면서도 나같이 하찮은 인간을 알아 주었다. 그런데 나는 그의 기대를 저버렸다. 그러나 그때는 어머니가 계셨기 때문이다. 그런데 이젠 어머니도 안 계신다. 그러니 나를 알아 준 사람을 위해 이 몸을 바치겠다.'

섭정은 곧장 위나라의 푸양으로 가서 엄중자를 찾아 이렇게 말했다.

"저번에 당신의 청을 거절한 것은 어머니가 계셨기 때문이었습니다. 이젠 어머니가 안 계십니다. 당신이 원수라는 그 상대는 대체 어디의 누구입니까? 그 일을 제발 저에게 시켜 주십시오"

엄중자는 자세하게 그 사정을 섭정에게 설명했다.

"내 원수는 한나라의 재상 협루요. 협루는 국왕의 숙부가 되며 일족이 번성하여 경계도 대단히 엄중합니다. 지금까지 몇 번씩이나 자객을 보냈지만 언제나 실패로 끝났습니다. 당신이 이 일을 맡아 준다면 그대에게 도움이 될 만한 장사들과 거마를 충분히 준비하겠습니다."

진나라 악기인 청동 종

"여기서 한나라까지는 먼 길이 아닙니다. 상대는 한나라의 재상이며 더구나 왕의 친척입니다. 이쪽 편은 오히려 사람의 수를 늘리지 않는 것이 좋을 것 같습니다. 계획이 새어나가면 한나라는 전력을 다해서 당신을 노릴 것입니다. 그렇게 되면 위험천만한 일이 아니겠습니까?"

섭정은 거마와 장사들을 거절하고 단신으로 칼 하나만을 의지하여 한나라로 떠났다.

협루는 관청에서 나랏일을 보고 있었다. 무기를 가진 수많은 병사들이 엄중하게 경계하고 있었다. 섭정은 곧장 그 속으로 뛰어들어 계단으로 올라가서 협루를 찔러 죽였다. 그러자 관청 안은 큰 혼란에 빠졌다. 섭정은 크게 외치면서 수십 명을 죽인 다음 스스로 자기의 얼굴 가죽을 벗기고 눈알을 후벼 내고 배를 갈라 창자를 드러낸 채 죽었다.

한나라에서는 섭정의 시체를 거리에 내놓고 현상금을 걸어 그의 신원을 밝히려고 했다. 그러나 알 방법이 없었다.

그래서 이번에는 상금을 늘려서,

"그의 신원을 아는 자에게는 천 금을 주겠다."

하는 포고를 냈으나 그의 신원을 알지 못한 채 그럭저럭 시간이 흘렀다.

섭정의 누이가 이 소문을 들었다. 한나라에서 재상 협루를 죽인 사람의 신원을 도저히 알 수가 없어 그 시체를 거리에 내놓고 천 금의 현상금을 걸었다는 소문을 듣자 섭정의 누이는 순간 마음에 짚이는 것이 있었다.

"내 동생임에 틀림없다. 엄중자에게 그처럼 인정을 받고 있었으니까."

누이는 북받쳐 오르는 슬픔을 억제하면서 곧바로 한나라로 떠났다. 시체를 확인해 보니 과연 동생 섭정이었다. 누이는 시체에 엎드려 몹시 슬퍼하며,

"이것은 내 동생인데 지의 심정리에 사는 섭정이라는 사람이오."

하고 외치자 주위에 모여 있던 사람들은 입을 모아 이렇게 말했다.

"그 사람은 우리나라의 재상을 죽였다. 신원이 밝혀지지 않아 천 금의 현상금이 걸려 있었다. 그대는 그것을 몰랐느냐? 일부러 와서 이름을 부르다니……."

그러자 섭정의 누이는 이렇게 말했다.

"그것은 나도 알고 있소. 동생은 개 잡는 천한 일을 하고 있었지만, 그것은 어머니가 살아 계시고 또 내가 미처 시집을 가지 않았기 때문이었소. 그 어머니도 죽고 나도 시집을 갔습니다. 그런데 엄중자는 그런 천한 동생을 사나이로 알아 주고 교제를 청해 왔습니다. 그 은혜에 보답하기 위해서는 이렇게 할 수밖에 없었습니다. 무사는 자기를 알아 주는 사람을 위해 죽는다 하지 않습니까? 동생은 다만, 살아 있는 나에게 화가 미치는 것이 두려워서 이렇게 죽은 것입니다. 그러나 나라고 내 몸에 미칠 화 때문에 이런 동생의 이름을 함부로 묻어 버릴 수가 있겠습니까?"

한나라 사람들은 그저 감탄할 뿐이었다. 섭정의 누이는 말을 다하고 나서 하늘을 향해 세 번 외치고 동생 곁에서 죽었다.

이 말을 전해 들은 진 · 초 · 제 · 위나라의 사람들은,

“섭정도 훌륭하지만 그 누이도 또한 장한 여인이다.”
라고 말하는 것이었다.

동생의 이름을 세상에 알리려는 일념으로 죽음도 두려워하지 않고 천 리 길을 걸어 거리에서 동생의 뒤를 좇아 죽었다.

누이가 이런 여인인 것을 알고 있었다면 섭정은 아마 처음부터 엄중자의 부탁을 받아들이지 않았을 것이다. 그리고 또한 엄중자는 사람을 잘 알아보았고 유능한 사람을 얻었다고 해도 좋을 것이다.

# 순리循吏 열전

## :: 공의휴公儀休

공의휴는 노나라의 학자였다. 그는 빼어난 재주가 인정되어 노나라의 재상이 되었다. 그는 국법을 중히 여기고 인간 세계의 이치에 따라 도리에 벗어난 일을 하지 않았다.

따라서 노나라의 관리들은 자연적으로 부정을 저지르지 않게 되었다. 그가 제일 마음을 쓴 것은 나라의 녹을 먹는 관리가 백성들의 이익을 착취하지 않도록 하며, 고급 관리가 뇌물을 받지 않게 하는 것이었다.

어느 날 공의휴를 찾아온 손님이 선물로 생선을 바쳤지만 그는 받지 않았다. 그러자 손님이 그 이유를 물었다.

"선생께서 생선을 좋아하시는 것을 알고 일부러 가지고 왔습니다. 어째서 받아 주시지 않습니까?"

"좋아하는 것이니까 받지 않는 것입니다. 나는 지금 재상의 몸입니다. 생선을 얻으려고 생각하면 언제든지 얻을 수가 있습니다. 그러나 그대가 가져온 생선을 받고 괜한 의심을 사서 벼슬을 그만둔다면 어디서든지 생선을 얻을 수가 없게 됩니다. 그렇기 때문에 나는 받을 수가 없습니다."

또한 그는 자기 집에서 가꾼 야채를 먹어 보고 그 맛이 좋으면 뿌리째 뽑아 버렸다. 그리고 집에서 짠 옷감이 좋으면 그 옷감을 짠 여인을 내보냈으며, 그 틀까지 불태워 버렸다.

그 이유는 이러하였다.

"이렇게 되면 다른 농부나 옷감을 짜는 여인이 가서 팔 곳이 없어지지 않겠는가."

:: 석서石奢

석서는 초나라 소왕(기원전 515~488년 재위) 때의 재상으로 끝까지 신념을 굽히지 않았으며 상대가 누구든 결코 원칙에서 벗어나지 않았다.

어느 날 그가 지방 시찰을 떠났을 때 도중에서 살인 사건이 일어났다. 범인을 추격해서 체포해 보니 바로 자기 아버지였다. 그는 아버지를 풀어주고 돌아와서 자신이 옥에 갇혔다. 그리고 사람을 시켜 왕에게 이렇게 전하도록 했다.

"살인범을 잡고 보니 범인은 저의 아버지였습니다. 아버지에게 법을 집행한다면 불효가 됩니다. 그리고 법을 무시하고 죄인을 풀어준 것은 법에 충실치 못한 것이 됩니다. 어떤 쪽을 택하더라도 제 죄는 살인에 해당합니다."

소왕은 석서를 구하려고 이렇게 말했다.

"추격해서 잡지 못했다면 죄에 해당될 일이 없다. 어서 빨리 재상으로 돌아오기 바란다."

그러나 그는 이렇게 대답했다.

"아버지에게 정이 없는 사람은 효자가 아닙니다. 나라의 법을 지키지 않는 자는 충신일 수 없습니다. 임금이 죄를 용서해 주시는 것은 군주로서의 은혜입니다. 그리고 당연히 사형을 받고 죽는 것은 신하로서의 직무입니다."

한나라 귀족이 사용하던 향로

이렇게 대답한 석사는 결국 왕의 명령에 따르지 않고 스스로 목을 찔러 죽었다.

## :: 이이李離

이이는 진나라 문공(기원전 635~627년 재위) 때의 사법 장관이었다.

어느 날 부하가 적당히 아무렇게나 취조한 것을 그대로 믿고 죄 없는 사람을 처형하고 말았다. 나중에 그것을 안 이이는 자신이 오판의 책임을 지고 스스로 고랑을 차고 사형에 처해 줄 것을 왕에게 청원했다.

이 말을 들은 문공은 이이를 불러 이렇게 말했다.

"그대는 그대의 책임이라고 하나 그 직분에 따라 책임이 달라진다. 이번 경우의 잘못은 부하에게 있는 것이지 그대의 죄가 아니다."

"저는 사법관의 우두머리로서 그 권한을 부하에게 넘겨 준 일이 없습니다. 그리고 많은 봉록을 받아 부하에게 나누어 준 일도 없습니다. 그런데 어찌 오판의 책임을 부하에게 돌릴 수가 있겠습니까?"

"그대는 그대에게 죄가 있다고 하지만, 그렇다면 그대 위에 있는 나에게도 죄가 있는 것이 아닌가?"

"아닙니다. 사법관에게는 사법관의 법이 있습니다. 잘못해서 형벌을 내렸을 경우 자기도 그만한 형벌을 받아야 하며, 잘못해서 사형에 처했으면 같이 사형에 처해져야 합니다. 왕께서는 제가 어떤 어려운 사건도 올바르게 심리할 수 있다고 믿었기 때문에 저를 사법 장관에 임명하신 것입니다. 그런데 그 기대에 어긋나 죄 없는 사람을 죽게 한 오판을 한 이상 제 죄는 죽어 마땅합니다."

이렇게 해서 이이는 왕의 명령에 따르지 않고 칼에 몸을 던져 죽고 말았다.

## :: 직불의直不疑

새후 직불의는 남양 사람이다.

그가 시종으로 문제(기원전 180~157년 재위)를 섬길 때의 일이다. 같이 살고 있는 동료의 한 사람이 휴가로 고향에 갈 때 잘못해서 동료의 금을 가지고 가 버렸다.

주인은 자기의 금이 없어진 것을 알고 직불의가 훔친 것이 아닌가 하고 의심을 했다. 그것을 알자 직불의는 훔친 것은 틀림없이 자기라고 말하고는 사죄하며 금을 사서 변상했다. 그런 얼마 뒤에 그가 고향에서 돌아와 그 금을 반환했다.

직불의를 의심했던 동료는 자기의 경솔함을 부끄러워했다. 그 뒤 직불의가 보통 사람이 아니라는 평판이 났다. 이 일 때문에 직불의는 문제의 눈에 들어 태중대부(궁궐의 고문관)까지 승진되었다.

그 무렵의 일이다.

왕을 만나는 장소에서 직불의를 헐뜯는 자가 있었다.

"그 사나이는 풍채는 훌륭하지만 형수와 간통하는 것은 용서할 수 없는 일이다."

"나에게는 형이라곤 없는데……."

직불의는 이렇게 말할 뿐 자신의 결백을 밝히려고 하지 않았다.

오·초 7국의 난이 일어났을 때 직불의는 2천 석(지방 장관급의 봉록)의 신분으로 장군이 되어 출전했다. 경제가 죽은 뒤 무제 원년에 그는 어사대에 승진됨과 동시에 오·초의 난을 진압하는 데 공을 세워 새후에 책봉되었다.

그런데 경제의 뒤를 이어 무제가 즉위하자 그는 무제에게서 미움을 사 무제 원년에 승상 위관과 함께 과거의 잘못을 이유로 해직되고 말았다.

직불의는 노자의 학설을 배우고 있었다.

그는 어떤 직위에 있더라도 종래의 관습을 존중했다. 자신이 하는 일을 다른 사람이 모르도록 조심했기 때문이다. 이렇게 본인은 명성이 오르는 것을 싫어했는데도 불구하고 세상 사람들로부터는 큰 인물이라는 평가를 받았다.

:: 주건朱建

평원군 주건은 이론이 정연한 고집쟁이였다. 한나라에서 살고 있었는데, 옳지 않은 일에 영합하지 않고 청빈을 달게 여겼다.

그 당시 여 태후의 총애를 한몸에 받고 있던 벽양후 심이기가 사귀기를 희망했을 때도 그는 상대하지 않았다. 벽양후가 여 태후와 나쁜 짓을 일삼고 있었기 때문이다.

주건의 어머니가 죽었을 때다. 평소 친했던 육가가 문상을 왔을 때 그는 가난했기 때문에 장례도 치르지 못하고 있었다. 상복도 남에게서 빌려야 할 정도였다. 보다 못한 육가는 돈을 내어 장례를 치르게 하는 한편 벽양후에게 찾아가서 이렇게 말했다.

"기뻐해 주십시오. 주건의 어머니가 세상을 떠났습니다."

"주건의 어머니가 죽었는데 내가 왜 기뻐해야 하는가?"

"전에 그대는 주건에게 교제를 청했다가 거절당한 적이 있습니다. 그것은 어머니가 살아 있었기 때문입니다. 이 기회에 성의를 보이면 주건은 반드시 그대를 위해 몸을 바칠 것입니다."

벽양후는 즉시 주건을 찾아 문상하고 부의금으로 백 금을 내놓았다. 이 말이 전해지자 제후 · 귀인들이 너도나도 찾아와서 내놓은 돈이 5백 금이나 되었다.

그런데 그 뒤 여 태후와의 추문을 이용해서 벽양후를 헐뜯는 사람이 있었다. 처음으로 이 추문을 들은 혜제는 분노에 몸을 떨면서 형리에게 벽양후를 체포하여 죽이려고 했다. 기세 당당한 여 태후지만 이번만은 부끄러움을 느껴 벽양후를 감쌀 수가 없었다.

한편, 중신들은 모두 벽양후의 행위를 미워하고 있었기 때문에 일제히 벽양후를 죽여야 한다고 주장했다. 궁지에 몰린 벽양후는 주건에게 구원을 청했다.

그러나 주건은,

"일이 이미 사직 당국의 손에 넘어간 이상 공연히 그대를 만날 수는 없습니다."

하고 거절해 버렸다. 그 뒤 바로 주건은 혜제의 총애를 받고 있는 굉적을 찾아갔다.

"폐하와 그대와의 관계는 천하가 아는 사실입니다. 이번에 여 태후의 총애를 받고 있는 벽양후가 체포된 일에 대해서도 한결같이 세상에서는 그대가 벽양후를 함정에 몰아 넣은 것이 틀림없다고 수군거리고 있습니다. 그대로 방관하고 계실 수는 없는 일 같습니다. 만일 벽양후가 죽게 되는 일이 벌어진다면 여 태후도 잠자코 있지는 않을 것입니다. 그 보복으로 반드시 그대를 죽이려 할 것입니다. 지금은 망설이고 있을 때가 아닙니다. 이번엔 그대 자신을 위해서라도 벽양후를 구해야만 합니다. 폐하가 그대의 청을 받아들여 벽양후를 풀어준다면 여 태후의 기쁨은 말할 수 없을 것입니다. 그렇게만 되면 폐하와 여 태후에게서 총애를 받게 되어 점점 더 영달을 누리게 될 것이 틀림없으리라고 생각합니다."

굉적은 급히 혜제에게 달려가서 벽양후를 용서해 달라고 간청했다. 이렇게 해서 이 사건은 주건의 생각대로 해결이 되었다.

벽양후는 처음에 주건에게 배척을 당했을 때 은혜를 원수로 갚는다고 해서 화를 냈다. 그러나 그 뒤 주건의 주선으로 자기가 석방되었다

한나라의 기병

는 것을 알고 깜짝 놀랐다.

그 뒤 몇 년이 지나 여 태후가 죽자 중신들은 여씨 일족을 죽였다. 이때 벽양후는 여씨 일족과의 관계가 깊었는데도 그 화를 면했다.

그것도 오로지 육가와 주건의 보이지 않는 힘이 있었기 때문이었다.

그러나 그 벽양후도 문제 때에 회남의 여왕의 손에 죽었다. 옛날 여씨 일족과의 관계가 화근이 된 것이다.

그때 문제는 주건이 그 전에 벽양후 구명에 큰 역할을 했다는 것을 중시하고 그를 체포하여 그 동안의 사정을 밝히기 위해 포졸을 보냈다. 포졸이 왔다는 것을 알고 주건은 자살하려 했다.

그것을 보고 가족들은 물론 포졸까지도 말렸다.

"결코 서둘러서는 안 됩니다. 어떤 판결이 내려질 것인가는 아직 모르는 일이 아닙니까?"

"아니다. 내가 죽는다면 너희들은 휩싸일 필요가 없는 것이다."

주건은 이렇게 말하고 스스로 목을 찔러 죽었다.

"죽일 생각은 없었는데……."

하고 문제는 주건의 죽음을 아쉬워했다.

:: 주문인周文仁

경제의 낭중령에 주문인이라는 사람이 있었다. 그의 조상은 임성 사람이다. 문제 때에 시의로 있던 중 태자부로 옮겼다. 거기서 공을 쌓아 승진을 거듭해서 태중대부에 올랐다. 그리고 마침내 태자가 즉위하여 경제가 되자 낭중령에 기용되었다.

주문인은 아주 입이 무거운 사람이었다. 언제나 누덕누덕 기운 옷을 입었으며, 오줌이 흘린 아랫바지를 걸치고 일부러 청렴한 태도를 보였다. 그래서 경제는 안심하고 그를 자유롭게 자신의 침실에 출입시켰다.

경제가 죽은 뒤에도 그는 낭중령에 있었지만 후궁에 관한 이야기는 끝내 한 마디도 입 밖에 내지 않았다. 가끔 경제는 신하들의 인물됨에 대해 물었지만 그때마다,

"폐하, 스스로 판단하십시오."

라고 말하여 신하의 운명을 좌우할 만한 말을 한 마디도 하지 않았다. 그 때문에 경제는 두 번씩이나 그의 집을 찾아가서 경의를 표했다.

그가 수도인 장안에서 양릉으로 집을 옮긴 뒤에도 경제는 여러 가지 물품을 하사했으나 그는 그때마다 사양했다. 제후나 군신들로부터의 선물도 일체 받지 않았다.

무제가 즉위한 뒤에는 선왕의 총신으로서 대접을 받았다. 그러나 얼마 뒤 병으로 사직하고, 2천 석의 신분으로 고향에 돌아갔다.

그의 자손은 모두 대관에 올랐다.

## :: 만석군萬石君

만석군의 성은 석이고 이름은 석분이라고 한다. 아버지는 조나라에 살고 있었는데 조나라가 진나라에 망했을 때 하내 땅의 온으로 옮겼다.

고조가 항우를 치기 위해 하내 땅을 지날 때 나이 15세로 하급 관리였던 석분은 고조의 심부름을 하게 되었다.

고조가 이야기를 걸어 보니 솔직하고 조심성 있는 소년이어서 몹시 마음에 들었다.

"네 집 가족은?"

"예, 어머니가 살아 계시지만 불행하게도 장님이며 집은 가난합니다. 그리고 누이가 있는데 거문고를 좋아합니다."

"계속해서 나를 따를 생각이 있느냐?"

"예, 힘 있는 데까지 받들고 싶습니다."

그래서 고조는 석분을 중연의 자리에 앉히고 황제를 만나는 일을 맡아 보게 했고 누이를 후궁으로 맞아들였다. 그리고 누이가 후궁으로 들어가자 집도 장안의 척리로 옮기게 했다. 그 뒤 석분은 공을 쌓아 문제 때에는 태중대부에 올랐다.

재주와 인품이 특별히 뛰어난 것도 아니었지만 공손하고 부지런한 면에서는 그를 따를 만한 사람이 없었다.

문제 때에 동양후 장상여가 태자 태부(태자의 선생)에서 물러났다. 그 후임 선출에 있어서 대신들은 모두 석분을 추천했다. 그래서 석분은 태자태부에 임명되었다.

태자인 경이 제위에 오르자 석분을 구경으로 삼았다. 그러나 경제는 이런 건실하고 곧은 인물을 언제나 옆에만 있게 한다는 것은 옳지 않은 일이라 생각하고 체면이 깎이지 않도록 제후의 재상으로 보냈다. 석분의 아들은 큰아들인 건과 차남·3남 그리고 막내아들인 경까지도 모두 칭찬이 높았으며 2천 석의 벼슬에 올랐다. 이런 일 때문에 경제는,

"석군과 그의 네 아들은 모두 관위 2천 석, 모두 합해 1만 석이다. 사람으로서 최고의 영예가 이 일가에 쌓였다."

라고 말하여, 그 뒤 석분을 만석군이라고 부르게 되었다.

경제 말년에 그는 은퇴했다. 그러나 상대부의 신분은 여전했기 때문에 사계절의 궁전의 행사에는 조정의 대신들과 같이 참석했다. 수레가 궁궐문을 지날 때는 반드시 내려서 허리를 약간 굽히고 걸었으며, 천자의 말이 눈에 띄면 정중하게 예의를 지켰다.

아들이나 손자 가운데 관리가 된 자가 인사하러 와도 그는 상대가 아무리 지위가 낮을지라도 반드시 예복을 갖추고 만났으며, 이름을 마구 부르는 일이 결코 없었다. 아들이나 손자 가운데 잘못을 범한 사람이 있으면 그를 심하게 나무라기 전에 자신을 먼저 꾸짖고 식사도 하지 않았다. 그러면 아들이나 손자들은 자신이 서로 비판하여 연장자에게 잘못을 빌도록 부탁했다. 잘못을 마음속으로부터 뉘우쳤을 때 비로소 용서해 주는 것이었다.

그는 성인이 되어 갓을 쓴 아들이나 자손과 같이 있을 때도 반드시 갓을 썼다. 그렇다고 해서 지나치게 엄격하고 딱딱하지도 않았다. 하인들도 이런 주인 밑에서 즐겁게 일하였지만 조심을 잊는 일이 없었다. 때때로 천자로부터 음식물이 하사되는 일이 있었는데, 그때는 마치 천자가 앞에 있는 것처럼 반드시 깊이 머리를 숙여 엎드려서 먹었다.

친척이나 친지 가운데 불행한 일이 있어서 상복을 입었을 때는 진심으로 슬픔을 나타냈다.

이와 같은 그의 태도를 아들이나 자손들도 본받아 만석군의 일족에 대한 평판은 다른 나라에도 자자했다. 꾸밈이 없이 진실한 생활을 바탕으로 하는 제나라와 노나라의 유학자들까지도 이 만석군의 일가에겐 도저히 미칠 수가 없다는 것을 인정하였다.

건원 2년(기원전 139) 낭중령인 왕장이 학술상의 문제로 처벌되었다.

'유자는 형식만 시끄러울 뿐 실제 내용은 없다. 거기에 비해 만석군의 일족이 말없이 실행하고 있는 것은 훌륭한 일이다.'

이렇게 생각한 여 태후는 큰아들인 건을 낭중령의 후임에, 그리고 막내아들인 경을 내사(수도의 장관)에 임명했다.

그 당시 석건은 머리가 백발이 되었으나 아버지 만석군은 아직 정정했다. 석건은 낭중령이 된 뒤에도 5일마다 휴가를 얻어 반드시 아버지를 찾아가서 문안을 드리곤 했다.

인사가 끝나면 가족들이 살고 있는 곳으로 가서 머슴을 시켜 아버지의 속옷을 가져오게 하고, 직접 자기 손으로 빨아 다시 그것을 머슴을 시켜 가져가게 했다. 이것이 늘 하는 그의 습관이었지만, 아버지는 모르게 했다. 조정에서는 낭중령으로서 건의해야 할 일이 있으면 반드시 사람들이 물러가게 한 다음 기탄없이 의견을 말했다.

그러나 다른 신하들과 자리를 같이했을 때는 거의 입을 열지 않았다.

그렇기 때문에 무제의 마음에 들어 대접을 받았다. 아버지 만석군은 그 뒤 능리로 집을 옮겼다.

어느 날, 내사 석경이 술에 취해 마을의 외문을 지날 때 마차에서 내리지 않았다. 이 이야기를 전해 들은 만석군은 식사를 하지 않았다. 석경은 부들부들 떨면서 매를 맞으려고 상반신을 벗고 용서를 구했다.

그러나 만석군은 용서하지 않았다. 어쩔 수 없이 형 건을 비롯해서 가족 모두가 상반신을 벗고 사과하는 소동을 벌였다.

"내사라면 대단한 지위다. 마을에 들어오면 장로들도 무서워서 도망간다. 그러면 내사는 장한 듯이 마차를 탄 채 거드름을 피우며 지나간다 그 말이지, 그렇지?"

만석군은 이렇게 비꼬아 말하고는 간신히 아들을 물러나게 했다. 그 뒤부터 아들은 물론 그 가족 모두가 마을의 문을 들어서면 마차에서 내려 빠른 걸음으로 집에 돌아왔다.

만석군은 원삭 5년(기원전 124)에 세상을 떠났다. 큰아들 건은 통곡하며 아버지를 그리던 나머지, 지팡이에 의지하여 겨우 걸을 정도로 여위었고 지쳤다. 그 때문에 1년이 지나 건도 아버지의 뒤를 따랐다.

만석군의 아들이나 손자들이 모두 효도를 다했으나 그 중에서도 석건은 아버지 이상이었다.

석건이 낭중령으로 있을 때 상소문을 천자에게 올린 일이 있었다.

곧이어 그것이 반환되었다. 건은 그것을 다

금동으로 만든 코끼리

시 읽어 가는 도중 갑자기 얼굴이 창백해졌다.

"오자가 있구나. 마馬라는 자는 최후의 획까지 더해서 5점點이 되어야 하는데 4점밖에 없다. 폐하의 꾸짖음이 있으면 죽음으로 사죄하지 않으면 안 된다."

언행을 삼가고 조심하는 석건의 몸가짐은 만사에 있어서 이런 식이었다. 막내아들 경이 태복으로 있을 때 임금의 마차를 끌고 궁궐을 나간 일이 있었다.

그때 천자가 이렇게 물었다.

"마차를 끌고 있는 말은 몇 마리요?"

석경은 채찍으로 한 마리, 두 마리, 세 마리…… 이렇게 세고는 조용히 대답했다.

"여섯 마리입니다."

만석군의 아들 가운데 경이 제일 시원스러웠다. 그런데도 그 정도였다. 그가 제나라의 재상이 되어 부임하자 제나라 사람들은 모두 그의 가풍을 존중했으며, 나라는 자연히 잘 다스려졌다. 뒤에 제나라 사람들은 석상사를 세워 석경을 제사 지냈다.

**원수** 원년(기원전 122)에 무제는 태자를 세워 군신들 가운데서 태자태부의 적임자를 뽑았는데, 결국 석경이 뽑혀 패군의 태수에서 태자태부로 영전되었다. 그로부터 7년 뒤에 다시 어사대부에 임명되었다.

원정 5년 가을, 그 당시의 승상이 죄를 지어 파면되고 어사대부 석경에게 다음과 같은 조칙이 내려졌다.

"만석군은 선왕에게 중용된 자이며, 그 아들과 손자도 효로써 알려져 있다. 그러므로 어사대부 석경을 승상에 임명하고 목구후에 책봉한다."

그 당시 한나라는 내외적으로 다사다난했다. 남쪽으로는 민월 · 남월을 멸망시키고, 동쪽으로는 조선을 공격하며, 북쪽으로는 흉노를 쫓아내며, 서쪽으로는 대원을 토벌하고 있었다.

또한 천자의 순행이 행해지고, 낡은 사당이 수리되고, 봉선의 예식이 행해지고, 예악이 부흥되었다. 이 때문에 국고는 메마르게 되고 조정은 그 대책에 바빴다.

상홍양 등은 재정을 바로잡는 데 힘쓰고, 왕온서 등은 법의 적용을 엄격히 하고, 아관 등은 학술 진흥책을 추진했다.

그들은 모두 구경에 속하며, 교대로 정책을 실시하고, 승상을 허수아비로 만들어 버렸으므로, 승상은 공손하고 부지런하기만 했지 재직 9년 동안 별로 한 일이 없었다.

한번은 무제의 근신 소충과 구경인 함선에 대한 탄핵을 주청한 일이 있었다. 그러나 그들을 벌하지 못했을 뿐 아니라, 오히려 무고의 죄로 벌금을 무는 형편이었다.

그 당시 백성들은 극도로 곤궁해지고 여러 곳에 떠돌아다니는 백성들이 발생했다.

원봉 4년(기원전 107), 마침내 관동만 하더라도 떠돌아다니는 백성이 2백만 명에 이르렀다. 중신들은 그 대책에 고심한 그들을 변경에 강제 이주시킬 방책을 올렸다. 이 대담한 상소에 접한 무제는 늙어서 근직하기만 한 승상이 이번 일에 의논할 대상이 되지 않는다고 생각했다.

그래서 승상에게는 휴가를 주어 잠시 고향에 돌아가게 한 다음, 어사대부 이하의 중신들과 그 방법을 검토했다. 승상의 직책을 다하지 못한 것을 부끄럽게 여긴 석경은 이런 글을 올렸다.

"소신 경은 분에 넘치는 승상의 자리에 있으면서 늙은 몸으로 폐하를 제대로 보필하지 못하여 국고는 텅 비고 백성은 떠돌아다니는 형편입니다. 그 죄는 분명히 죽어 마땅합니다. 그런데 폐하께서는 이런 소신에게 관용을 베풀어 법을 적용하시지 않으셨습니다. 이번에 저는 승상과 후의 인수를 바치고 고향으로 물러가렵니다. 그러니 앞으로는 어진 사람을 등용하도록 해 주십시오."

그러나 무제는 그의 사임을 인정하지 않고 서면으로 석경을 꾸짖었다.

"국고는 바닥이 나고 백성은 궁핍하여 떠돌게 된 현상을 어떻게 생각하는가. 그 책임을 지지 않을 뿐만 아니라, 그대는 이들을 변경으로 이주시킨다고 하여 민심을 한층 더 동요시켜 불안하게 만들었다. 이와 같은 위기를 초래하고도 사임을 하겠다고 하는 것은 이해할 수 없는 일이다. 도대체 이 책임을 누구에게 지우려 하는가?"

석경은 매우 부끄럽게 생각하고 다시 나랏일을 보게 되었다. 석경은 법령에 충실하고 부지런하였지만, 나랏일에 관한 웅대한 구상이라고는 전혀 없었다.

한나라 때의 동전

그는 다시 나랏일을 보게 된 지 3년이 지난 뒤 태초 2년(기원전 103)에 죽었는데, 이때 염후라는 시호가 내렸다.

생전에 석경은 둘째아들 덕을 몹시 사랑했는데, 무제는 그에게 목구후를 이어받게 했다. 나중에 덕은 태상에 임용되었지만, 법에 저촉되어 사형 판결을 받자 속죄금을 물고 서민이 되었다.

석경이 승상으로 있을 때 그의 아들이나 손자로 2천 석의 대관에 오른 자가 잇달아 13명이나 나왔다. 그러나 석경이 죽고 나서는 차례차례로 죄를 짓고 벼슬을 떠나 그 일족의 훌륭했던 가풍도 쇠약해졌다.

# 골계滑稽 열전

:: 우맹偶孟

옛날 초나라의 악관 중에 우맹이란 사람이 있었다. 키가 8척이나 되는 거인이었다. 말을 잘 했기 때문에 언제나 왕에게 건의하였다.

그 당시에 장왕은 한 마리의 말을 몹시 사랑하고 있었다. 그 말에게 아름답게 수를 놓은 비단을 입히고 궁궐 같은 건물에 침상을 놓아 주고, 또 대추와 말린 고기를 먹였다. 그 말은 마침내 너무 살이 쪄서 죽고 말았다. 왕은 신하에게 명령하여 상복을 입게 하고 관을 갖추게 하여 대부에 해당하는 격식으로 장례를 치르려고 생각했다. 이때 측근들은 입을 모아 반대했지만 왕은 듣지 않았다.

"말에 관한 일로 간하는 자가 있으면 사형에 처한다."

우맹은 이 말을 듣자 왕궁으로 찾아가 하늘을 향해 큰 소리로 울었다. 왕이 놀라 그 이유를 묻자 우맹은 이렇게 대답했다.

"죽은 말은 대왕께서 몹시 귀여워하시던 말이 아닙니까? 천하에 힘을 자랑하는 대국인 초나라로서 마음만 있으면 못 할 일이 어디 있겠습니까? 그런데 겨우 대부의 격식으로 장례를 치르라고 하시니 너무 초라하지 않습니까? 장례는 아무쪼록 군주에 걸맞게 치르도록 하시는 것이 어떻겠습니까?"

"어떤 식으로 말인가?"

"이렇게 해 주십시오. 관은 옥관을 준비하시고, 외관은 나무결이 좋은 가래나무를 사용하여 아름다운 무늬를 새기십시오. 그리고 그 주위는 편나무 · 단풍나무 · 예장나무 같은 좋은 재목으로 덮습니다. 그리고 병사들을 동원해서 거대한 능묘를 파게 하고 노인이나 어린애들에겐 흙을 나르게 하는 것입니다. 장례식 때는 제나라와 조나라의 사자가 앞장서서 안내하게 하고, 한나라와 위나라의 사자는 맨 뒤에 서서 호위하게 하는 것입니다. 또 영묘에는 소 · 돼지 · 양을 바치고, 만호의 영지를 말에게 내려 주십시오. 이것이 제후에게 알려지면 대왕께서는 인간보다도 말을 더 높인다는 것이 천하에 알려질 것입니다."

왕은 이 말을 듣고 이렇게 말했다.

"알았다. 내 생각이 잘못된 것 같구나. 어떻게 하면 좋겠는가?"

"그러시다면 가축장으로 하십시오. 외관은 흙으로 쌓아 만들고, 내관은 동으로 만든 관으로 합니다. 그리고 관 속에는 생강과 대추 같은 향신료를 넣고 밑에는 목란섶을 깝니다. 제물로는 쌀을 바치고 불

북을 치며 앉아 있는 사람 인형

火의 옷을 입힌 다음에 인간의 배 안에 묻는 것입니다."

왕은 말을 태관에게 넘겨 주고 이 이야기가 세상에 알려지지 않도록 단속했다.

초나라 재상 손숙오는 우맹이 어진 사람이란 것을 알고 나서 후하게 대접했다. 그가 병으로 쓰러져 임종하게 되자, 아들을 불러 이렇게 유언했다.

"내가 죽으면 너는 반드시 가난해질 것이다. 그렇게 되면 우맹을 찾아가서 손숙오의 아들이라고 말하여라."

그리고 몇 년이 지났다. 과연 재상의 아들은 가난해져서 나무를 해서 파는 것으로 겨우 생활을 이어나가는 어려운 형편이 되었다. 그래서 그는 우맹을 찾아갔다.

"저는 손숙오의 아들입니다. 아버지가 세상을 떠날 때 가난해지거든 선생님을 찾아가라고 유언하셨습니다."

그러자 우맹은 그를 받아들였다.

"얼마 동안 여기서 쉬게나."

그 날부터 우맹은 죽은 손숙오가 입었던 옷들을 만들어 입고 그의 몸가짐과 말씨를 연습했다. 1년이 되자 손숙오를 꼭 닮게 되었으며, 언제나 그와 가까이 하던 장왕의 측근까지도 손숙오로 착각할 정도였다.

그러던 어느 날, 장왕이 연회를 열었을 때 우맹은 손숙오의 모습을 하고 왕 앞에 나가 장수의 축하를 드렸다. 왕은 깜짝 놀라 손숙오가 살아 돌아온 줄로 알았다. 나중에 우맹이 꾸민 것을 알게 되자 왕은 그를 재상으로 임명하려 했다. 그러자 우맹은 이렇게 대답했다.

"집에 돌아가 아내와 의논하게 해 주십시오. 아무쪼록 3일 동안의 여유를 주시기 바랍니다."

왕은 허락했다. 3일 뒤 우맹은 다시 왕을 찾아갔다.

"아내와 의논은 다 되었는가?"

"아내는 이렇게 반대합니다. '초나라의 재상 같은 것을 해서는 안 됩니다. 손숙오 같은 분은 초나라의 재상이 되어 충성을 다하고, 욕심을 버리고 나라를 다스렸습니다. 그 때문에 폐하께서는 패자가 될 수 있었던 것입니다. 그런데 손숙오 그 분이 세상을 떠난 뒤 그의 아들에게는 약간의 땅도 남기지 않았기 때문에 지금 몹시 가난해져서 나무를 해서 팔아 겨우 생계를 이어가는 형편입니다. 어차피 손숙오와 같이 될 바엔 자살하는 편이 더 낫습니다.' 이것이 아내의 말이었습니다."

그리고 이런 노래를 불렀다.

산에 살면서 밭을 갈고 일해도 먹을 수가 없구나
그렇다고 관리가 된다면 욕심을 부려 몸이 더러워져야
재물을 남기고
수치를 생각지 않는 자만이 죽어도 처자식에게 재산을 남긴다
그러나 자칫 잘못하면 뇌물을 받고 법을 어겨
대죄인의 이름을 받아 내 몸도 죽고 집안도 망하게 된다
더러운 관리가 되어서는 안 된다
그대로 정직한 관리가 되어 법을 지키고 직무에 충실하며
죽기까지 비행을 범하지 않는다
선량한 관리는 되지 말 것이니
초나라 재상 손숙오는 죽기까지 정직해서

지금은 처자식이 가난한 생활을 하며 나무를 팔아 생계를 이어가니
재상 같은 것은 해서는 안 된다.

장왕은 우맹의 손을 붙잡고 사과했다. 곧 손숙오의 아들을 불러들여 침구에 4백 호의 영지를 주어 아버지의 제사를 지내도록 했다. 손숙오의 집안은 그 뒤 10대에 걸쳐 번영을 누렸다. 이것은 어디까지나 우맹의 건의가 시기를 잘 맞추었기 때문이다.

## :: 순우곤

순우곤은 제나라 사람의 데릴사위로 키는 7척이 못 되었으나 그는 기지가 대단한데다 말솜씨가 좋아서 자주 제후들에게 사절로 나갔지만 한 번도 모욕을 당한 일이 없었다.

이때 제나라는 위왕이 다스리고 있었다. 왕은 내기를 좋아했다. 주색에 빠져 밤낮을 가리지 않고 흥청거렸고, 정치는 중신들에게 맡긴 채 돌아보지 않았다.

왕이 나랏일을 돌보지 않기 때문에 관리들의 기강은 문란해지고 외국의 침략이 잇달았다. 나라의 운명은 바람 앞의 등불처럼 위험에 빠졌다. 그런데도 왕의 측근은 누구 하나 나서서 간하려 하지 않았다. 그래서 순우곤은 내기를 구실 삼아 왕에게 간했다.

"우리나라에 한 마리의 큰 새가 있습니다. 어전의 뜰에 앉아 있는데 3년 동안 날지도 않고 울지도 않습니다. 무슨 새일까요?"

그러자 왕은 이렇게 대답했다.

"날지 않으면 그만이지만, 일단 날으면 하늘까지 오를 것이다. 그리고 울지 않으면 그만이지만, 한 번 울면 사람의 간장을 도려낼 것이다. 그대가 말하려는 뜻을 알겠다."

지백의 반라문감

왕은 즉시 각 현의 지사 72명을 서울에 불러 상과 벌을 내리고 먼저 기강을 바로잡았다. 다시 병사들을 거느리고 다른 나라를 치기 시작했다. 제후들은 당황해서 빼앗았던 제나라의 영지를 돌려주었다. 그로부터 36년 동안 왕의 위엄은 널리 퍼졌다.

위왕 8년에 초나라가 제나라에 쳐들어왔다. 제나라 왕은 조나라에 구원군을 요청하기 위해 순우곤을 사자로 보내기로 했다. 조나라의 왕에게 보낼 예물로는 금 백 근과 말 4필이 끄는 마차 10대를 준비했다. 이 예물을 본 순우곤은 갑자기 하늘을 향해 웃기 시작했다. 너무 크게 웃었기 때문에 갓끈이 모두 끊어지고 말았다.

"그대는 예물이 적다는 것인가?"

왕이 이렇게 묻자 순우곤은,

"아닙니다."

하고 대답했다.

"하지만 그대가 웃는 데는 무슨 이유가 있을 것 아닌가?"

"아닙니다. 저는 지금 동쪽에서 오는 길인데, 도중에 길바닥에서 풍년을 빌고 있는 사람이 있었습니다. 돼지 발 하나와 술 한 잔을 놓고 이런 기도를 하고 있었습니다. '좁은 밭에서는 바구니에 가득, 넓은 밭에서는 수레에 가득, 오곡은 무르익어 내 집에 넘쳐라.' 변변찮은 제물을 차려 놓고 그처럼 욕심을 부리는 것을 생각하니 갑자기 우스워져서……."

왕은 그 뜻을 깨닫고 곧바로 예물로 황금 천 일, 백벽 10쌍, 마차 백 대로 늘렸다.

순우곤은 그제서야 조나라를 향해 떠났다. 조나라 왕은 정병 10만 명과 전차 천 대를 내주었다. 초나라는 이런 움직임을 알자 어둠을 타서 군대를 철수시켰다.

위나라의 왕은 아주 기뻐하며 후궁에서 주연을 베풀고 순우곤을 초청하여 술을 내렸다. 그 자리에서 왕은 순우곤에게 물었다.

"선생은 얼마나 마셔야 취하는가?"

왕의 이 말에 순우곤은 이렇게 대답했다.

"한 말에도 취하고 한 섬에도 취합니다."

"한 말에도 취하는 정도라면 어떻게 한 섬을 마실 수 있는가? 그 이유를 말해 보오."

"대왕의 어전에서 술을 받는다고 합시다. 옆에는 사법관이 있고 뒤에는 감찰관이 기다리고 있기 때문에 저는 겁에 질려 한 말도 마시기 전에 취하고 맙니다. 귀한 손님이 아버지를 찾아왔다고 합시다. 저는 의복을 갖추고 예의 범절대로 그분을 맞아야 합니다. 때로 술을 받는 데도 그 손님의 장수를 빌며 자주 일어나기 때문에 저는 두 말도 마시기 전에 취하고 맙니다. 오랜만에 반가운 친구를 만났다고 합시다. 추억의 이야기로 흥을 돋우고 부담없이 지껄이면서 마시면 대여섯 말은 마십니다. 마을의 잔치에서 마신다고 합시다. 이 날은 남녀가 각자의 생각대로 자리를 잡고 서로 상대를 붙들고 잔을 주거니 받거니 하죠. 나중에는 주사위까지 던져 상대할 여인을 정하는 것입니다. 이쯤 되면 남의 여자 손목을 잡거나 곁눈질을 한다 해도 누가 말하지 않습니다. 여기저기 귀걸이와 비녀가 흩어져 있죠. 저도 그만 유쾌해져서 술을 여덟 말 정도 마시며 세 번에 한 번은 취해 떨어집니다. 다시 해가 지고 잔치가 한창 절정에 달했을 때 남은 주객들이 한자리에 모여 서로 말을 주고받으며 남녀가 같은 자리에 모여듭니다. 신발은 흩어지고 접시와 술잔이 어지럽게 흩어진 채 이윽고 불이 꺼집니다. 최후로 나만이 주인의 만류로 남아 문득 어둠 속에 손을 내밀어 보니 내던져진 옷에 닿고, 거기서 부드러운 여인의 체취가 풍깁니다. 이때는 저도 완전히 정신을 잃을 정도로 취해 한 섬은 마신 것입니다. 술이 지나치면 어지러워지고 즐거움이 지나치면 슬픔이 된다는 말이 있지만, 정말 만사는 그와 같습니다."

사물은 그 도를 넘어서는 안 된다. 그리고 지나치면 반드시 쇠약해진다. 순우곤은 이렇게 말하여 슬며시 왕을 꾸짖었다.

이 말을 들은 왕은 이렇게 말했다.

"참으로 좋은 말을 해 주었소."

그 뒤 밤낮을 가리지 않던 연회는 벌이지 않게 되었다. 순우곤은 왕실의 연회 때에는 언제나 왕의 곁에 있었다.

어떤 사람이 순우곤을 양나라의 혜왕에게 소개하여 만난 일이 있었다. 혜왕은 측근을 물리나게 한 다음 그를 두 번 만났다. 그러나 그는 두 번 다 아무 말도 하지 않았다.

혜왕은 이상하게 생각하고 소개한 사람을 나무랐다.

"그대는 순우곤 선생을 나에게 추천할 때 관중이나 안영도 따르지 못하는 인물이라고 했다. 그런데 나에게는 아무것도 가르쳐 주지 않았다. 내가 상대하면 말할 기분이 나지 않는다는 말인가. 어찌된 일인가?"

그 소개인이 순우곤에게 이 말을 전하자, 그는 이렇게 말했다.

"당연한 일입니다. 맨 처음 왕을 뵈었을 때 왕은 타고 달리는 것에 마음을 빼앗기고 있었습니다. 그 다음에 뵈었을 때는 왕은 가희에 관한 일에 마음이 끌려 있었습니다. 그래서 저는 아무 말도 하지 않은 것입니다."

이 보고를 들은 왕은 깜짝 놀랐다.

"순우곤 선생은 대단한 인물이다. 처음 선생이 왔을 때 마침 좋은 말을 바친 자가 있어서 나는 빨리 타고 싶어하였다. 다음 번에 왔을 때는 가희를 바친 자가 있었다. 어서 사람을 물러가게 한 뒤에 빨리 그녀의 노래를 듣고 싶은 생각에 젖어 있었다."

그 뒤에 다시 순우곤은 왕을 만났다. 이번에는 사흘 밤낮으로 왕은 그의 이야기에 열중했다. 혜왕은 그에게 재상이나 대신의 대우를 하려고 했으나 그는 사양하고 떠나갔다.

## :: 우전

우전은 진나라의 궁궐에서 활약하던 배우로 난쟁이였다. 그는 교묘한 농담으로 사람을 잘 웃겼는데, 그것으로 한몫을 하고 있었다. 진시황제 때의 일이다. 연회가 한창 무르익을 때 비가 내렸다. 궁전 밖에 있

던 호위병들은 물에 빠진 생쥐처럼 되어 떨고 있었다. 우전은 이것을 보고 측은하게 여겨,

"너희들도 쉬고 쉽지?"

하고 물었다.

"그렇게 된다면 오죽이나 좋겠는가."

그들은 입을 모아 말했다. 그러자 우전은 이렇게 말했다.

"내가 너희들을 부르거든 곧 '예' 하고 대답해야 한다."

얼마 안 가 어전에서는 황제의 만수무강을 비는 '만세' 를 불렀다. 우전은 그 기회에 난간으로 나가서 큰 소리로 외쳤다.

"호위병, 게 있느냐?"

"예."

하는 대답이 들렸다. 그러자 우전은 이렇게 말했다.

"너희들은 건강한 몸을 가지고 태어났다고 해도 고작 빗속에 서 있는 신세로구나. 거기에 비해 나는 난쟁이 덕택으로 유유히 쉬고 있지 않느냐."

이 말을 들은 황제는 호위병을 반씩 교대해서 쉬게 했다.

어느 날 진 시황제는 어용 목장을 크게 하여 동쪽으로는 한구관, 서쪽은 섬서의 옹 · 친창까지 더 넓히려고 중신들에게 물었다. 이것을 들은 우전은 이렇게 말했다.

"훌륭한 일입니다. 거기에 동물을 놓아 기르면 적군이 쳐들어오더라도 사슴이나 노루들이 막아낼 것 아닙니까?"

진 시황제는 어용 목장을 넓히는 일을 중지했다.

진 시황제의 뒤를 이어 2세 황제가 즉위하자 성벽에 옻칠을 하고 싶

어했다. 그때에도 우전은 말했다.

"훌륭한 일입니다. 폐하의 분부가 없으시면 제가 말씀 올리려 했습니다. 성에 옻칠을 하는 것은 백성에게 세금에 대한 부담을 주지만, 그러나 틀림없이 볼 만한 가치가 있습니다. 옻칠을 한 성은 정말 웅대하여 적이 침공하지를 못할 것입니다. 그러나 칠하는 것은 간단하지만 옻칠을 말리는 집을 짓는 것이 큰일입니다."

2세는 쓴웃음을 웃고 그 계획을 중지했다. 그로부터 얼마 안 가서 2세 황제는 죽임을 당했다. 우전은 한나라에 들어갔으나 몇 년 뒤에 죽었다.

# 영행 열전

:: 등통鄧通

농사를 지어 흉년이 들면 수확이 오르지 않으며, 충성을 다 바쳐도 왕의 인상이 좋지 않으면 출세를 바랄 수가 없다. 이 말은 정말 옳은 말이다.

색으로 남자의 기분을 맞추는 것은 여자에 한한 것만은 아니다. 남자 중에도 왕을 섬긴 자가 있다. 옛날부터 색으로 왕의 총애를 받은 자가 있었는데 한나라에서도 마찬가지다.

한나라의 고조는 호방한 성품이었는데, 아첨를 잘 하는 적이라는 소년을 총애했다. 또 혜제도 굉이라는 소년을 총애했다.

이 두 소년은 특별한 재능이 있었던 것은 아니었다. 아첨을 잘 했기 때문에 총애를 받았고 황제와 동침하게 되었던 것이다. 그 때문에 중신이 나랏일을 건의하려면 언제나 이 두 소년을 통해야만 되었다. 그래서 혜제의 시대에는 중신들이 모두 준의(봉황을 닮은 새)의 깃을 단 갓과 자개로 장식한 띠를 매고 연지와 백분을 바르게 되었다. 이것은 소년처럼 보이게 해서 황제의 총애를 얻으려는 것이었다.

이 두 소년은 뒤에 안릉(혜제의 묘)에서 여생을 보냈다. 다시 문제의 시대에 이르러 일반 신하로는 등통, 환관으로는 조동과 북궁백자, 이 세 사람이 문제의 총애를 받았다. 조동은 길흉을 점치는 점성술과 기후를 보는 기술로, 북궁백자는 자애로 가득 찬 덕이 있는 사람으로 총애를 받아 언제나 문제와 수레를 같이 탔다. 그러나 등통은 아무런 특기도 없었다. 등통은 촉군의 남안에서 태어났다. 그는 배를 잘 만들었기 때문에 황제 전용의 뱃사공이 되었다.

시녀 인형

어느 날 문제가 꿈을 꾸었다. 하늘에 오르려고 했으나 좀체로 오를 수가 없었다.

그러자 어떤 황색 모자를 쓴 사람이 밀어 주어 하늘로 오를 수가 있었다. 뒤를 돌아보니 그 사나이의 옷은 등뒤의 꿰맨 곳에 실밥이 풀려 있었다. 잠을 깬 문제는 배를 타고 궁중 안에 만들어 놓은 큰 연못 속에 있는 점대라는 누각으로 건너갔다.

문제는 '꿈속에서 나를 밀어 올려 준 자는 누구일까?' 생각하면서 뱃사공들을 둘러보자, 그 중 한 사람이 눈에 띄었다. 옷의 등뒤를 꿰맨 곳의 실밥이 풀어져 있는 것이, 꿈속에서 본 그 사람과 꼭 닮은 자였다. 즉시 그를 불러 이름을 물었다. 성은 등이고 이름은 통이라고 했다.

등은 등騰과 통한다. 결국 하늘로 오른다는 뜻이다. 문제는 몹시 기뻐했다. 그 뒤 등통에 대한 문제의 총애는 날로 깊어 갔다. 등통은 예의 바르고 성실하게 궁궐에서 일했으며, 공무 이외에는 외부 사람들과 어울리려고 하지 않았다. 휴가를 주어도 외출하려고 하지 않았다. 그 때문에 문제의 총애가 점점 깊어져서 수십 번에 걸쳐 막대한 돈을 하사하고 장관 대우의 관직에까지 승진시켰다.

태자가 찾아왔을 때 문제는 종기를 빨라고 명령했다. 태자는 종기를 빨았으나 얼굴을 찌푸렸다. 뒤에 태자는 등통이 언제나 문제의 종기를 빨아 주고 있다는 것을 알고 부끄러움을 느꼈다. 그 뒤 태자는 등통을 미워하게 되었다. 문제가 세상을 떠나고 태자가 즉위하여 경제가 되자 등통은 관직에서 물러나 집에 있게 되었다. 그러고 나서 얼마 안 있어,

"등통이 나라의 법을 어기고 만든 동전을 국경 밖으로 운반하고 있다."

고 밀고한 자가 있었다. 즉시 관리에게 등통을 체포하도록 명령하고 엄중히 취조를 한 결과 그의 죄는 뚜렷했다.

등통은 재산을 모두 몰수당했다. 그 밖에도 막대한 벌금을 물어야 했다. 등통은 무일푼이 되었다. 경제의 누이가 되는 장 공주가 돈을 주었는데 그것마저 관리가 몰수해 버려 등통의 손에는 갓에 꽂을 비녀 하나도 남지 않았다.

그래서 장 공주는 할 수 없이 옷과 먹는 것을 보살펴 주기로 했다.

결국 등통은 동전 한푼 가지지 못한 채 남의 신세만 지다가 세상을 떠났다.

# 사마천 자서司馬遷 自序

사마씨는 대대로 주 왕조의 기록을 담당해 왔으나 혜왕으로부터 양왕으로 왕위가 계승될 때의 혼란에 휩싸여 주나라를 떠나 진나라로 옮겨 갔다.

거기서 얼마 뒤 진나라 중군장 수회가 진나라로 망명했을 때 그를 따라 진나라 소량으로 옮겨 갔다.

사마씨 일족은 주나라를 떠나 진나라로 옮긴 이래, 위 · 조 · 진의 각지에 흩어져서 살게 되었다.

위로 옮겨 간 사람은 중산국의 재상이 되었고, 조나라로 옮겨 간 사람은 검술 이론에 매우 뛰어나 세상에 널리 알려졌는데, 괴외가 바로 그 자손이다.

진나라로 간 사람은 이름이 착이라고 하는데, 유세객인 장의와 논쟁한 일 때문에 진나라의 혜왕에게 인정받아 촉나라 공략 때 장군에 임명되었고, 그곳을 평정한 뒤에는 태수가 되었다.

착에게는 이름이 근이라고 하는 손자가 있었는데, 그는 무안군 백기를 받들었다.

이 무렵 사마씨가 사는 소량은 하양이라고 이름이 바뀌어 있었다.

근은 무안군을 따라서 장평 싸움에 참전하여 조나라군 40만 명을 무찌르고 돌아왔으나, 뒤에 무안군이 두우에서 죽음을 당할 때 그와 운명을 같이하여 하양 교외의 화지에 묻혔다.

사마천

근의 손자를 창이라고 하는데, 그는 진나라 주철관(철의 생산 및 전매 담당 관리)이 되었다.

시황제 때, 조나라에 있던 사마괴외의 고손자인 앙은 무신군 항량의 부장이 되어 조가를 함락시켰다.

진나라를 멸망시킨 다음에 초왕이 각지의 왕을 봉할 때 앙은 은왕이 되었다. 한나라가 초나라를 쓰러뜨렸을 때 앙은 한나라에 돌아갔고, 그의 영토는 하내군이 되었다.

진나라 주철관이었던 사마창의 아들이 무택인데, 그는 한나라 도읍인 장안의 시장이 되었다.

그리고 이 무택에게는 이름이 회라고 하는 아들이 있었는데, 그는 오대부가 되었다. 그들은 모두 다 하양 교외의 고문에 앉혔다. 회의 아들은 담인데, 그는 태사공이 되었다.

태사공 담은 천문을 방사인 당도에게서, 역을 양하에게서 배웠고, 또 황자에게서 도를 공부하고, 무제의 건원 · 원봉 연간에 조정에 나가서 일했다.

태사공 사마담은 천문을 담당하는 일에 종사하였기 때문에 실제로 정치에 참가한 일은 없었다. 담의 아들은 천이다.

천은 하양의 북쪽 교외인 용문에서 태어났다. 그는 용문산 남쪽 기슭에서 밭갈이와 목축에 종사하고 있었으나 10살이 지나자 이미 옛 문서들을 모두 외웠다.

20세 때에 천은 남쪽 지방을 돌아다녔다. 우선 장강 · 화이수이에 갔고, 후지이산에 올라가 산 위의 우혈(임금을 장사 지냈다는 동굴)을 탐승했다. 이어서 구의산(순임금을 장사 지냈다는 곳)을 찾아갔고, 위안수이와 상수이에서 배를 탔다. 그곳에서 북쪽으로 올라가 문수와 쓰수이를 건너 제나라와 노나라의 도읍에 가서 학업을 닦았고, 공자의 발자취를 살폈다.

추 · 역에서는 향사의 예를 배웠다.

파 · 설 · 팽성 등에서는 고생스러운 여행을 계속했으나 이윽고 양나라와 초나라를 거쳐 귀국했다.

귀국한 뒤에 사마천은 궁정에 나아가 낭중이 되었고, 칙명을 받들어 파 · 촉의 남부를 토벌하여 서남쪽의 오랑캐인 고 · 작 · 곤명을 평정하고 돌아왔다.

이 해(기원전 110년)에 천자(무제)가 한나라 왕실로서는 처음으로 봉선의 의식(고대 중국에서 행하였던 제례의 하나. 태산 위에 흙으로 단을 쌓고 하늘의 은혜에 보답하는 제사를 봉封이라 하고, 태산 아래에 있는 양산에 땅을 파고 땅의 은혜에 보답하는 제사를 선禪이라 한다)을 거행했다. 그런데 태사공 담은 뤄양에서 떠나지 못하게 됨으로써 이 의식에 참석하지 못하였다.

그 때문에 담은 분한 나머지 자리에 눕게 되었다.

때마침 아들 사마천이 사명을 마치고 돌아왔다.

아버지와 아들은 뤄양에서 만났다.

이때 태사공 사마담은 아들인 천의 손을 잡고 눈물을 흘리며 말했다.

순임금

"우리 조상들은 주나라의 태사였다. 그 옛날 순임금 · 우임금 시대에 공명을 떨친 이래, 대대로 천문에 대한 일을 맡아 왔다. 그러나 그 전통도 차츰 쇠퇴해서 이제 나의 대에서 끊어지려 하고 있다. 알겠느냐?

네가 내 대신 태사가 된다면 반드시 우리 조상들이 하시던 일을 계속해 주어야겠다.

지금 천자는 천 년의 왕통을 이어 태산에서 봉선의 의식을 거행하고 있다. 그런데 무슨 일인지 태사인 내가 따라가는 것을 거절당했다. 이것도 실로 천명이랄 수밖에는 없다.

내가 죽은 뒤에는 네가 반드시 태사가 되어야 한다. 태사가 되어서, 내가 저술하려다가 하지 못한 것을 반드시 완성시켜 주기 바란다.

효도는 우선 어버이를 받드는 것으로 시작하며, 다음으로는 왕에게 일하고, 입신하는 데서 끝나는 것이다. 이름을 후세에 남겨 어버이의 이름을 드높인다는 것이야말로 그 이상 더 큰 효도가 없느니라.

천하의 모든 백성들이 한 목소리로 주공을 칭송하는 것은, 주공이 아버지 문왕과 형 무왕의 덕을 노래하고, 주나라의 국위를 떨쳤으며, 증조부 태왕과 조부 왕계 등의 이상을 실현시켰고, 또한 시조인 공유와 먼 조상인 후직에까지 거슬러 올라가 그 이름을 높이 받들어 모셨기 때문이다.

유왕 · 여왕 이래로 왕도는 쓸모없이 되고 예악은 쇠퇴했다. 이때 공자가 나타나서 없어졌던 옛 전통에 생명을 불어 넣어 『시경』 · 『서경』을 논정했고 『춘추』를 지었다.

그 『춘추』는 오늘에 이르기까지 학자들의 규범이 되어 있다. 그런데 획린(기린을 잡았다는 뜻. 노나라 애공 14년 봄. 사냥에서 기린을 잡았다) 때로부터 이미 4백여 년, 제후들이 서로 물고 뜯는 난세 속에서 사관들의 기록은 버려지고 말았다.

공자

지금 한나라가 천하를 통일하였고, 어진 임금들이 세워지고 충신과 의사들이 나오고 있다. 나는 태사이면서도 이들의 사적을 논술하여 기록할 수 없었다.

이래 가지고는 천하의 역사 기록이 폐기되어 끊어져 버리고 말 것이다. 그것을 생각하니 마음이 놓이지 않는구나. 내 말을 명심하라."

천은 고개를 숙이고 듣고 있다가 목이 메어 대답했다.

"소자 맹세코 아버님께서 정리하시다 남겨 두신 기록들을 살펴서 하나도 빠뜨리지 않고 기록하겠습니다."

사마담이 죽은 지 3년이 지나서 사마천은 태사령이 되어, 사관의 기록 및 궁중에 소장된 전적들을 정리해 나갔다.

그로부터 5년이 지나 태초 원년(기원전 104)이 되었다. 이 해 11월 갑자 동짓날에 처음으로 천력이 시행되어 종묘에 봉납된 다음, 각지에 반포되어 산천의 신에게 봉납되었다.

태사공 사마천은 『사기』를 쓰는 데 있어 다음과 같이 생각했다.

'아버지께서는, 주공이 죽은 지 5백 년 만에 공자가 나타났다. 그 공자가 죽은 지 이제 5백 년이 된다라고 말씀하신 일이 있다. 저 태평성세를 사람들에게 알리고, 『역경』의 해석을 바로 하고, 『춘추』를 계승하고, 〈시〉·〈서〉·〈예〉·〈악〉의 근원을 되돌아오게 할 사람이 지금이 세상에 나타날 것이다. 그것을 아버지는 말씀하시려 했던 것이다. 꼭 그럴 것이다. 나는 어떻게 하든지 하지 않으면 안 되는 것이다.'

그런데 천은 언제인가 『춘추』에 관해서 상대부인 호수와 다음과 같은 문답을 나눈 적이 있다.

**호수**: "공자는 무슨 목적으로 『춘추』를 만들었습니까?"

**천**: "동중서(한나라의 유학자)는 이렇게 말했습니다.

'공자가 노의 사구가 되었던 것은 주나라의 왕도가 이미 쓸모없게 되었을 때였다. 그는 제후들에게 미움을 샀고, 대신들로부터 훼방꾼 취급을 받았다. 공자는 자기 말이 아무 소용없고 자기의 도가 행해지지 않으리란 것을 깨닫자, 과거 2백42년 동안에 걸친 사적에 관해서 옳고 그름을 밝혀내 그것을 천하의 의표로 삼았다. 그것에 의해서 천자가 선정을 베풀지 못한 것을 비판하고, 제후들의 포악 무도함을 배척하고, 또 대신들의 불손을 공격함으로써 군주가 해야 할 일을 분명

히 밝힌 것이다.'

공자는 『춘추』에 대해서, 나는 처음에 추상적인 말로써 쓰려고 생각했다. 그러나 구체적인 사실에 입각해서 논급하는 것이, 의도하는 바를 보다 깊게 보다 뚜렷이 나타내는 방법이리라고 생각을 고쳐 이 방법을 채택했다고 말했습니다.

『춘추』는 하 · 은 · 주 3대의 왕도를 뚜렷하게 했고, 인간으로서 지켜야 할 규범을 보여 준 것입니다. 의심스러운 것은 제쳐 놓고 시비를 분명히 밝혔으며, 애매한 것을 뚜렷하게 선악을 판정하고 어진 것과 어리석음을 구별했으며, 멸망된 나라를 다시 일으키고, 없어진 가문을 일으키고, 버린 전통을 다시 만들었습니다. 이것이야말로 실로 왕도의 으뜸인 것입니다.

『역경』은 천지 · 음양 · 4계절 · 5행의 운행을 뚜렷하게 했습니다. 그런 까닭에 변화를 살피는 데 도움이 됩니다.

『서경』은 옛 성왕들의 사적을 기록했습니다. 그런 까닭에 정도에 도움이 됩니다.

『시경』은 산천 · 계곡 · 조수 · 초목 · 남녀 등에 관한 것을 기록하였습니다. 그런 까닭에 풍자와 비유에 도움이 됩니다.

『춘추』는 옳고 그름을 밝히고 있습니다. 그러므로 이 책은 인간의 활동을 규제하는 데 도움이 됩니다.

『악경』은 음악의 근본입니다. 그런 까닭에 조화에 도움이 됩니다.

그리고 『예기』는 사람이 절도를 지니게 하고, 『악경』은 조화를 이루게 하며, 『서경』은 사실을 가르쳐 주며, 『시경』은 마음을 전해 주고, 『역경』은 변화를 가르쳐 주고, 『춘추』는 대의를 가르쳐 주는 것이라고 하겠습니다.

난세를 다스려 올바른 길로 이끌자면 『춘추』 만큼 적당한 것이 없습니다. 『춘추』는 수만 자에 달하며, 옳고 그름을 밝힌 글이 수천 가지나 되고, 여러 왕조들의 사직이 모두 기록되어 있습니다. 그 중에는 군주를 죽인 일이 36건, 나라를 망치게 한 게 52건이나 기록되어 있습니다.

외국에 망명함으로써 종묘 사직을 받들지 못하게 된 제후들은 이루 다 헤아릴 수 없이 많습니다. 그들은 모두 근본을 그르쳤기 때문입니다.

『역경』에는 이런 말이 있습니다.

'처음에는 불과 일 리 일 모의 차이라고 하더라도 나중에는 천 리의 차가 나타난다. 신하가 왕을 죽이고 자식이 아비를 죽이는 일도 그 원인이 결코 하루 아침에 생긴 게 아니다. 오랫동안에 쌓이고 쌓인 결과이다.'

그런 까닭에 한 나라를 다스리는 군주는 『춘추』에 막힘이 없이 알지 않으면 안 됩니다. 그렇지 않으면 신하들이 모함하는 말을 알아차리지 못하고, 역적도 알아차리지 못하게 되는 것입니다.

신하도 또한 『춘추』에 막힘이 없이 알지 않으면 안 됩니다. 그렇지 않으면 맡은 일을 적절하게 다루지 못하며, 유사시에는 임기 응변으로 대처하지 못하게 됩니다. 군주나 아비이면서 『춘추』의 대의를 알지 못하면 반드시 못된 짓을 저지른 사람으로서의 더러운 이름을 남기게 됩니다.

신하나 자식으로서 『춘추』의 대의를 알지 못하면 반드시 찬탈 · 윗사람을 죽이는 죄를 범하고, 죽음을 당하고 말 것입니다. 비록 선한 일이라 생각하고 한 일일지라도 대의가 무엇인지 몰랐기 때문에 죄를 저지르고 그 더러운 이름을 씻지 못하게 되는 것입니다.

모름지기 옳음의 근본적인 뜻을 알지 못한다면, 임금이라도 임금이 아니며, 신하라도 신하가 아니며, 아비라도 아비가 아니며, 자식이라도 자식이 아니라는 사태를 빚고 말 것입니다.

그렇게 된다면, 임금은 반역을 당하고, 신하는 죽임을 당하며, 아비는 무도를 범하고, 자식은 불효를 저지르는 것입니다. 이 네 가지야말로 최대로 덕을 배반하는 것이 아니고 무엇이겠습니까? 인간은 이 배덕이라는 이름을 뒤집어쓴다면 도저히 벗어날 길이 없습니다.

『춘추』는 예 · 의의 근본입니다.

예는 죄를 미연에 방지하는 것이요, 법은 이미 범한 죄를 다스리는 것입니다.

그러므로 법의 효용은 뚜렷이 눈에 보이지마는, 예의 예방 효과는 그대로 지나쳐 버리기 쉬운 것입니다."

호수는 다시 물었다.

"공자 시대에는 명군도 없고 어진 사람도 등용되지 못했소. 그래서 공자는 『춘추』를 지어 단지 말로써 예 · 의에 비추어 판단했고, 그것을 왕자의 법으로 간주한 데 불과하다고 봅니다.

그러나 지금은 위로는 빼어난 임금을 받들고, 선생 자신도 태사령에 임명되었소. 문물 제도는 잘 갖추어져 있고, 사람들은 각기 맡은 바 일을 다하고 있습니다. 그렇다면 선생께서는 그 이상 더 무엇을 하시겠다는 것입니까?"

"말씀하신 그대로입니다. 그러나 『춘추』를 만든다는 것과는 문제가 다릅니다.

선친께서는 제게 이런 말씀을 했습니다.

'복희(전설상의 삼황의 한 사람)는 그 위대한 순수성에 입각해서 『역경』의 8괘를 만들어 냈다. 요 · 순의 성덕은 『서경』에 기록되어 예악의 기원이 되었다. 탕왕 · 무왕의 태평성세를 시인들이 노래하여 『시경』이 되었다. 『춘추』는 선을 칭송하고 악을 증오하고 하 · 은 · 주 3대의 덕을 상찬하며 주 왕실을 찬양했던 것이다. 결코 헐뜯은 게 아니다.'

한나라가 융성한 이래, 지금의 폐하에 이르기까지 상서로운 일만이 거듭 나타났습니다. 폐하께서는 봉선의 의식을 거행했고 기마 도구의 빛깔을 바꾸었습니다.

한 왕실은 저 아름답기 그지없는 하늘에서 명을 받은 것입니다. 그 은혜는 끝없이 넓고 해외의 이민족조차 여러 나라를 거쳐 조공을 바치고자 하는 게 부지기수입니다.

문무백관들은 최선을 다하여 성덕을 칭송하고 있습니다만, 유능한 신하가 있으면서도 등용되지 못한다면 그것은 한 나라를 거느리는 군주의 수치이려니와, 그 반대로 명군을 받들고 있으면서도 그 덕을 널리 펴지 못한다면 그것은 곧 신하의 죄가 됩니다.

더구나 내가 역사의 기록을 담당하는 태사에 있으면서 성천자의 성덕을 뚜렷이 밝히지 못하고, 공신 · 세가 · 어진 대부들의 공적을 기록하지 못한다면 선친의 유언을 거역하는 일일 것이니 그보다 더 큰 죄가 어디 있겠습니까?

내가 쓰고자 하는 것은 고사를 통해 지금까지 대대로 전해 내려온 사실을 정리하여 기록하자는 것이지, 결코 창작하려는 것이 아닙니다. 선생께서는 이것을 『춘추』와 똑같이 보고 계시지만 그렇지 않습니다."

태사공천은 집필에 들어갔다. 그러나 그로부터 7년 뒤에 그는 이릉의 사건에 연좌되어 죄수의 몸이 되었고, 깊은 절망의 구렁텅이에 빠져 버리고 말았다.

'아, 이게 내가 받는 벌이란 말인가? 몸을 망치고 말다니.'

그러나 이런 절망의 밑바닥에서 그는 과거의 역사에 생각을 몰두했다.

'생각건대, 『시경』·『서경』의 표현에 암시가 풍성한 것은 제약된 상황 속에서 최대한의 생각을 엮으려 했기 때문이리라.

지난날 서백(문왕)은 유리에 유폐되어 『주역』을 발전시켰다. 공자는 진·채에서 어려움을 겪은 뒤 『춘추』를 지었다. 굴원은 고국에서 추방당하고 『이소』를 저술했고, 좌구명은 봉사가 되었어도 『국어』를 남겼다.

손빈은 다리를 끊기고도 병법을 펴냈고, 여불위는 촉으로 유배되어 『여씨 춘추』를 세상에 전했고, 한비는 진나라에서 옥살이를 하며 『설란』·『고분』 2편을 저술했다. 『시경』 3백 편은 그 대부분이, 성현들이 치밀어 오르는 생각들을 담아서 지은 것이다.

이와 같이 사람들은 모두 마음속의 억울함을 토로할 수 없었을 때 옛날을 말하면서 미래에 기대를 걸었던 것이다.'

서백(문왕)

그래서 사마천은 요임금의 시대로부터 무제가 흰 기린을 잡았을 때까지를 기술했다.

우리 한나라는 5제의 흐름을 이어 하·은·주 3대의 위업을 계승하는 것이다. 주나라의 왕도가 쇠퇴한 뒤에 진나라는 고문을 폐지하고, 『시경』·『서경』 등 고전을 불태워 버렸다. 그 때문에 궁중에 소장되어 있던 비문·전적들은 모두 산산이 흩어지고 말았다.

요임금

한나라가 세워지자 소하는 법령을 정리했고,한신은 군법을 정했으며, 장창은 역법과 도량형의 제도를 만들었고, 숙손통은 의례를 제정했다. 이래서 학문은 차츰 발전하기에 이르렀다. 숨겨져 있던 『시경』·『서경』이 각지에서 발견됐다. 조참은 황제에게 개공을 천거해서 황노의 학문을 크게 제창했다. 가의와 조착은 신불해·상앙 등 법가의 학문을 뚜렷하게 밝혔다. 또한 공손홍은 유학을 들고 세상에 나타났던 것이다.

그리하여 한나라 초기로부터 백 년 사이에 천하의 고적·고기록은 모두 태사공에게로 수집되었다.

태사공의 자리에는 사마담·사마천 부자가 2대에 걸쳐 임명되었다.

사마천은 태사공에 임명되었을 때 이렇게 생각했다.

'오, 나의 선조들은 지난날 이 자리에 있을 때 요·순의 시대에 이름을 떨쳤고, 주나라에 이르러 다시 이 직위에 올랐다. 그 뒤에도 대대로 천문을 담당하는 직을 맡으면서 내 대에 이른 것이다. 이 사실을 마음 속 깊이 명심하지 않으면 안 된다.'

사마천은 흩어진 옛 기록들을 널리 수집하여 역대 제왕들의 흥망성

쇠를 사실에 입각해서 설명하고 증명했다. 하 · 은 · 주 3대에 관해서는 거의 미루어 생각해서 기록했고, 진 · 한에 대한 것은 사실을 기록했으며, 위로는 황제로부터 아래로는 한대에 이르기까지 〈본기〉 12권을 저술했다. 그러나 시대나 세대가 전후하여 시대 관계를 알기 어렵기 때문에 별도로 〈표〉 10권을 만들었다.

또한 예 · 악의 변화, 음률 · 역법의 개정, 병법 · 지리 · 제사 · 천문의 실제, 화폐의 변천을 쓰기 위해서 〈서〉 8권을 만들었다.

28수(성좌)는 북두칠성의 둘레를 돌고, 수레바퀴의 30개의 바퀴살은 한복판의 바퀴통을 중심으로 돌고 있다. 이것에 비유하여, 충성을 다해 제왕을 보좌했던 신하들에 관해 쓰기 위해서 〈세가〉 30권을 지었다.

또한 뛰어난 재능을 지니고 정의를 외치며 절호의 기회를 잡아 천하에 공명을 떨친 사람들에 관해서 〈열전〉 70권을 지었다. 이상 모두 1백 30권으로, 총 52만 6천 5백 자에 달한다. 이름하여 『태사공서』라고 한다.

이 〈자서〉는 본문에 빠진 것을 보충하고 집안의 일을 기록한 것이다. 또한 6경에 관한 갖가지 이설을 정리하여 제자 백가의 학설을 자리 잡아 놓은 것이다. 이 『태사공서』는 그 정본을 명산에 소장시키고 부본을 도읍에 두어서 후세의 성인 군자들의 비판을 기다리기로 한다.

한권으로 읽는 사기열전

초판 1쇄 | 2013년 1월 15일 발행
중판 1쇄 | 2014년 8월 20일 발행

지 은 이 | 사마천
엮 은 이 | 박성연
그 린 이 | 신성환
주 간 | 이선종

펴 낸 곳 | 아이템북스
펴 낸 이 | 박효완
편집기획 | 정용숙 · 전상훈
디 자 인 | 김영숙

등록번호 | 제2-3387호
등 록 일 | 2001년 8월 7일
주 소 | 서울특별시 마포구 서교동 444-15
전 화 | 02-332-4337
팩 스 | 02-3141-4347

※ 파본이나 잘못된 책은 교환해 드립니다.